컴퓨팅 사고력을 키우는 블록 코딩

스크래치 3.0

지은이 **고광일** kwangil.ko@gmail.com

포항공과대학교(현 포스텍)에서 소프트웨어 공학 전공으로 석사와 박사 과정을 마쳤다. 디지털 방송 소프트웨어 개발 업체인 알티캐스트의 창립 멤버로 사회에 첫걸음을 내딛은 후, 다양한 스마트 소프트웨어 개발에 참여하고 프로젝트 총괄 관리본부의 본부장까지 역임하였다. 현재는 우송대학교에서 스마트 방송 기술과 더불어 스테레오스코픽 3D와 가상현실 기술을 활용한 영상 콘텐츠 제작 기술을 가르치고 있다. 기술, 인문, 예술의 융합적 교육을 통해 학생들이 창의적이고 논리적인 사고의 중요성을 깨닫고 이를 활용하도록 하는 데 역점을 두고 있다.

스크래치 3.0 컴퓨팅 사고력을 키우는 블록 코딩

초판발행 2019년 6월 10일
3쇄발행 2021년 3월 15일

지은이 고광일 / **펴낸이** 전태호
펴낸곳 한빛아카데미(주) / **주소** 서울시 서대문구 연희로2길 62 한빛아카데미(주) 2층
전화 02-336-7112 / **팩스** 02-336-7199
등록 2013년 1월 14일 제2017-000063호 / **ISBN** 979-11-5664-448-4 93000

책임편집 변소현 / **기획** 유경희 / **편집** 김평화, 권수연 / **진행** 김성무
디자인 표지 조현덕, 이아란 내지 김연정 / **전산편집** 김정하 / **제작** 박성우, 김정우
영업 이윤형, 길진철, 김태진, 김성삼, 이정훈, 임현기, 이성훈, 김주성 / **영업기획** 김호철, 주희

이 책에 대한 의견이나 오탈자 및 잘못된 내용에 대한 수정 정보는 아래 이메일로 알려주십시오.
잘못된 책은 구입하신 서점에서 교환해 드립니다. 책값은 뒤표지에 표시되어 있습니다.

홈페이지 www.hanbit.co.kr / 이메일 question@hanbit.co.kr

Published by HANBIT Academy, Inc. Printed in Korea

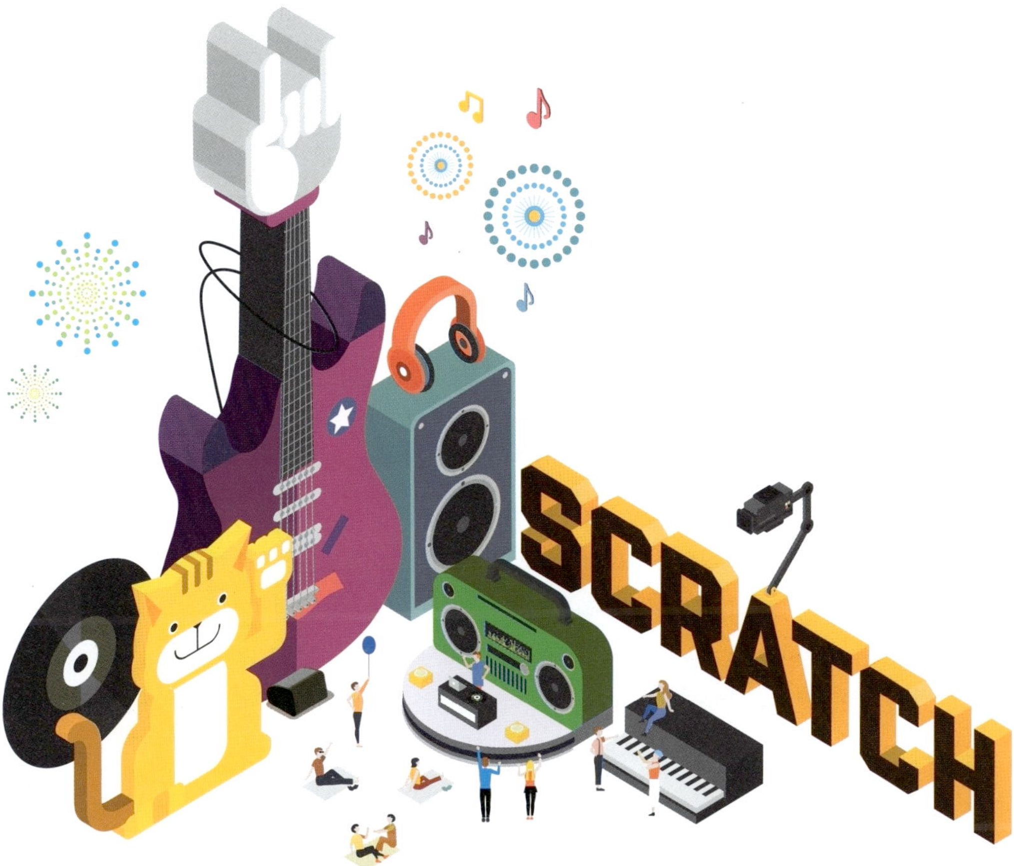

컴퓨팅 사고력을 키우는 블록 코딩

스크래치 3.0

한빛아카데미
Hanbit Academy, Inc.

잠재된 창의력, 컴퓨팅 사고력 훈련으로 깨워보세요!

소프트웨어는 왜 배워야 하나요?

많은 사람들이 21세기를 살아가는 데 필요한 핵심 능력으로 창의성과 논리적 사고력을 꼽습니다. 과거의 산업 구조에서는 기술의 전문성이 중요한 능력이었던 반면, 앞으로는 새로운 제품을 창조하는 능력이 가장 중요합니다. 그에 따라 창의성과 창의적 생각을 실현할 논리적 사고가 핵심 화두로 떠오르고 있습니다. 창의성과 논리적 사고에 대한 교육은 나이, 성별, 전공, 직업과 상관없이 체계적으로 이루어져야 하는데, 이미 많은 선진국에서 소프트웨어 교육을 통해 이 목적을 달성하고 있습니다. 소프트웨어는 여러분의 상상을 무한히 펼칠 수 있는 세상인 동시에 상상한 것을 논리적으로 구현하는 훌륭한 도구입니다. 따라서 여러분은 소프트웨어 교육을 통해 프로그래밍 능력뿐 아니라 창의적인 활동과 논리적인 사고 활동을 모두 경험하고 익힐 수 있습니다.

이 책은 어떤 내용을 담고 있나요?

이 책은 소프트웨어 교육의 취지를 바탕으로 다음과 같은 교육 목적을 갖습니다.

- **프로그래밍 언어에 담겨 있는 기본적인 개념들을 익힙니다.** 특정 프로그래밍 언어보다는 일반적으로 프로그래밍 언어가 담고 있는 개념들을 설명하는 데 초점을 두었습니다. 쉽고 친절한 프로그래밍 교육용 언어인 스크래치를 통해 프로그래밍 언어에 쉽게 다가갈 수 있으며, 프로그래밍 언어를 학습하는 데 필요한 귀중한 기초 지식을 쌓을 수 있습니다.
- **컴퓨팅 사고력을 이해하고 문제 해결에 이를 적용합니다.** 컴퓨팅 사고력은 모든 문제에 컴퓨터 과학의 기본 개념을 적용하여 문제를 창의적이고 논리적으로 해결하는 사고방식입니다. 이 책에서는 컴퓨팅 사고력에 대한 내용을 별도의 장으로 정리하여 이를 응용 및 창의 프로그래밍을 학습하는 데 적용하도록 구성하였습니다.

- **만들고 싶은 프로그램에 대한 설계부터 프로그램 테스팅까지 전 과정을 경험합니다.** 프로그램은 단순히 프로그래밍 능력만으로 완성되지 않으며, 최종적으로 원하는 프로그램을 제대로 만들었는가에 대한 문제까지 해결되어야 합니다. 따라서 이 책에서는 창의 프로그래밍을 학습하기 전에 어떤 프로그램을 만들 것인가에 대해 구상하는 과정과 원하는 프로그램이 제대로 개발되었는지 확인하는 과정도 담았습니다.
- **창의적으로 프로그램을 개발하는 데 필요한 지식을 얻습니다.** 게임과 인터랙티브 스토리는 여러분의 창의성을 가장 두드러지게 나타낼 수 있는 소프트웨어 분야입니다. 이 책에서는 창의 프로그래밍 학습 내용을 게임과 인터랙티브 스토리를 기반으로 구성하였으며, 게임 구현에 자주 사용되는 프로그래밍 기술과 영화 기법을 활용한 인터랙티브 스토리의 효과적인 구성 기술을 알기 쉽게 설명하였습니다.

이 책은 2016년에 스크래치 2.0을 기반으로 출간한 초판을 2019년에 스크래치 3.0을 기반으로 개정한 개정판입니다. 처음 이 책을 기획하는 데 아낌없는 지원을 해주신 김현용 본부장님과 저보다 더 이 책에 대해 고민하고 세세하게 조언해주신 유경희 차장님께 깊은 감사를 드립니다. 또한, 스크래치 3.0으로 개정하면서 좋은 아이디어를 제안하고 꼼꼼하게 검토하여 책의 완성도를 높여준 김평화 과장님께도 감사드립니다. 개정판 작업을 하면서 다시 한 번 하나의 책이 세상에 나올 때까지 많은 분들의 땀과 노력이 어우러져야 한다는 것을 느꼈습니다. 이 책이 나오기까지 애써주신 모든 한빛아카데미(주) 임직원들께 감사드리며 더불어, 항상 저의 모든 결정과 행동을 응원하는 아내에게 이 책을 바칩니다.

저자 **고광일**

강의 보조 자료

한빛아카데미 홈페이지에서 '교수회원'으로 가입하신 분은 인증 후 교수용 강의 보조 자료를 제공받으실 수 있습니다. 한빛아카데미 홈페이지 상단의 〈교수전용 공간〉 메뉴를 클릭해 주세요.

http://www.hanbit.co.kr/academy

구성 요소

본문 구성

'스크래치와 프로그래밍 기초(1~3장) → 프로그래밍의 기본 요소와 스크래치를 이용한 구현(4~6장) → 컴퓨팅 사고력과 응용 프로그래밍(7~10장) → 창의 프로그래밍(11~13장)' 순으로 구성되어 있으며, 각 장의 구성 특징에 따라 전개 방식이 조금씩 다릅니다.

예제

프로그래밍의 주요 개념을 스크래치로 직접 구현하고 활용해봅니다. 차례에 '~(하)기'로 표현되어 있고 예제 파일을 제공합니다.

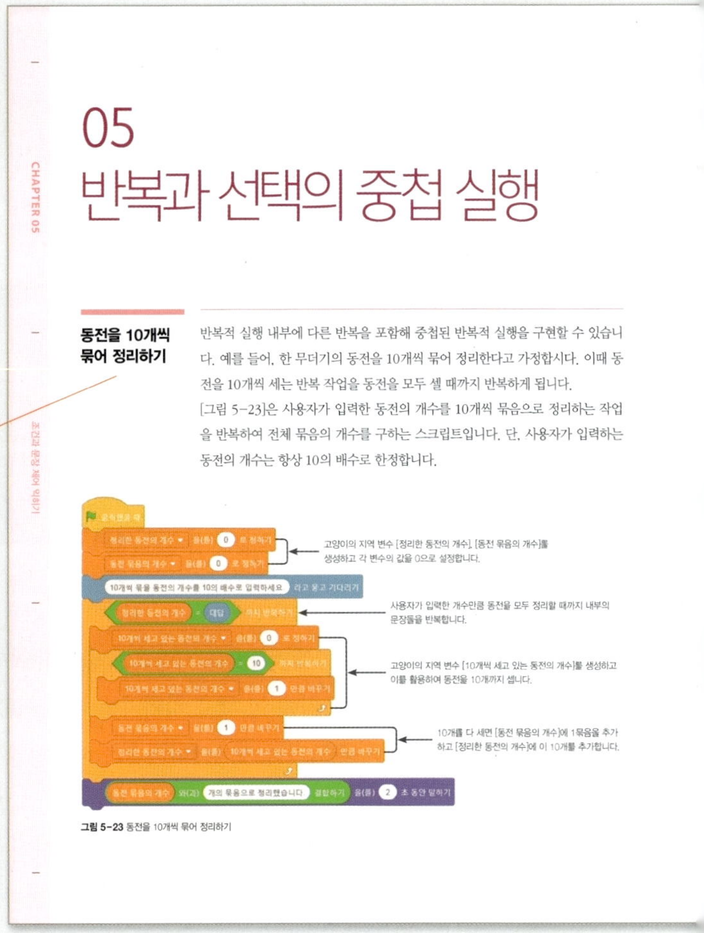

CHAPTER 05

05 반복과 선택의 중첩 실행

동전을 10개씩 묶어 정리하기

반복적 실행 내부에 다른 반복을 포함해 중첩된 반복적 실행을 구현할 수 있습니다. 예를 들어, 한 무더기의 동전을 10개씩 묶어 정리한다고 가정합시다. 이때 동전을 10개씩 세는 반복 작업을 동전을 모두 셀 때까지 반복하게 됩니다.

[그림 5-23]은 사용자가 입력한 동전의 개수를 10개씩 묶음으로 정리하는 작업을 반복하여 전체 묶음의 개수를 구하는 스크립트입니다. 단, 사용자가 입력하는 동전의 개수는 항상 10의 배수로 한정합니다.

그림 5-23 동전을 10개씩 묶어 정리하기

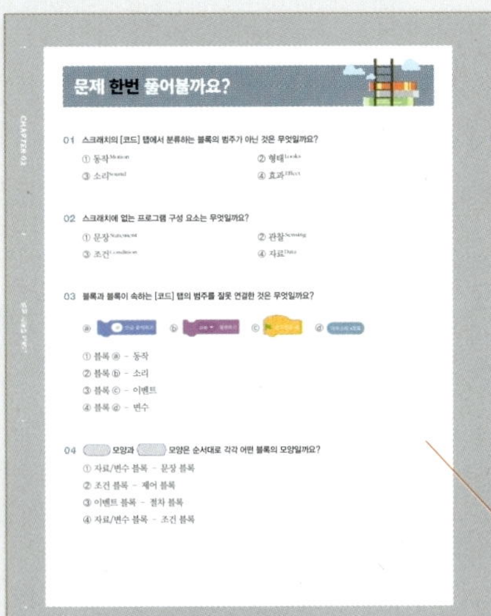

문제 한번 풀어볼까요?

01 스크래치의 [코드] 탭에서 분류하는 블록의 범주가 아닌 것은 무엇일까요?

① 동작 ② 형태 ③ 소리 ④ 효과

02 스크래치에 없는 프로그램 구성 요소는 무엇일까요?

① 문장 ② 관찰 ③ 조건 ④ 자료

03 블록과 블록이 속하는 [코드] 탭의 범주를 잘못 연결한 것은 무엇일까요?

① 블록 ⓐ - 동작
② 블록 ⓑ - 소리
③ 블록 ⓒ - 이벤트
④ 블록 ⓓ - 변수

04 모양과 모양은 순서대로 각각 어떤 블록의 모양일까요?

① 자료/변수 블록 - 문장 블록
② 조건 블록 - 제어 블록
③ 이벤트 블록 - 절차 블록
④ 자료/변수 블록 - 조건 블록

문제 한번 풀어볼까요?

객관식 문제를 통해 해당 장에서 꼭 기억해야 할 주요 개념을 다시 정리하고, 프로그래밍 문제를 통해 본문에서 공부한 예제를 응용하여 문제를 해결해봅니다.

예제소스와 실습환경

실습에 필요한 예제소스는 다음 주소에서 다운로드할 수 있습니다.

http://www.hanbit.co.kr/src/4448

스크래치 3.0의 실습환경은 다음과 같습니다.

- 데스크톱 : Chrome(63 이상), Edge(15 이상), Firefox(57 이상), Safari(11 이상)
  ※ Internet Explorer에서는 지원되지 않습니다.
- 태블릿 : Mobile Chrome(63 이상), Mobile Safari(11 이상)

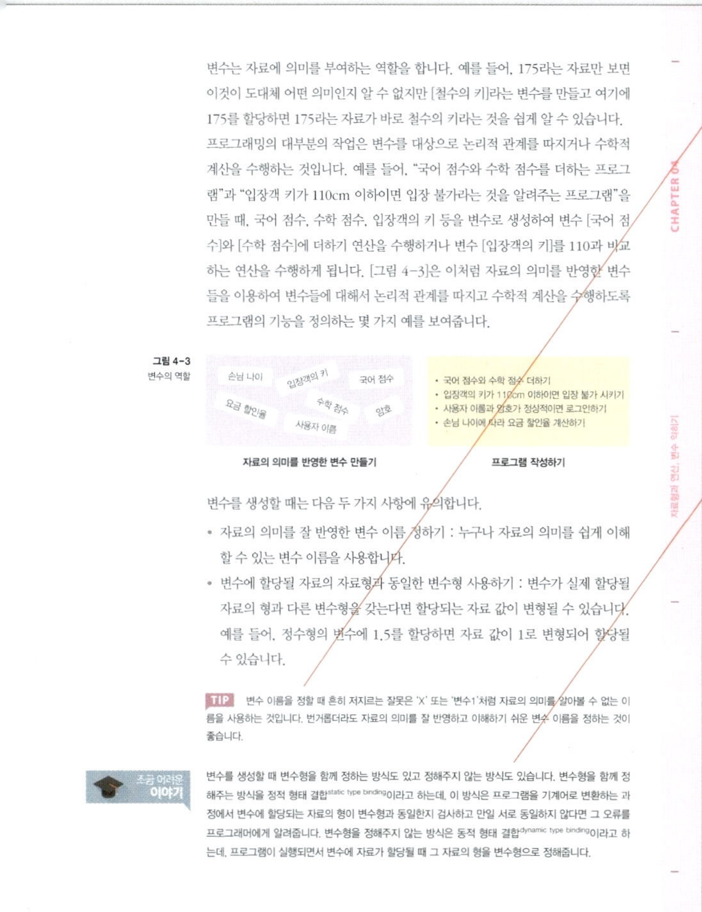

CHAPTER 04

변수는 자료에 의미를 부여하는 역할을 합니다. 예를 들어, 175라는 자료만 보면 이것이 도대체 어떤 의미인지 알 수 없지만 [철수의 키]라는 변수를 만들고 여기에 175를 할당하면 175라는 자료가 바로 철수의 키라는 것을 쉽게 알 수 있습니다. 프로그래밍의 대부분의 작업은 변수를 대상으로 논리적 관계를 따지거나 수학적 계산을 수행하는 것입니다. 예를 들어, "국어 점수와 수학 점수를 더하는 프로그램"과 "입장객 키가 110cm 이하이면 입장 불가라는 것을 알려주는 프로그램"을 만들 때, 국어 점수, 수학 점수, 입장객의 키 등을 변수로 생성하여 변수 [국어 점수]와 [수학 점수]에 더하기 연산을 수행하거나 변수 [입장객의 키]를 110과 비교하는 연산을 수행하게 됩니다. [그림 4-3]은 이처럼 자료의 의미를 반영한 변수들을 이용하여 변수들에 대해서 논리적 관계를 따지고 수학적 계산을 수행하도록 프로그램의 기능을 정의하는 몇 가지 예를 보여줍니다.

그림 4-3 변수의 역할

변수를 생성할 때는 다음 두 가지 사항에 유의합니다.

- 자료의 의미를 잘 반영한 변수 이름 정하기 : 누구나 자료의 의미를 쉽게 이해할 수 있는 변수 이름을 사용합니다.
- 변수에 할당될 자료의 자료형과 동일한 변수형 사용하기 : 변수가 실제 할당될 자료의 형과 다른 변수형을 갖는다면 할당되는 자료 값이 변형될 수 있습니다. 예를 들어, 정수형의 변수에 1.5를 할당하면 자료 값이 1로 변형되어 할당될 수 있습니다.

TIP 변수 이름을 정할 때 흔히 저지르는 잘못은 'X' 또는 '변수1'처럼 자료의 의미를 알아볼 수 없는 이름을 사용하는 것입니다. 번거롭더라도 자료의 의미를 잘 반영하고 이해하기 쉬운 변수 이름을 정하는 것이 좋습니다.

조금 어려운 이야기

변수를 생성할 때 변수형을 함께 정하는 방식도 있고 정해주지 않는 방식도 있습니다. 변수형을 함께 정해주는 방식을 정적 형태 결합static type binding이라고 하는데, 이 방식은 프로그램을 기계어로 변환하는 과정에서 변수에 할당되는 자료의 형이 변수형과 동일한지 검사하고 만일 서로 동일하지 않다면 그 오류를 프로그래머에게 알려줍니다. 변수형을 정해주지 않는 방식은 동적 형태 결합dynamic type binding이라고 하는데, 프로그램이 실행되면서 변수에 자료가 할당될 때 그 자료의 형을 변수형으로 정해줍니다.

TIP

본문과 관련된 도움말이나 참고로 알아두면 좋을 내용입니다.

조금 어려운 이야기

개념이 조금 어렵지만 알아두면 프로그래밍을 공부하는 데 도움이 되는 내용입니다.

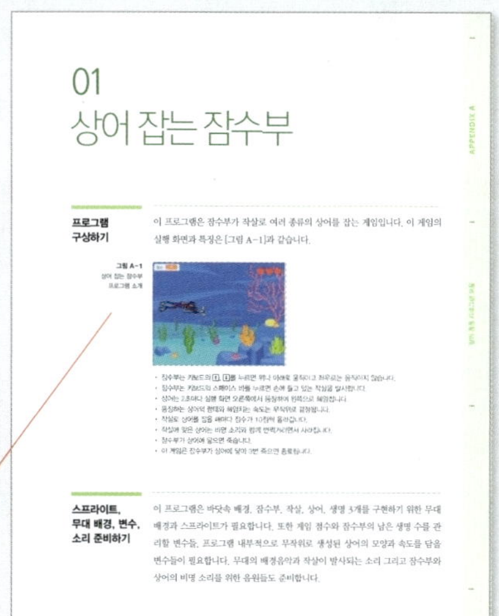

01
상어 잡는 잠수부

APPENDIX A

프로그램 구상하기

이 프로그램은 잠수부가 작살로 여러 종류의 상어를 잡는 게임입니다. 이 게임의 실행 화면과 특징은 [그림 A-1]과 같습니다.

그림 A-1 상어 잡는 잠수부 프로그램 소개

- 잠수부는 키보드의 ↑, ↓를 누르면 위나 아래로 움직이고 좌우로는 움직이지 않습니다.
- 잠수부는 키보드의 스페이스 바를 누르면 손에 들고 있는 작살을 발사합니다.
- 상어는 2초마다 실행 화면 오른쪽에서 등장하여 왼쪽으로 헤엄칩니다.
- 등장하는 상어의 형태와 헤엄치는 속도는 무작위로 결정됩니다.
- 작살로 상어를 잡을 때마다 점수가 10점씩 올라갑니다.
- 작살에 맞은 상어는 비명 소리와 함께 번쩍거리면서 사라집니다.
- 잠수부가 상어에 닿으면 죽습니다.
- 이 게임은 잠수부가 상어에 닿아 3번 죽으면 종료됩니다.

스프라이트, 무대 배경, 변수, 소리 준비하기

이 프로그램은 바닷속 배경, 잠수부, 작살, 상어, 생명 3개를 구현하기 위한 무대 배경과 스프라이트가 필요합니다. 또한 게임 점수와 잠수부의 남은 생명 수를 관리할 변수들, 프로그램 내부적으로 무작위로 생성된 상어의 모양과 속도를 담을 변수들이 필요합니다. 무대의 배경음악과 작살이 발사되는 소리 그리고 잠수부와 상어의 비명 소리를 위한 음원들도 준비합니다.

창의 응용 프로그램 모음 (부록 A)

각 장에서 익힌 이론과 기능을 다양하게 응용해보는 종합 예제입니다. 원하는 결과물의 형태를 먼저 구상하고 이를 단계별로 구현해봅니다. [문제 한번 풀어볼까요?]에 있는 프로그래밍 문제를 풀어본 후 추가로 연습해보면 좋습니다. 각 장에서 익힌 개념과 기능을 한 번 더 다질 수 있습니다.

CHAPTER 01 소프트웨어와 스크래치 알아보기

CHAPTER 02 블록 사용법 익히기

CHAPTER 03

스프라이트 사용법 익히기

CONTENTS

스크래치 3.0 : 컴퓨팅 사고력을 키우는 블록 코딩

CHAPTER 04

자료형과 연산, 변수 익히기

CHAPTER 05

조건과 문장 제어 익히기

CHAPTER 08
감지를 활용한 응용 프로그래밍

CHAPTER 09
이벤트를 활용한 응용 프로그래밍

CHAPTER 10
복제, 난수, 재귀 호출을 활용한 응용 프로그래밍

CHAPTER 12
창의 게임 프로그래밍

CHAPTER 13
창의 인터랙티브 스토리 프로그래밍

APPENDIX A

창의 응용 프로그램 모음

APPENDIX B

스크래치 블록 모음

소프트웨어와 스크래치 알아보기

이번 장에서 **무엇을 배우나요?**

1. 하드웨어와 소프트웨어의 개념을 이해합니다.
2. 프로그램(소프트웨어)과 프로그래밍 언어의 개념과 실행 원리를 이해합니다.
3. 교육용 프로그래밍 언어인 스크래치의 교육 목표를 이해합니다.
4. 스크래치를 실행하는 방법을 익히고 화면이 어떻게 구성되어 있는지 살펴봅니다.

CHAPTER

01

01 소프트웨어

하드웨어와 소프트웨어의 개념

소프트웨어software를 이해하려면 먼저 하드웨어hardware를 이해해야 합니다. 웨어ware는 제품 또는 물건을 의미하므로 하드웨어는 눈으로 보고 만질 수 있는 딱딱한 물건 정도로 생각할 수 있습니다. 컴퓨터의 모니터, 키보드, 마우스 등이 바로 하드웨어입니다. 컴퓨터 안에 있는 CPU나 메모리 등도 하드웨어입니다. 즉 컴퓨터를 구성하는 모든 기계 장치를 통틀어 하드웨어라고 합니다.

그림 1-1
하드웨어의 예

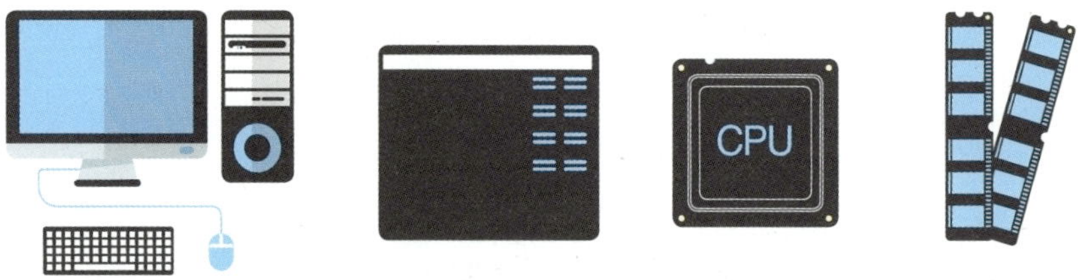

컴퓨터 본체, 모니터, 키보드 등 **컴퓨터 본체 내부 기기** **CPU** **메모리**

소프트웨어는 하드웨어의 상대적 개념으로, 컴퓨터를 사용하면서 그 존재를 느끼지만 구체적인 사물이 아니기 때문에 눈으로 보거나 만질 수 없습니다. 컴퓨터 모니터에 뜨는 윈도우즈 화면은 도대체 누가 그려주는 것일까요? 앵그리버드 같은 게임은 누가 실행시켜 주는 것일까요? 컴퓨터를 분해해서는 찾을 수 없는 소프트웨어라는 존재가 이런 일들을 수행합니다. 소프트웨어의 가장 대표적인 예가 프로그램program이므로 '소프트웨어=프로그램'으로 통용되기도 합니다.

그림 1-2
소프트웨어의 예

윈도우즈 운영체제

앵그리버드 게임

소프트웨어의 종류

소프트웨어는 크게 시스템 소프트웨어와 응용 소프트웨어로 나눌 수 있습니다. 시스템 소프트웨어는 윈도우즈 같은 운영체제와 키보드, 모니터 같은 장치를 제어하는 프로그램을 말합니다. 응용 소프트웨어는 애플리케이션application이라고도 불리는데 게임, 계산기와 같이 특정한 목적 아래 사용되는 프로그램입니다. 즉 시스템 소프트웨어는 컴퓨터 본체, 모니터, 키보드, 마우스, 프린터 등과 같은 컴퓨터 하드웨어를 동작시키는 작업을 하며, 응용 소프트웨어는 시스템 소프트웨어의 도움을 받아 그림판, 게임, 계산기, 문서편집기 등의 기능을 구현합니다. 예를 들어, 계산기 응용 소프트웨어의 키보드로 숫자를 입력받는 기능은 키보드 동작을 관리하는 시스템 소프트웨어의 도움을 받아 구현됩니다.

그림 1-3
사용자, 응용 소프트웨어, 시스템 소프트웨어 간의 관계

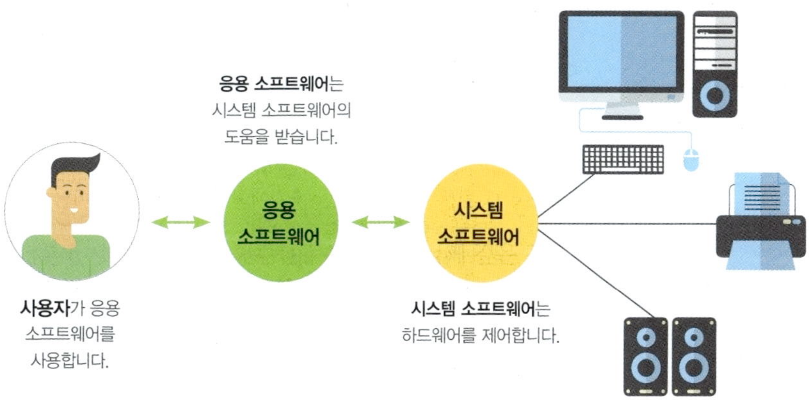

넓은 의미의 소프트웨어의 개념

앞에서 소프트웨어를 설명할 때 계산기, 게임, 윈도우즈 같은 프로그램을 예로 들었습니다. 하지만 사실 소프트웨어는 프로그램만 의미하는 것이 아니라 다양한 문서들도 포함합니다. 일반적으로 소프트웨어는 프로그램을 개발하기 전에 어떤 프로그램을 만들지 분석한 문서들, 프로그램을 개발한 후 테스트할 때 사용한 문서들, 프로그램을 소비자에게 전달할 때 필요한 사용 설명서 등도 포함하는 개념입니다. 단지, 소프트웨어의 가장 대표적인 예가 프로그램이기 때문에 소프트웨어와 프로그램을 동일한 개념으로 사용하기도 합니다.

그림 1-4
넓은 의미의 소프트웨어

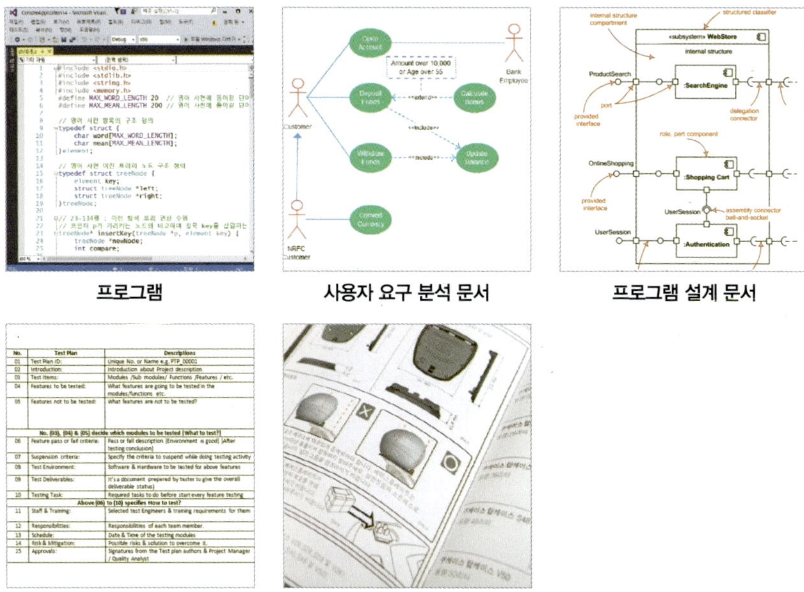

프로그램 / 사용자 요구 분석 문서 / 프로그램 설계 문서 / 테스트 문서 / 사용 설명서

조금 어려운 이야기

고품질의 소프트웨어를 경제적으로 개발하는 방법을 연구하는 학문인 소프트웨어 공학^software engineering^에서는 프로그램을 만들 때 먼저 사용자가 원하는 프로그램의 기능과 행동을 정확히 분석하고, 그 분석 결과에 따라 프로그램의 설계도를 만든 후 설계도대로 프로그래밍해야 한다고 말합니다. 그리고 프로그램뿐 아니라 이런 프로그램의 개발 과정에서 생성되는 문서들을 소프트웨어 범위에 포함시킵니다.

02 프로그램과 프로그래밍 언어

프로그램, 프로그래머, 프로그래밍의 관계

어떤 요리사가 새로운 요리를 개발했다고 가정해봅시다. 이 요리를 다른 사람에게 시키기 위해서는 요리법을 적어 전달해야 합니다. 이처럼 컴퓨터에 어떤 일을 시킬 때 수행해야 할 일을 적은 글을 컴퓨터 프로그램computer program 또는 간단히 프로그램program이라고 합니다. 그리고 그 프로그램을 만드는 사람을 프로그래머programmer, 프로그램을 만드는 행위를 프로그래밍programming이라고 합니다. 즉 프로그래머가 프로그래밍을 통해서 프로그램을 만들고, 그 프로그램에 적힌 일을 컴퓨터가 실행하는 것입니다.

그림 1-5
프로그래머, 프로그래밍, 프로그램 간의 관계

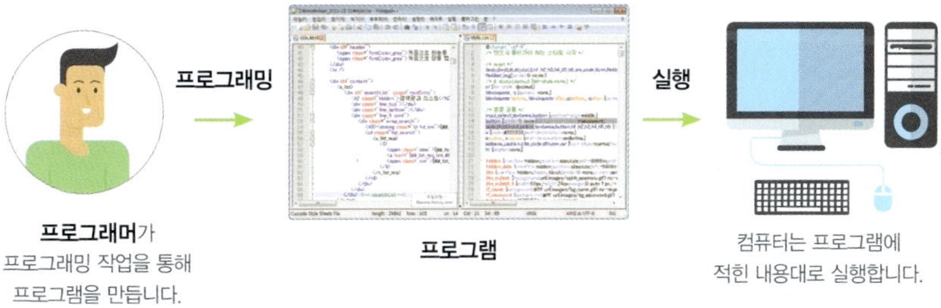

컴퓨터는 사람과 달리 융통성이라는 것이 없어 '아름답게', '적당하게', '좀 더 빠르게'와 같은 감성적이고 애매모호한 말들을 이해하지 못합니다. 따라서 이런 말들은 실행에 옮기지도 못합니다. 즉 사람에게는 "멋있게 입고 나와!"라고 말할 수 있지만 컴퓨터에게는 옷이나 신발 등을 구체적으로 지정해줘야 합니다. 따라서 컴퓨터가 이해해야 할 프로그램은 매우 명확하고 수치로 정확히 표현된 내용만을 가집니다.

프로그래밍 언어의 종류

프로그램을 적을 때 사용하는 언어를 프로그래밍 언어programming language라고 합니다. 프로그래밍 언어는 당연히 컴퓨터가 이해할 수 있는 형태여야 합니다. 그런데 컴퓨터는 기계어machine language라고 부르는 0과 1로 이루어진 언어만 이해할 수 있습니다. 하지만 그렇다고 사람에게 컴퓨터가 이해할 수 있는 기계어로만 프로그램을 작성하라고 한다면 너무 잔인한 일일 것입니다.

기계어 프로그래밍의 어려움을 극복하고자 일상 언어와 기호를 사용하는 프로그래밍 언어들이 탄생하게 되는데, 이런 언어들을 고급 프로그래밍 언어high-level programming language라고 합니다. 고급 프로그래밍 언어의 상대적인 개념으로 컴퓨터가 이해하기 쉬운 기계어와 어셈블리어assembly language를 저급 프로그래밍 언어low-level programming language라고 합니다.

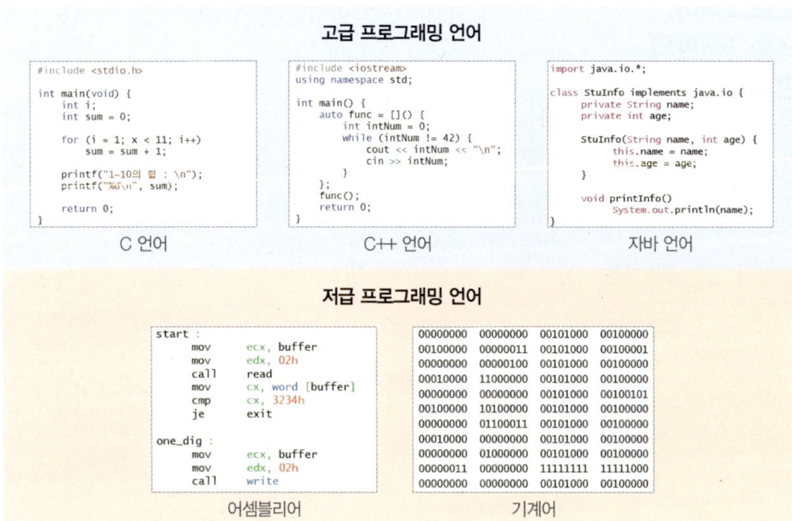

그림 1-6
고급 프로그래밍 언어와 저급 프로그래밍 언어의 예

조금 어려운 이야기

어셈블리어는 단순히 기계어를 사람이 좀 더 이해하기 쉬운 기호로 바꿔 표현해주므로 사람보다는 컴퓨터가 이해하기 쉬운 언어입니다. 예를 들어, 기계어로 1101은 더하기 명령을 의미하는데 어셈블리어는 이 1101을 단지 ADD라고 표현해주는 수준입니다. 어셈블리어로 작성된 프로그램은 어셈블러assembler라는 특수한 프로그램을 통해 다시 컴퓨터가 완전하게 이해할 수 있는 형태의 기계어로 변환됩니다.

프로그램의 해석과 실행

고급 프로그래밍 언어로 작성된 프로그램을 소스 프로그램source program 또는 원시 프로그램이라고 하는데 기계어만 이해하는 컴퓨터는 이런 소스 프로그램을 실행할 수 없습니다. 따라서 소스 프로그램을 기계어로 바꾸는 작업이 필요합니다. 이 작업은 컴파일러compiler와 인터프리터interpreter라는 특수한 프로그램이 수행합니다. 컴파일러는 소스 프로그램 전체를 기계어 프로그램으로 한꺼번에 변환합니다. 컴파일러에 의해 생성된 기계어 프로그램을 목적 프로그램object program이라고 하며 실제 컴퓨터는 이 목적 프로그램을 실행하게 됩니다. 컴파일러에 따라 목적 프로그램을 어셈블리어로 생성하기도 하는데 이때 목적 프로그램을 기계어 프로그램으로 변환하는 과정이 추가로 필요합니다. 인터프리터는 컴파일러와는 달리 소스 프로그램이 적힌 문장들을 실행 순서에 따라 하나씩 읽어 기계어로 변환하여 컴퓨터가 실행하도록 합니다.

그림 1-7
컴파일러 방식과 인터프리터 방식

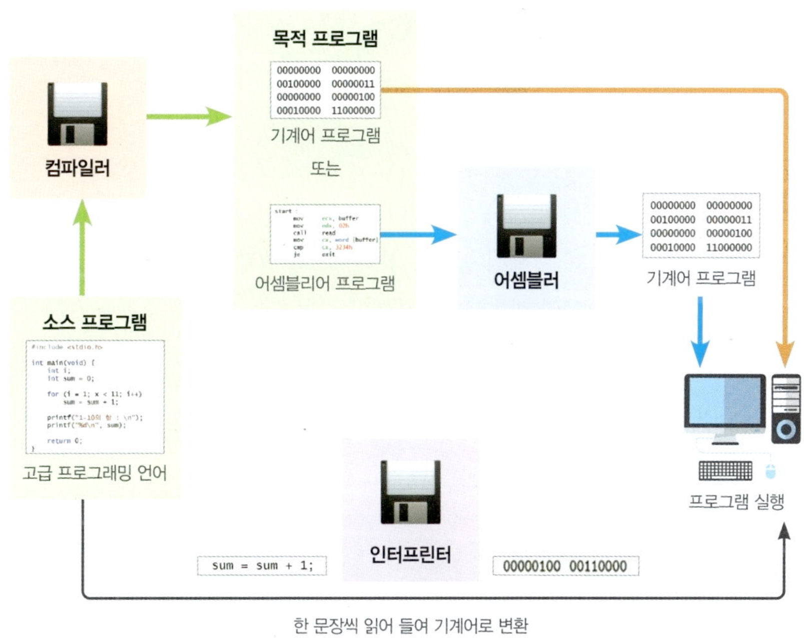

조금 어려운 이야기

컴파일러 방식과 인터프리터 방식은 서로 장단점이 있습니다. 컴파일러 방식은 소스 프로그램으로부터 기계어로 된 목적 프로그램을 먼저 만들고나서 실행하기 때문에 목적 프로그램을 만드는 데 시간이 상당히 걸릴 수 있지만 프로그램의 실행 속도가 빠릅니다. 이에 반해 인터프리터 방식은 목적 프로그램을 만들지 않으므로 프로그램을 바로 실행할 수 있지만 매번 소스 프로그램으로부터 한 문장씩 읽어와서 실행해야 하므로 컴파일러 방식보다 프로그램 실행 속도가 느립니다. 인터프리터 방식은 프로그램의 일부를 수정한 후 바로 실행하여 결과를 볼 수 있다는 특징이 있어 스크래치를 비롯한 많은 교육용 프로그래밍 언어가 이 방식을 사용하고 있습니다.

프로그래밍 언어와 스크래치의 관계

스크래치scratch는 미국 MIT 미디어랩의 라이프롱 킨더가르텐 그룹Lifelong Kindergarten Group에서 개발한 프로그래밍 교육용 언어입니다. 스크래치를 이용해 다양한 게임, 인터랙티브 스토리, 디지털 아트, 음악, 애니메이션 등을 만들 수 있고 그 작품들을 스크래치를 공부하는 다른 사람들과 공유할 수도 있습니다.

그림 1-8
스크래치의 탄생과 활용 예

그렇다면 스크래치가 탄생하게 된 동기는 무엇일까요? 스크래치는 프로그래밍을 통해 21세기를 살아가는 핵심 능력을 교육하기 위해 개발되었습니다. 여기서 말하는 핵심 능력은 창의적으로 생각하기, 논리적으로 추론하기 그리고 다른 사람들과 협동하기를 의미합니다.

그림 1-9
스크래치의 교육 목표

03 스크래치의 특징과 실행

스크래치의 특징

스크래치는 엑셀 같은 오피스 프로그램이나 앵그리버드 같은 복잡한 프로그램을 개발하는 데는 적합하지 않습니다. 스크래치는 프로그래밍에 필요한 개념을 익히고 이를 간편하게 실습해봄으로써 프로그래밍에 흥미를 느끼고 학습하는 데 최적화되어 있습니다.

스크래치는 스크립트 언어입니다

스크립트script는 원래 영화나 연극의 대본을 말하는데 컴퓨터 분야에서는 응용 프로그램이 따라야 할 규칙 또는 명령을 적어놓은 것을 말합니다. 일반 프로그래밍 언어가 연기자를 만들고 연기할 행동까지 적어준다면 스크립트 언어는 연기자가 있다고 가정하고 연기자가 연기할 행동만 적어놓은 셈입니다. 당연히 연기자 자체를 만드는 작업보다 훨씬 쉽습니다. 스크래치에는 스크립트를 작성할 대상으로 스프라이트sprite라는 연기자와 무대stage라는 배경 장소가 있습니다.
스프라이트는 걷고, 달리고, 말하고, 생각하고, 소리를 내고, 그림을 그리고, 모양을 바꾸는 등의 행동을 할 수 있는 연기자입니다. 무대는 이 스프라이트들이 연기할 수 있는 장소로 야구장, 해변가, 우주 공간 등 다양한 배경을 가질 수 있고 음악도 출력할 수 있습니다. 앞으로 여러분이 하게 될 스크래치 프로그래밍은 연기자와 배경을 결정하고 이들의 행동을 스크립트로 작성하는 작업으로 이해하면 됩니다.

그림 1-10
스크래치의 스크립트 작성 대상

스프라이트 무대

스크래치는 레고 블록을 조립하듯이 프로그래밍할 수 있습니다

스크래치는 제공된 다양한 블록을 이용해 레고 블록을 조립하듯이 스크립트를 쉽게 작성할 수 있습니다. 예를 들어, '고양이가 쥐를 쫓아가며 "거기 서!"라고 말한다'는 고양이와 쥐 스프라이트를 연기자로 선택하여 다음과 같은 블록들을 사용해 구현할 수 있습니다.

그림 1-11
스크래치 블록을 이용한 프로그래밍

쥐를 바라보게 합니다.

바라보는 방향으로 10만큼 이동하게 합니다.

"거기 서!"라고 말하게 합니다.

스크래치는 프로그래밍 작업을 통합적으로 도와줍니다

스크래치 프로그래밍은 일반적으로 '프로그램에 필요한 스프라이트 추가하기 → 무대 배경과 소리 추가하기 → 스프라이트 모양, 무대 배경, 소리 등을 원하는 형태로 변경하기 → 스프라이트 또는 무대에 대한 스크립트 작성하기 → 실행하기' 등의 순으로 진행됩니다. 스크래치는 이런 작업들을 통합적으로 도와주는 편리한 환경을 갖추고 있습니다.

스크래치의 실행

스크래치는 컴퓨터에 설치하지 않고 웹 브라우저에서 직접 프로그램을 만들고 실행할 수 있습니다. 이때 주의할 점은 인터넷 익스플로러Internet Explorer에서는 스크래치 3.0이 지원되지 않기 때문에 크롬Chrome이나 파이어폭스Fire Fox, 사파리Safari와 같은 브라우저에서 실행해야 한다는 것입니다. 웹 브라우저를 띄워 https://scratch.mit.edu에 접속하면 다음 그림과 같은 스크래치의 첫 화면이 표시됩니다.

그림 1-12
스크래치의 첫 화면(일부)

❶ 만들기 : 스크래치를 프로그래밍할 수 있는 환경으로 이동합니다.

❷ 탐험하기 : 다른 사람들이 만든 스크래치 프로그램들을 볼 수 있습니다.

❸ 아이디어 : 다양한 주제에 대한 프로그래밍 방법을 교육받을 수 있습니다.

❹ 소개 : 스크래치의 교육 목적, 개발 그룹 등에 대해서 소개합니다.

❺ 검색 : 스크래치 이용자들의 프로젝트project와 스튜디오studio를 검색합니다.

조금 어려운 이야기

프로젝트란 특정한 목적을 이루기 위해 여러 사람이 함께 하는 작업을 말합니다. 스크래치는 여러분이 만들고자 하는 프로그램을 여럿이서 공유하여 작성할 수 있기 때문에 프로젝트라는 용어를 사용하지만, 일반적으로 프로그램과 동일한 개념으로 생각해도 됩니다. 스튜디오는 주제별로 구분되어진 작업 공간입니다. 예를 들어, 게임이란 주제로 스튜디오를 만들고 게임과 관련된 프로젝트들만 모아놓을 수 있습니다. 주의할 점은 스튜디오는 다른 사람들에게 공유한 프로젝트들만 저장할 수 있다는 점입니다.

❻ 스크래치 가입 : 스크래치 계정을 생성합니다.

❼ 로그인 : 여러분의 스크래치 계정으로 로그인합니다.

❽ 만들기 시작하기 : ❶ 만들기 메뉴와 같은 기능입니다.

❾ 가입하기 : ❻ 스크래치 가입 메뉴와 같은 기능입니다.

❿ 비디오 시청하기 : 짧은 스크래치 홍보 영상을 보여줍니다.

⑪ 스크래치에 대해서 : ❹ 소개 메뉴와 같은 기능입니다.

⑫ 부모 : 부모에게 도움이 될 만한 교육 정보를 담고 있습니다.

⑬ 교육자 : 교육자에게 도움이 될 만한 자료를 제공합니다.

스크래치 3.0은 계정을 갖고 로그인한 이용자에게 편리한 기능을 제공합니다. 예를 들어, 로그인한 이용자는 스크래치 프로그램을 저장하고 관리할 때 편리한 '내 작업실' 기능을 사용할 수 있습니다. 반대로 로그인하지 않고 스크래치 3.0을 이용하게 되면 프로그램 저장 작업에도 상당한 불편을 겪게 됩니다. 앞으로 이 책의 모든 내용은 여러분이 스크래치에 로그인했다는 것을 전제로 합니다.

스크래치의 프로그래밍 환경

스크래치의 프로그래밍 환경은 크게 메인 메뉴 바, 스크립트 작업 창, 프로그램 실행 창, 스프라이트/무대 관리 창, 개인 저장소로 구성되어 있습니다. 세부적인 기능은 실제 사용하면서 익히도록 하고 여기서는 대략적으로 살펴보겠습니다.

❶ 메인 메뉴 바

메인 메뉴 바에는 프로그램을 실행하는 데 필요한 일반적인 기능을 모아놓았습니다. 메인 메뉴 바의 기능을 통해서 언어 설정, 파일 저장하기/불러오기, 튜토리얼 검색, 프로젝트 이름 정하기, 프로젝트 페이지로 이동, 내 작업실로 이동, 로그아웃, 계정 관리(사용자 이름과 비밀번호 변경)를 할 수 있습니다.

❷ 스크립트 작업 창

스크립트 작업 창은 프로그램을 작성하기 위한 블록들을 모아두고, 이 블록들을 이용해 스프라이트와 무대의 스크립트를 작성하는 곳입니다. [코드], [모양], [소리]로 구분된 탭을 이용해 스프라이트와 무대의 스크립트 작성뿐만 아니라 모양 변경과 소리 편집 등의 다양한 작업을 할 수 있습니다.

❸ 프로그램 실행 창

프로그램 실행 창에서는 스프라이트와 무대의 행동을 작성하는 스크립트들을 실행하여 보여줍니다. 프로그램 실행 창의 좌측에 있는 깃발(⚑) 메뉴는 프로그램 실행 시작하기, 빨간 동그라미(●) 메뉴는 프로그램 실행 멈추기 기능을 수행합니다. 우측에 있는 메뉴들은 프로그램 실행 창의 크기를 변경합니다.

❹ 스프라이트/무대 관리 창

스프라이트/무대 관리 창에서는 스프라이트와 무대 배경을 선택, 추가, 삭제하는 등의 관리 작업을 할 수 있습니다. 또한 스프라이트의 이름, 위치, 크기, 바라보는 방향 등을 변경할 수 있고 화면에 보일 것인가 아니면 숨길 것인가를 결정할 수도 있습니다. 그 외, 무대 배경을 편집하는 메뉴도 제공합니다.

❺ 개인 저장소

개인 저장소에는 스프라이트들을 저장할 수 있습니다. 이때 스프라이트에 포함된 스크립트도 함께 저장됩니다. 스크래치 프로그램을 작성하다보면 이전에 만들었던 스프라이트가 다시 필요한 경우가 있습니다. 따라서 자주 사용될 가능성이 있는 스프라이트를 저장소에 담아 새로운 프로그래밍 작업에 사용할 수 있습니다.

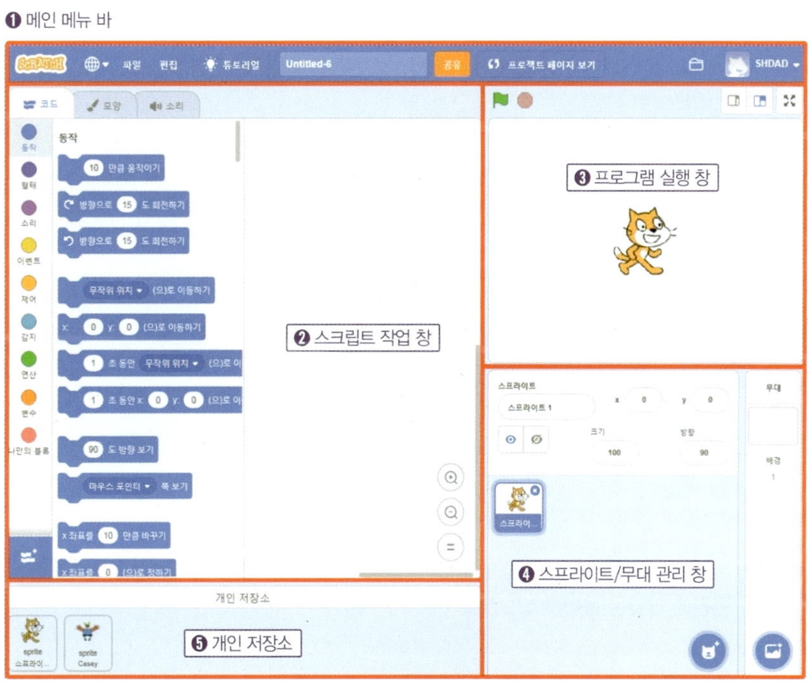

그림 1-13
스크래치의 프로그래밍 환경

문제 한번 풀어볼까요?

01 컴퓨터를 구성하는 모든 기계 장치를 통틀어 가리키는 용어는 무엇일까요?

① 소프트웨어 ② 하드웨어

③ 프로그램 ④ 애플리케이션

02 윈도우즈와 같은 운영체제나 게임, 계산기 등을 실행시키는, 위 1번 문제의 답과 상대적인 개념을 무엇이라고 하나요?

① 소프트웨어 ② 하드웨어

③ CPU ④ 메모리

03 게임, 계산기, 아래한글과 같이 특정한 목적에 따라 사용되는 소프트웨어를 무엇이라고 하나요?

① 하드웨어 ② 시스템 소프트웨어

③ 응용 소프트웨어 ④ 프로그램

04 소프트웨어에 속하지 않는 것은 무엇일까요?

① 프로그램 ② 사용자 매뉴얼

③ 메모리 ④ 프로그램 테스트 문서

05 빈칸에 알맞은 용어를 넣으세요.

컴퓨터가 할 일을 적은 글을 [❶] (이)라고 하며
❶을 만드는 사람을 [❷] (이)라고 하며
❶을 만드는 행동을 [❸] (이)라고 하며
❶을 만들 때 사용하는 언어를 [❹] (이)라고 합니다.

06 저급 프로그래밍 언어에 속하는 것을 모두 고르세요.

① 기계어 ② C 프로그래밍 언어

③ 자바 프로그래밍 언어 ④ 어셈블리어

07 고급 프로그래밍 언어로 작성된 프로그램을 컴퓨터가 실행할 수 있는 기계어로 변환하는 특수 프로그램을 모두 고르세요.

① 운영체제 ② 컴파일러

③ 인터프리터 ④ 어셈블러

08 컴파일러에 대한 설명으로 올바른 것을 고르세요.

① 컴파일러가 변환한 기계어 프로그램을 소스 프로그램이라 합니다.

② 컴파일러는 소스 프로그램을 한 문장씩 읽어 기계어로 변환합니다.

③ 컴파일러는 인터프리터 실행 방식보다 프로그램을 실행하는 속도가 빠릅니다.

④ 컴파일러 실행 방식은 프로그램의 일부를 수정하여 바로 실행할 수 있습니다.

09 스크래치 프로젝트가 교육 목표로 삼는 핵심 능력이 아닌 것을 고르세요.

① 창의적으로 생각하기

② 논리적으로 추론하기

③ 다른 사람들과 협동하기

④ 수학적 계산 능력 키우기

10 스크래치에 대한 설명으로 잘못된 것을 고르세요.

① MIT 미디어랩의 라이프롱 킨더가르텐 그룹에서 운영하는 무료 프로젝트입니다.

② 프로그래밍 작업을 간편하게 지원하는 스크립트 언어입니다.

③ 아래한글이나 앵그리버드와 같은 대규모의 복잡한 프로그래밍에 적합합니다.

④ 프로그래밍 작업을 통합적으로 지원하는 환경을 제공합니다.

11 스크래치는 누구에게나 재미있고 어렵지 않는 프로그래밍 교육을 목표로 합니다. 이런 목표를 위해 스크래치가 제공하고 있는 특징이 아닌 것은 무엇일까요?

① 스크래치는 스프라이트와 무대의 행동을 작성하는 스크립트 언어입니다.
② 스크래치로 작성된 프로그램을 다른 프로그래밍 언어로 자동 변환할 수 있습니다.
③ 스크래치는 블록 조립의 프로그래밍 방식을 제공합니다.
④ 스크래치는 프로그래밍 작업을 통합적으로 지원하는 환경을 제공합니다.

12 다음 중 [내 작업실] 기능 설명으로 옳지 않는 것을 고르세요.

① 로그인 한 사용자만 [내 작업실] 기능을 사용할 수 있습니다.
② 파일 메뉴의 [저장하기]를 선택하면 프로그램이 [내 작업실]에 저장됩니다.
③ [내 작업실]에 저장된 프로젝트는 다른 사람들과 공유할 수 있습니다.
④ 스튜디오에는 공유하지 않은 프로젝트들도 추가할 수 있습니다.

13 스크래치 사이트(https://scratch.mit.edu)에 접속하여 메인 화면을 둘러봅니다. 스크래치 프로그램을 새로 만들거나, 다른 사람들의 예제를 둘러보거나, 스크래치 회원으로 가입할 수 있는 메뉴를 확인합니다.

14 메인 화면에서 [탐험하기]를 선택하고 예제를 하나 선택하여 직접 실행해봅니다. 실행 화면 좌측에 있는 (실행)을 클릭하면 프로그램이 실행되고 (중지)를 클릭하면 프로그램 실행이 종료됩니다. 실행 화면 우측에 있는 (전체창)을 클릭하면 실행 화면이 전체 화면으로 변경됩니다. 가장 우측에 있는 [스크립트 보기] 메뉴를 선택하면 프로그램을 어떻게 구현했는지 확인할 수 있습니다.

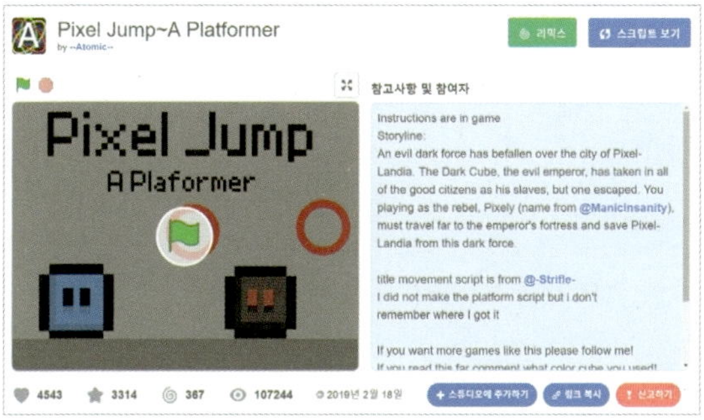

15 메인 화면에서 [스크래치 가입] 메뉴를 선택하여 스크래치 회원으로 가입합니다. 회원으로 가입한 뒤 로그인하면 여러분의 스크래치 프로그램을 전 세계 스크래치 회원들과 공유할 수 있고 개인 작업실을 관리할 수 있습니다.

블록 사용법 익히기

이번 장에서 무엇을 배우나요?

1. 스크래치 블록의 종류를 공부합니다.
2. 스크래치 블록의 기본 조작 방법을 공부합니다.
3. 스크래치 실행부터 프로그램을 작성한 후 저장하고 불러오기까지 스크래치 프로그래밍의 전 과정을 경험해봅니다.

CHAPTER

02

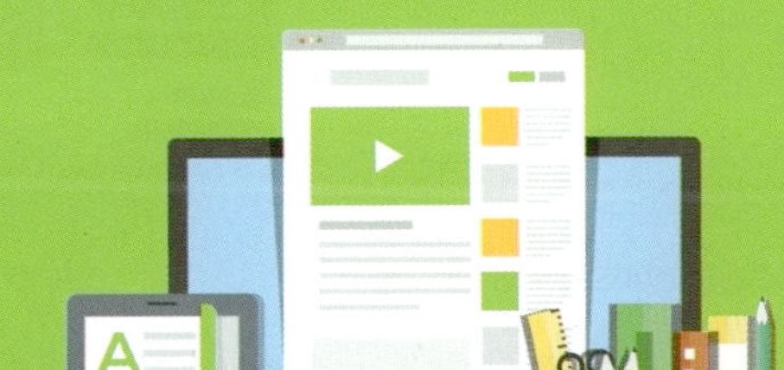

01 스크래치 블록의 종류와 사용법

스크래치 블록의 종류

일반 프로그래밍 언어에서 주로 키보드로 단어와 기호를 입력하여 프로그래밍하는 것과는 달리 스크래치에서는 마우스로 다양한 모양의 블록들을 조립하여 프로그래밍합니다. 따라서 스크래치 블록의 기능과 특징을 정확히 이해하고 있어야 적절하게 활용할 수 있습니다.

그림 2-1
일반 프로그래밍 언어와 스크래치의 차이

일반 프로그래밍 언어로 작성한 프로그램 **스크래치로 작성한 프로그램**

스크래치의 [스크립트 작업 창]–[코드] 탭에 블록들이 기능별로 분류되어 있습니다. 그리고 기능별로 고유한 색이 할당되어 있어 원하는 블록을 찾을 때는 색을 기준으로 찾으면 편리합니다.

그림 2-2
스크래치 블록의 기능별 분류

우리가 일상에서 말을 하거나 글을 쓸 때 주어, 서술어, 목적어 등의 문장 구성 요소를 이용하듯이 프로그램을 작성할 때도 몇 가지 요소를 이용합니다. 스크래치 프로그램을 작성할 때 사용하는 중요한 요소로는 문장, 자료와 변수, 조건, 제어, 이벤트, 절차(프로시저) 등이 있습니다. 이 요소들은 스크래치뿐만 아니라 대부분의 프로그래밍 언어에서 공통으로 사용됩니다.

스크래치는 [표 2-1]과 같이 요소별로 고유의 모양을 부여하고 있습니다.

표 2-1 스크래치 블록의 프로그래밍 요소별 분류

블록 범주	블록 형태	블록 범주	블록 형태
문장 블록		제어 블록	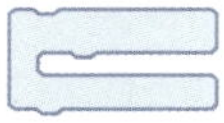
자료/변수 블록		이벤트 블록	
조건 블록		절차 블록	

각 블록들이 어떤 요소인지 몰라도 사용하는 데는 문제가 없습니다. 하지만 프로그램을 구성하는 요소들의 개념을 이해하고 있으면 스크래치뿐만 아니라 다른 프로그래밍 언어를 공부할 때 도움이 됩니다.

스크래치 블록의 조작 방법 익히기

스크래치 프로그래밍은 필요한 블록들을 가져와 조립하거나 분리 또는 복사하고 필요 없으면 삭제하는 작업을 통해 이루어집니다. 따라서 이 블록의 기본 조작 방법을 알고 있어야 합니다.

원래 드래그Drag는 어떤 개체를 마우스 왼쪽 버튼을 누른 채 다른 위치로 옮기는 동작까지이고, 드래그 앤 드롭Drag-And-Drop은 마우스 왼쪽 버튼을 누른 채 다른 위치로 옮긴 후 마우스 왼쪽 버튼에서 손가락을 떼는 동작입니다. 하지만 이 책에서는 간결하게 설명하기 위해 드래그 앤 드롭 동작을 드래그로 표현합니다.

블록 가져오기와 삭제하기

필요한 블록을 [스크립트 작업 창]으로 가져올 때는 해당 블록을 선택한 후 [스크립트 작업 창]으로 드래그하면 됩니다.

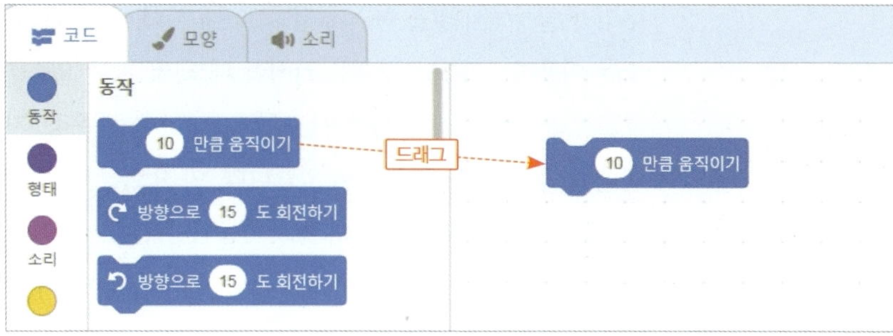

그림 2-3
블록 가져오기

블록을 삭제할 때는 [그림 2-4]와 같이 해당 블록을 [스크립트 작업 창]에서 블록 모음 쪽으로 드래그하거나 [그림 2-5]와 같이 해당 블록에서 마우스 오른쪽 버튼을 누르고 [블록 삭제하기] 메뉴를 선택합니다.

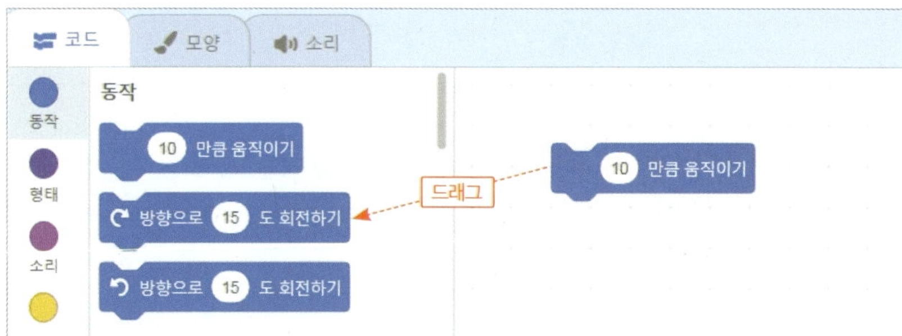

그림 2-4
마우스로 드래그해
블록 삭제하기

그림 2-5
[블록 삭제하기] 메뉴를
이용해 블록 삭제하기

블록 조립하기와 분리하기

해당 블록을 조립하고자 하는 블록 가까이 드래그하여 블록들을 조립할 수 있습니다. 조립하고자 하는 블록에 가까이 가져가면 조립할 위치가 회색의 블록 음영으로 표시되는데, 이때 마우스 버튼을 놓으면 자동으로 조립됩니다. 반대로 블록을 분리할 때는 조립된 블록의 일부를 마우스로 클릭하여 멀리 드래그하면 분리됩니다. 이때 회색의 블록 음영이 사라질 때까지 드래그해야 합니다.

그림 2-6
블록 조립하기

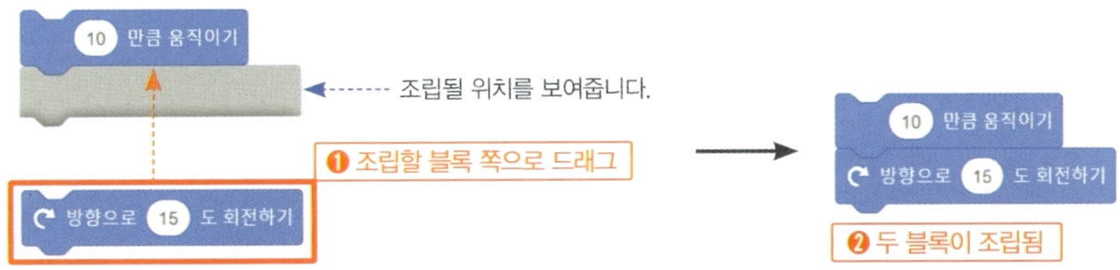

그림 2-7
블록 분리하기

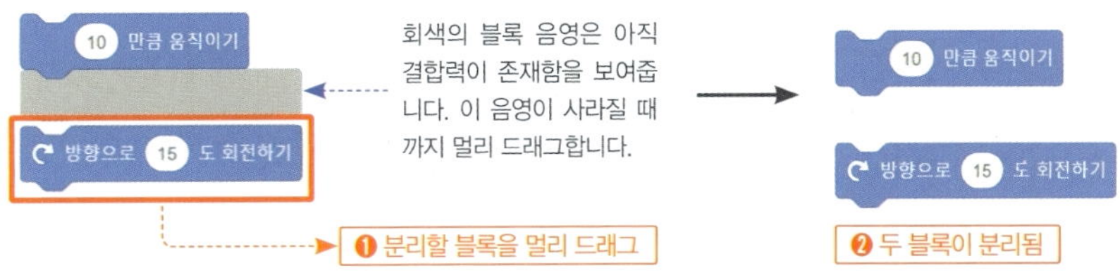

블록 복사하기

블록을 마우스 오른쪽 버튼으로 누르고 [복사하기] 메뉴를 선택하면 복사할 수 있습니다. [그림 2-8]과 같이 블록 하나만 복사할 수도 있고 [그림 2-9]와 같이 아래로 연결된 블록을 함께 복사할 수도 있습니다. 뿐만 아니라 이 블록들을 다른 스프라이트에 복사할 수도 있습니다. 유사한 기능을 갖는 스프라이트들의 스크립트를 작성할 때 블록을 다른 스프라이트에 복사하는 기능은 프로그래밍 시간을 많이 줄여주어 매우 유용합니다. 이 방법은 이후에 알아보도록 하겠습니다.

그림 2-8
블록 하나만 복사하기

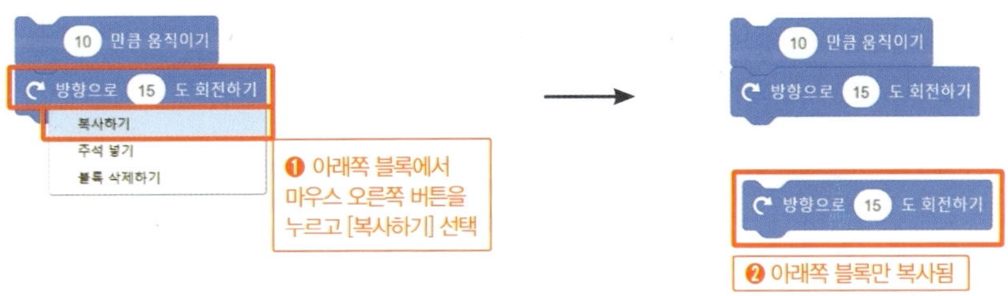

그림 2-9
연결된 블록 함께 복사하기

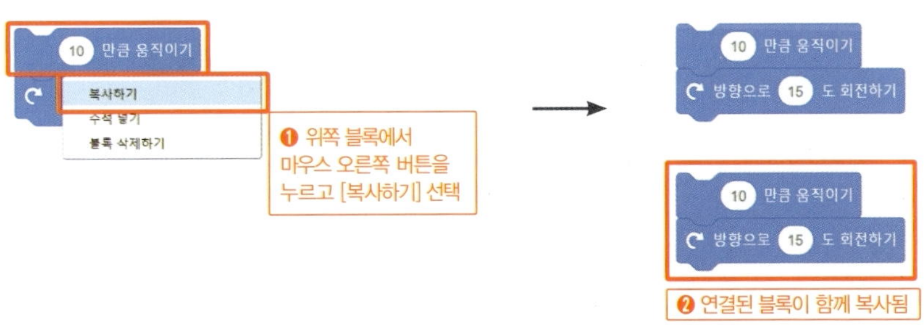

02
스크래치 프로그래밍 전 과정

맛보기 프로그램의 소개

스크래치 프로그래밍을 본격적으로 배우기 전에 전 과정을 한번 경험해보도록 하겠습니다. '고양이와 쥐'라는 간단한 프로그램을 만들어 실행하는 전 과정을 따라해봅니다.

고양이가 멈춰 있는 쥐를 향해 움직여 결국 쥐를 잡는 프로그램을 만들어보겠습니다. 이 프로그램을 만들면서 스크래치를 처음 실행하는 방법부터 시작해 스프라이트와 무대를 관리하는 기능, 스프라이트 스크립트를 작성하는 방법, 저장하고 실행하는 방법에 이르기까지 전 과정을 경험해볼 수 있습니다.

그림 2-10
'고양이와 쥐' 프로그램

프로그램 실행 화면　　**고양이 스프라이트의 행동**

프로그램 설명

- 프로그램 실행 전, 고양이와 쥐 스프라이트를 적당한 위치에 갖다 놓습니다.
- 프로그램 실행 후, 쥐 스프라이트는 정지해 있고 고양이 스프라이트는 쥐 스프라이트가 있는 방향을 바라보며 1초에 10만큼씩 반복해서 이동합니다.

프로그램 단계별로 작성하기

스크래치 사이트에 접속하여 프로그래밍 환경 실행하기

웹 브라우저를 띄워 https://scratch.mit.edu로 접속한 후 [만들기] 메뉴를 이용해 스크래치 프로그래밍 화면으로 이동합니다.

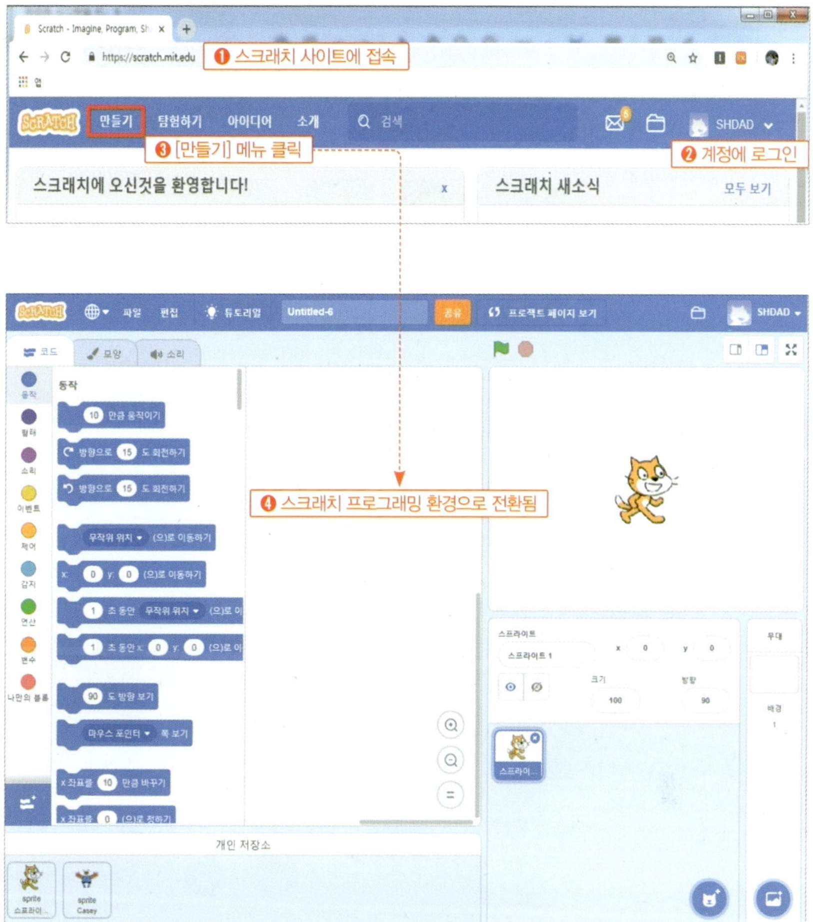

그림 2-11
스크래치 실행

무대 배경 변경하기

[스프라이트/무대 관리 창]에서 [배경 고르기]를 클릭한 후 Beach Malibu를 클릭하면 무대 배경이 해변가로 바뀝니다.

그림 2-12
무대 배경 선택

스프라이트 추가하기

[스프라이트/무대 관리 창]에서 [스프라이트 고르기]를 클릭한 후 Mouse1을 클릭하면 스프라이트에 추가됩니다.

그림 2-13
스프라이트 추가

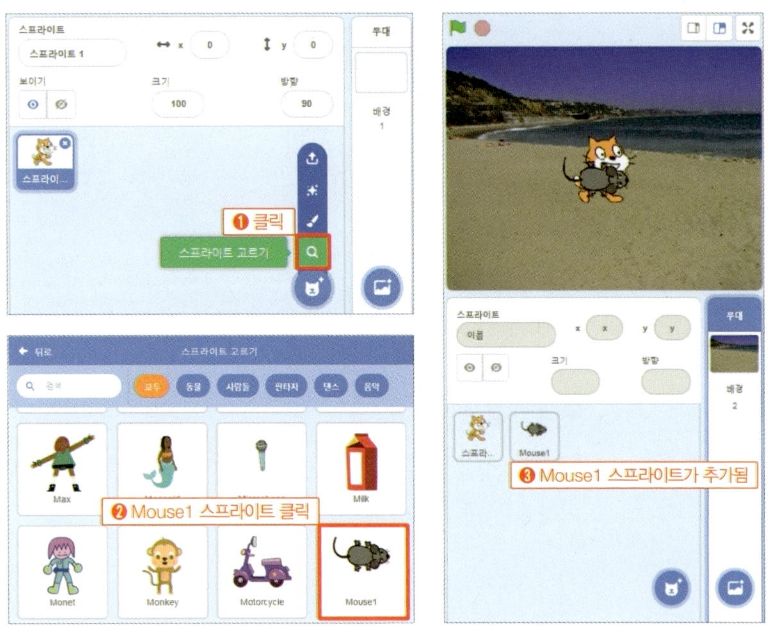

TIP [프로그램 실행 창]에 고양이 스프라이트와 쥐 스프라이트가 겹쳐 있는데 마우스로 스프라이트를 클릭해서 위치를 옮길 수 있습니다.

스프라이트 이름 변경하기

스크립트를 작성할 때 스프라이트 이름을 종종 사용하므로 스프라이트는 기억하기 쉬운 이름으로 설정하는 것이 편리합니다. 기본적으로 제공되는 고양이 스프라이트와 앞에서 추가한 쥐 스프라이트의 이름은 기본값이 Sprite1(또는 스프라이트1)과 Mouse1입니다. 이를 '고양이'와 '쥐'로 바꿔보겠습니다.

Sprite1(또는 스프라이트1) 스프라이트를 클릭하여 선택한 후 [스프라이트/무대 관리 창] 상단에서 스프라이트 이름을 '고양이'로 변경하고, 같은 방법으로 Mouse1을 '쥐'로 변경합니다.

그림 2-14 고양이 스프라이트의 이름 변경

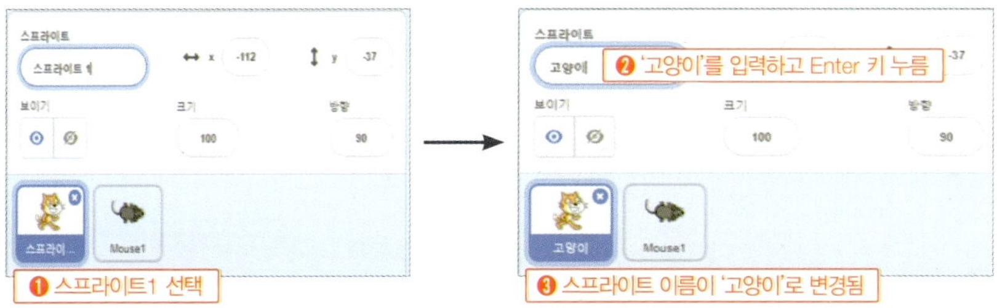

그림 2-15 쥐 스프라이트의 이름 변경

스프라이트의 스크립트 작성하기

동작을 구현하기 위해 스크립트를 작성하려면 먼저 대상을 선택해야 합니다. 여기서는 고양이 스프라이트의 스크립트를 작성해보겠습니다. [스프라이트/무대 관리 창]에서 고양이 스프라이트를 선택합니다. [스크립트 작업 창]에서 [코드] 탭을 선택한 후 앞에서 배운 블록 조작법을 활용해 고양이 스프라이트의 스크립트를 작성합니다.

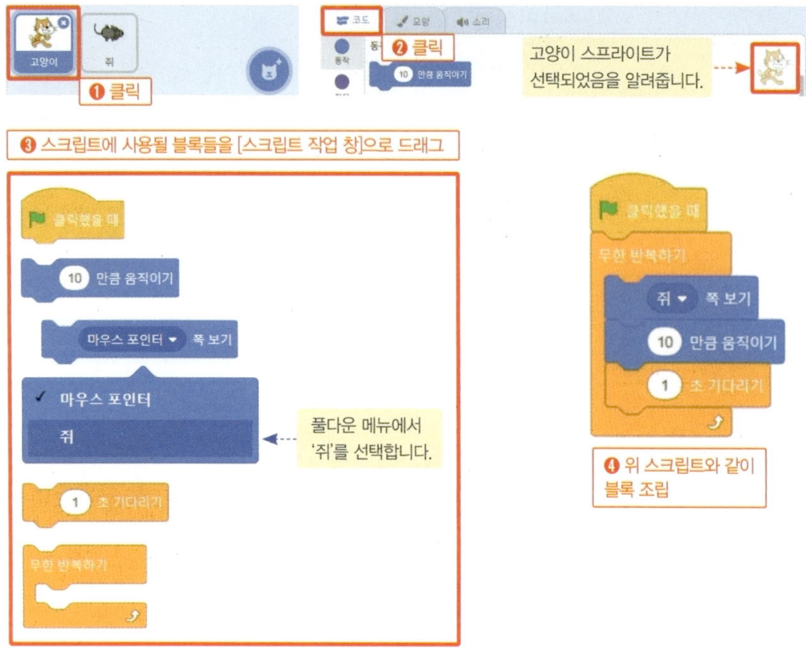

그림 2-16
고양이 스프라이트의
스크립트 작성

프로그램 실행하기

작성한 프로그램을 [프로그램 실행 창]에서 실행하면 고양이 스프라이트가 쥐 스프라이트를 바라보면서 1초에 10만큼씩 이동합니다. 프로그램을 실행하기 전에 고양이와 쥐 스프라이트를 적당한 위치로 옮길 수 있으며, 프로그램을 실행하고 있을 때도 스프라이트의 위치를 옮길 수 있습니다. '고양이와 쥐' 프로그램을 실행하는 동안 마우스로 쥐 스프라이트의 위치를 옮기면 고양이 스프라이트는 위치가 바뀐 쥐 스프라이트를 바라보며 1초에 10만큼 다가갑니다.

그림 2-17
'고양이와 쥐' 프로그램 실행

프로그램 실행 화면을 웹페이지 전체 화면으로 설정하면 확대된 실행 화면에서는 스프라이트들의 위치를 마우스로 옮길 수 없습니다. 하지만 [코드] 탭의 [감지] 메뉴에서 드래그 모드를 설정할 수 있는 블록을 사용하면 전체 화면 실행에서도 스프라이트의 위치를 마우스로 옮길 수 있습니다. [그림 2-18]과 같이 고양이 스프라이트의 행동을 수정한 후 전체 화면에서 실행시키면 고양이 스프라이트를 마우스로 옮길 수 있습니다.

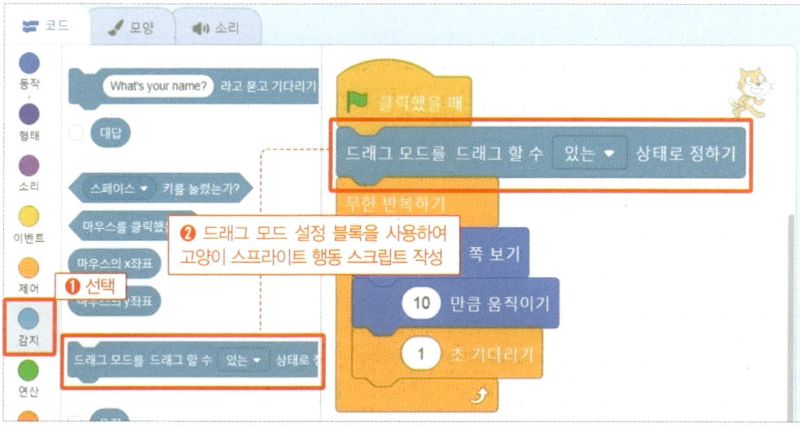

그림 2-18
스프라이트의
위치 변경 기능 설정

프로그램 저장하고 불러오기

작성한 스크래치 프로그램은 [내 작업실]이나 컴퓨터에 저장할 수 있습니다. [메인 메뉴 바] 중앙에 있는 프로젝트 이름 창에 '고양이와 쥐'라고 입력하고 [파일]-[저장하기] 메뉴를 선택합니다. 이 작업이 완료되면 지금까지 작성했던 스크래치 프로그램이 '고양이와 쥐'라는 이름으로 [내 작업실]에 저장됩니다.

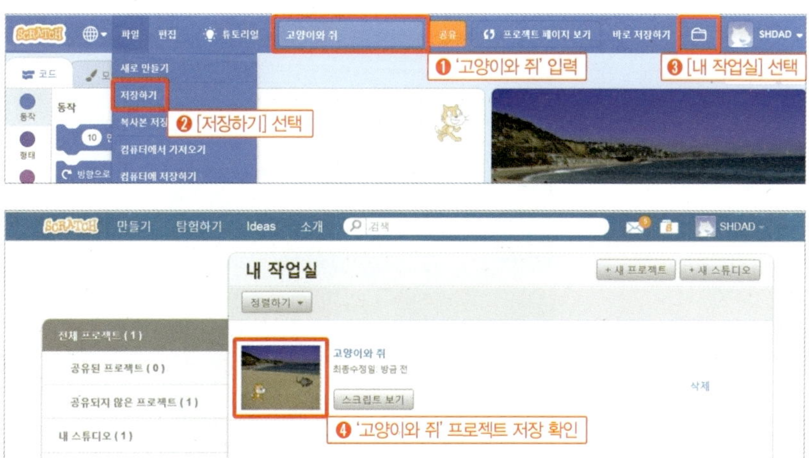

그림 2-19
'고양이와 쥐'
프로그램 저장

스크래치 3.0의 저장 파일 확장자는 'sb3'입니다. 따라서 '고양이와 쥐' 프로그램을 컴퓨터에 저장하면 '고양이와 쥐.sb3'이라는 이름으로 저장됩니다. 컴퓨터에 저장은 [메인 메뉴 바]의 [파일]–[컴퓨터에 저장하기] 메뉴를 선택하면 됩니다.

[내 작업실]에 저장된 스크래치 프로젝트(프로그램)는 스크래치의 [내 작업실] 메뉴를 선택하여 불러올 수 있습니다. 참고로, [내 작업실] 메뉴를 사용하려면 스크래치 계정에 로그인한 상태여야 합니다.

그림 2-20
[내 작업실]에 저장된 프로젝트 불러오기

프로젝트 관리 페이지는 여러분이 작성한 스크래치 프로그램의 사용 방법 또는 참고사항 등을 기술하고 다른 사용자와의 공유 설정을 통해 댓글과 평가도 받을 수 있는 페이지입니다.

그림 2-21
프로젝트 관리 페이지

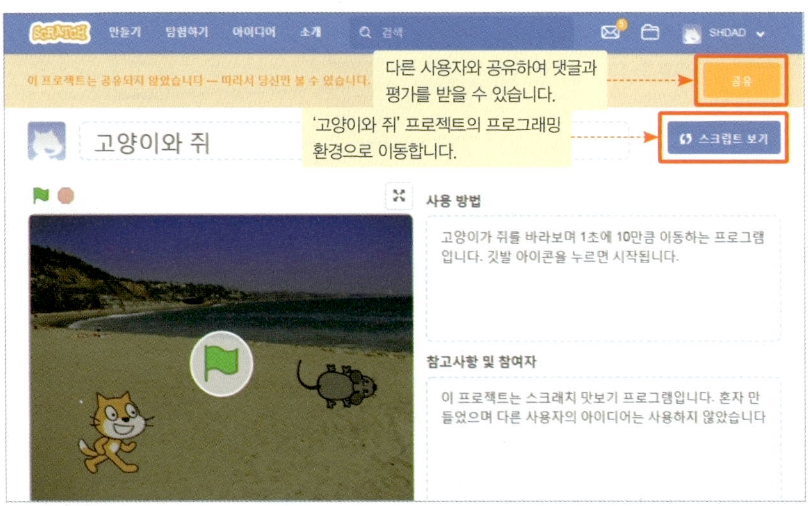

컴퓨터에 저장된 스크래치 프로그램을 불러올 때는 [파일]-[컴퓨터에서 가져오기] 메뉴를 이용합니다.

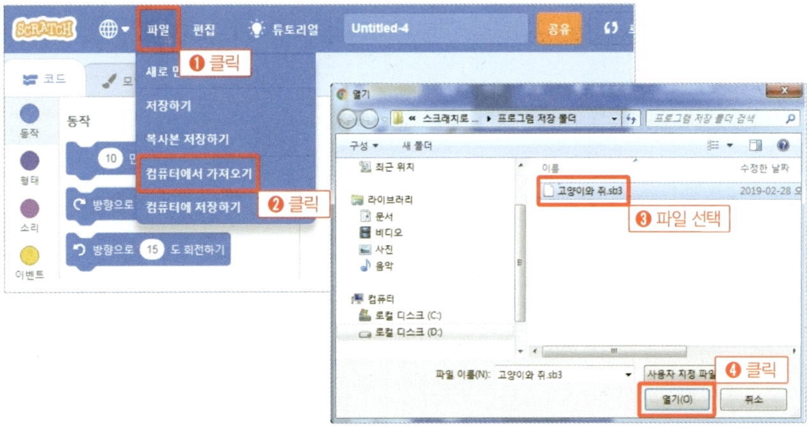

그림 2-22
컴퓨터에 저장된 프로그램 불러오기

조금 어려운 이야기

앞에서는 단순히 블록 하나만 복사했지만 특정 스프라이트의 동작을 구현한 블록을 다른 스프라이트에 복사할 수도 있습니다. [그림 2-23]과 같이 고양이 스프라이트에 속한 블록들을 쥐 스프라이트로 드래그한 후, 쥐 스프라이트에서 [코드] 탭을 선택하면 고양이 스프라이트의 블록이 복사된 것을 확인할 수 있습니다.

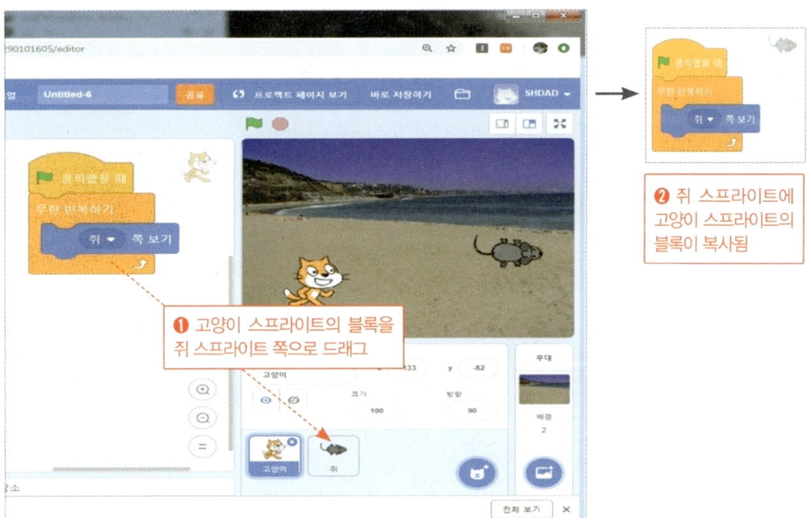

그림 2-23
다른 스프라이트로 블록 복사

문제 한번 풀어볼까요?

01 스크래치의 [코드] 탭에서 분류하는 블록의 범주가 아닌 것은 무엇일까요?

① 동작Motion ② 형태Looks
③ 소리Sound ④ 효과Effect

02 스크래치에 없는 프로그램 구성 요소는 무엇일까요?

① 문장Statement ② 관찰Sensing
③ 조건Condition ④ 자료Data

03 블록과 블록이 속하는 [코드] 탭의 범주를 잘못 연결한 것은 무엇일까요?

ⓐ 

ⓑ 

ⓒ 

ⓓ 

① 블록 ⓐ – 동작
② 블록 ⓑ – 소리
③ 블록 ⓒ – 이벤트
④ 블록 ⓓ – 변수

04  모양과  모양은 순서대로 각각 어떤 블록의 모양일까요?

① 자료/변수 블록 – 문장 블록
② 조건 블록 – 제어 블록
③ 이벤트 블록 – 절차 블록
④ 자료/변수 블록 – 조건 블록

05 아래 그림과 같이 블록 ⓑ를 클릭하여 복사하면 실제 복사되는 블록들로 맞는 것은 무엇일까요?

① 블록 ⓑ만 복사됩니다.

② 블록 ⓑ와 ⓒ가 복사됩니다.

③ 블록 ⓑ, ⓒ, ⓓ가 복사됩니다.

④ 블록 ⓐ, ⓑ, ⓒ, ⓓ가 복사됩니다.

06 [스프라이트/무대 관리 창]에서 관리할 수 있는 스프라이트의 기본 속성에 속하지 않는 것은 무엇일까요?

① 이름　　② 크기

③ 방향　　④ 회전 방식

07 스크래치 파일의 확장자는 무엇일까요?

① .doc　　② .hwp

③ .sb3　　④ .jpg

08 프로그램을 전체 화면으로 확대하여 실행하고 있을 때 스프라이트를 마우스로 클릭하여 이동할 수 있게 하는 방법은 무엇일까요?

① [감지] 블록 메뉴에서 드래그 모드 설정 블록을 이용합니다.

② 스프라이트의 기본 속성인 [보이기]를 체크합니다.

③ 스프라이트의 기본 속성인 [방향]을 0도로 설정합니다.

④ 전체 화면으로 실행할 때는 마우스로 스프라이트를 이동할 수 있는 방법이 없습니다.

09 스크래치를 실행합니다. 스크래치 프로그래밍의 초기 환경을 보면, 무대는 배경을 갖고 있지 않으며 스프라이트는 Sprite1(또는 스프라이트1)만 존재합니다. 이 상태에서 다음과 같은 작업을 수행한 후 아래 그림들과 비교합니다.

① 프로젝트 이름 입력 창에 '쥐와 대화하는 고양이'를 입력합니다.
② 무대 배경으로 Blue Sky를 추가합니다.
③ 스프라이트 Mouse1을 추가합니다.
④ 스프라이트 Sprite1의 이름을 '고양이'로 변경합니다.
⑤ 스프라이트 Mouse1의 이름을 '쥐'로 변경합니다.

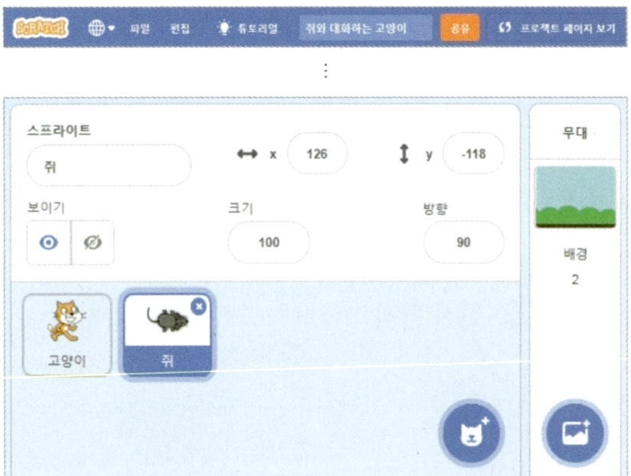

10 위의 작업에 이어 무대, 고양이, 쥐 스프라이트의 행동을 다음과 같이 스크립트로 작성하고 전체 화면으로 실행합니다.

① 무대의 스크립트 : [스프라이트/무대 관리 창]에서 무대를 선택하고 [코드] 탭을 선택한 후, 다음과 같이 스크립트를 작성합니다.

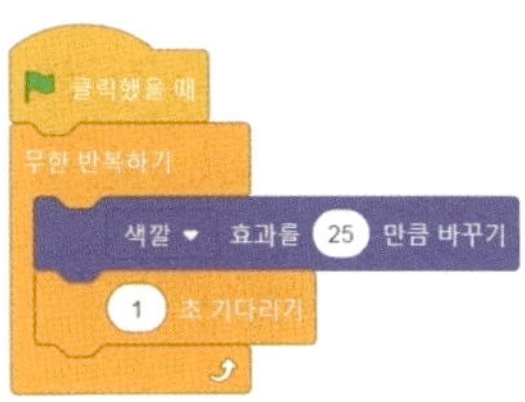

② 고양이 스프라이트의 스크립트 : [스프라이트/무대 관리 창]에서 고양이 스프라이트를 선택하고 [코드] 탭을 선택한 후, 다음과 같이 스크립트를 작성합니다.

③ 쥐 스프라이트의 스크립트 : [스프라이트/무대 관리 창]에서 쥐 스프라이트를 선택하고 [코드] 탭을 선택한 후, 다음과 같이 스크립트를 작성합니다.

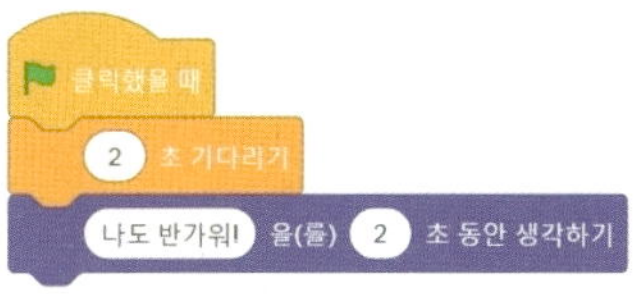

④ 전체 화면으로 프로그램 실행 : [프로그램 실행 창]의 상단 우측에 있는 (전체창)을 클릭한 후 (실행)을 선택하여 프로그램을 실행합니다.

11 **위의 작업에 이어 [파일]–[저장하기] 메뉴를 선택하여 작성된 프로그램을 [내 작업실]에 저장합니다.**

프로그램 저장 작업 후, [내 작업실]로 가서 '쥐와 대화하는 고양이' 프로젝트가 존재하는지 확인합니다.

스프라이트 사용법 익히기

이번 장에서 **무엇을 배우나요?**

1. 스프라이트 개념과 스프라이트 그래픽 구현 방식을 공부합니다.
2. 스크래치가 구분한 스프라이트 행동의 종류를 공부합니다.
3. 스프라이트와 무대의 차이를 공부합니다.
4. 스크래치의 좌표계와 방향계에 대해서 공부합니다.
5. 스프라이트 모양의 중심에 대해서 공부합니다.
6. 스프라이트의 동작, 형태, 소리, 펜 기능에 대해서 공부합니다.

CHAPTER

03

01 스프라이트의 구현 방식

스프라이트의 개념과 예

앞서 스프라이트를 스크래치 프로그램에서 연기하는 연기자라고 소개했는데, 스프라이트는 원래 비디오 게임에서 독립적으로 분리된 그래픽 객체를 의미합니다. 비디오 게임에서 흔히 볼 수 있는 주인공 캐릭터, 악당, 아이템 등이 대표적인 예입니다.

그림 3-1
게임 스프라이트의 예

스프라이트의 그래픽 구현 방식 설정하기

스프라이트의 그래픽을 구현하는 방식은 크게 래스터raster 그래픽 방식과 벡터vector 그래픽 방식으로 구분됩니다. 두 방식의 가장 큰 차이는 화질에 있습니다. 래스터 그래픽 방식은 그림을 확대하면 계단 현상이 발생하여 화질이 떨어지는 반면, 벡터 그래픽 방식은 그림을 확대해도 화질에 변화가 없습니다.

조금 어려운 이야기

래스터 그래픽 방식은 그래픽을 구현할 때 픽셀pixel들의 집합인 비트맵bitmap을 이용하기 때문에 확대하면 [그림 3-2]와 같은 계단 현상이 발생합니다. 벡터 그래픽 방식은 그래픽을 구현할 때 점, 선, 곡선, 원 등의 도형 방정식을 이용합니다. 따라서 그림을 확대해도 [그림 3-3]과 같이 화질의 변화가 없다는 장점이 있으며 래스터 그래픽 방식보다 일반적으로 파일 크기도 작습니다.

그림 3-2
래스터 그래픽 방식

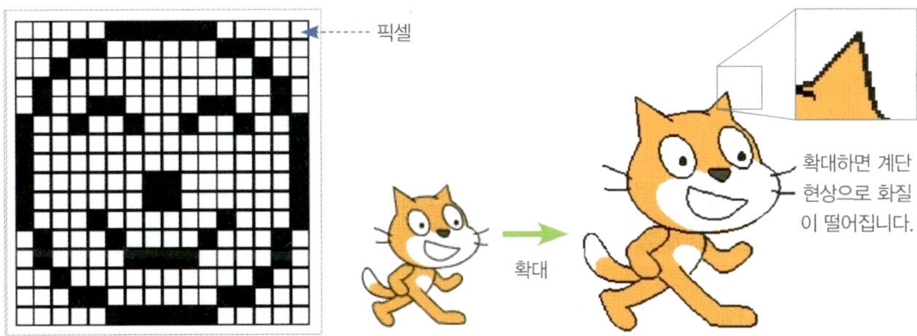

비트맵

그림 3-3
벡터 그래픽 방식

도형 방정식

스크래치의 스프라이트는 래스터 그래픽과 벡터 그래픽 두 가지 방식으로 모두 구현할 수 있습니다. 구현 방식은 [스프라이트/무대 관리 창]에서 고양이 스프라이트를 선택한 후 [모양] 탭을 선택하면 확인할 수 있습니다. [그림 3-4]와 같이 하단 메뉴가 [비트맵으로 바꾸기]로 되어 있는 경우 스프라이트가 벡터 그래픽 방식으로 구현되어 있다는 것을 의미합니다. 이 메뉴를 클릭하면 스프라이트의 그래픽 구현 방식이 래스터 그래픽 방식으로 변경되면서 메뉴도 [벡터로 바꾸기]로 바뀝니다.

그림 3-4
스프라이트의 그래픽
구현 방식 설정

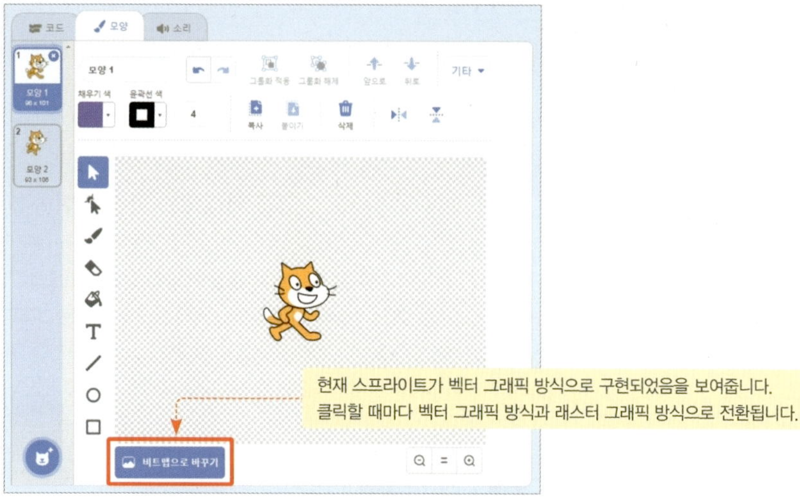

고양이 스프라이트를 벡터 그래픽 방식으로 설정한 경우와 래스터 그래픽 방식으로 설정한 경우에 대해서 [그림 3-5]와 같이 실행하면 두 방식 간의 차이를 확인할 수 있습니다.

그림 3-5
벡터 그래픽 방식과
래스터 그래픽 방식

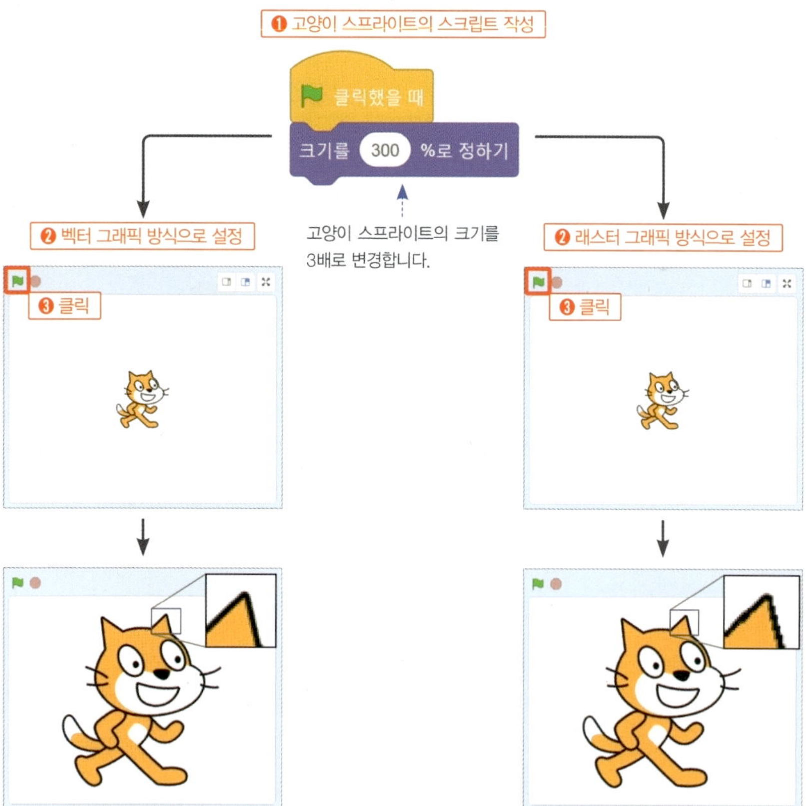

조금 어려운 **이야기**

벡터 그래픽 방식에서 래스터 그래픽 방식으로 변경하면 스프라이트에 계단 현상이 발생합니다. 래스터 그래픽 방식에서 다시 벡터 그래픽 방식으로 변경하더라도 이 계단 현상은 사라지지 않는데 이는 벡터 그래픽 방식으로 변경할 때 이미 발생한 계단 현상까지 벡터 그래픽 방식으로 구현하기 때문입니다.

스프라이트의 행동 구현 방식

스크래치는 스프라이트의 행동을 동작, 형태, 소리를 이용해 구현합니다. 다음의 각 절에서는 스프라이트의 행동을 구현하기 위한 각각의 구현 방식을 하나씩 익혀봅니다.

- 동작 : 주로 스프라이트의 위치나 바라보는 방향을 변경하고 벽에 부딪혔을 때 튕길 것인지, 어떤 회전 방식을 사용할 것인지를 결정합니다.
- 형태 : 스프라이트의 모양, 크기, 색깔을 결정하고 다양한 그래픽 효과로 형태를 변경하며 말풍선, 생각풍선 등을 출력합니다.
- 소리 : 스프라이트의 음원 파일을 재생합니다. 음높이와 음량을 다양하게 조정할 수 있습니다.

참고로, 무대도 스프라이트와 매우 유사한 방법으로 행동을 구현할 수 있지만 무대는 움직일 수 없는 무생물이라는 특성이 있기 때문에 차이가 발생합니다. 예를 들어, [스프라이트/무대 관리 창]에서 무대를 선택하고 [스크립트 작업 창]에서 [코드] 탭의 [동작] 메뉴를 선택하면 "무대 선택됨: 동작 블록 없음"이라는 문구를 볼 수 있습니다. 그리고 [형태] 메뉴에는 스프라이트에서 사용할 수 있는 말하거나 생각하고 크기를 변경하는 블록이 없습니다.

02 스프라이트의 동작 구현

스프라이트의 동작 블록

스프라이트의 동작은 위치와 방향의 변경으로 표현할 수 있습니다. 이와 관련된 블록은 [코드] 탭-[동작] 메뉴에서 제공합니다.

표 3-1 동작 블록

블록	설명
(10) 만큼 움직이기	설정된 값만큼 움직입니다. 양수이면 전진, 음수이면 후진합니다.
↻ 방향으로 (15) 도 회전하기	설정된 각도만큼 시계 방향으로 회전합니다.
↺ 방향으로 (15) 도 회전하기	설정된 각도만큼 시계 반대 방향으로 회전합니다.
(무작위 위치 ▾) (으)로 이동하기	마우스 포인터나 다른 스프라이트 위치 또는 무작위 위치로 이동합니다.
x: (0) y: (0) (으)로 이동하기	좌표(x, y)로 이동합니다.
(1) 초 동안 (무작위 위치 ▾) (으)로 이동하기	설정된 시간 동안 마우스 포인터, 다른 스프라이트, 무작위 위치로 이동합니다.
(1) 초 동안 x: (-96) y: (26) (으)로 이동하기	설정된 시간 동안 좌표(x, y)로 이동합니다.
(90) 도 방향 보기	설정된 방향으로 향합니다. 0 : 위쪽, 90 : 오른쪽, 180 : 아래쪽, –90 : 왼쪽
(마우스 포인터 ▾) 쪽 보기	마우스 포인터나 다른 스프라이트 위치로 향합니다.
x 좌표를 (10) 만큼 바꾸기	x좌표를 설정한 값만큼 변경합니다.
x 좌표를 (-96) (으)로 정하기	x좌표를 설정한 값으로 변경합니다.
y 좌표를 (10) 만큼 바꾸기	y좌표를 설정한 값만큼 변경합니다.
y 좌표를 (26) (으)로 정하기	y좌표를 설정한 값으로 변경합니다.
벽에 닿으면 튕기기	벽에 닿으면 반대 방향으로 전환합니다.
(x 좌표) (y 좌표) (방향)	각각 x좌표 값, y좌표 값, 방향 값입니다.

스프라이트의 위치 이동하기

스프라이트의 위치는 [그림 3-6]과 같이 스프라이트 모양의 중심 좌표(x좌표, y좌표) 변경, 바라보는 방향을 기준으로 전진 또는 후진, 마우스 포인터 위치로 이동, 다른 스프라이트가 있는 위치로 이동, 무작위 위치로 이동 등을 통해 구현할 수 있습니다.

그림 3-6
스프라이트의 위치 이동 방식

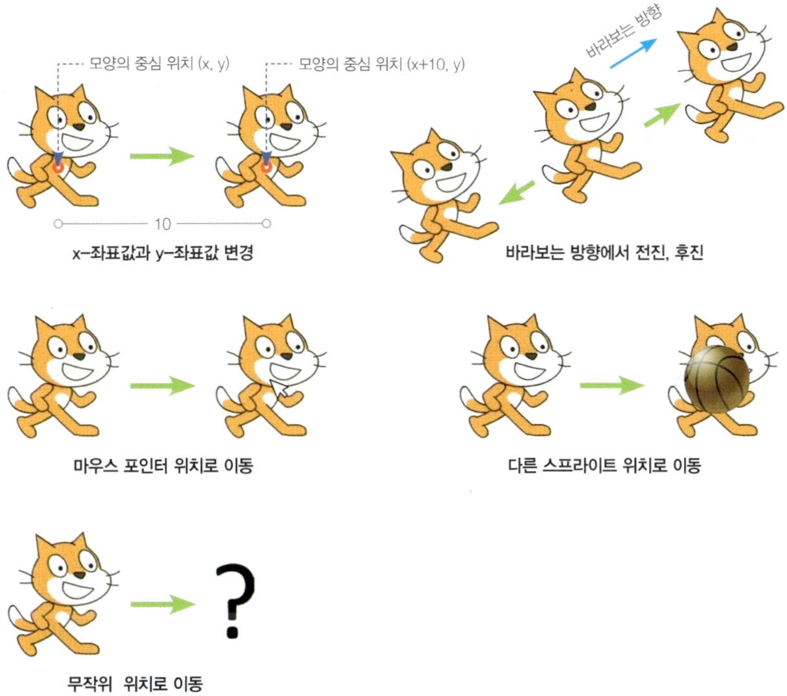

이 중 모양의 중심 좌표를 변경하는 경우, 모양의 중심과 스프라이트의 위치 변경 간의 관계를 이해해야 합니다. 다른 이동 방식은 관련 블록을 가져다 값만 설정하면 됩니다. 따라서 모양의 중심에 대해 좀 더 알아보겠습니다.

스프라이트 모양의 중심 변경하기

스프라이트 모양의 중심은 스프라이트의 위치와 방향 변경의 기준이 되는 지점입니다. 스프라이트 모양의 중심은 스프라이트 모양마다 차이가 있지만 일반적으로 스프라이트 모양의 정중앙에 위치하며 필요에 따라 변경할 수도 있습니다.

무대는 [그림 3-7]과 같이 폭이 480이고 높이가 360인 x축과 y축으로 이루어진 좌표로 이루어져 있으며, x축 범위는 −240~+240이고 y축 범위는 −180~+180입니다. 여기서 스프라이트의 위치를 어떤 좌표로 이동시킨다는 것은 결국 스프라이트 모양의 중심을 그 좌표로 이동시킨다는 의미입니다.

그림 3-7
스프라이트 위치 이동의 개념

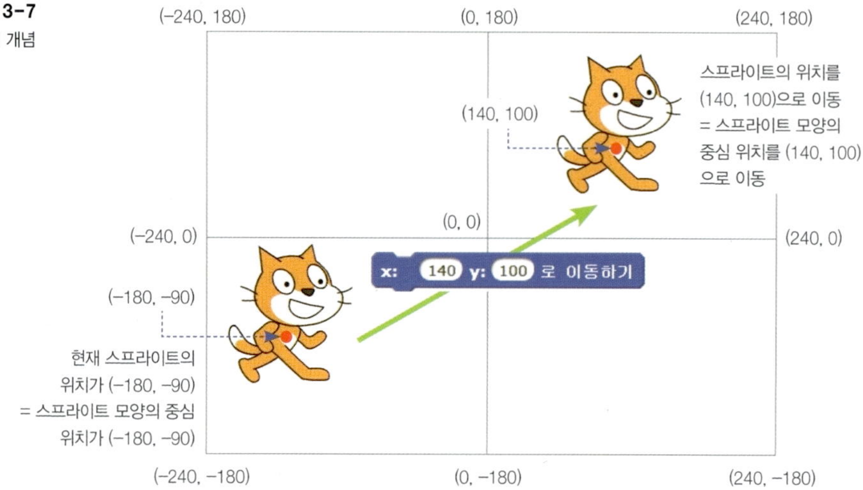

스크래치는 스프라이트 모양의 중심을 변경할 수도 있습니다. [그림 3-8]과 같이 [스프라이트/무대 관리 창]에서 고양이 스프라이트를 선택한 후 [모양] 탭을 선택합니다. 그림판의 고양이 스프라이트를 선택하여 다른 곳으로 이동하면 원래 존재했던 공간 중앙에 모양의 중심이 있습니다. 이 모양의 중심이 고양이 스프라이트의 원하는 곳에 위치하도록 고양이 스프라이트를 이동시키면 됩니다.

그림 3-8
스프라이트 모양의 중심 조정

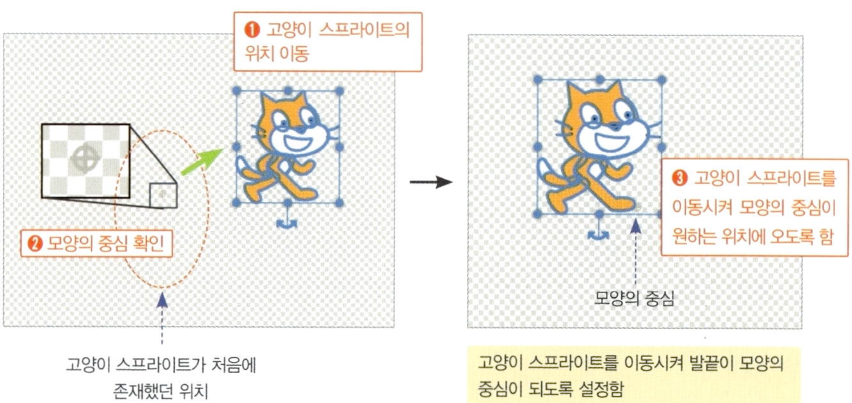

스프라이트가 바라보는 방향 변경하기

스프라이트의 방향은 [그림 3-9]와 같이 회전 각도를 직접 설정하거나, 마우스 포인터 또는 다른 스프라이트를 바라보게 함으로써 변경할 수 있습니다.

그림 3-9
스프라이트 방향 변경 방식

스크래치에서 좌표계는 y축을 기준인 0도로 두고 시계 방향으로는 각도가 양수로 커지고 반시계 방향으로는 각도가 음수로 커집니다. 따라서 [그림 3-10]과 같이 각도에 따라 스프라이트가 바라보는 방향이 달라집니다.

그림 3-10
스프라이트의 방향 좌표

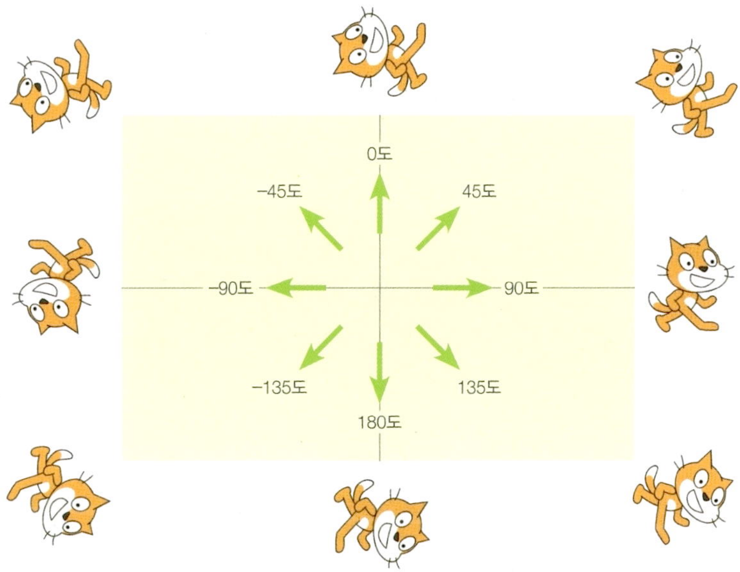

스프라이트의 방향 변경은 스프라이트 모양의 중심을 기준으로 이루어집니다. 이를 확인하기 위해 스크래치를 실행한 후 [그림 3-11]과 같이 고양이 스프라이트의 두 번째 모양(모양2)을 선택하여 모양의 중심을 발끝으로 변경합니다. 이어서 그림과 같이 스크립트를 작성한 후 실행하면 고양이 스프라이트가 모양1일 때는 제자리에서 회전하지만, 모양2일 때는 발끝을 기준으로 회전하는 것을 알 수 있습니다. 모양1은 중심이 정중앙에 있고 모양2는 중심이 발끝에 있기 때문입니다.

그림 3-11
모양의 중심 위치에 따른 고양이 스프라이트의 방향 변경 모습

스프라이트 회전하기

스프라이트는 바라보는 방향이 변경되면 그 방향을 정면으로 바라보도록 회전할 수 있습니다. 또한 방향을 크게 좌측과 우측으로 구분하여 좌우로만 바라보도록 회전할 수도 있으며 아예 바라보는 방향과 상관없이 회전하지 않을 수도 있습니다. 스프라이트의 회전 방식 모드는 [동작] 메뉴에 있는 블록 [회전 방식을 ~로 정하기]를 이용해 [표 3-2]와 같이 다양하게 설정할 수 있습니다.

표 3-2
회전 방식 모드에 따른 모양

회전 방식 모드	0도	90도	180도	-90도
회전 방식을 회전하기 ▾ (으)로 정하기				
회전 방식을 왼쪽-오른쪽 ▾ (으)로 정하기				
회전 방식을 회전하지 않기 ▾ (으)로 정하기				

회전 방식 모드 설정에 따라 스프라이트가 벽에 닿아 튕길 때 모습이 달라집니다. [동작] 메뉴의 블록 [벽에 닿으면 튕기기]를 이용하여 움직이는 스프라이트가 실행 화면 경계를 넘어가지 않고 경계(벽)에 닿을 때 반대 방향으로 튕기게 할 수 있습니다. 이때 스프라이트는 진행 방향과 반대 방향으로 회전하면서 어색한 상하 반전이 일어날 수 있는데, 이런 문제는 회전 방식을 변경함으로써 해결할 수 있습니다.

그림 3-12
회전 방식 모드에 따른 벽에 닿아 튕기는 모양

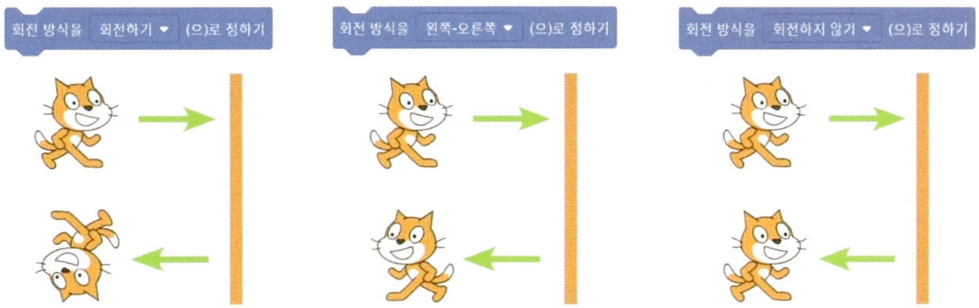

스프라이트의 다양한 동작 구현하기

스프라이트의 다양한 동작을 직접 눈으로 보면서 확인하기 위해 고양이 스프라이트의 행동을 [그림 3-13]과 같이 스크립트로 작성합니다. 고양이 스프라이트가 움직이는 모습을 직접 확인하면서 프로그램에 사용된 블록들을 이해할 수 있습니다.

그림 3-13
스프라이트의 다양한 동작 구현

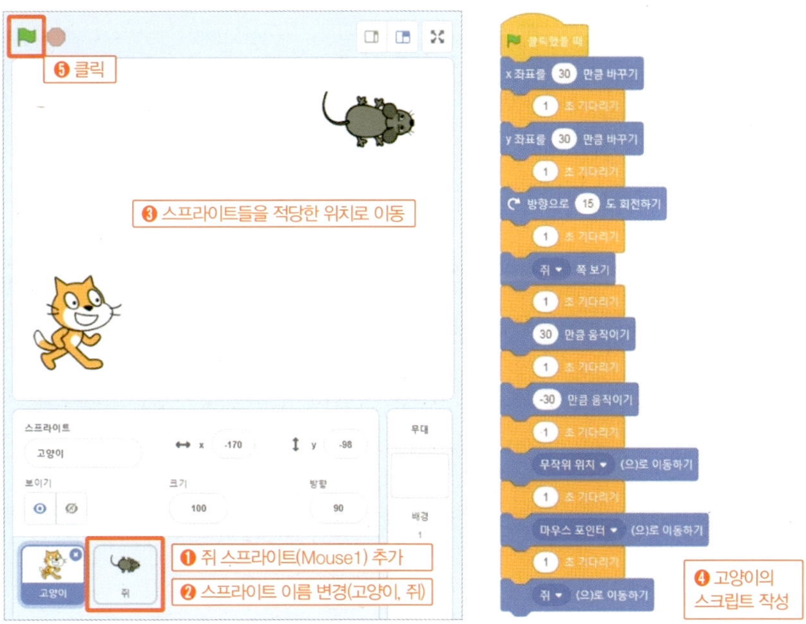

03 스프라이트의 형태 구현

스프라이트의 형태는 모양, 크기, 색깔, 픽셀화, 소용돌이, 말풍선과 생각풍선 등으로 구현합니다. 이와 관련된 블록은 [코드] 탭–[형태] 메뉴에서 제공합니다([형태] 메뉴에 있는 각 블록의 기능은 부록 B 참고).

스프라이트의 애니메이션 구현하기

스프라이트는 모양을 여러 개 보여줄 수 있는데 이 모양들을 이용하여 애니메이션animation을 구현할 수 있습니다. 스크래치는 스프라이트가 어떤 모양을 취할지 결정할 수 있는 블록을 제공합니다.

조금 어려운 이야기

애니메이션의 기본 원리는 바라보던 이미지가 사라져도 사람의 뇌에 그 이미지가 계속 남아 있는 효과인 잔상효과persistence of vision를 이용해 짧은 시간에 여러 이미지를 보여주는 것입니다. 따라서 스프라이트는 자신이 갖고 있는 여러 모양을 짧은 시간에 보여주는 방식으로 애니메이션을 구현할 수 있습니다.

스프라이트의 애니메이션을 경험하기 위해 고양이 스프라이트와 발레리나 스프라이트의 행동 스크립트를 [그림 3-14]와 같이 작성합니다. 이 프로그램을 실행하면 발레리나 스프라이트가 춤을 추고 고양이 스프라이트가 발레리나 스프라이트를 향해 걸어가게 됩니다.

그림 3-14
스프라이트 애니메이션

스프라이트의 모양 추가하기

스프라이트의 모양은 목록으로 관리됩니다. [스크립트 작업 창]에서 [모양] 탭을 선택하면 스프라이트가 갖고 있는 모든 모양의 목록을 볼 수 있습니다. [그림 3-15]는 고양이 스프라이트와 발레리나 스프라이트가 갖고 있는 모양의 목록입니다. [그림 3-14]의 프로그램에 사용된 블록 [다음 모양으로 바꾸기]는 스프라이트가 현재 취하고 있는 모양 다음에 나열된 모양으로 변경하는 기능을 수행합니다.

TIP [모양] 탭에 나타난 스프라이트 모양의 순서는 마우스로 드래그하여 변경할 수 있습니다.

그림 3-15
스프라이트의 모양 목록

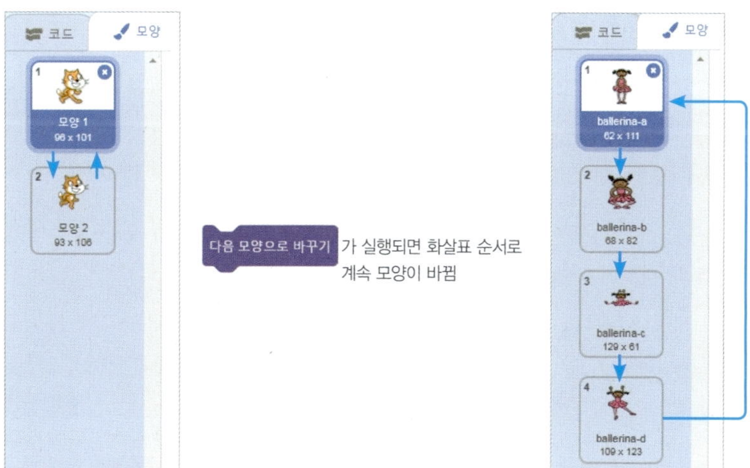

고양이 스프라이트의 모양 목록　　발레리나 스프라이트의 모양 목록

스프라이트의 모양을 추가할 수도 있습니다. 모양 목록 하단에 있는 [모양 고르기] 메뉴를 선택하여 추가하고 싶은 모양을 선택하거나, 내 컴퓨터에 저장된 이미지를 사용하거나, 카메라로 촬영하거나, 스크래치의 그림판을 이용해 직접 그리면 됩니다.

[그림 3-16]과 같이 발레리나 스프라이트의 모양 목록에 새로운 모양을 하나 추가합니다. 새로운 모양이 성공적으로 추가되면 프로그램을 실행해 발레리나 스프라이트의 애니메이션을 살펴봅니다.

그림 3-16
스프라이트의 모양 추가

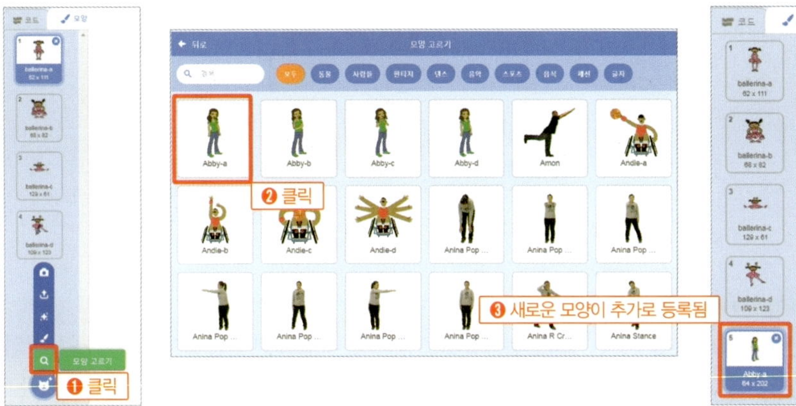

스프라이트의 모양 결합하기

모양을 추가하여 새로운 스프라이트의 모양을 만들 수 있습니다. 이어서 [그림 3-17]과 같이 작업하고 발레리나 스프라이트의 애니메이션을 살펴봅니다.

그림 3-17
스프라이트의 모양 결합

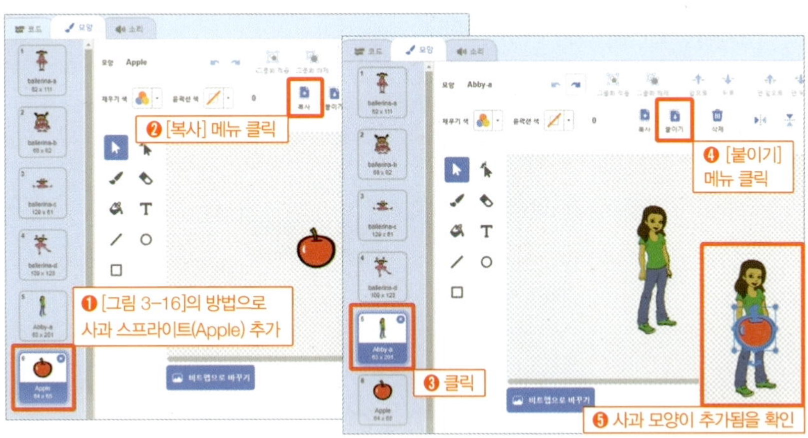

TIP 그림판에서 추가된 사과의 위치와 크기를 조정할 수 있습니다.

스프라이트를 다양한 형태로 변경하기

스크래치는 스프라이트의 모양 외에 [그림 3-18]과 같이 색깔, 픽셀화, 소용돌이, 크기 등의 다양한 그래픽 효과 기능을 제공하고 말풍선과 생각풍선을 출력하는 기능도 제공합니다.

그림 3-18
스프라이트의 형태

[그림 3-14]에서 발레리나 스프라이트의 스크립트를 [그림 3-19]와 같이 수정하여 실행합니다.

그림 3-19
스프라이트의 다양한 형태 변경

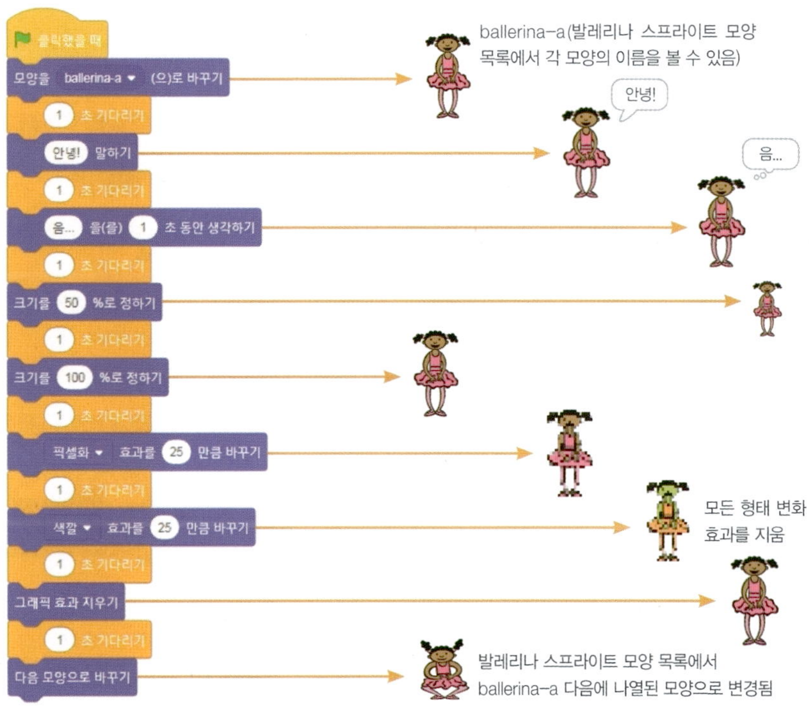

조금 어려운 이야기

스프라이트에 적용된 그래픽 효과는 프로그램 실행을 멈추더라도 유지됩니다. 즉 스프라이트의 색깔을 25만큼 변경하고 프로그램 실행을 중지하면 스프라이트는 여전히 색깔이 변형된 상태로 남아 있고 다시 프로그램을 실행할 때도 그 상태에서 시작됩니다. [그림 3-19]에서 사용된 블록 [그래픽 효과 지우기]는 모든 그래픽 효과를 없애줍니다.

04 스프라이트의 소리 구현

스프라이트의 소리 설정하기

스프라이트는 특정 음원 파일이나 다양한 악기 소리, 그리고 사람의 음성을 출력할 수 있습니다. 이런 소리 출력과 관련된 블록들은 [코드] 탭–[소리] 메뉴와 확장 기능 중 [음악] 기능과 [텍스트 음성 변환(TTS)] 기능에서 제공합니다([소리] 메뉴에 있는 각 블록의 기능은 부록 B 참고).

그림 3-20
스프라이트 소리의 종류

스크래치를 실행하여 고양이 스프라이트를 선택한 후에, [스크립트 작업 창]에서 [소리] 탭을 선택하면 고양이 스프라이트 소리로 등록된 음원과 그 음원을 재생,

편집할 수 있는 메뉴가 나타납니다. 또한 하단의 [소리 고르기] 메뉴를 통해서 다양한 음원을 선택하여 스프라이트의 소리로 등록할 수 있습니다. [그림 3-21]은 고양이 스프라이트에 Chee Chee라는 음원을 등록하는 모습을 보여줍니다. 이 작업 후 고양이 스프라이트는 '야옹'이라는 음원과 더불어 Chee Chee라는 음원도 소리 낼 수 있습니다.

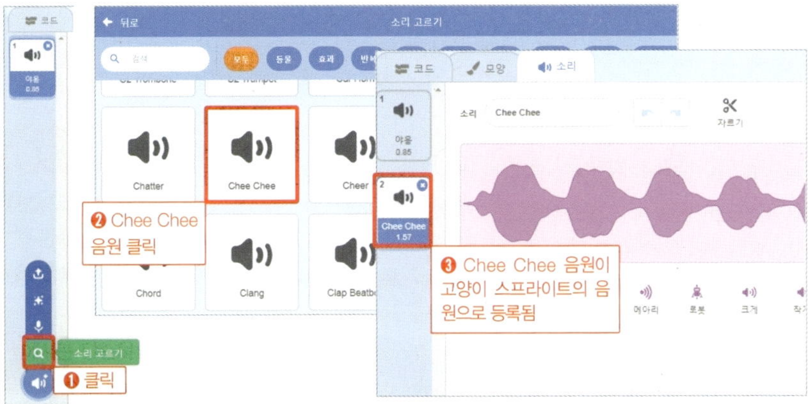

그림 3-21
음원 등록

악기 소리 출력하기

확장 기능 중 [음악] 기능을 사용하면 다양한 악기를 연주할 수 있습니다. [음악] 기능의 블록들을 사용하여 [그림 3-22]와 같이 고양이 스프라이트의 스크립트를 작성하고 실행합니다.

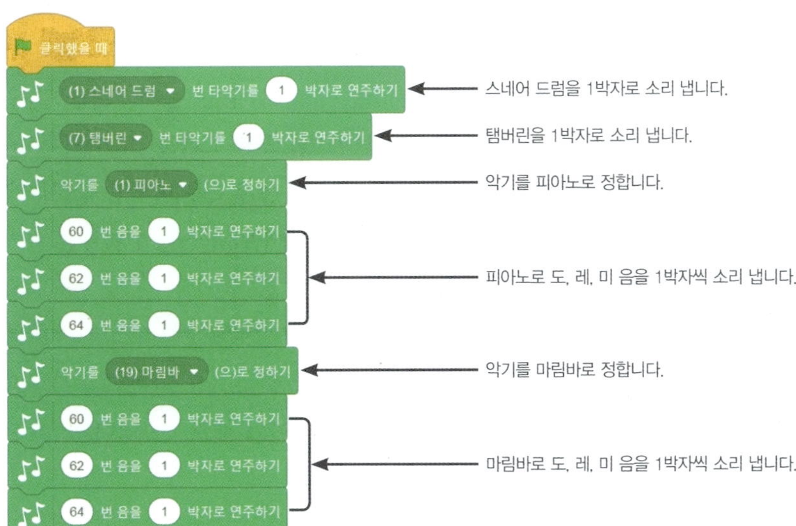

그림 3-22
악기 소리 출력

조금 어려운 이야기

음원 재생 기능으로 블록 [끝까지 재생하기]와 [재생하기]가 있습니다. 블록 [끝까지 재생하기]는 음원을 끝까지 재생한 후 다음 블록을 수행합니다. 블록 [재생하기]는 음원 재생을 시작하긴 하지만 다음 블록이 수행되는 순간 재생을 중단합니다.

악보에 맞춰 연주하기

[음악] 기능에는 악기를 선택하고 음계와 박자를 정하여 연주할 수 있는 블록들이 있습니다. 고양이 스프라이트의 행동을 산토끼 악보에 맞추어 피아노를 연주하도록 [그림 3–23]과 같이 변경하여 실행합니다.

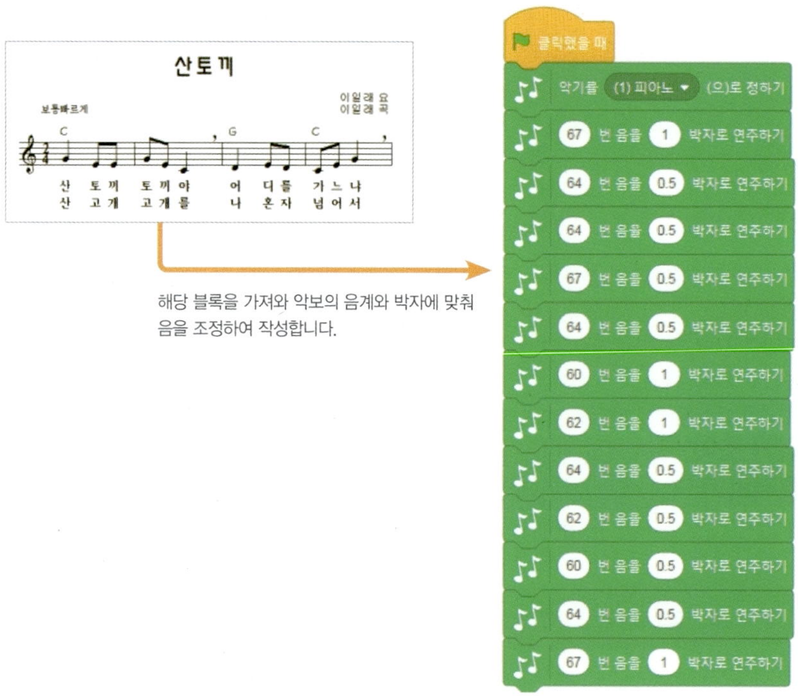

그림 3-23
악보 연주

음성 출력하기

[텍스트 음성 변환(TTS)] 기능에는 여러 언어로 작성된 문장을 음성으로 출력하는 블록들이 있습니다. 음성은 저음부터 고음까지 설정할 수 있는데 저음과 중저음은 남성 음성으로, 고음과 중고음은 여성 음성으로 출력합니다. 고양이 스프라이트의 행동을 [그림 3-24]와 같이 작성하고 실행합니다.

그림 3-24
음성 출력

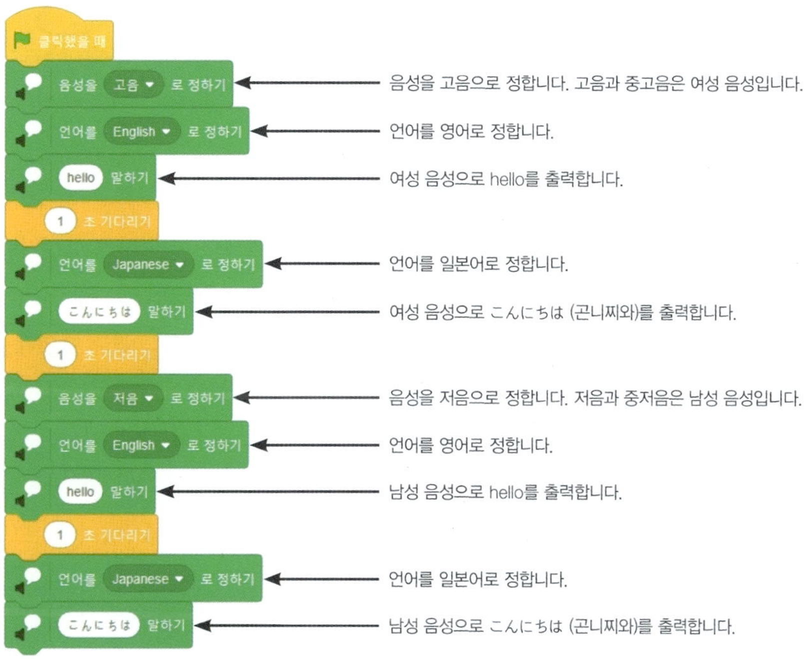

TIP 다른 국가 언어를 사용할 때 구글 번역 기능을 사용하면 편리합니다. 구글 번역 기능에서 한국어를 일본어로 번역하도록 설정하고 한국어 입력란에 '안녕하세요'를 넣고 번역 결과를 복사해서 사용합니다.

05 스프라이트의 펜 활용

스프라이트로 선 그리기

스프라이트는 자신이 이동하는 경로를 따라 선을 그리거나 자신의 모양을 그대로 찍어주는 펜 기능을 이용할 수 있습니다. 펜 기능을 이용해 윈도우즈의 그림판 프로그램처럼 그림을 그리고 색칠하는 프로그램을 손쉽게 구현합니다. 펜 기능과 관련된 블록은 확장 기능 중 [펜] 기능에서 제공합니다.

실생활에서 연필로 종이에 선을 그릴 때는 연필이 종이에 닿을 때만 선이 그려지고 종이에서 떨어지면 선이 그려지지 않습니다. 이런 원리를 구현하기 위해 스크래치는 [펜 내리기]와 [펜 올리기] 블록을 제공합니다. [그림 3-25]와 같이 [펜 내리기] 블록을 실행한 후 연필 스프라이트를 움직이면 스프라이트가 움직이는 경로를 따라 선이 그려집니다.

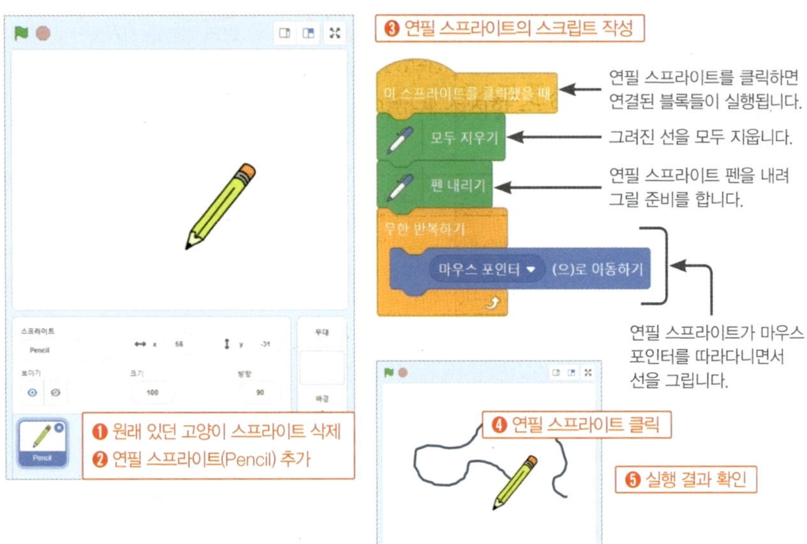

그림 3-25 선 그리기

선이 그려지는 위치 변경하기

[그림 3-25]의 프로그램을 실행하면 연필 스프라이트를 마우스로 클릭할 때마다 새로운 선을 그릴 수 있습니다. 하지만 이 프로그램의 문제는 그림이 연필 스프라이트의 연필심에서 그려지지 않고 중앙에서 그려진다는 것입니다. 이 문제를 해결하려면 연필 스프라이트의 중심을 연필심으로 변경해야 합니다. [그림 3-26]과 같이 스프라이트 모양의 중심을 [모양] 탭에서 변경한 후 프로그램을 다시 실행하면 연필 스프라이트의 심에서 선이 그려집니다.

그림 3-26
선이 그려지는 위치 변경

스프라이트로 도장 찍기

이동하는 경로를 따라 선을 그려주는 대신 스프라이트의 모양을 도장 찍듯이 찍어줄 수도 있습니다. 앞의 예제에서 연필 스프라이트의 스크립트를 [그림 3-27]과 같이 수정하여 실행합니다.

그림 3-27
도장 찍기

문제 한번 풀어볼까요?

01 비디오 게임에서 독립적으로 분리된 그래픽 객체를 무엇이라고 하나요?

① 스크래치 ② 스테이지 ③ 스프라이트 ④ 아이템

02 스프라이트의 그래픽을 구현하는 방식 중 래스터 그래픽 방식에 대한 설명으로 잘못된 것을 모두 고르세요.

① 비트맵을 이용하여 그래픽을 구현합니다.

② 벡터 그래픽 방식에 비해 일반적으로 파일 크기가 작습니다.

③ 스프라이트를 확대하면 계단 현상이라는 화질 저하 문제가 발생합니다.

④ 점, 선, 원 등의 수학적 도형 방정식을 이용하여 그래픽을 구현합니다.

03 스크래치 스프라이트의 행동에 대한 설명으로 잘못된 것을 고르세요.

① 스크래치는 스프라이트의 행동을 크게 동작, 형태, 소리로 구분합니다.

② 동작은 주로 위치 이동과 바라보는 방향 변경에 관한 행동입니다.

③ 형태는 주로 모양, 크기 및 다양한 그래픽 효과에 관한 행동입니다.

④ 스프라이트는 자신의 소리로 오직 하나의 음원만 등록할 수 있습니다.

04 스크래치 무대에 대한 설명으로 잘못된 것을 모두 고르세요.

① 동작 프로그래밍을 위한 블록들을 갖고 있지 않습니다.

② 움직임이 없는 말하기, 생각하기와 같은 블록을 사용할 수 있습니다.

③ 오직 한 개의 무대 배경만 등록할 수 있습니다.

④ 스프라이트와 마찬가지로 음원을 등록하여 출력할 수 있습니다.

05 스프라이트 모양의 중심에 대한 설명으로 잘못된 것을 고르세요.

① 스프라이트의 위치 이동과 방향 회전의 기준점입니다.

② [모양] 탭의 기능으로 스프라이트 모양의 중심을 변경할 수 있습니다.

③ 스프라이트의 펜 기능에서 실제 경로가 그려지는 지점입니다.

④ 한 스프라이트의 모든 모양은 동일한 하나의 중심을 갖습니다.

06 고양이 스프라이트의 스크립트를 아래와 같이 작성하고 실행했을 때 고양이 스프라이트가 바라볼 방향은 어디일까요?

① 고양이 스프라이트가 오른쪽을 바라봅니다.

② 고양이 스프라이트가 왼쪽을 바라봅니다.

③ 고양이 스프라이트가 위쪽을 바라봅니다.

④ 고양이 스프라이트가 아래쪽을 바라봅니다.

07 고양이 스프라이트가 (-200, 100)으로 이동하면 고양이 스프라이트는 아래 그림에서 어느 영역에 위치할까요? (단, 모양의 중심은 고양이 스프라이트 영역 중앙에 있다고 가정합니다.)

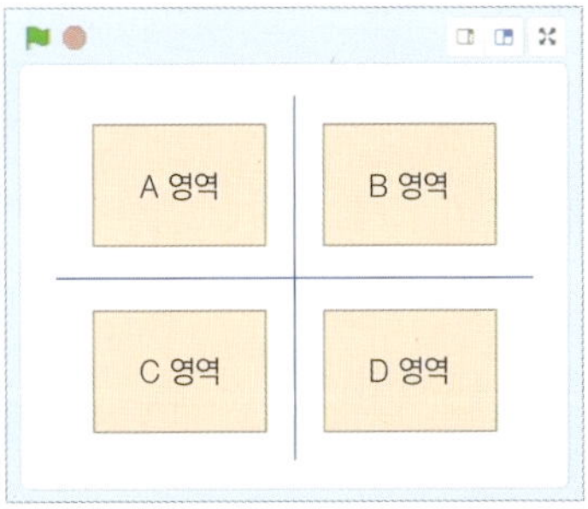

① A 영역　② B 영역

③ C 영역　④ D 영역

08 발레리나 스프라이트가 다음과 같이 모양 목록을 가질 때 [다음 모양으로 바꾸기]를 수행한 후 어떤 모양으로 변경될까요?

① 

② 

③ 

④ 

09 다음과 같이 새가 고양이의 생일을 축하하는 프로그램을 작성하세요. 새는 고양이에게 "생일 축하해!"라고 말하고 고양이는 "고마워!"라고 말합니다. 새는 날갯짓을 하고 고양이는 걷는 애니메이션을 보입니다. 무대는 생일 축하곡을 반복해서 출력합니다. 이 프로그램을 작성하는 과정을 통해 스크래치의 스프라이트 사용법을 연습할 수 있습니다. 아직은 각 블록의 기능이 익숙하지 않더라도 스크립트 화면을 보면서 같은 색의 블록을 하나씩 찾아 연결하고 값도 맞게 조정해줍니다.

① 스크래치를 실행합니다.

② [배경 고르기]에서 무대 배경으로 Blue Sky를 추가합니다.

③ [스프라이트 고르기]에서 스프라이트 Parrot을 추가합니다.

④ 스프라이트 Sprite1의 이름을 '고양이'로 변경합니다.

⑤ 스프라이트 Parrot의 이름을 '새'로 변경합니다.

⑥ 무대의 음원으로 Birthday를 등록합니다([그림 3-21] 참고).

⑦ 무대의 스크립트를 다음과 같이 작성합니다.

⑧ 고양이 스프라이트의 스크립트를 다음과 같이 작성합니다.

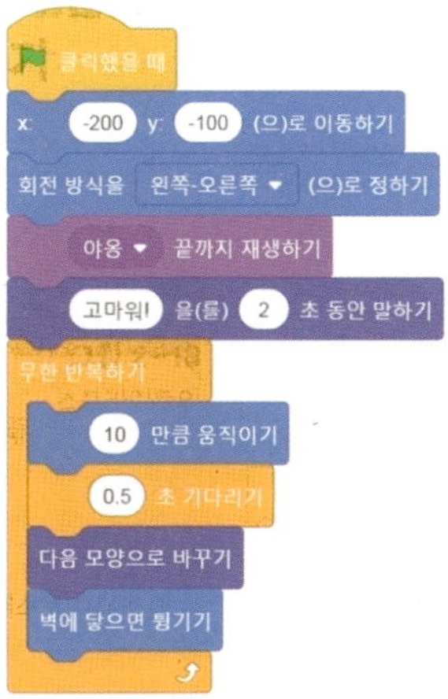

⑨ 새의 스크립트를 다음과 같이 작성합니다.

⑩ 프로그램을 전체 화면 모드에서 실행합니다.

⑪ 작성된 프로그램을 '고양이와 새'라는 이름으로 저장하고 [내 작업실]에서 제대로 저장되었는지 확인합니다.

자료형과 연산, 변수 익히기

이번 장에서 **무엇을 배우나요?**

1. 자료와 자료형, 변수와 변수형의 개념을 공부합니다.
2. 스크래치에서 프로그램을 작성하는 데 도움이 되는 주석 달기 연습을 합니다.
3. 변수의 유효 범위를 이해하고 지역 변수와 전역 변수를 공부합니다.
4. 스크래치가 제공하는 변수의 종류와 변수 생성을 공부합니다.
5. 구조적 자료형의 개념을 이해하고 배열과 리스트를 공부합니다.
6. 스크래치의 구조적 자료형인 리스트의 활용법을 공부합니다.

CHAPTER

04

01 자료형, 연산, 변수

자료의 개념

자료data는 컴퓨터 프로그램이 읽고, 수정하고, 출력하는 모든 재료를 의미합니다. 예를 들어, 전자계산기 프로그램에 입력하는 숫자와 계산한 결과값, 인터넷 사이트에 로그인할 때 사용하는 사용자 이름과 암호, 게임할 때 입력하는 키보드의 키 값과 마우스가 클릭된 위치의 좌표 등이 모두 자료입니다. 컴퓨터 프로그램은 이런 다양한 자료에 대해 입력, 연산, 저장, 출력 등의 작업을 수행합니다.

그림 4-1
자료의 예

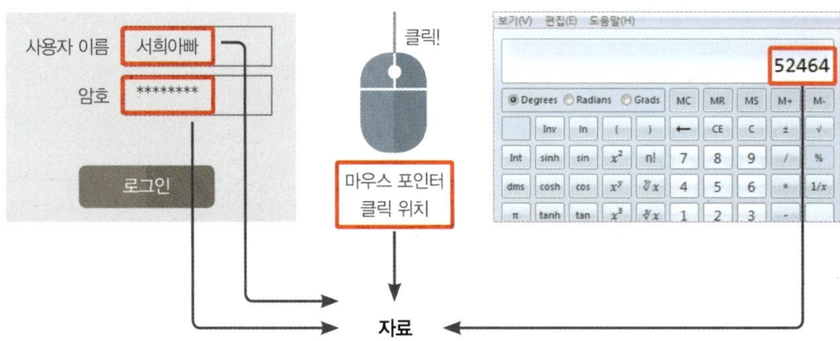

자료형의 개념과 종류

자료를 종류별로 구분하기 위해 자료형data type이라는 개념을 사용합니다. 프로그래밍 언어에서 일반적으로 사용하는 자료형으로는 −1, 0, 1, 100과 같은 정수형integer type, −1.5, −0.7, 0.5, 2.0과 같은 실수형real-number type, '가', 'A', '1', '$'와 같은 문자형character type, 참 또는 거짓 값을 구분하는 불린 형boolean type, "apple", "banana1", "stop!", "고양이", "파란 하늘이 아름답습니다!"와 같은 문자열 형string type 등이 있습니다. 일반적으로 문자는 작은따옴표(' ')를 사용해 표기하고 문자열은 큰따옴표(" ")를 사용해 표기합니다. 따라서 자료 1, '1', "1"은 순서대로 정수형, 문자형, 문자열 형입니다.

자료형은 자료의 종류뿐 아니라 자료에 수행할 수 있는 연산operation도 포함하는 개념입니다. 예를 들어, "어떤 자료가 정수형이다."라는 말은 그 자료가 정수 값을 갖는다는 의미인 동시에 이 자료에 더하기, 빼기, 곱하기, 나누기 연산을 할 수 있음을 의미합니다. 이제 여러분은 자료형이란 말을 접하게 되면 항상 그 자료형이 구분하는 자료의 종류와 함께 그 자료형에 적용 가능한 연산까지 생각해야 합니다. [표 4-1]은 대표적인 자료형과 그 자료형의 연산을 보여주는 예입니다.

표 4-1 자료형과 연산

자료형	자료 예	연산 예
정수형	−3, −2, 0, 1, 3	• 더하기, 빼기, 곱하기, 나누기의 사칙연산 • 절댓값 연산 • 크다(>), 작다(<), 같다(=) 등의 관계연산
실수형	−10.5, 0.14, 45.9	• 더하기, 빼기, 곱하기, 나누기의 사칙연산 • 절댓값, 반올림, 올림, 버림 연산 • 크다(>), 작다(<), 같다(=) 등의 관계연산
문자형	'1', 'A', 'a', '!', '%'	• 소문자를 대문자로 바꾸는 연산 • 더하기, 빼기 연산으로 다른 문자 찾기 연산 예) 'A'+1은 문자 'A' 바로 다음에 오는 문자('B')를 계산하고 'Z'−1은 문자 'Z' 바로 전 문자('Y')를 계산함
불린 형	참(true), 거짓(false)	• AND, OR, NOT의 논리연산(5장에서 자세히 설명함)
문자열 형	"홍길동", "딸기", "7번 방의 선물", "Teacher", "12"	• 문자열의 길이를 계산하는 연산 예) "홍길동"의 길이는 3 • 두 문자열을 결합하는 연산 예) "홍길동"과 "만세"를 결합하면 "홍길동 만세" • 문자열 내 특정 위치의 문자 구하기 연산 예) "홍길동 만세" 안의 2번째 문자는 '길'

스크래치의 자료형 구분하기

스크래치는 최대한 자료형을 신경 쓰지 않게 도와줍니다. 스크래치 블록들 중 자료 입력 창을 포함하는 것들이 있습니다. 이런 블록들의 자료 입력 창은 타원형 또는 마름모형으로 구분됩니다. 타원형 입력 창에는 정수, 실수를 포함하여 문자와 문자열을 입력할 수 있고, 마름모형 입력 창에는 불린 형 자료만 입력할 수 있습니다. 블록의 성격상 숫자만 입력해야 하는 경우(예 : [~ 만큼 이동하기] 블록), 아예 입력 창에 영어 문자가 입력되지 않도록 막아줍니다. 따라서 스크래치 사용자는 특별히 자료형에 대한 고민 없이 이 규칙대로 자료를 사용하면 됩니다. 스크래치에서 자료 입력 창을 사용할 때 주의할 점은 숫자만 입력해야 할 창에 문자열의 자료/변수 블록을 조립할 수 있다는 것입니다. 이 경우 블록은 자신의 기능을 제대로 수행하지 못할 수 있습니다.

그림 4-2
자료 입력 창의 잘못된 사용

이 블록에는 숫자만 입력할 수 있는 입력 창이 있습니다. 따라서 입력 창에 'a'와 같은 문자를 입력하려고 하면 입력이 되지 않습니다. 참고로 한글을 입력하는 것도 가능하지만 한글을 입력할 경우 블록의 기능이 제대로 작동하지 않습니다.

주의 : 스크래치는 숫자만 허용하는 창에 문자열의 자료를 조립할 수 있습니다. 이런 경우 프로그램이 정상적으로 동작하지 않습니다.

연산의 종류

스크래치는 사칙연산, 관계연산, 논리연산 외에도 프로그래밍할 때 유용하게 사용할 수 있는 다양한 수학 연산들(예 : 난수 생성하기, 나머지 구하기, 반올림하기, 제곱근 구하기)과 문자열 연산들(예 : 문자열의 길이 구하기, 문자열 결합하기, 문자열에서 특정 위치의 문자 구하기)을 제공합니다. 이와 같은 연산에 관련된 블록들은 [코드] 탭-[연산] 메뉴에 있습니다. [표 4-2]에서 보여주는 연산들의 사용 예를 통해서 각 연산의 기능을 이해합니다.

표 4-2
연산의 종류와 예

자료형	사용 예	결과
사칙연산	(2) + (3)	5
	(5.3) - (2)	3.3
	(2) × (5)	10
	(10) ÷ (4)	2.5
관계연산	(5) < (7)	참
	(5) = (7)	거짓
	(5) > (7)	거짓
	(apple) < (banana)	참
	(apple) = (banana)	거짓
	(apple) > (banana)	거짓
논리연산	(5) < (7) 그리고 (5) > (7)	거짓(양쪽 연산이 모두 참인 경우만 참)
	(5) < (7) 또는 (5) > (7)	참(양쪽 연산이 모두 거짓인 경우만 거짓)
	(5) > (7) 이(가) 아니다	참(입력된 연산의 진리 값의 반대)
그 외	(4.6) 의 반올림	5(4.6의 반올림 값)
	(9) 나누기 (4) 의 나머지	1
	제곱근 ▾ ((9))	3(9의 제곱근 값, 좌측의 메뉴로 다양한 연산을 선택할 수 있음)
	(Hi) 와(과) (Tom) 결합하기	"Hi Tom"
	(Hi) 의 (1) 번째 글자	'H'
	(Tom) 의 길이	3
	(1) 부터 (10) 사이의 난수	1과 10 사이 임의의 수

TIP 문자열은 사전에서 뒤에 나오는 것일수록 크기가 큽니다.

변수의 개념

프로그램에서 변수variable는 자료를 할당받는 문자로 된 기호를 의미하는데, 자료를 담는 그릇으로 생각하면 쉽습니다. 여기서 문자로 된 기호가 변수 이름variable name이고 이는 그릇의 이름에 해당됩니다. 변수에 할당할 수 있는 자료의 자료형을 그 변수의 변수형variable type이라 합니다. 변수에 자료를 할당할 때는 변수형과 할당하는 자료의 자료형이 일치하도록 유의해야 합니다. 예를 들어, 정수형 변수에는 정수형 자료를, 문자형 변수에는 문자형 자료를 할당해야 됩니다. 변수는 프로그램 실행 도중 담고 있는 자료가 변할 수 있습니다.

변수는 자료에 의미를 부여하는 역할을 합니다. 예를 들어, 175라는 자료만 보면 이것이 도대체 어떤 의미인지 알 수 없지만 [철수의 키]라는 변수를 만들고 여기에 175를 할당하면 175라는 자료가 바로 철수의 키라는 것을 쉽게 알 수 있습니다. 프로그래밍의 대부분의 작업은 변수를 대상으로 논리적 관계를 따지거나 수학적 계산을 수행하는 것입니다. 예를 들어, "국어 점수와 수학 점수를 더하는 프로그램"과 "입장객 키가 110cm 이하이면 입장 불가라는 것을 알려주는 프로그램"을 만들 때, 국어 점수, 수학 점수, 입장객의 키 등을 변수로 생성하여 변수 [국어 점수]와 [수학 점수]에 더하기 연산을 수행하거나 변수 [입장객의 키]를 110과 비교하는 연산을 수행하게 됩니다. [그림 4-3]은 이처럼 자료의 의미를 반영한 변수들을 이용하여 변수들에 대해서 논리적 관계를 따지고 수학적 계산을 수행하도록 프로그램의 기능을 정의하는 몇 가지 예를 보여줍니다.

그림 4-3
변수의 역할

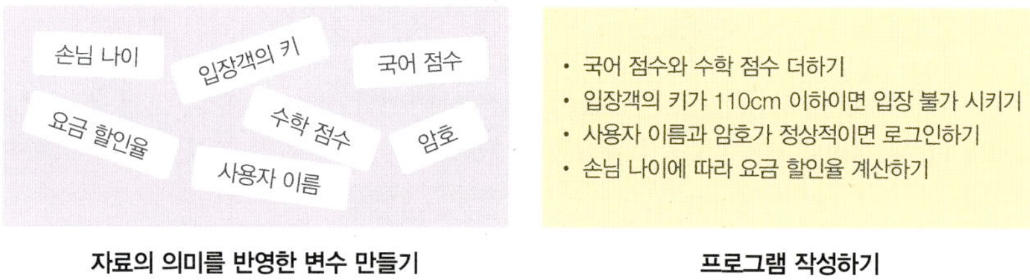

변수를 생성할 때는 다음 두 가지 사항에 유의합니다.

- 자료의 의미를 잘 반영한 변수 이름 정하기 : 누구나 자료의 의미를 쉽게 이해할 수 있는 변수 이름을 사용합니다.
- 변수에 할당될 자료의 자료형과 동일한 변수형 사용하기 : 변수가 실제 할당될 자료의 형과 다른 변수형을 갖는다면 할당되는 자료 값이 변형될 수 있습니다. 예를 들어, 정수형의 변수에 1.5를 할당하면 자료 값이 1로 변형되어 할당될 수 있습니다.

TIP 변수 이름을 정할 때 흔히 저지르는 잘못은 'X' 또는 '변수1'처럼 자료의 의미를 알아볼 수 없는 이름을 사용하는 것입니다. 번거롭더라도 자료의 의미를 잘 반영하고 이해하기 쉬운 변수 이름을 정하는 것이 좋습니다.

조금 어려운 이야기

변수를 생성할 때 변수형을 함께 정하는 방식도 있고 정해주지 않는 방식도 있습니다. 변수형을 함께 정해주는 방식을 정적 형태 결합static type binding이라고 하는데, 이 방식은 프로그램을 기계어로 변환하는 과정에서 변수에 할당되는 자료의 형이 변수형과 동일한지 검사하고 만일 서로 동일하지 않다면 그 오류를 프로그래머에게 알려줍니다. 변수형을 정해주지 않는 방식은 동적 형태 결합dynamic type binding이라고 하는데, 프로그램이 실행되면서 변수에 자료가 할당될 때 그 자료의 형을 변수형으로 정해줍니다.

변수의 종류

스크래치는 [코드] 탭의 각 메뉴에 해당 메뉴의 기능과 관련된 변수를 제공합니다. [표 4-3]은 스크래치가 제공하는 주요 변수들입니다.

표 4-3
변수의 종류

종류	설명
x 좌표	스프라이트 위치의 x좌표를 구합니다.
y 좌표	스프라이트 위치의 y좌표를 구합니다.
방향	스프라이트의 방향을 구합니다.
모양 번호 ▾	스프라이트 모양 번호로 우측 메뉴에서 이름으로 선택할 수 있습니다.
배경 번호 ▾	무대 배경 번호로 우측 메뉴에서 이름으로 선택할 수 있습니다.
크기	스프라이트 모양의 크기를 확인합니다.
음량	스프라이트 소리의 음량을 확인합니다.
대답	[묻고 기다리기] 문장 블록 실행 후 사용자가 입력한 문자열을 저장합니다.
마우스의 x좌표	마우스 포인터의 x좌표를 확인합니다.
마우스의 y좌표	마우스 포인터의 y좌표를 확인합니다.
음량	마이크로 전달되는 소리의 음량을 확인합니다.
타이머	1/1000초 단위의 타이머를 구합니다.
무대 ▾ 의 배경 번호 ▾	자신 외 스프라이트나 무대의 배경번호, 배경이름, 음량, 변수 등의 정보를 구합니다.
현재 년 ▾	현재 년, 월, 일, 요일, 시, 분, 초를 확인합니다.
2000년 이후 현재까지 날짜 수	2000년 1월 1일부터 현재까지 지난 날짜 수를 구합니다.
사용자 이름	로그인한 사용자 이름을 구합니다.

변수 생성하고 활용하기

스크래치가 제공하는 변수 외에 프로그램에 필요한 변수들은 프로그래머가 직접 생성할 수 있습니다. 스크래치의 모든 변수는 스프라이트나 무대에 소속되어야 합니다. 따라서 변수를 생성할 때 스프라이트나 무대를 먼저 선택하고 그에 속하는 변수를 생성합니다. 변수 생성 과정에서 이 변수를 자신이 속한 스프라이트에서만 사용할지 아니면 모든 스프라이트가 공용으로 사용할지를 결정합니다. 스크래치는 변수가 생성되면 그 변수를 조작할 다양한 기능의 문장 블록들도 함께 생성합니다.

스크래치의 [스프라이트/무대 관리 창]에서 고양이를 선택하고 [그림 4-4]와 같이 고양이에서만 사용하는 [나이]라는 이름의 변수를 만듭니다.

TIP 이후부터는 고양이 스프라이트, 사과 스프라이트 등을 간단히 고양이, 사과라고 부르겠습니다.

그림 4-4
변수 생성

같은 방법으로 고양이에서만 사용하는 변수 [이름]도 생성합니다. 그리고 두 변수 [나이]와 [이름]을 활용하여 [그림 4-5]와 같이 고양이의 스크립트를 작성한 후 이름과 나이를 각각 입력하여 결과를 확인합니다.

그림 4-5
변수 활용

주석의 개념

프로그램의 주석comment은 프로그램을 이해하는 데 필요한 내용을 담은 메모로, 소스 프로그램 안에 들어 있습니다. 컴파일러나 인터프리터는 주석을 무시하기 때문에 프로그램을 실행하는 데는 어떤 영향도 주지 않습니다. 자신이 작성한 프로그램도 오랜 시간이 지나 다시 보면 생소하게 느껴지는 경우가 많기 때문에, 주석은 다른 사람뿐 아니라 자신을 배려하는 수단이며 프로그래밍의 필수 작업으로 간주되고 있습니다.

주석을 다는 방법은 프로그래밍 언어마다 다를 수 있지만 보통 행이나 블록 단위로 달 수 있습니다. 행 단위 주석은 오직 한 줄만 가능하지만 블록 단위 주석은 여러 줄로 달 수 있습니다.

[그림 4-6]은 대표적인 범용 소프트웨어 개발 언어인 C 언어로 블록 단위 주석과 행 단위 주석을 단 예입니다.

그림 4-6
블록 단위 주석과 행 단위 주석

```
/*
이 C 언어 프로그램은 주석의 예를 위한 것입니다.
*/

/*
아래는 프로그램에 사용할 학생의 국어 점수, 수학 점수를 할
당할 정수형 변수들과 이 둘의 평균 점수를 할당할 정수형
변수를 정의한 것입니다.
*/

int 국어 점수; // 0부터 100까지의 값을 갖습니다.
int 수학 점수; // 0부터 100까지의 값을 갖습니다.
int 평균 점수; // 0부터 100까지의 값을 갖습니다.
```

C 언어는 블록 단위 주석의 시작과 끝을 각각 '/*'와 '*/'를 사용하여 나타냅니다. 블록 단위 주석은 한 줄 이상의 내용을 담을 수 있습니다.

C 언어는 행 단위 주석의 시작을 '//'로 나타냅니다. 행 단위 주석은 '//'에서 시작하여 그 줄의 끝에서 끝나게 됩니다.

그럼 좋은 주석이란 어떤 것일까요? 전문가들은 이미 구현된 내용을 다시 글로 설명하기보다는 의도와 목적을 적도록 권합니다. 이런 주석이 프로그램을 이해하는 데 더 도움이 되기 때문입니다. [그림 4-7]은 국어 점수와 수학 점수의 평균을 구하는 프로그램 내용에 대해서 좋은 주석과 그렇지 않은 주석의 예를 보여줍니다.

그림 4-7
주석의 예

```
/*
이 C 언어 프로그램은 주석의 예를 위한 것입니다.
*/

/*
아래는 프로그램에 사용할 학생의 국어 점수, 수학 점수를
할당할 정수형 변수들과 이 둘의 평균 점수를 할당할 정수형
변수를 정의한 것입니다.
*/

int 국어 점수; // 0부터 100까지의 값을 갖습니다.
int 수학 점수; // 0부터 100까지의 값을 갖습니다.
int 평균 점수; // 0부터 100까지의 값을 갖습니다.

/*
주석-A: 국어 점수와 수학 점수를 더하여 2로 나누고 그 결과
값을 평균 점수에 대입합니다.
*/

/*
주석-B: 국어 점수와 수학 점수의 평균을 구합니다.
*/

평균 점수 = (국어 점수 + 수학 점수) / 2;
```

주석-A는 아래 프로그램 내용을 말로 풀어서 적어준 것뿐이고, 주석-B는 프로그램의 의도를 밝혀주고 있습니다. 따라서 아래 프로그램 내용에 대한 주석으로 주석-B가 적절합니다.

주석 활용하기

스크래치에서는 모든 블록마다 [그림 4-8]과 같이 여러 행의 주석을 달 수 있습니다. 그리고 [그림 4-9]와 같이 주석을 접거나 펼칠 수 있고 삭제도 할 수 있습니다.

그림 4-8
주석 달기

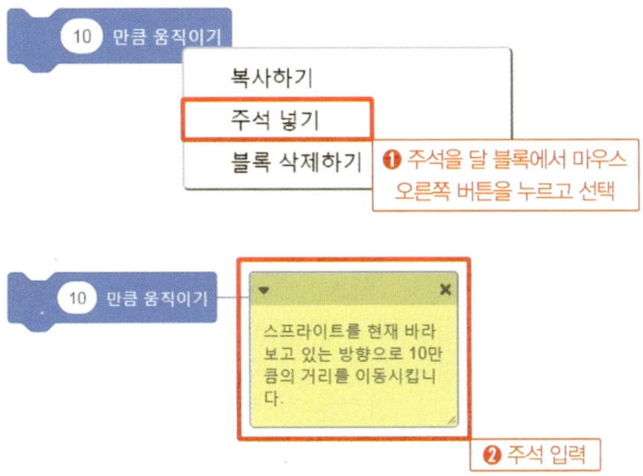

그림 4-9
주석 접기/펼치기와 삭제하기

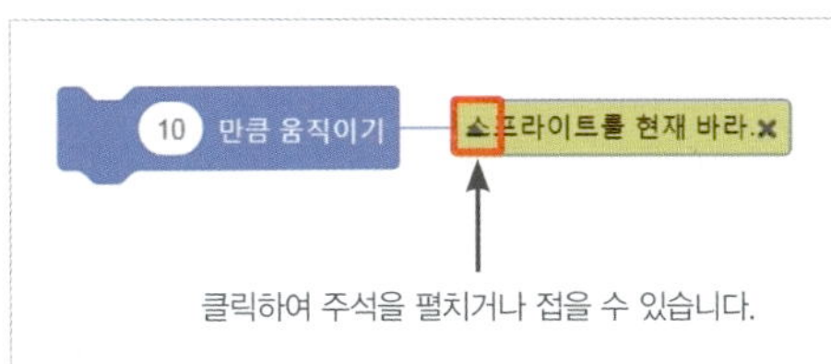

블록의 주석 접기/펼치기

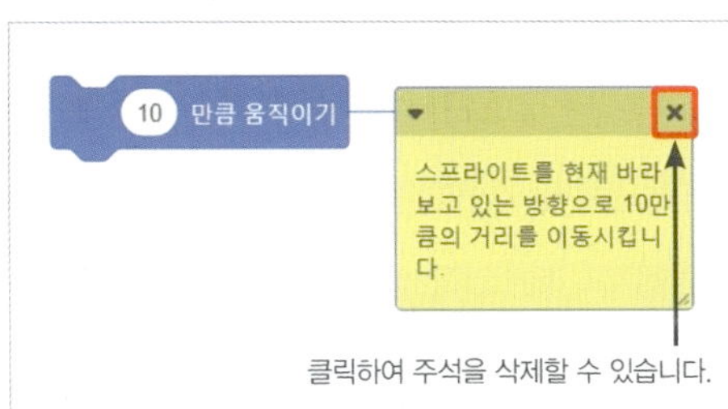

블록의 주석 삭제하기

조금 어려운 이야기

나중에 배울 절차 블록과 이벤트 블록에도 주석을 달 수 있는데, 이때 주석은 절차 블록과 이벤트 블록 아래에 조립된 블록들이 수행하는 기능을 개념적으로 적는 것이 좋습니다.

02
지역 변수와 전역 변수

지역 변수와 전역 변수의 개념

프로그래밍 언어는 변수의 유효 범위scope라는 개념을 사용해 변수를 사용할 수 있는 범위를 조정합니다. 변수는 자신의 유효 범위로 정해진 영역 내에서만 사용 가능하며 유효 범위 밖에서는 해당 변수의 값을 읽는다거나 수정하는 작업이 차단됩니다.

변수의 유효 범위는 기본적으로 해당 변수가 생성된 장소로 한정됩니다. 스크래치의 경우 [이 스프라이트에서만 사용] 메뉴로 생성한 변수는 자신이 생성된 스프라이트에서만 사용할 수 있으며 다른 스프라이트에서는 해당 변수의 값을 읽거나 변경할 수 없습니다.

이렇게 유효 범위가 특정 장소로 한정된 변수를 지역 변수local variable라고 합니다. 유효 범위가 같은, 즉 같은 장소에서 사용되는 지역 변수들은 이름이 달라야 구별할 수 있습니다. 하지만 유효 범위가 다른 지역 변수는 이름이 같아도 서로 다른 변수로 인식되므로, 여러 장소에 분산되어 있는 수많은 지역 변수의 이름을 일일이 다르게 붙일 필요가 없습니다.

조금 어려운 이야기

지역 변수만 사용하는 장소는 외부의 영향을 받지 않기 때문에 독립성independency이 높고 이해와 수정이 쉽다는 장점이 있습니다. 이런 이유로 많은 전문가들이 가능한 한 지역 변수를 사용하길 권합니다.

그림 4-10
지역 변수의 개념

전역 변수global variable는 지역 변수와 달리 프로그램의 모든 장소에서 접근하여 그 값을 읽고 변경할 수 있습니다. 전역 변수가 생성될 수 있는 공용 장소를 별도로 제공하는 경우가 많은데, 스크래치의 경우 무대가 그런 공용 장소입니다. 전역 변수들은 유효 범위가 모두 같으므로 이름이 서로 달라야 합니다.

TIP 스크래치 무대에서 생성되는 변수는 항상 모든 스프라이트가 접근할 수 있는 전역 변수입니다.

그림 4-11
전역 변수의 개념

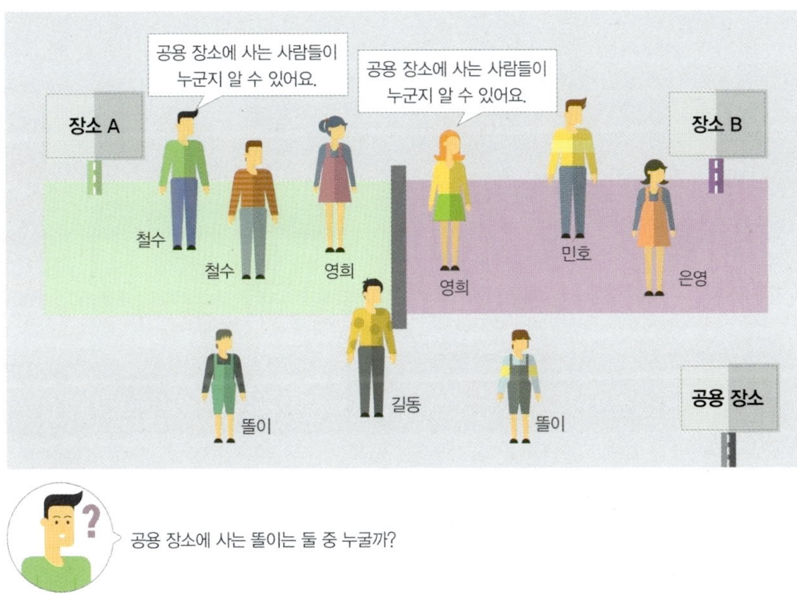

스크래치에서는 스프라이트와 무대에서 변수를 생성할 수 있습니다. 그 방법과 특징은 다음과 같습니다.

- 지역 변수 : 스프라이트의 지역 변수는 [이 스프라이트에서만 사용] 메뉴로 생성합니다. 이 지역 변수는 생성된 스프라이트 내부에서만 활용되고 다른 스프라이트와 무대에서는 활용할 수 없습니다.
- 전역 변수 : 스크래치에서 전역 변수를 생성하는 방법은 두 가지입니다. 하나는 스프라이트의 변수를 생성할 때 [모든 스프라이트에서 사용] 메뉴로 생성하는 방법이고, 다른 하나는 무대의 변수로 생성하는 방법입니다. 전역 변수는 유효 범위가 프로그램 전체이기 때문에 모든 스프라이트와 무대에서 활용할 수 있습니다.

지역 변수와 전역 변수 생성하기

스크래치에서 지역 변수와 전역 변수를 생성해보겠습니다. [그림 4-12]와 같이 사과를 추가하고, 고양이에 속한 지역 변수 [고양이 이름]을 생성합니다. 이어서 [그림 4-13]과 같이 사과로 전역 변수인 [사과 색깔]을 생성합니다.

그림 4-12
지역 변수 생성

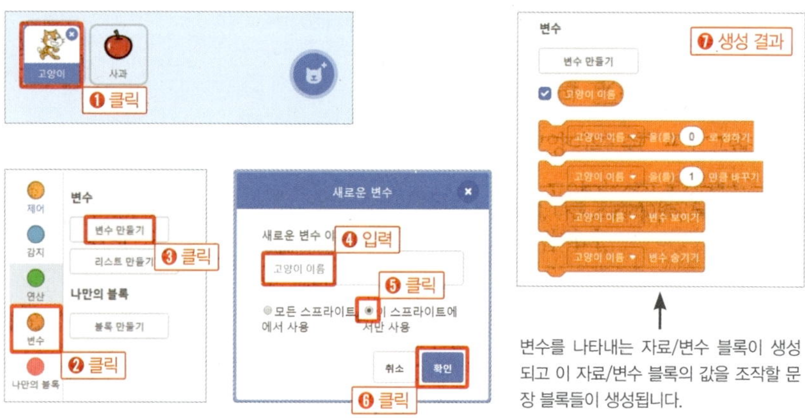

그림 4-13
전역 변수 생성

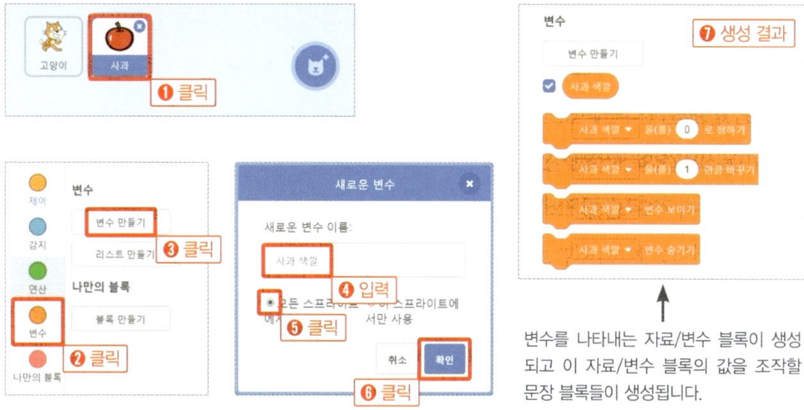

앞의 작업을 완료한 후 [스프라이트/무대 관리 창]에서 고양이, 사과, 무대를 각각 선택하여 활용 가능한 변수를 살펴봅니다. [코드] 탭–[변수] 메뉴를 선택하면 [표 4-4]와 같이 고양이는 지역 변수 [고양이 이름]과 전역 변수 [사과 색깔]이 모두 보이는 반면, 사과와 무대에는 전역 변수 [사과 색깔]만 보이고 고양이의 지역 변수인 [고양이 이름]은 보이지 않습니다.

TIP 전역 변수 [사과 색깔]은 비록 사과를 활용하여 생성했지만 그 유효 범위가 프로그램 전체이기 때문에 사과에 속한 변수라고 보기 어렵습니다. 오히려 전역 변수 생성에 단지 사과를 이용한 것뿐이라고 볼 수 있습니다. 이렇게 스프라이트를 활용하여 생성한 전역 변수를 앞으로는 해당 스프라이트의 전역 변수라고 표현하겠습니다.

표 4-4
변수의 유효 범위

스프라이트/무대	활용 가능 변수	설명
고양이	고양이 이름 사과 색깔	고양이의 지역 변수 [고양이 이름]과 사과의 전역 변수 [사과 색깔]이 존재함
사과	사과 색깔	• 사과의 전역 변수 [사과 색깔]만 존재함 • 변수 [고양이 이름]은 고양이의 지역 변수이기 때문에 사과는 접근할 수 없음
무대	사과 색깔	• 사과의 전역 변수 [사과 색깔]만 존재함 • 변수 [고양이 이름]은 고양이의 지역 변수이기 때문에 무대는 접근할 수 없음

이제 [무대 배경]이란 이름의 무대 변수를 [그림 4-14]와 같이 생성한 후, 고양이와 사과에서 활용 가능한 변수를 다시 확인하면 [표 4-5]와 같습니다.

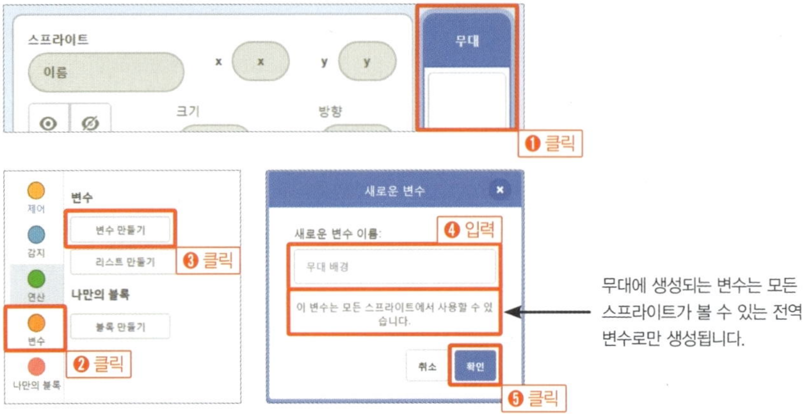

그림 4-14
무대의 전역 변수 생성

표 4-5
전역 변수의 유효 범위

스프라이트	활용 가능 변수	설명
 고양이	고양이 이름 사과 색깔 무대 배경	고양이의 지역 변수 [고양이 이름]과 사과의 전역 변수 [사과 색깔] 그리고 무대의 전역 변수 [무대 배경]이 존재함
 사과	사과 색깔 무대 배경	사과의 전역 변수 [사과 색깔]과 무대의 전역 변수 [무대 배경]이 존재함

03

구조적 자료형 : 배열과 리스트

구조적 자료형의 개념

지금까지 살펴본 정수형, 실수형, 문자형, 불린 형, 문자열 형 등의 자료형은 변수형으로 사용될 때 변수가 그 자료형에 속하는 하나의 값만 할당받을 수 있었습니다. 예를 들어, 정수형 변수는 하나의 정수만, 문자열 형 변수는 하나의 문자열만 할당받을 수 있습니다. 이렇게 변수형으로 사용될 때 변수가 하나의 자료만 할당받을 수 있는 자료형을 기본 자료형simple data type이라 합니다.

만일 프로그래밍 작업에 기본 자료형의 변수들만 사용할 수 있다면 한 반 학생들의 국어 점수를 관리하는 프로그램을 작성할 때 학생 수만큼 정수형 변수를 만들어줘야 합니다. 이런 문제점을 해결하기 위해 대부분의 프로그래밍 언어는 여러 개의 자료를 하나의 단위로 효율적으로 처리할 수 있는 구조적 자료형structured data type을 제공하고 있습니다. 즉 구조적 자료형은 기본 자료형과 달리 하나의 변수에 여러 개의 자료를 할당할 수 있습니다. 예를 들어, '국어 점수'라는 이름의 구조적 자료형 변수를 하나 생성하여 그 변수에 모든 학생의 국어 점수를 수월하게 할당할 수 있습니다.

그림 4-15
기본 자료형 변수와 구조적 자료형 변수

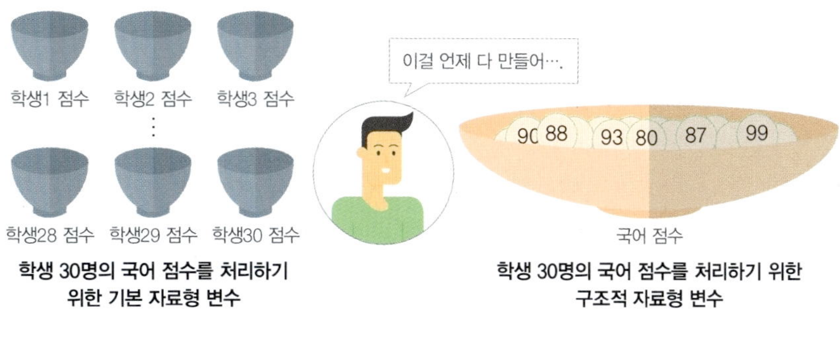

배열의 개념

배열array은 동일한 자료형의 원소(자료)들에 순서를 매겨 나열한 집합으로 가장 기본적인 구조적 자료형입니다. 배열에는 원소의 위치를 구별하는 연산이 필요한데, 일반적으로 배열 변수 이름 다음에 [ ]를 붙여 원소의 위치를 표기합니다. 여기서 주의할 점은, 일반적으로 배열의 위치를 0부터 세기 때문에 [그림 4-16]과 같이 정수형 배열 변수 [국어 점수]의 첫 번째 원소는 국어 점수[0]으로, 두 번째 원소는 국어 점수[1]로 표기한다는 것입니다. 이 연산으로 특정 위치의 원소에 대해 값을 읽거나 할당할 수 있습니다. 일반적으로 배열 변수는 원소를 최대로 담을 수 있는 크기를 결정하여 [그림 4-16]과 같이 국어 점수[10] 형태로 생성합니다. 국어 점수[10]은 최대 10개의 정수형 원소를 담을 수 있는 배열 변수입니다.

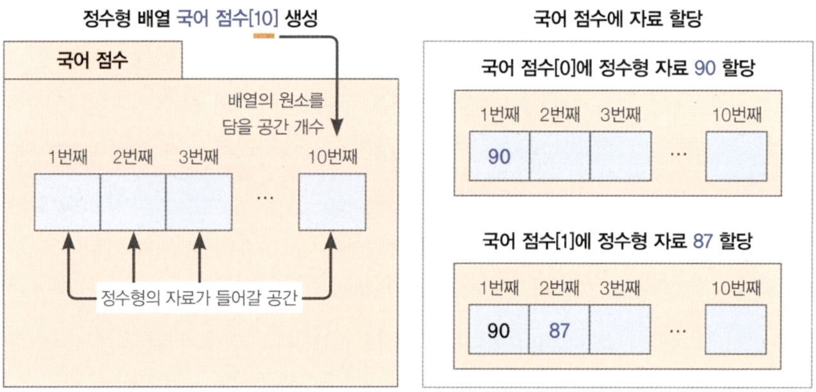

그림 4-16
배열 변수와 자료 할당

리스트의 개념

리스트는 여러 개의 자료를 일정한 순서에 따라 나열한 구조입니다. 예를 들어, 한 주의 요일(월, 화, 수, 목, 금, 토, 일)이나 무지개 색깔(빨강, 주황, 노랑, 초록, 파랑, 남색, 보라) 등이 이에 해당합니다. 리스트는 배열과 마찬가지로 동일한 자료형의 자료들을 담을 수 있으며 일반적으로 [그림 4-17]과 같이 리스트 끝에 원소 추가하기, 특정 위치에 원소 삽입/삭제하기, 특정 위치의 원소 값 검색하기, 리스트의 원소 개수 구하기, 특정 원소가 리스트에 존재하는지 검색하기 등의 연산을 제공합니다.

배열이 원소의 위치를 가리키는 연산만 제공하는 데 반해 리스트는 앞에서 소개한 다양한 연산을 제공하고 있기 때문에 배열보다 사용하기 편리합니다. 예를 들어, 배열의 경우 새로운 원소를 끝에 추가하려면 우선 원소가 들어갈 공간을 먼저 찾고 그곳에 원소를 넣는 작업을 해줘야 하지만 리스트는 원소 추가하기 연산만 실행하면 됩니다. 리스트를 사용하는 사람 입장에서는 원소 추가하기 연산이 실제 어떤 방식으로 리스트 내부에 원소를 추가하는지는 알 필요가 없습니다.

그림 4-17
리스트의 연산과 예

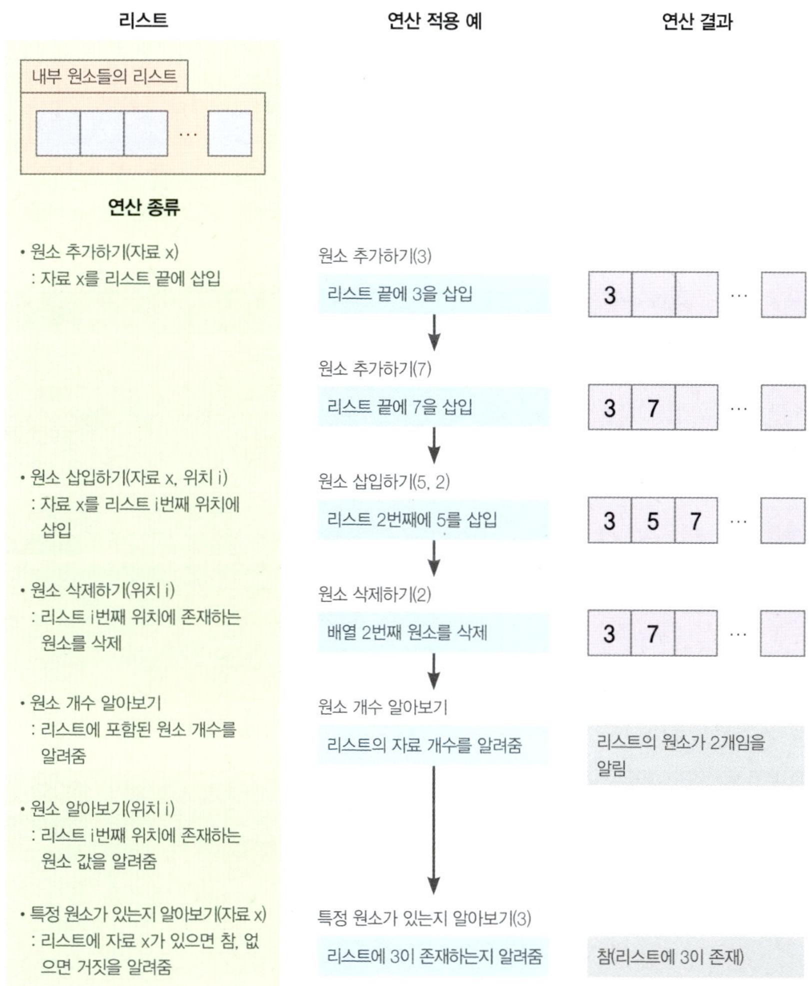

리스트 생성하고 활용하기

스크래치는 구조적 자료형으로 리스트를 제공하는데 앞의 [그림 4-17]에서 소개한 연산 외에 몇 가지 유용한 연산들을 추가로 제공합니다. 고양이 스프라이트에 [고양이 먹이들]이라는 이름의 리스트를 [그림 4-18]과 같이 생성한 후 어떤 연산들을 제공하는지 [표 4-6]을 살펴봅시다.

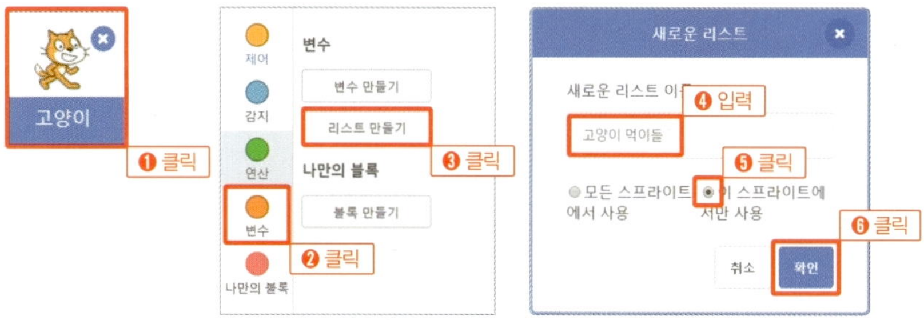

그림 4-18 리스트 생성

표 4-6 리스트가 제공하는 연산

고양이 먹이들 연산 블록	설명
항목 을(를) 고양이 먹이들 ▾ 에 추가하기	'항목'을 [고양이 먹이들] 리스트의 마지막 원소로 추가합니다.
( ) 번째 항목을 고양이 먹이들 ▾ 에서 삭제하기	[고양이 먹이들] 리스트에서 원하는 위치의 원소를 삭제합니다.
고양이 먹이들 ▾ 의 항목을 모두 삭제하기	[고양이 먹이들] 리스트의 모든 원소를 삭제합니다.
항목 을(를) 고양이 먹이들 ▾ 리스트의 ( ) 번째에 넣기	[고양이 먹이들] 리스트에서 원하는 위치에 '항목'을 삽입합니다.
고양이 먹이들 ▾ 리스트의 ( ) 번째 항목을 항목 으로 바꾸기	[고양이 먹이들] 리스트에서 원하는 위치의 원소를 '항목'으로 바꿉니다.
고양이 먹이들 ▾ 리스트의 ( ) 번째 항목	[고양이 먹이들] 리스트에서 원하는 위치의 원소 값을 구합니다.
고양이 먹이들 ▾ 리스트에서 항목 항목의 위치	[고양이 먹이들] 리스트에서 '항목'의 위치 값, '항목'이 여러 개인 경우 가장 앞의 '항목'의 위치 값을 구합니다.
고양이 먹이들 ▾ 의 길이	[고양이 먹이들] 리스트에 포함된 원소들의 개수를 구합니다.
고양이 먹이들 ▾ 이(가) 항목 을(를) 포함하는가?	[고양이 먹이들] 리스트에 '항목'이 있으면 참, 없으면 거짓을 반환합니다.
고양이 먹이들 ▾ 리스트 보이기	실행 화면에 [고양이 먹이들] 리스트를 보여줍니다.
고양이 먹이들 ▾ 리스트 숨기기	실행 화면에서 [고양이 먹이들] 리스트를 숨깁니다.

[표 4-6]에서 생성된 연산 블록들을 활용해 [그림 4-19]와 같이 고양이의 스크립트를 작성합니다.

그림 4-19
리스트의 활용

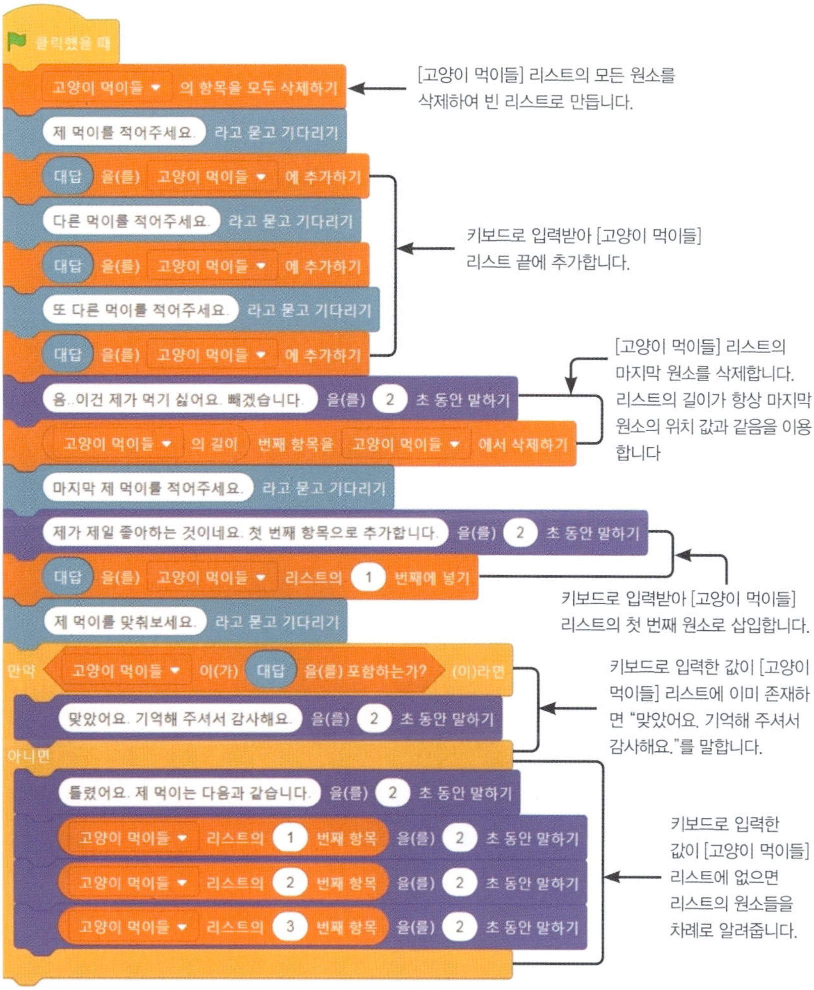

TIP 프로그램을 실행하기 전에 [코드] 탭-[변수] 메뉴에 있는 [고양이 먹이들] 리스트 앞의 체크 박스를 체크하면 [고양이 먹이들] 리스트의 원소들이 어떻게 변하는지 [프로그램 실행 창]에서 확인할 수 있습니다.

프로그램을 실행하면 [그림 4-20], [그림 4-21]과 같이 입력한 답변에 따라 [고양이 먹이들] 리스트의 원소가 달라지는 모습을 확인할 수 있습니다.

그림 4-20
프로그램의 실행 1 : 쥐→밥→강아지→생선→쥐 순으로 입력

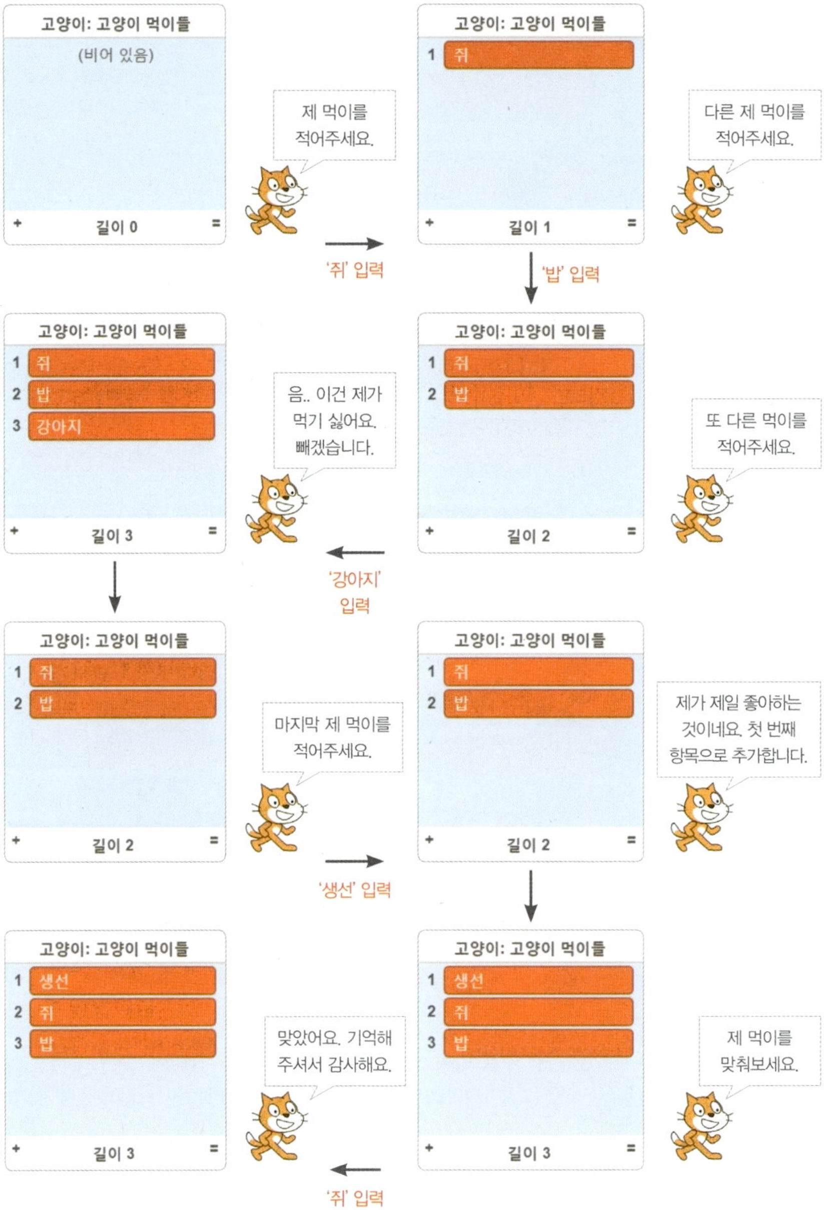

그림 4-21
프로그램의 실행 2 :
쥐 → 밥 → 강아지 → 생선
→ 닭 순으로 입력

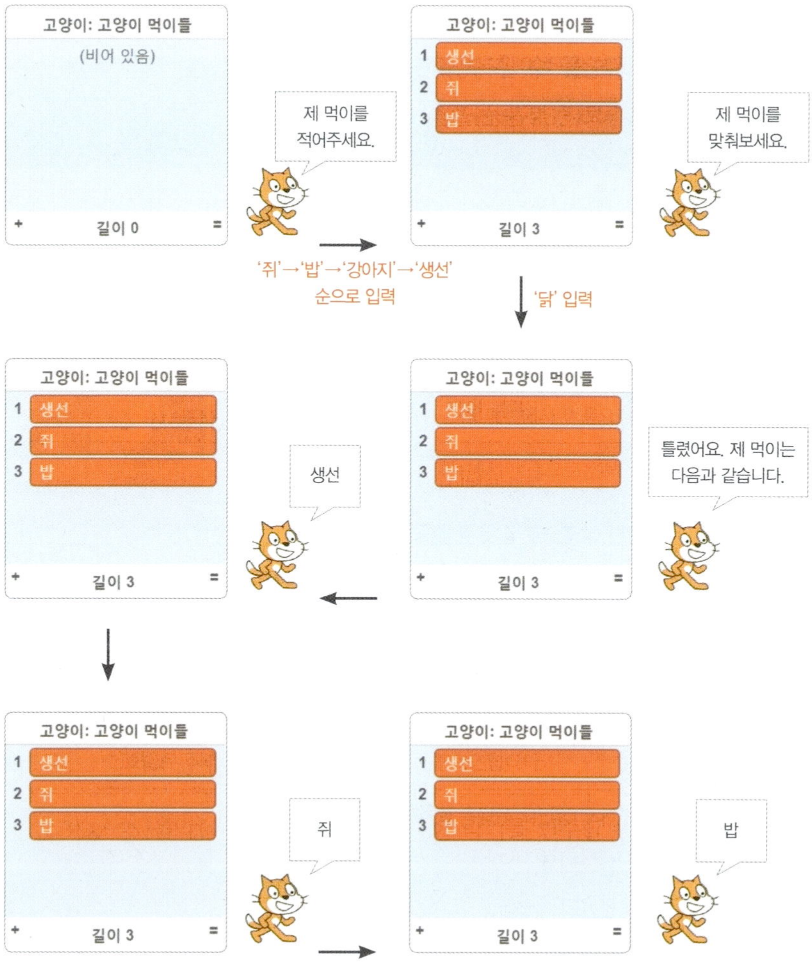

문제 한번 풀어볼까요?

01 다음 중 자료에 해당하지 않는 것은 무엇일까요?

① 슈팅 게임에서 목표물을 클릭한 마우스 포인터의 위치
② 전자계산기에 입력된 숫자
③ 로그인할 때 입력한 사용자 이름과 암호
④ 전자계산기 기능을 수행하는 프로그램

02 자료형에 대한 설명으로 잘못된 것을 고르세요.

① 자료의 종류를 구별하고 자료에 적용할 수 있는 연산도 포함하는 개념입니다.
② 자료의 종류는 구별하지만 자료에 적용 가능한 연산까지는 포함하지 않습니다.
③ 기본적인 자료형으로 정수형, 실수형, 문자형, 불린 형, 문자열 형 등이 있습니다.
④ 실수형 자료는 실수 값을 가지며 사칙연산을 적용할 수 있습니다.

03 스크래치가 제공하는 연산들로 묶이지 않은 것을 고르세요.

① 사칙연산, 논리연산
② 절댓값, 제곱근
③ 삼각함수, 세제곱근
④ 문자열의 길이 구하기, 두 문자열을 결합하기

04 변수에 대한 설명으로 올바른 것을 고르세요.

① 변수는 자료를 할당할 수 있는 문자로 이루어진 기호입니다.
② 변수는 한번 자료를 할당받으면 프로그램을 종료할 때까지 그 값을 변경할 수 없습니다.
③ 변수의 변수형과 그 변수에 할당되는 자료의 자료형은 서로 달라야 합니다.
④ 변수 이름은 프로그래머 자신만 알아볼 수 있도록 정하는 것이 좋습니다.

05 스크래치가 제공하는 변수가 아닌 것을 고르세요.

① 스프라이트의 x좌표와 y좌표
② 스프라이트의 크기
③ 스프라이트의 색깔
④ 무대 배경의 이름

06 **주석에 관한 설명으로 잘못된 것을 고르세요.**

① 주석은 다른 사람이 소스 프로그램을 이해하는 데 필요한 내용을 담는 것이기 때문에 해당 프로그램의 개발자에겐 필요가 없습니다.

② 일반적으로 주석은 여러 줄의 주석을 달 수 있는 블록 단위 주석과 한 줄의 주석을 달 수 있는 행 단위 주석으로 구분됩니다.

③ 프로그램은 한번 개발되면 장기간 사용되면서 계속 수정되기 때문에 주석을 필수적인 작업으로 생각하는 것이 좋습니다.

④ 주석은 프로그램 내용을 설명하는 것보다는 프로그램의 의도와 목적을 적는 것이 좋습니다.

07 **변수의 유효 범위에 대한 설명으로 올바른 것을 모두 고르세요.**

① 지역 변수는 자신이 생성된 장소에서만 활용할 수 있습니다.

② 모든 지역 변수는 생성된 장소와 상관없이 반드시 이름이 서로 달라야 합니다.

③ 전역 변수는 서로 이름이 같아도 구별할 수 있습니다.

④ 전역 변수는 모든 장소에서 활용할 수 있습니다.

08 **스크래치의 변수 생성에 대한 설명으로 잘못된 것을 고르세요.**

① 스프라이트에서만 변수를 생성할 수 있습니다.

② 무대에서 생성된 변수는 모두 전역 변수입니다.

③ 스프라이트에서 생성된 지역 변수는 그 스프라이트에서만 활용할 수 있습니다.

④ 스프라이트에서 생성된 전역 변수는 무대에서도 활용할 수 있습니다.

09 **다음과 같이 무대, 고양이, 사과에 대해서 변수들을 생성할 때, 사과에서 활용할 수 있는 변수로 묶인 것은 무엇일까요?**

- 무대의 변수 [점수] 생성
- 고양이 스프라이트의 변수 [고양이의 생명 수] 생성([모든 스프라이트에서 사용] 선택)
- 고양이 스프라이트의 변수 [고양이의 속도] 생성([이 스프라이트에서만 사용] 선택)
- 사과 스프라이트의 변수 [사과 개수] 생성([이 스프라이트에서만 사용] 선택)

① [사과 개수]

② [사과 개수], [점수]

③ [사과 개수], [점수], [고양이의 생명 수]

④ [사과 개수], [점수], [고양이의 생명 수], [고양이의 속도]

10 **구조적 자료형인 리스트에 대한 설명으로 잘못된 것을 모두 고르세요.**

① 리스트 변수에 여러 개의 자료를 할당할 수 있습니다.

② 리스트는 특정 위치에 자료를 삽입, 삭제, 변경하는 등의 유용한 연산들을 제공합니다.

③ 리스트는 특정한 순서 없이 자료들을 관리하는 데 유용합니다.

④ 리스트는 리스트 끝에만 원소를 추가할 수 있고 맨 앞에 있는 원소만 추출할 수 있습니다.

11 **그림과 같은 스크래치 프로그램을 실행한 후, 리스트 변수 [내가 좋아하는 과일들]에는 어떤 원소들이 남아 있을까요?**

리스트 변수 [내가 좋아하는 과일들]의 초기 상태

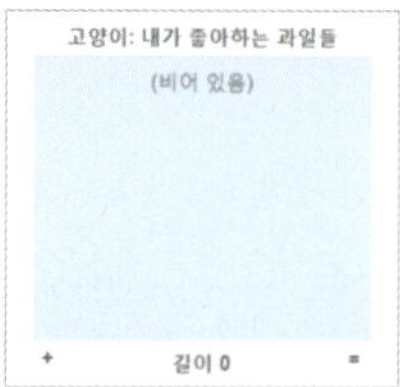

① 사과 – 복숭아 – 수박

② 복숭아 – 멜론 – 수박

③ 복숭아 – 사과 – 딸기 – 멜론

④ 사과 – 딸기 – 복숭아 – 수박

12 **11번 문제의 답을 기반으로 다음과 같은 블록들의 값을 차례대로 나타낸 것은 무엇일까요?**

① 사과 – 참 – 3

② 사과 – 참 – 4

③ 복숭아 – 거짓 – 4

④ 복숭아 – 거짓 – 3

13 고양이가 다음과 같이 로그인한 사용자 이름을 부르며 "OOO님 안녕하세요."라고 2초 동안 인사하고, 현재 연도(연, 월, 일)를 2초 동안 말하는 프로그램을 작성하세요.

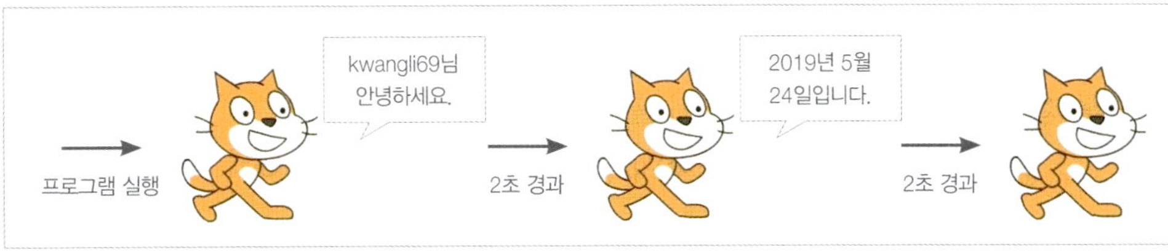

14 고양이와 개가 다음과 같이 서로의 이름을 부르며 인사하는 프로그램을 작성하세요. 고양이의 전역 변수 [고양이 이름]과 개의 전역 변수 [개 이름]을 생성합니다. 프로그램을 실행하면 고양이는 자신의 이름을 '나비'로 설정하고 개는 '번개'로 설정합니다.

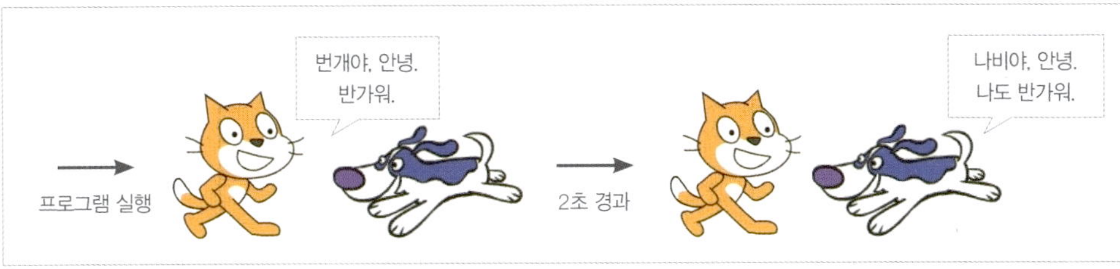

15 고양이가 다음과 같이 생선, 밥, 쥐를 차례대로 먹는 프로그램을 작성하세요. 고양이의 지역 변수로 [먹이들] 리스트를 생성하고, 프로그램을 실행하면 이 리스트에 생선, 밥, 쥐를 차례로 추가합니다. 그리고 고양이는 [먹이들] 리스트에 담긴 먹이를 앞에서부터 꺼내 먹으면서 그 먹이의 이름을 이용하여 "~을(를) 먹습니다. 냠냠." 이라고 2초간 말합니다. 먹이를 다 먹었으면 "다 먹었다."라고 말하며 [먹이들] 리스트에서 모든 먹이를 삭제합니다.

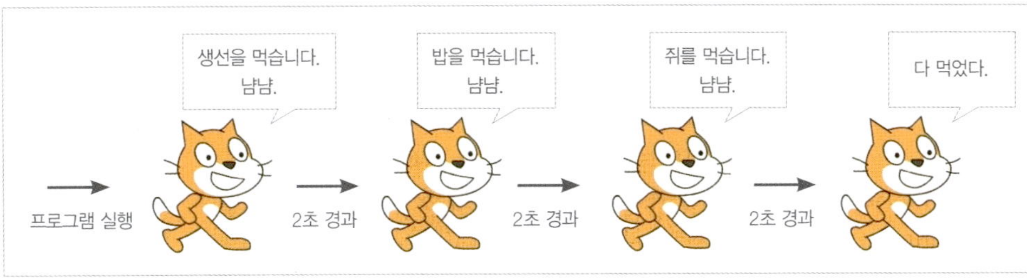

조건과 문장 제어 익히기

이번 장에서 **무엇을 배우나요?**

1. 명제, 조건, 관계식, 논리식의 개념을 이해합니다.
2. 조건의 역할을 이해하고 스크래치를 이용해 구현해봅니다.
3. 문장의 역할을 이해하고 문장을 제어하는 방법을 알아봅니다.
4. 문장의 반복적 실행을 이해하고 이를 스크래치로 연습합니다.
5. 문장의 선택적 실행을 이해하고 이를 스크래치로 연습합니다.
6. 반복적 실행과 선택적 실행을 중첩하여 다양한 제어 방식을 연습합니다.

CHAPTER

05

01 조건의 이해

명제, 조건, 관계식, 논리식의 개념

수학에서 명제proposition는 참 또는 거짓을 분명히 판단할 수 있는 문장이나 식이고, 조건condition은 주어진 미지수 값에 따라 참 또는 거짓이 결정되는 문장이나 식입니다. 예를 들어, "2016년 8월 20일은 토요일이다"와 "3>5"는 각각 참과 거짓 값을 갖는 명제이고 "x는 짝수다"와 "y<10"는 미지수 x와 y 값에 따라 참 또는 거짓의 값이 결정되는 조건입니다. 관계식relation expression은 두 수나 산술식의 대소 관계를 나타내는 >, =, < 등의 관계 연산자relation operator로 연결한 식으로, 식의 결과가 참 또는 거짓 값을 갖습니다.

표 5-1
명제, 조건, 관계식

구분	의미	예
명제	참 또는 거짓을 분명하게 판단할 수 있는 문장이나 식	• 지구는 태양 주위를 돕니다. (참) • 모든 새는 날 수 있습니다. (거짓) • 3+6=9 (참) • 5+6>15−1 (거짓)
조건	미지수를 포함하고 미지수의 값에 따라 참 또는 거짓이 결정되는 문장이나 식	• x는 짝수입니다. (미지수 x가 2, 4와 같은 짝수이면 참이고 1, 3과 같은 홀수이면 거짓) • x<15 (미지수 x가 15 미만의 수이면 참이고 15 이상의 수이면 거짓)
관계식	관계 연산자로 두 수 또는 산술식을 연결한 식	• 3<5 (참) • 10<5 (거짓) • 10−4>5+1 (거짓) • 10−4=5+1 (참)

명제나 조건을 논리 연산자logical operator로 연결하여 복잡한 관계를 논리식logical expression으로 표현할 수 있습니다. 대표적 논리 연산자로는 논리합(∨), 논리곱(∧), 부정(~) 등이 있는데, 임의의 명제 또는 조건 P와 Q에 따라 [표 5-2]와 같이 연산을 합니다.

표 5-2 논리연산

P	Q	P∨Q	P∧Q	~P
참	참	참	참	거짓
참	거짓	참	거짓	
거짓	참	참	거짓	참
거짓	거짓	거짓	거짓	

[표 5-3]은 논리식의 예와 그 연산 결과입니다.

표 5-3 논리식

논리식	진리 값
지구는 태양 주위를 돕니다. ∧ 모든 새는 날 수 있습니다.	(참 ∧ 거짓)이므로 **거짓**
(3 < 5) ∨ (10 < 5)	(참 ∨ 거짓)이므로 **참**
~(10−4=5+1)	(~참)이므로 **거짓**
[(3 < 5) ∨ (10 < 5)] ∧ ~(10−4=5+1)	(참 ∧ 거짓)이므로 **거짓**
(x > 5) ∧ (x < 10)	x가 5보다 크고 10보다 작은 수이면 **참**, 그 외는 **거짓**
(x > 5) ∧ (y > 5)	x와 y가 모두 5보다 크면 참, 그 외는 **거짓**

프로그램과 조건

프로그램의 기능을 기술하는 문장에는 기능의 반복 또는 선택에 필요한 조건이 포함되기도 합니다. 예를 들어, 입장객의 나이가 12세 이하이면 요금을 할인하는 기능을 프로그램으로 작성한다고 가정해봅시다. 이 경우 입장객의 나이가 12세 이하이면 참, 그 외는 거짓이 되는 조건에 따라 요금을 할인할지 말지를 선택해야 합니다. 이 조건을 프로그램에서는 [입장객의 나이]라는 변수를 사용하여 관계식이나 논리식으로 구현할 수 있습니다.

또 다른 예로, 캐릭터의 생명 수가 남아 있다면 게임을 계속 이어서 하는 기능을 구현하는 경우에 대해 생각해봅시다. 캐릭터의 생명 수가 0이 아니면 참, 0이면 거짓인 조건으로 이 조건이 거짓이 될 때까지 게임을 진행하는 문장들을 반복하게 됩니다. 이 조건도 프로그램에서 [캐릭터의 생명 수]라는 변수를 사용하여 관계식이나 논리식으로 구현할 수 있습니다.

TIP 조건에 사용되는 미지수는 프로그램에서 변수로 구현됩니다.

이처럼 프로그램에서 조건은 어떤 문장을 반복 실행할 것인지 또는 둘 중 어떤 문장을 선택 실행할 것인지를 결정하는 기준으로 사용되므로 프로그램의 문장을 제어하는 데 핵심적인 역할을 합니다. 하지만 프로그래밍 공부를 시작하는 많은 사람들이 조건 표현에 익숙하지 않아 프로그래밍을 어려워하므로 다양한 조건 표현을 연습해야 합니다.

[그림 5-1]과 [그림 5-2]는 프로그램의 기능에 필요한 조건을 파악하고 파악된 조건을 관계식 또는 논리식으로 표현한 과정을 예를 통해 보여줍니다.

그림 5-1
입장료 할인 조건

프로그램 기능

입장객의 나이가 12세 이하거나 60세 이상이면 요금을 50% 할인합니다.

프로그램에 필요한 조건 파악

↓

조건

입장객의 나이가 12세 이하거나 60세 이상이면 참, 아니면 거짓인 조건

조건을 관계식 또는 논리식으로 표현

↓

조건의 논리식 표현

(입장객의 나이가 12세 이하) ∨ (입장객의 나이가 60세 이상) → (입장객의 나이 ≤ 12) ∨ (입장객의 나이 ≥ 60)

프로그래밍할 때, 조건의 미지수 '입장객의 나이'는 정수형 변수 [입장객의 나이]로 구현함

그림 5-2
놀이기구 탑승 조건

프로그램 기능

나이가 10세 이상이고 키가 110cm 이상이거나, 부모가 동반해야 놀이기구 탑승을 허용합니다.

프로그램에 필요한 조건 파악

↓

조건

나이가 10세 이상이고 키가 110cm 이상이거나, 부모가 동반하면 참, 아니면 거짓인 조건

조건을 관계식 또는 논리식으로 표현

↓

조건의 논리식 표현

[(나이가 10세 이상) ∧ (키가 110cm 이상)] ∨ (부모 동반이 참) → [(나이 ≥ 10) ∧ (키 ≥ 110)] ∨ (부모 동반=참)

프로그래밍할 때, 조건의 미지수 '나이'는 정수형 변수 [나이]로,
'키'는 실수형 변수 [키]로, '부모 동반'은 불린 형 변수 [부모 동반]으로 구현함

조건 활용하기

스크래치는 [표 5-4]와 같은 조건 블록들을 사용해 관계식과 논리식을 구현합니다.

표 5-4
조건 블록

조건 블록	설명
( ) < ( )	앞의 자료가 뒤의 자료보다 작으면 참, 크거나 같으면 거짓
( ) = ( )	앞의 자료와 뒤의 자료가 같으면 참, 다르면 거짓
( ) > ( )	앞의 자료가 뒤의 자료보다 크면 참, 작거나 같으면 거짓
< > 또는 < >	연결된 두 조건 중 하나라도 참이면 참, 그 외는 거짓
< > 그리고 < >	연결된 두 조건이 모두 참일 때만 참, 그 외는 거짓
< > 이(가) 아니다	조립된 조건이 참이면 거짓, 거짓이면 참

대소 관계를 비교하는 조건 블록의 경우, 입력 창에 수가 입력되면 두 수의 크기에 따라 진리 값을 결정하지만 한글이나 영어 단어 같은 문자열은 사전에서 나중에 나오는 단어를 큰 값으로 해석합니다. 그리고 수, 영어 단어, 한글 순으로 크기가 증가하며 영어 단어의 대문자와 소문자는 구별하지 않습니다. [표 5-5]는 스크래치에서 다양한 자료의 대소 관계를 해석하는 방법을 보여주는 예입니다.

표 5-5
수와 문자열의 대소 비교

대소 관계 비교	설명
(100) < (200)	두 수의 대소 비교는 수의 크기로 결정, **참**
(apple) < (cat)	두 영문 문자열의 대소 비교는 사전적 순서로 결정, **참**
(토끼) < (호랑이)	두 한글 문자열의 대소 비교는 사전적 순서로 결정, **참**
(9999999) < (apple) (9999999) < (가나다)	영문, 한글 문자열은 수보다 큼, **참**
(zebra) < (가나다)	한글 문자열은 영문 문자열보다 큼, **참**

조건 블록 안에 다른 조건 블록을 조립해 복잡한 조건식을 만들 수 있습니다. [그림 5-3]은 [그림 5-1]과 [그림 5-2]를 스크래치의 조건 블록으로 구현한 것입니다. 단, [입장객의 나이], [키], [부모 동반] 등의 변수를 먼저 만들어야 합니다.

그림 5-3
조건 블록으로 구현한 조건

입장객의 나이가 12세 이하거나 60세 이상이면 참, 아니면 거짓인 조건의 구현

나이가 10세 이상이고 키가 110cm 이상이거나, 부모가 동반하면 참, 아니면 거짓인 조건의 구현

02 문장의 이해

프로그램 문장의 개념

프로그램 문장은 완결된 의미를 갖는 작업의 최소 단위로, 컴퓨터는 프로그램 문장 단위로 프로그램을 실행합니다. 그리고 마침표, 물음표, 느낌표 기호로 끝을 구분하는 글의 문장처럼 프로그램 문장도 끝에 특정 기호를 붙여 구분합니다. [그림 5-4]는 C와 자바 언어에서 문장을 세미콜론(;)으로 구분한 방식을 보여줍니다.

그림 5-4
C와 자바 언어의 문장 구분

```
for (i = 0; i <= P.degree; i++) {
   printf("%3.0fx^%d", P.coef[i], degree--);
   if (i < P.degree) printf(" +");
}
```

C 프로그램의 예

```
public class Problem_07 {
   public static void main(String[] args) {
      Scanner s = new Scanner(System.in);
```

자바 프로그램의 예

현재 프로그램 개발에 널리 사용되고 있는 C와 자바 프로그래밍 언어는 문장을 구분하기 위해 문장 끝에 세미콜론(;)을 붙여줍니다.

프로그램 문장을 쓰여진 순서대로 순차적으로 실행하는 방식을 순차적sequential 실행이라고 합니다. 하지만 문장을 순차적으로만 실행하면 프로그램이 매우 길어지거나 표현조차 할 수 없는 경우도 발생합니다. 예를 들어, [그림 5-5]와 같이 어떤 변수에 10을 더하는 문장을 1,000번 실행해야 한다고 할 때 순차적 실행만 가능하다면 해당 문장을 1,000번 적어줘야 합니다. 또한 순차적 실행은 선택의 개념이 없어 '비가 오면 우산을 들고 나가고 비가 오지 않으면 우산을 안 들고 나간다'라는 행동을 구현하지 못합니다.

그림 5-5
순차적 실행 방식의 한계

이런 순차적 실행 방식의 한계를 보완하기 위해 프로그래밍 언어에서는 반복적iterative 실행 방식과 선택적selective 실행 방식을 함께 제공합니다. 두 실행 방식을 자세히 공부하기 전에 우선 개념만 간단히 살펴보면 다음과 같습니다.

- 반복적 실행 방식 : 반복 대상의 문장들을 무한 반복, 정해진 횟수만큼 반복, 조건이 참 또는 거짓이 될 때까지 반복 등의 방식을 제공합니다.
- 선택적 실행 방식 : 항상 조건과 함께 사용되어 해당 조건이 참일 때와 거짓일 때 실행되는 문장들을 구분하는 방식을 제공합니다.

문장 활용하기

스크래치도 하나의 완결된 의미의 일을 문장 단위로 구현합니다. 주로 스프라이트 또는 무대의 행동을 조작하거나 변수 값을 조작하기 위한 문장 블록을 제공하는데, 문장이 블록 단위로 제공되기 때문에 세미콜론과 같은 특수 기호로 구분할 필요가 없습니다. 문장 블록은 내부에 자신이 수행할 작업 내용을 담고 있습니다. 이때 자료가 필요하면 [그림 5-6]과 같이 그 자료를 받을 수 있는 입력 창 또는 자료를 선택할 수 있는 선택 메뉴를 포함합니다.

그림 5-6
문장 블록의 예

문장 블록은 [그림 5-7]과 같이 다른 문장 블록, 제어 블록, 이벤트 블록, 절차 블록 등과 연결해 조립할 수 있습니다.

그림 5-7
문장 블록의 조립

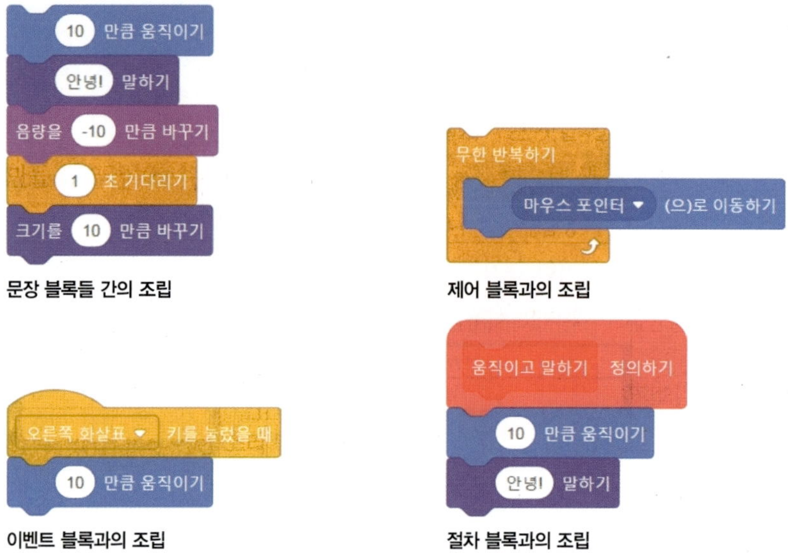

03 문장의 반복적 실행

반복적 실행 방식의 종류

문장은 다양한 제어 방식으로 반복해서 실행할 수 있습니다. 반복적 실행 방식을 이용하면 앞에서 변수 A에 10을 1,000번 더하는 문제를 [그림 5-8]과 같이 해결할 수 있습니다.

그림 5-8
선택적 실행

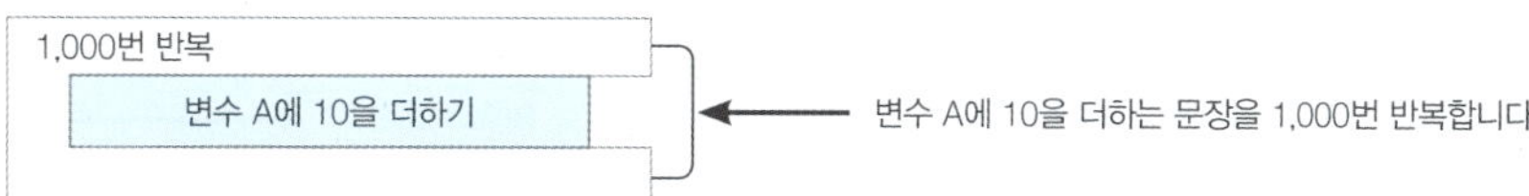

다양한 반복적 실행 방식이 존재하지만 여기서는 가장 기본이라 할 수 있는 무한 반복형, 횟수 반복형, While 반복형, Until 반복형을 소개합니다.

무한 반복형

무한 반복형은 문장들을 무한히 반복 실행합니다. 따라서 반복하는 문장의 다음 문장들을 실행할 수 없다는 특징이 있습니다.

그림 5-9
무한 반복형의 실행

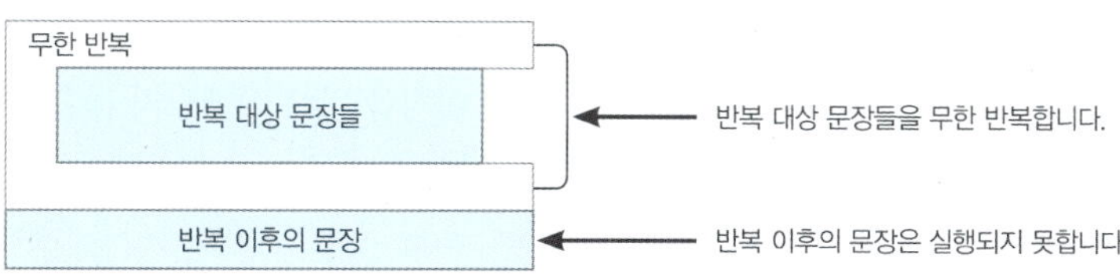

횟수 반복형

횟수 반복형은 문장을 지정된 횟수만큼 반복 실행한 후 반복 실행을 중지합니다.

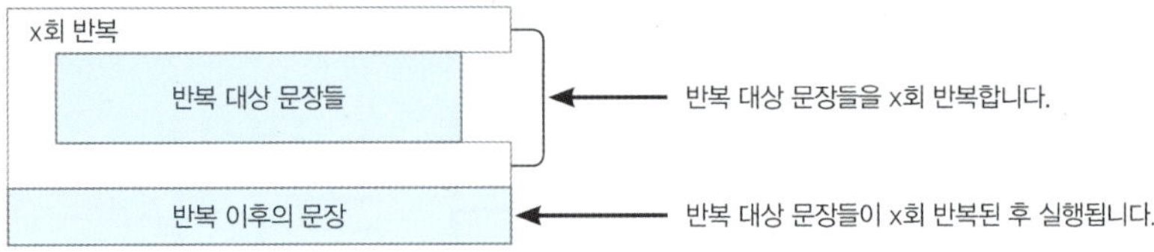

그림 5-10
횟수 반복형의 실행

While 반복형

While 반복형은 반복 제어에 조건을 사용합니다. 반복하려는 문장을 처음 실행하기 전에 조건을 검사하여 참이면 반복 대상 문장을 실행합니다. 그런 다음 다시 조건을 검사하여 여전히 참이면 문장을 다시 실행합니다. 이런 작업을 반복하다가 어느 순간 조건이 거짓이 되면 해당 문장을 반복 실행하지 않고 다음 문장을 실행합니다. 만약 조건이 계속 참이면 While 반복형은 해당 문장을 무한히 반복합니다.

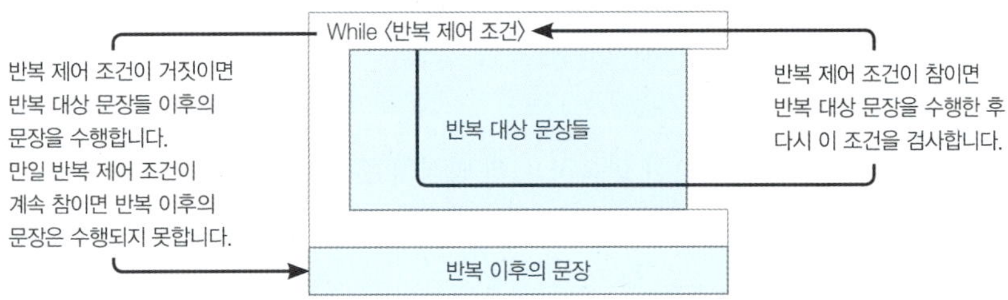

그림 5-11
While 반복형의 실행

Until 반복형

Until 반복형도 While 반복형과 같이 반복 제어 조건을 사용하되 사용법이 정반대입니다. 즉, 조건을 검사하여 거짓이면 문장을 실행합니다. 따라서 조건을 다시 검사하여 거짓이면 해당 문장들을 다시 실행합니다. 이런 작업을 반복하다가 어느 순간 조건이 참이 되면 해당 문장을 반복 실행하지 않고 다음 문장을 실행합니다. 만약 조건이 계속 거짓이면 Until 반복형은 해당 문장들을 무한히 반복합니다.

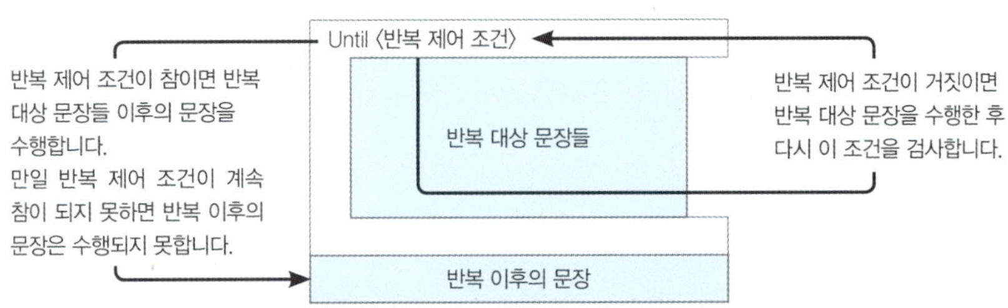

그림 5-12
Until 반복형의 실행

반복적 실행 제어 블록

스크래치는 반복적 실행 방식을 지원하는 제어 블록들을 [코드] 탭–[제어] 메뉴에 모아놓았습니다. 스크래치는 [표 5–6]과 같이 무한 반복형, 횟수 반복형, Until 반복형을 지원합니다. 여기서 무한 반복형 제어 블록은 내부 블록들을 무한히 반복하기 때문에 그 아래에 블록을 조립하는 것이 의미가 없습니다. 그래서 블록 형태를 보면 아래쪽에 블록을 조립할 수 있는 돌기가 없습니다.

표 5–6
반복적 실행 제어 블록

반복적 실행 제어 블록	종류	설명
	무한 반복형	내부에 조립된 문장들을 무한 반복합니다.
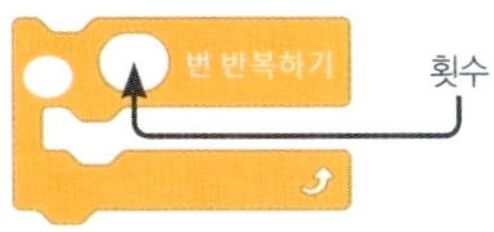	횟수 반복형	일정 횟수만큼 내부에 조립된 문장들을 반복 수행합니다.
	Until 반복형	조건이 참이 될 때까지 내부에 조립된 문장들을 반복 수행합니다.

1부터 무한히 숫자 세기

반복 실행을 지원하는 제어 블록들을 간단히 활용해보겠습니다. [그림 5–13]을 실행하면 1부터 무한히 숫자를 셉니다.

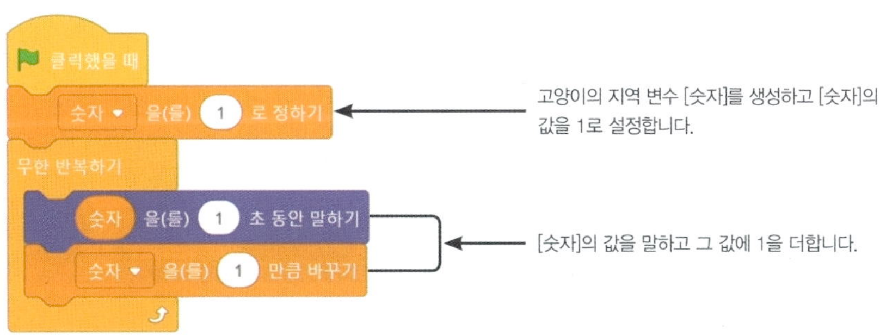

그림 5–13
1부터 무한히 숫자 세기

1부터 입력받은 숫자까지 세기

[그림 5-14]는 사용자에게 임의의 숫자를 입력받아 1부터 그 숫자까지 셉니다.

그림 5-14
1부터 입력받은
숫자까지 세기

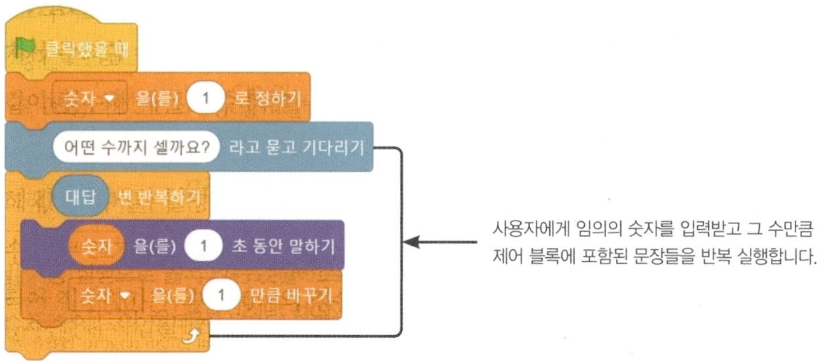

1부터 더해서 입력받은 수보다 커지는 수 구하기

[그림 5-15]는 사용자에게 임의의 숫자를 입력받고 1부터 수를 세면서 어느 수까지 더하면 사용자가 입력한 수보다 커지는지 계산합니다.

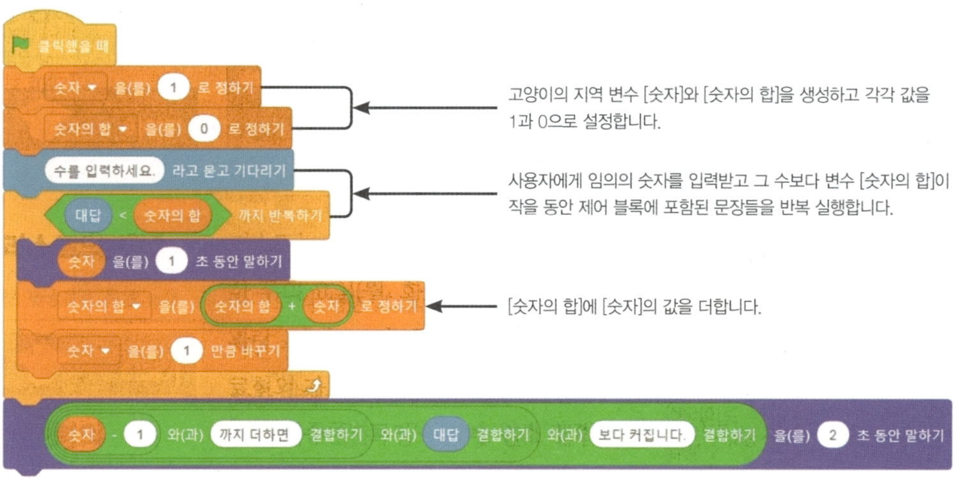

그림 5-15 1부터 더해서 입력받은 수보다 커지는 수 구하기

04 문장의 선택적 실행

선택적 실행 방식의 종류

선택적 실행도 반복적 실행처럼 종류가 다양합니다. 선택적 실행을 이용하여 앞에서 우산을 들고 나갈지 말지 선택하는 문제를 [그림 5-16]과 같이 해결할 수 있습니다.

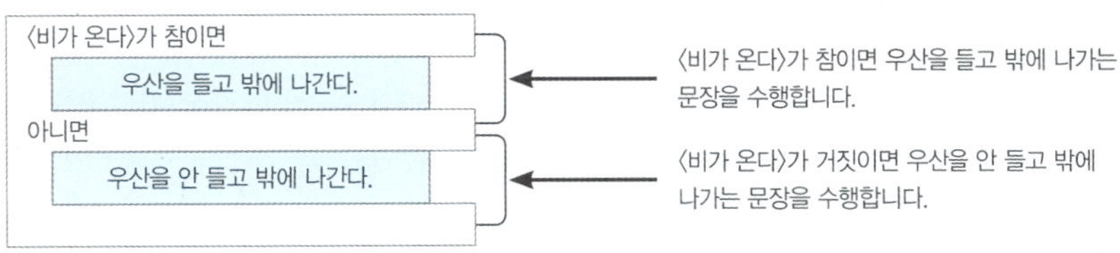

그림 5-16
선택적 실행

다양한 선택적 실행 방식이 존재하지만 여기서는 스크래치에서 지원하는 방식인 만약 선택형과 만약-아니면 선택형을 소개합니다.

만약 선택형

만약 선택형은 선택 제어 조건이 참일 경우에 실행할 문장을 구분해줍니다.

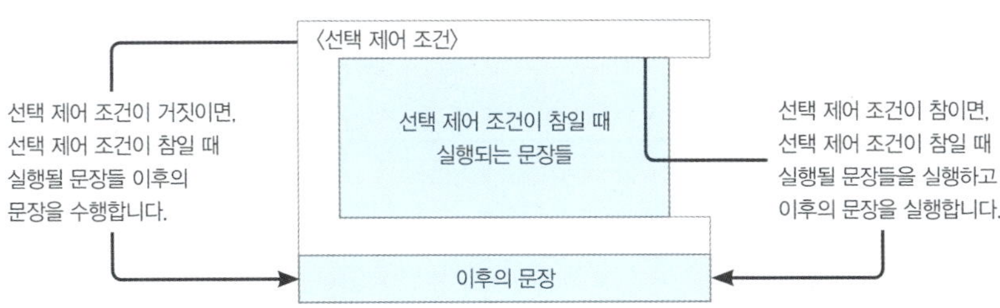

그림 5-17
만약 선택형의 실행

만약-아니면 선택형

만약-아니면 선택형은 [그림 5-18]과 같이 선택 제어 조건이 참일 경우에 실행할 문장들뿐 아니라 거짓일 경우에 실행할 문장들도 함께 구분해줍니다.

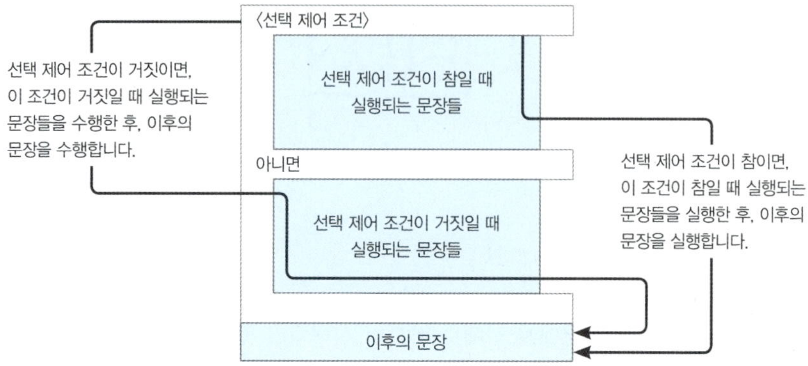

그림 5-18
만약-아니면 선택형의 실행

선택적 실행 제어 블록

스크래치는 선택적 실행 방식을 지원하는 제어 블록들을 [코드] 탭-[제어] 메뉴에 모아놓았습니다. 스크래치는 [표 5-7]과 같이 선택적 실행 방식으로 만약 선택형과 만약-아니면 선택형을 지원합니다.

표 5-7
선택적 실행 제어 블록

선택적 실행 제어 블록	종류	설명
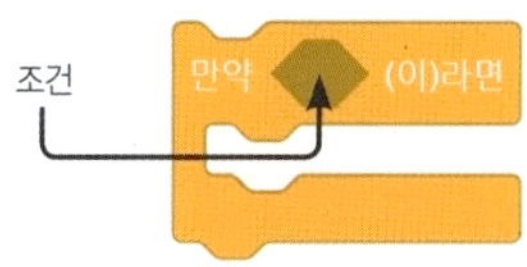	만약 선택형	조건이 참이면 내부에 조립된 문장들을 실행합니다.
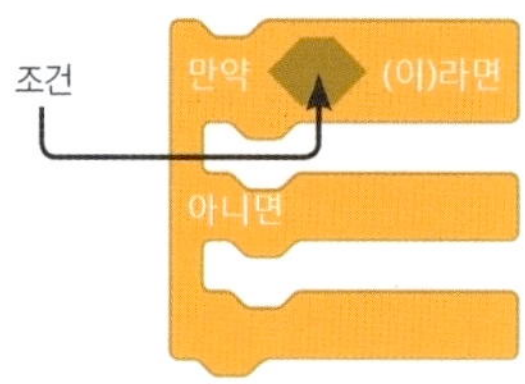	만약-아니면 선택형	조건이 참이면 내부 위에 조립된 문장들을 실행하고 조건이 거짓이면 내부 아래에 조립된 문장들을 실행합니다.

나이에 따라 입장료 할인하기

선택적 실행을 지원하는 제어 블록들을 간단히 활용해보겠습니다. 고양이 스프라이트에 [그림 5-19]와 같이 스크립트를 작성하여 실행해봅니다. 이 스크립트는 사용자에게 입장객의 나이를 입력받아 나이가 12세 이하거나 60세 이상이면 입장권 요금을 할인합니다.

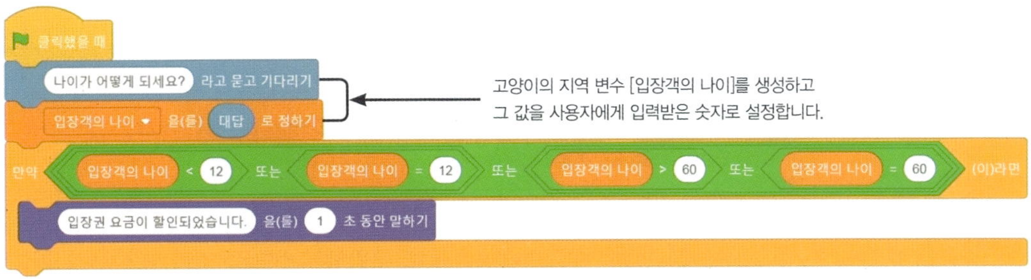

그림 5-19 입장객 나이에 따라 입장료 할인하기

조건에 따라 놀이기구 이용 허용하기

[그림 5-20]은 놀이기구 이용이 가능한지 검사하기 위해서 사용자에게 나이와 키, 부모 동반 여부를 입력받아, 나이가 10세 이상이고 키가 110cm 이상이거나 부모가 동반할 때 놀이기구 탑승을 허용합니다. 모두 [그림 5-3]에서 소개한 조건들을 이용하므로 이 조건이 이해되지 않으면 [그림 5-3]을 다시 살펴보기 바랍니다.

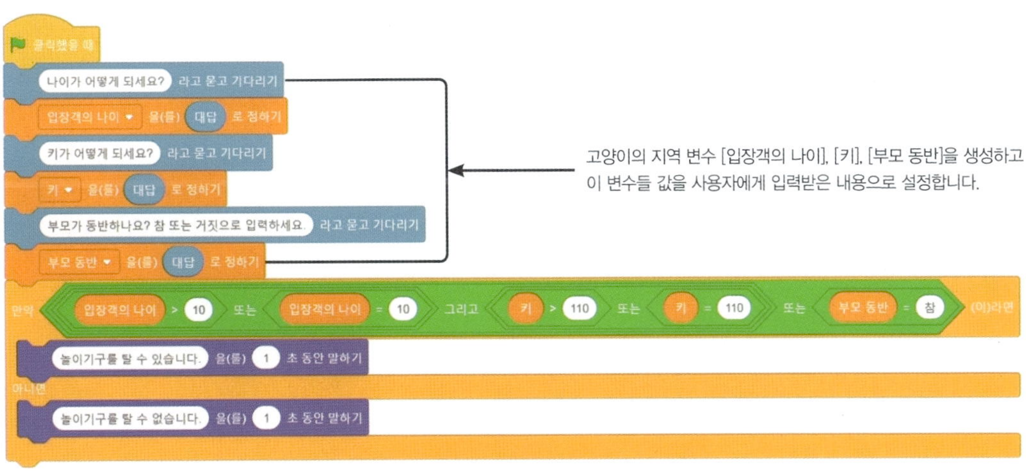

그림 5-20 입장객의 나이, 키, 부모 동반 여부에 따라 놀이기구 이용 허용하기

짝수와 홀수 구별하기

이번에는 사용자에게서 수를 입력받아 그 수가 짝수인지 홀수인지 구별하는 고양이의 스크립트를 작성해보겠습니다. 짝수는 2로 나누면 나머지가 항상 0이고 홀수는 2로 나누면 나머지가 항상 1이라는 특징을 이용합니다. 따라서 [코드] 탭–[연산] 메뉴에 있는 나머지를 구하는 자료/변수 블록을 이용해 [표 5–8]과 같이 짝수와 홀수를 구별하는 조건을 구현할 수 있습니다.

표 5–8
짝수와 홀수 구별 조건

조건	설명
	변수 [어떤 수]가 짝수이면 참, 홀수이면 거짓을 갖는 조건입니다.

[표 5–8]의 조건을 이용해 짝수와 홀수를 구별하는 스크립트는 [그림 5–21]과 같습니다.

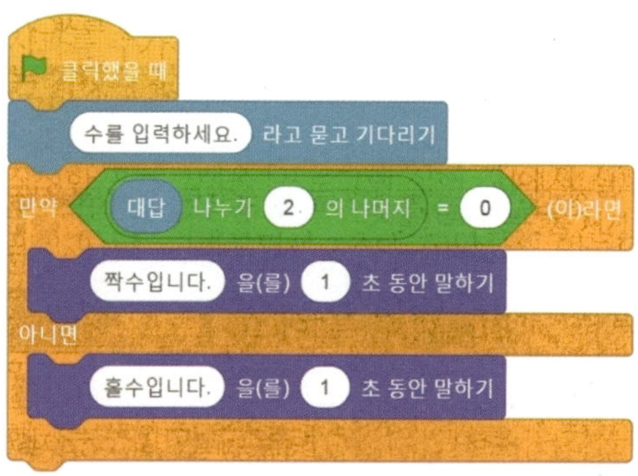

그림 5–21
짝수와 홀수 구별하기

3과 5의 공배수 구별하기

나머지를 구하는 자료/변수 블록을 활용하면 배수 관계도 판단할 수 있습니다. 예를 들어, 어떤 수가 3의 배수인지 구별하는 조건은 [표 5-9]와 같이 구현할 수 있습니다.

표 5-9
3의 배수 구별 조건

조건	설명
어떤 수 나누기 3 의 나머지 = 0	변수 [어떤 수]가 3의 배수이면 참, 아니면 거짓을 갖는 조건입니다.

조금 어려운 이야기

나머지를 구하는 기능은 정수 또는 자연수를 몇 개의 그룹으로 나눌 때도 유용합니다. 예를 들어, 모든 정수를 3개의 그룹으로 나눌 때는 3으로 나누어 나머지가 0인 그룹, 1인 그룹, 2인 그룹으로 나눌 수 있습니다.

[표 5-9]의 조건을 이용해 3과 5의 공배수를 구별하는 스크립트는 [그림 5-22]와 같습니다.

그림 5-22
3과 5의 공배수 구별하기

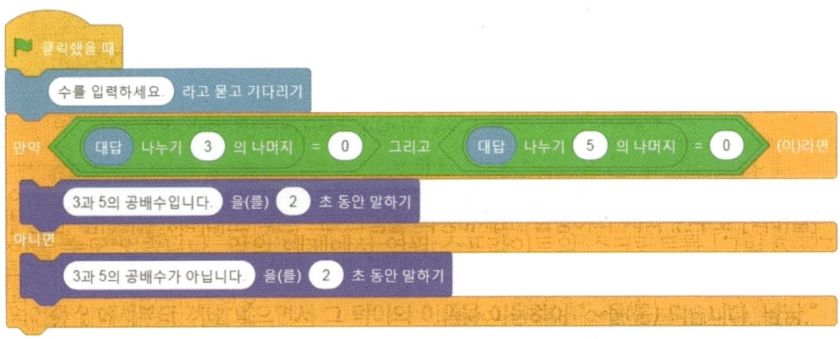

05
반복과 선택의 중첩 실행

동전을 10개씩 묶어 정리하기

반복적 실행 내부에 다른 반복을 포함해 중첩된 반복적 실행을 구현할 수 있습니다. 예를 들어, 한 무더기의 동전을 10개씩 묶어 정리한다고 가정합시다. 이때 동전을 10개씩 세는 반복 작업을 동전을 모두 셀 때까지 반복하게 됩니다.

[그림 5-23]은 사용자가 입력한 동전의 개수를 10개씩 묶음으로 정리하는 작업을 반복하여 전체 묶음의 개수를 구하는 스크립트입니다. 단, 사용자가 입력하는 동전의 개수는 항상 10의 배수로 한정합니다.

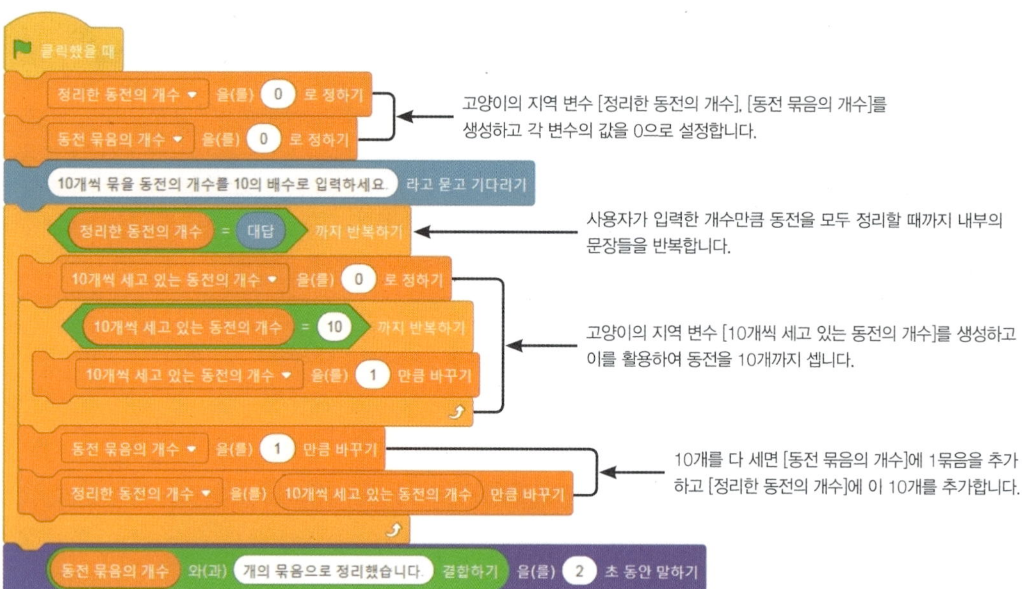

그림 5-23 동전을 10개씩 묶어 정리하기

구구단 외우기

[그림 5-24]는 2단부터 9단까지 구구단을 말하는 스크립트입니다. 2단을 "2×1=2"부터 "2×9=18"까지 말하고 이어서 같은 방식으로 3~9단까지 말합니다. 따라서 각 단에 대해서 1부터 9까지 곱하는 반복 작업을 2단부터 9단까지 반복하는 중첩된 반복 작업으로 수행합니다.

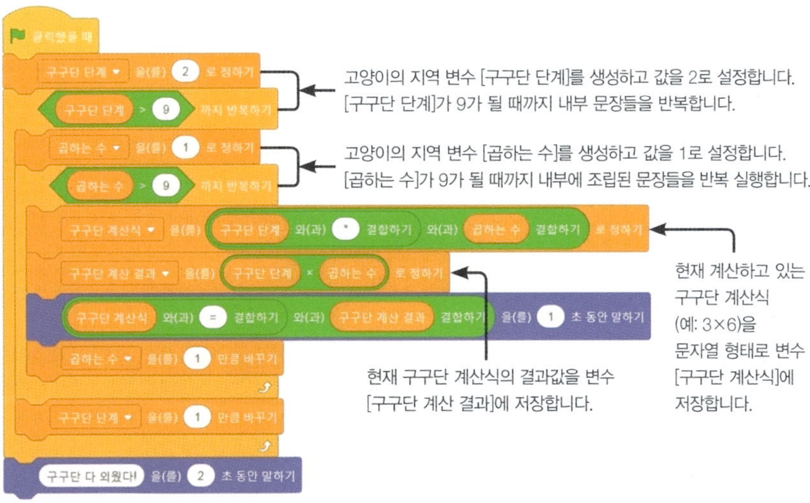

그림 5-24
구구단 외우기

6의 배수 검사하기

선택적 실행도 내부에 다른 선택을 포함해 중첩된 선택적 실행을 구현할 수 있습니다. 예를 들어, 어떤 수가 6의 배수인지 검사할 때 우선 2의 배수인지 먼저 검사하고 2의 배수라면 다시 3의 배수인지 검사한다고 가정합시다. 이 경우 해당 수가 2의 배수인지 추려내는 선택적 실행 안에 3의 배수인지 추려내는 선택적 실행이 중첩됩니다. [그림 5-25]는 이와 같은 작업을 하는 스크립트입니다.

그림 5-25
6의 배수 검사하기

놀이공원 입장료 계산하기

[표 5-10]은 기본 입장료가 10,000원인 놀이공원의 요금 체계입니다. 이 요금 체계를 바탕으로 입장객의 요금을 계산하는 스크립트를 작성하면 [그림 5-26]과 같습니다.

표 5-10
놀이공원의 입장료 체계

입장객 구분		요금
일반인	어린이(12세 이하)	8,000원(20% 할인)
	어르신(60세 이상)	8,000원(20% 할인)
	일반	10,000원
장애인 (장애인 우대증 소지자)	어린이(12세 이하)	6,400원(20% 추가 할인)
	어르신(60세 이상)	6,400원(20% 추가 할인)
	일반	8,000원(20% 할인)

TIP 12세 이하는 13세 미만과 의미가 같습니다. 이런 관계를 이용하면 조건을 짧게 만들 수 있습니다. 또한 60세 이상도 59세 초과로 표현하면 조건이 간단해집니다. [그림 5-26]과 [그림 5-19]의 조건을 비교해보세요.

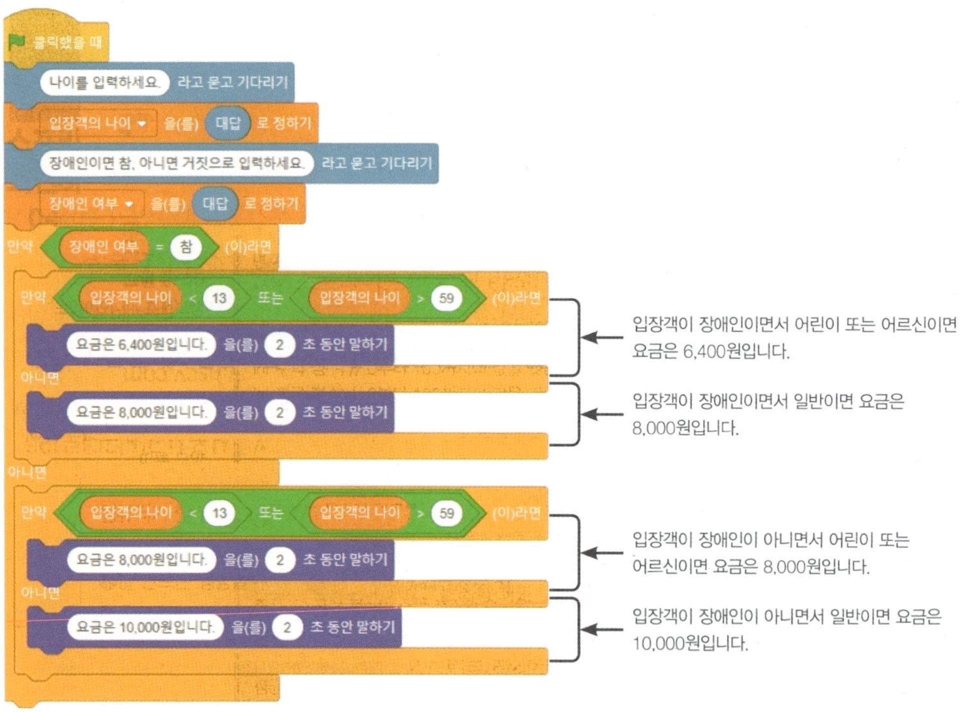

그림 5-26 놀이공원의 입장료 계산하기

q를 입력할 때까지 짝수와 홀수 구별하기

반복적 실행과 선택적 실행을 서로 중첩하여 다양한 문장 제어를 구현할 수 있습니다. [그림 5-27]은 사용자가 문자 q를 입력할 때까지 반복적으로 수를 입력받아 짝수인지 홀수인지 구별하는 스크립트입니다. 즉 사용자가 문자 q를 입력할 때까지 반복하는 문장 안에 사용자가 입력한 수가 짝수인지 홀수인지 구분하는 선택적 실행이 포함되어 있습니다.

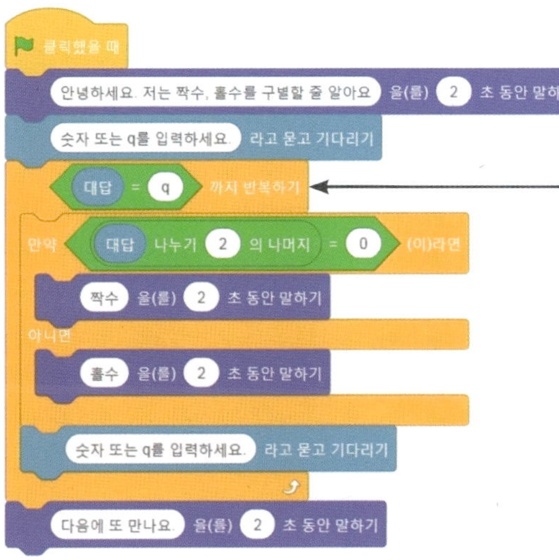

사용자가 입력한 [대답]이 'q'인지 검사하여 'q'일 때까지 내부의 문장들을 실행합니다.

그림 5-27
q를 입력할 때까지 짝수와 홀수 구별하기

369 게임하기

또 다른 예로, 혼자서 하는 369 게임이 있습니다. 369 게임은 1부터 하나씩 큰 숫자를 말하다가 3, 6, 9가 들어간 수 차례가 되면 그 수를 말하는 대신 박수를 치는 게임입니다. 369 게임의 스크립트는 [그림 5-28]과 같습니다.

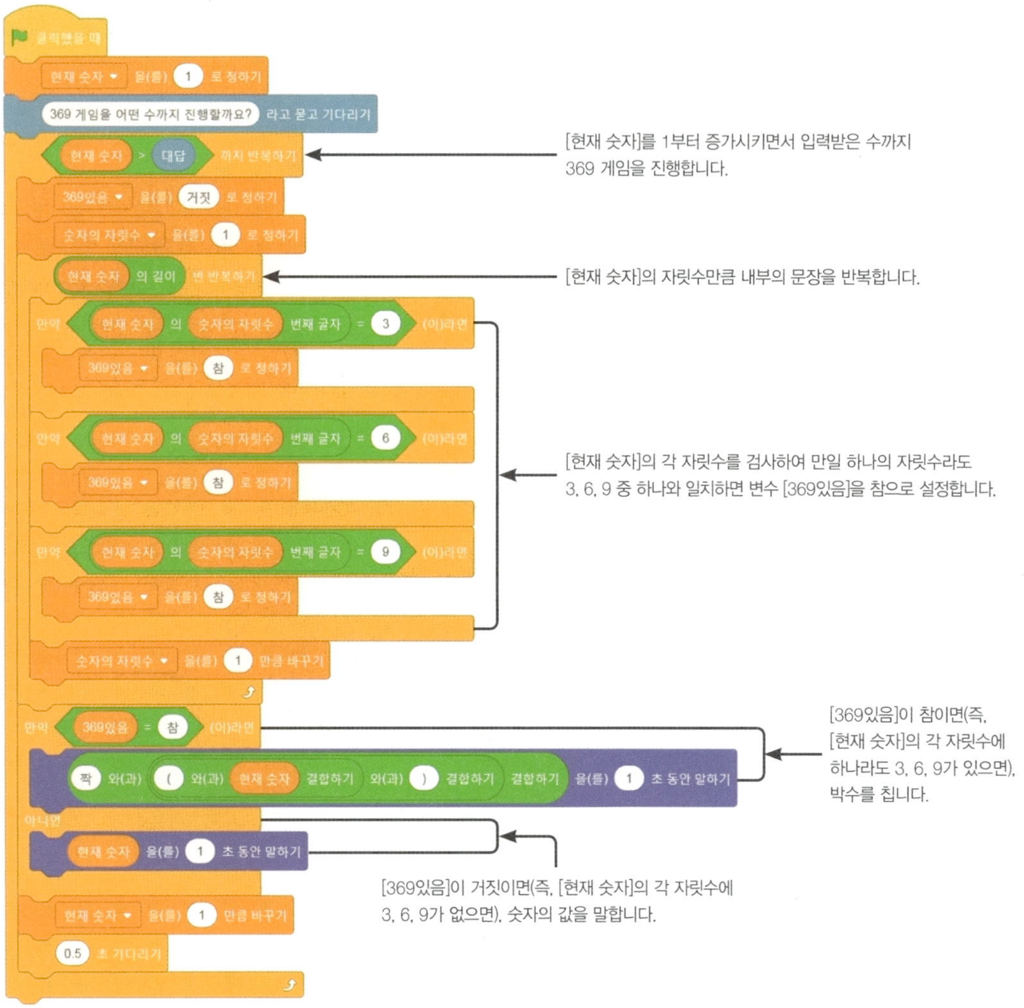

그림 5-28 369 게임하기

문제 한번 풀어볼까요?

01 다음 중 명제에 해당하지 않는 것은 무엇일까요?

① 1과 1을 더하면 3이 됩니다.
② 모든 새는 하늘을 날 수 있습니다.
③ 태양이 지구 주위를 돕니다.
④ 사람은 빨간 꽃을 좋아합니다.

02 "x는 짝수다."라는 문장에 대한 설명으로 옳은 것을 모두 고르세요.

① 미지수 x에 따라서 참과 거짓이 결정되는 조건입니다.
② x의 값이 4이면 참입니다.
③ x의 값에 상관없이 거짓입니다.
④ 항상 참인 명제입니다.

03 대소 관계를 나타내는 관계 연산자로 두 수나 산술식을 연결한 식을 무엇이라 하나요?

① 명제 ② 조건
③ 관계식 ④ 논리식

04 P와 Q를 각각 참과 거짓인 명제라고 할 때, 참인 논리식들로만 묶은 것을 고르세요.

① P∨Q, P∧~Q, P∧(~P∨~Q)
② ~Q, P∧Q, ~P∨(P∨~Q)
③ ~Q, ~P∨Q, ~P∨(P∧~Q)
④ P∨Q, P∧~Q, P∧(~P∧Q)

05 다음 스크래치의 관계식들 중 참인 것으로만 묶은 것을 고르세요.

ⓐ A = a　　ⓑ 999 < 학교

ⓒ 학교 < School　　ⓓ School < 학교

ⓔ 999 < School　　ⓕ Apple < School

① ⓑ－ⓒ－ⓓ－ⓕ

② ⓐ－ⓑ－ⓓ－ⓔ－ⓕ

③ ⓑ－ⓒ－ⓓ－ⓔ－ⓕ

④ ⓑ－ⓒ－ⓓ－ⓔ

06 다음과 같은 조건을 올바르게 구현한 조건은 무엇일까요?

> 나이가 13세 이하인 여자이거나 나이가 6세 이하이면 참, 아니면 거짓인 조건

① (나이 ≤ 13) ∨ (성별 = 여자) ∨ (나이 ≤ 6)

② ((나이 ≤ 13) ∧ (성별 = 여자)) ∧ (나이 ≤ 6)

③ ((나이 ≤ 13) ∨ (성별 = 여자)) ∧ (나이 ≤ 6)

④ ((나이 ≤ 13) ∧ (성별 = 여자)) ∨ (나이 ≤ 6)

07 다음은 엘리베이터의 문이 열리는 조건을 기술한 것입니다. 이 조건을 올바르게 구현한 것은 무엇일까요?

> 엘리베이터가 정지한 상태에서 엘리베이터 내부에서 [문 열림] 버튼을 누를 때

① (문 열림 버튼 = 눌림)

② (동작 상태 = 정지)

③ (문 열림 버튼 = 눌림) ∧ (동작 상태 = 정지)

④ (문 열림 버튼 = 눌림) ∨ (동작 상태 = 정지)

08 다음과 같은 놀이공원 요금 체계에서 요금 할인이 적용되는 입장객을 구분하는 조건으로 옳은 것은 무엇일까요?

놀이공원 입장객 구분		요금
일반인	어린이(12세 이하)	8,000원(20% 할인)
	어르신(60세 이상)	8,000원(20% 할인)
	일반	10,000원
장애인 (장애인 우대증 소지자)	어린이(12세 이하)	6,400원(20% 추가 할인)
	어르신(60세 이상)	6,400원(20% 추가 할인)
	일반	8,000원(20% 할인)
국가 유공자 가족	나이, 장애인 여부와 상관없이 40% 할인 적용	6,000원(40% 할인)

① ((나이 $\leq$ 12) $\wedge$ (나이 $\geq$ 60)) $\vee$ (장애인 여부 = 참) $\vee$ (국가 유공자 가족 여부 = 참)

② ((나이 $\leq$ 12) $\vee$ (나이 $\geq$ 60)) $\vee$ (장애인 여부 = 참) $\vee$ (국가 유공자 가족 여부 = 참)

③ (((나이 $\leq$ 12) $\wedge$ (나이 $\geq$ 60)) $\wedge$ (장애인 여부 = 참)) $\vee$ (국가 유공자 가족 여부 = 참)

④ (((나이 $\leq$ 12) $\vee$ (나이 $\geq$ 60)) $\wedge$ (장애인 여부 = 참)) $\vee$ (국가 유공자 가족 여부 = 참)

09 다음과 같은 프로그램을 실행할 때, 변수 [합계1]과 [합계2]의 값은 무엇일까요?

① [합계1] = 18, [합계2] = 37 ② [합계1] = 18, [합계2] = 27

③ [합계1] = 9, [합계2] = 37 ④ [합계1] = 9, [합계2] = 27

10 고양이가 다음과 같은 행동을 수행할 때, '하하'와 '호호'를 몇 번씩 말하게 될까요?

① 하하 25번, 호호 30번
② 하하 16번, 호호 20번
③ 하하 30번, 호호 25번
④ 하하 20번, 호호 16번

11 고양이가 사용자에게서 입력받은 수를 짝수와 홀수로 구분한 후 짝수끼리의 합과 홀수끼리의 합을 구하는 프로그램을 작성하세요. 이 프로그램을 실행하여 사용자가 2, 1, 12, 5, q 순으로 입력했을 때의 기능은 다음과 같습니다.

1. 고양이는 사용자에게 숫자 또는 문자 q를 입력하도록 요구합니다.
2. 사용자가 숫자를 입력하면 그 수가 짝수인지 홀수인지 구별하여, 짝수면 짝수끼리의 합에 더하고, 홀수면 홀수끼리의 합에 더합니다.
3. 사용자가 문자 q를 입력할 때까지 위의 1번과 2번 작업을 반복합니다.
4. 사용자가 문자 q를 입력하면 현재까지 구한 짝수끼리의 합과 홀수끼리의 합의 결과를 알려주고 프로그램을 종료합니다.

12 **고양이가 사용자에게서 연도를 입력받아 그 연도가 윤년인지 아닌지 구별하는 프로그램을 작성하세요. 사용자가 2016, 2100, 2400, q 순으로 입력할 때 프로그램을 실행하는 모습과 윤년을 계산하는 방식은 다음과 같습니다. 단, 연도 대신에 문자 q를 입력하면 프로그램이 종료됩니다.**

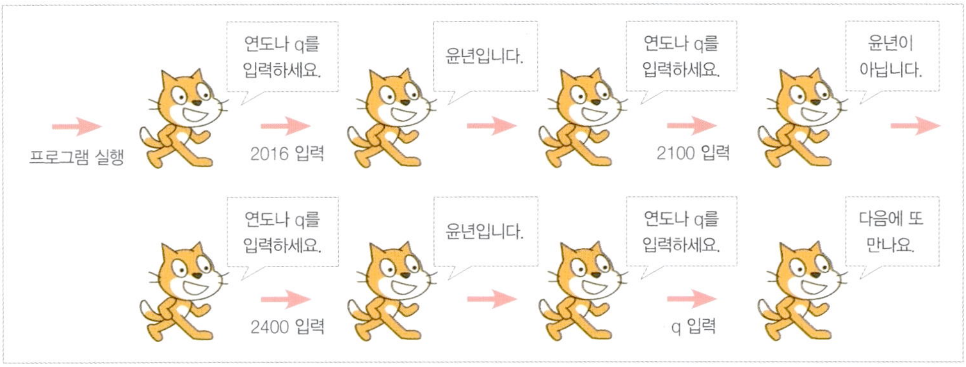

윤년은 2월이 29일까지 있는 해입니다. 어떤 해가 4로 나뉘고 100으로는 나뉘지 않거나, 400으로 나뉘면 윤년입니다. 예를 들어, 2016년은 4로 나뉘고 100으로는 나뉘지 않으므로 윤년입니다. 2100년은 4로 나뉘지만 100으로도 나뉘므로 윤년이 아닙니다. 2400년은 100으로 나뉘지만 400으로 나뉘므로 윤년입니다.

13 **다음과 같은 놀이공원의 요금 체계에 따라 고양이가 요금을 계산하는 프로그램을 작성하세요.**

놀이공원 입장객 구분		요금
일반인	어린이(12세 이하)	8,000원(20% 할인)
	어르신(60세 이상)	8,000원(20% 할인)
	일반	10,000원
장애인	나이와 상관없이 20% 할인 적용	8,000원(20% 할인)

프로시저(함수)와 병렬 처리 익히기

이번 장에서 **무엇을 배우나요?**

1. 프로시저의 개념을 이해하고 프로시저 호출에 의한 실행 방식을 공부합니다.
2. 프로시저 인자와 매개변수의 개념을 이해하고 다양한 인자 전달 방식을 공부합니다.
3. 스크래치 프로시저의 특징을 이해하고 절차 블록 활용을 연습합니다.
4. 병렬 처리를 위한 멀티 태스킹과 멀티 스레딩의 개념을 이해합니다.
5. 스크래치가 지원하는 병렬 처리 방식을 이해하고 이벤트 블록 활용을 연습합니다.

CHAPTER

06

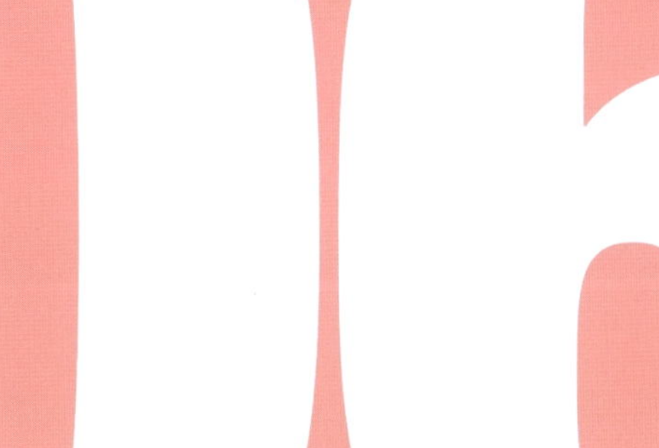

01 프로시저의 개념과 구현

프로시저의 개념

프로시저procedure란 프로그램의 일부 기능을 담당하는 연속적인 문장들의 묶음입니다. 프로시저를 활용하면 공통으로 사용하는 기능을 따로 독립시켜 필요할 때마다 사용할 수 있습니다. 이런 특징은 프로그램 기능을 중복해서 구현해야 하는 번거로움을 줄여 결국 작업량을 줄여줍니다. 또한 기능을 수정하는 작업도 해당 프로시저에서만 수행하면 되므로 유지보수가 편리하다는 장점이 있습니다.

TIP 프로그래밍 언어에 따라 프로시저를 루틴routine, 서브루틴sub-routine, 메서드method, 함수function라고도 합니다.

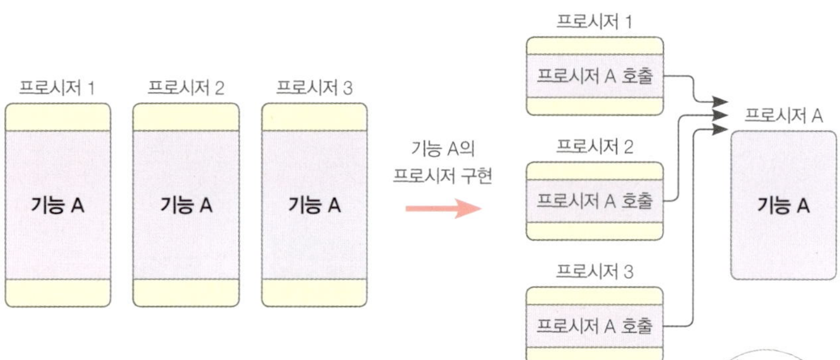

그림 6-1
프로시저의 활용 : 공통 기능의 독립적 구현

프로시저 1, 2, 3의 공통 기능 A를 별도의 프로시저로 분리하면 기능 A의 중복 구현이 사라집니다. 또한 기능 A를 분리하기 전에는 기능 A를 수정할 때 프로시저 1, 2, 3을 모두 수정해야 했지만 분리한 후에는 프로시저 A만 수정하면 됩니다.

조금 어려운 이야기

프로시저는 절차적 프로그래밍procedural programming의 핵심 개념입니다. 절차적 프로그래밍은 프로그램을 프로시저들 간 호출 관계로 보는 관점으로, 프로그램의 기능을 여러 개의 프로시저로 나누어 구현하고 이를 호출하여 사용해 프로그램의 전체 기능을 구현합니다.

프로시저는 복잡한 기능을 단순한 기능 단위로 분해하는 작업을 도와줍니다. 분해된 기능들을 여러 프로그래머가 병렬적으로 프로시저로 구현할 수 있습니다.

그림 6-2 프로시저의 활용 : 프로그램 기능의 병렬적 구현

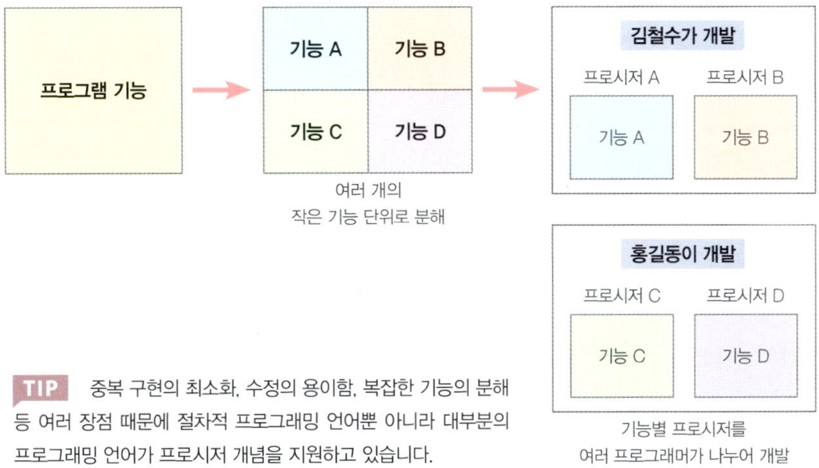

TIP 중복 구현의 최소화, 수정의 용이함, 복잡한 기능의 분해 등 여러 장점 때문에 절차적 프로그래밍 언어뿐 아니라 대부분의 프로그래밍 언어가 프로시저 개념을 지원하고 있습니다.

프로시저의 호출과 실행

프로시저는 자신을 대표하는 이름을 가지며 이 이름이 호출되면 포함하고 있는 문장들을 실행합니다. 프로시저도 변수처럼 생성된 장소를 기반으로 자신이 호출될 수 있는 유효범위를 갖습니다. 즉, 한 프로시저가 어떤 프로시저를 호출하려면 호출할 프로시저의 유효범위 내에 존재해야 합니다.

TIP 프로시저는 자신의 유효범위 내에 있는 모든 프로시저에 의해 호출될 수 있는데 심지어 자기 자신도 호출할 수 있습니다. 프로시저가 자신을 호출하는 것을 재귀호출[recursive call]이라 하고, 이 개념은 10장에서 다룹니다.

그림 6-3 프로시저 호출의 유효범위 개념

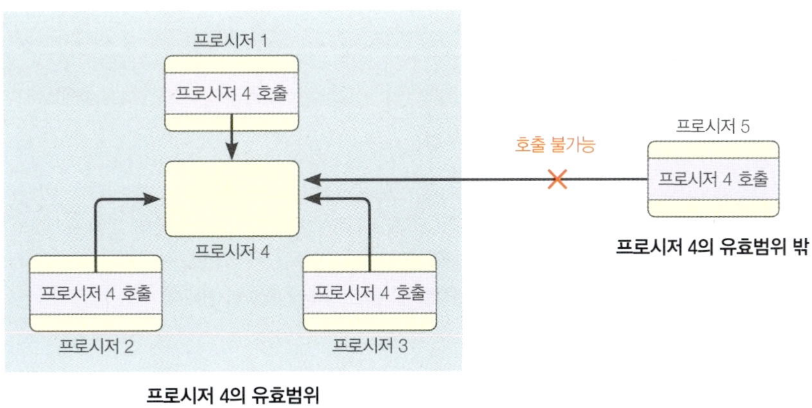

프로시저는 [그림 6-4]와 같이 호출한 프로시저의 실행이 완료될 때까지 기다리다가 호출한 프로시저의 실행이 완료되면 호출 이후의 문장을 실행합니다.

그림 6-4
프로시저 호출의 실행

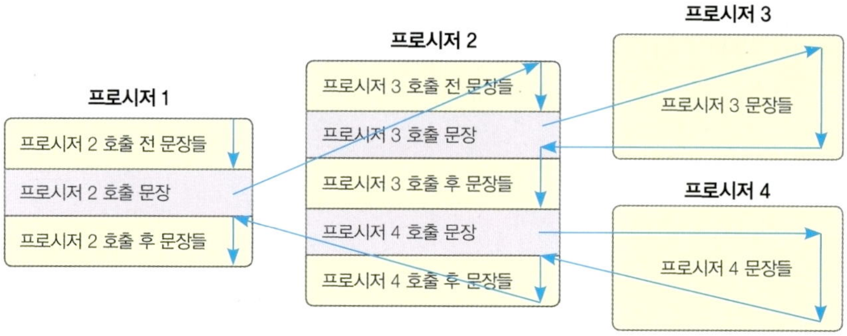

프로시저의 인자와 매개변수

프로시저를 호출할 때는 프로시저 실행에 필요한 자료를 함께 전달할 수 있습니다. 프로시저 호출 시 전달되는 자료를 인자argument라고 하는데 [그림 6-5]의 '더하기 (10, 20)'과 같이 호출하는 프로시저 이름 옆에 괄호를 붙이고 그 안에 표기합니다. 프로시저는 인자로 전달되는 자료를 매개변수parameter로 받는데 [그림 6-5]의 '더하기 (정수형 변수 x, 정수형 변수 y)'와 같이 프로시저 이름 옆에 변수형과 변수 이름을 나열한 괄호로 나타냅니다. 프로시저는 호출될 때 매개변수에 인자 값을 할당하고 자신의 내부에서 매개변수를 자유롭게 활용합니다.

그림 6-5
프로시저 호출의 인자 전달

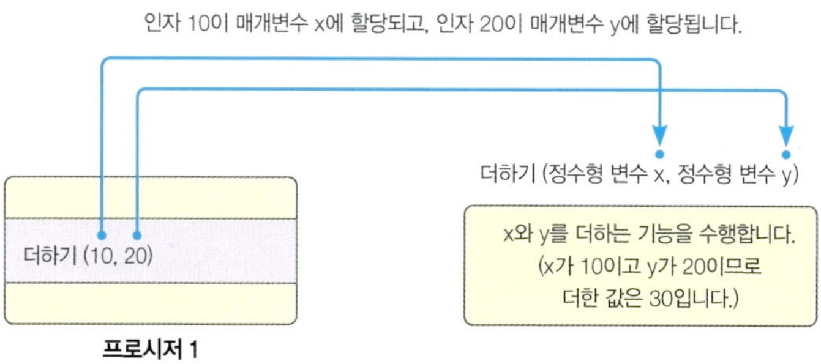

조금 어려운 이야기

인자를 전달할 때는 프로시저 매개변수의 개수와 변수형에 맞게 순서대로 인자들을 전달해야 합니다. 예를 들어, 프로시저의 매개변수가 정수형 변수와 문자형 변수 순이라면 이 프로시저를 호출할 때 정수형 인자와 문자형 인자를 순서대로 적어 전달해야 합니다.

매개변수에 인자를 전달하는 방식에는 크게 값 호출call by value과 참조 호출call by reference이 있습니다.

값 호출 방식

값 호출은 인자 값을 매개변수에 복사해서 호출하는 방식으로, 프로시저 내에서 매개변수가 변경되어도 원래 대응하는 인자 값이 변경되지 않습니다.

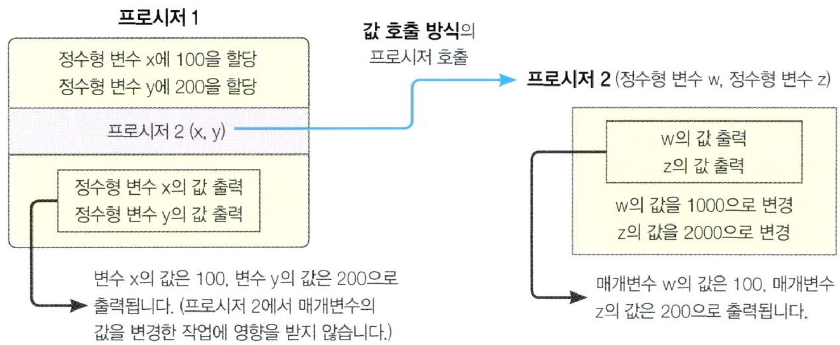

그림 6-6 값 호출

참조 호출 방식

참조 호출은 인자가 저장되어 있는 메모리 주소를 매개변수가 참조하도록 호출하는 방식으로, 프로시저 내에서 매개변수가 변경되면 대응하는 인자 값도 변경됩니다.

TIP [그림 6-7]에 나오는 프로시저 2의 매개변수 w와 z의 변수형은 엄밀히 말해서 정수형 자료가 저장되어 있는 메모리 주소의 참조가 정확한 표현이나 메모리 주소의 참조에 대한 개념은 이 책의 범위를 넘어서기 때문에 생략합니다.

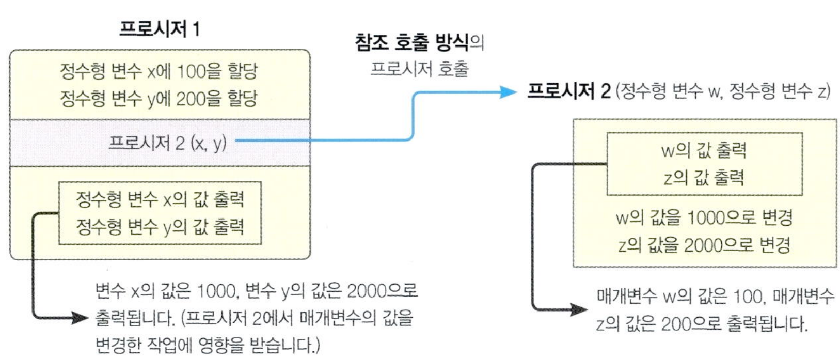

그림 6-7 참조 호출

프로시저의 지역 변수

대부분의 프로그래밍 언어는 프로시저 내부에서 새로운 변수를 생성할 수 있는데 이런 변수는 그 프로시저의 지역 변수로 다른 프로시저는 사용할 수 없습니다. 대신 지역 변수를 사용하면 다른 프로시저들 간의 의존성이 낮아 이해와 수정이 용이합니다.

TIP 프로시저의 매개변수도 그 프로시저 내부에서만 사용할 수 있는 지역 변수입니다.

그림 6-8
프로시저의 지역 변수

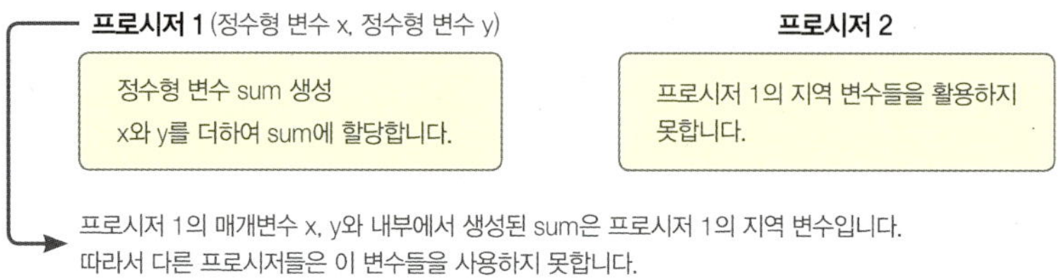

프로시저의 반환값

프로그래밍 언어에 따라 프로시저는 종료 순간에 특정 값을 반환하기도 합니다. 이런 경우, 일반적으로 반환값의 자료형을 프로시저 이름 앞에 붙여줍니다. 프로시저의 반환값은 보통 그 프로시저를 호출한 프로시저에서 변수로 받아 사용하는데, 이때 그 변수는 반환값과 자료형이 같아야 합니다.

TIP 반환값을 갖는 프로시저를 특별히 함수라고 지칭하기도 합니다.

그림 6-9
프로시저의 반환값

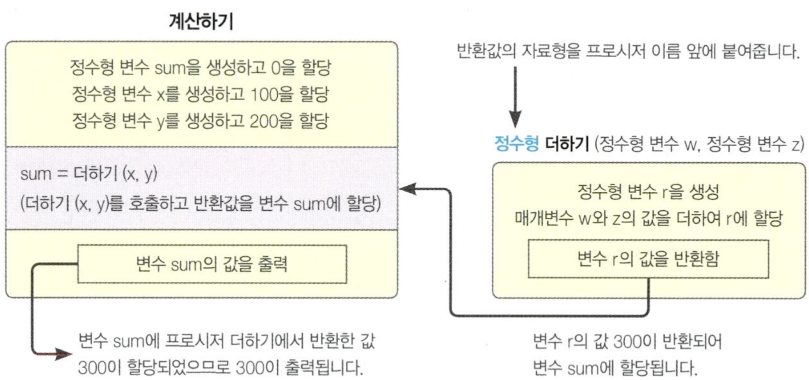

[움직이기] 프로시저 구현하기

스크래치는 프로시저의 반환값 기능이 없어 프로시저의 이름과 매개변수만 담는 절차 블록으로 프로시저를 구현합니다. 절차 블록은 [코드] 탭-[나만의 블록] 메뉴를 이용해 생성할 수 있습니다. [그림 6-10]은 [움직이기] 프로시저를 구현하기 위해 절차 블록을 생성하는 화면으로, [x좌표]와 [y좌표]를 매개변수로 갖습니다.

조금 어려운 이야기

[나만의 블록] 메뉴를 통해 만드는 것은 정확히 말하면 절차 블록이 아니라 절차 블록을 호출할 문장 블록입니다. 단지 이 문장 블록이 프로시저의 이름과 매개변수 이름들을 담고 있기 때문에 이 정보를 이용하여 스크래치가 관련된 절차 블록을 자동으로 생성합니다.

그림 6-10
절차 블록 생성하기

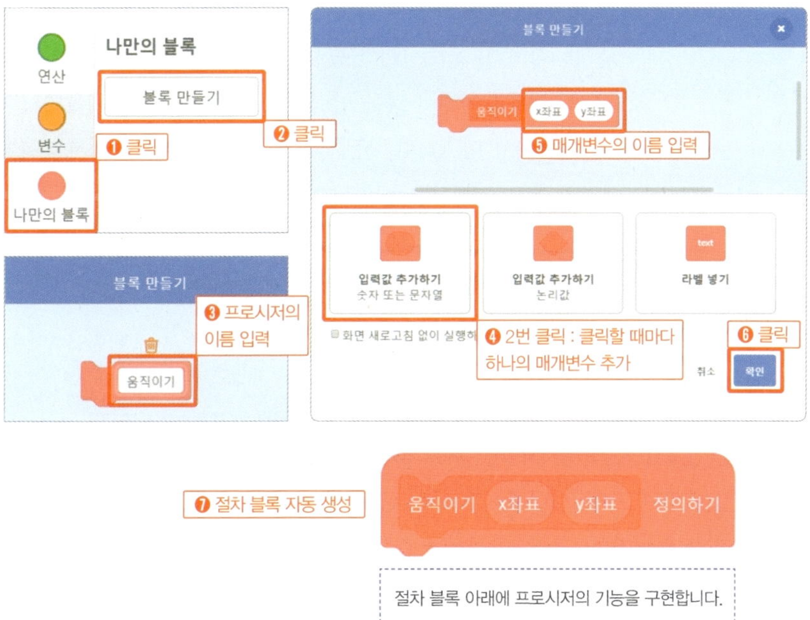

절차 블록이 생성되면 아래에 블록들을 조립하여 원하는 기능을 구현합니다. 프로시저의 기능을 구현할 때 절차 블록에 있는 매개변수를 드래그하여 자료/변수 블록처럼 사용할 수 있습니다.

TIP 스크래치의 프로시저는 매개변수 외에 자신만의 지역 변수를 별도로 생성하는 기능을 제공하지 않습니다.

[그림 6-11]은 [그림 6-10]에서 생성한 절차 블록 아래에 스프라이트가 매개변수 [x좌표]와 [y좌표]의 위치로 이동하게 하는 스크립트를 작성한 것입니다.

그림 6-11
프로시저 기능 구현하기

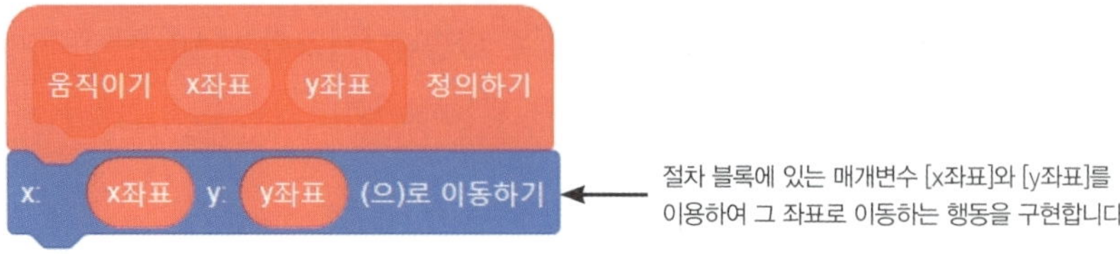

[코드] 탭-[나만의 블록] 메뉴에서 생성한 문장 블록을 이용해 프로시저를 호출할 수 있습니다. 프로시저를 호출하면 그 프로시저의 기능이 완료될 때까지 기다렸다가 호출 이후의 기능을 수행합니다. [그림 6-12]는 [그림 6-11]에서 구현한 [움직이기] 프로시저를 활용하는 스크립트입니다. [움직이기] 프로시저를 호출할 때 사용자에게서 값을 입력받은 변수 [이동할 x좌표]와 [이동할 y좌표]를 인자로 사용하고 있습니다. 이 인자들의 값이 [움직이기] 프로시저의 매개변수에 전달되어 스프라이트가 그 위치로 이동하게 됩니다. [그림 6-12]의 스크립트를 실행하면 스프라이트가 매개변수로 전달된 위치로 이동한 후에 1초 기다렸다가 이동한 위치를 말합니다. 이를 통해 [움직이기] 프로시저를 호출하면 프로시저의 기능이 완료될 때까지 기다린 다음 그 후의 행동을 수행함을 알 수 있습니다.

TIP 프로시저를 호출하는 문장 블록은 그 프로시저를 생성한 스프라이트나 무대에서만 사용할 수 있습니다. 즉, 스크래치는 프로시저의 호출이 가능한 유효범위를 그 프로시저가 생성된 스프라이트 또는 무대에 한정시키고 있습니다.

그림 6-12
프로시저 활용하기

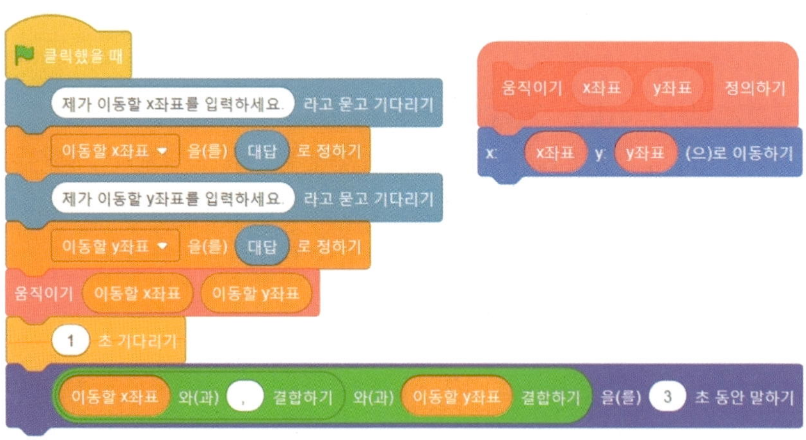

[사칙연산하기] 작업 구현하기

사용자가 입력하는 두 수에 대해서 사칙연산을 계산하는 스프라이트의 스크립트를 작성해보겠습니다. 주요 기능은 다음과 같습니다.

1. 프로그램을 실행하면 스프라이트가 사용자에게 사칙연산 계산에 사용할 첫 번째 수를 요구합니다.
2. 사용자가 수를 입력하면 스프라이트는 두 번째 수를 요구합니다.
3. 사용자가 두 번째 수를 입력하면 스프라이트는 더하기, 빼기, 곱하기, 나누기 중 어떤 연산을 원하는지 요구합니다(사칙연산의 종류는 "더하기", "빼기", "곱하기", "나누기"와 같이 문자열로 입력).
4. 사용자가 사칙연산 중 하나를 입력하면 두 수에 그 사칙연산으로 계산한 결과값을 말하고 위의 작업을 무한히 반복합니다.

사용자에게 입력을 받거나 결과를 출력하는 기능은 사용자의 기호에 따라 변경될 가능성이 높습니다. 이렇게 변경될 가능성이 높은 기능은 수정이 쉽도록 별도의 프로시저로 구현하는 것이 좋습니다. 따라서 이 프로그램의 기능을 크게 ❶ 계산에 사용될 두 숫자, 사칙연산을 구별하는 문자열을 받는 작업, ❷ 입력받은 두 수에 사칙연산을 적용하는 계산 작업, ❸ 계산된 결과를 적당한 문자열로 사용자에게 출력하는 작업으로 쪼개어 프로시저들로 구성합니다. 이 프로시저들을 구현하는 데 필요한 절차 블록을 [표 6-1]과 같이 생성합니다.

표 6-1 프로시저와 절차 블록

프로시저	절차 블록
사용자 입력 받기	사용자 입력 받기 정의하기
사칙연산 계산하기	사칙연산 계산하기 (첫 번째 수) (두 번째 수) (연산 종류) 정의하기
결과값 말하기	결과값 말하기 (계산결과) 정의하기

[그림 6-13]은 [표 6-1]의 프로시저들을 활용해 사칙연산을 하는 스크립트입니다. [첫 번째 수], [두 번째 수], [연산 종류], [계산결과]는 스프라이트의 지역 변수입니다.

TIP 프로시저를 사용하면 프로그램을 추상적인 수준으로 이해하기 쉽습니다. [그림 6-13]을 보면 이 프로그램이 사용자의 입력을 받아 사칙연산을 계산하고 그 결과를 출력하는 작업을 무한히 반복한다는 것을 한눈에 알 수 있습니다.

그림 6-13
사칙연산하기

[그림 6-14]에서 [그림 6-16]까지는 각 프로시저의 기능을 구현한 스크립트입니다. [그림 6-14]는 [사용자 입력 받기] 프로시저를 구현한 것입니다.

그림 6-14
[사용자 입력 받기] 프로시저

[사칙연산 계산하기] 프로시저는 [첫 번째 수], [두 번째 수], [연산 종류] 매개변수를 이용해 기능을 구현합니다. [연산 종류]에 따라 [첫 번째 수]와 [두 번째 수]의 더하기, 빼기, 곱하기, 나누기 중 하나의 계산을 수행합니다. 따라서 [사칙연산 계산하기] 프로시저는 이 모든 계산 기능을 포함해야 하는데 여기서는 각 기능마다 별도의 프로시저를 구현하였습니다.

조금 어려운 이야기

'첫 번째 수'라는 이름을 스프라이트의 지역 변수에도 사용하고([그림 6-13] 참고), [사칙연산 계산하기] 프로시저의 매개변수에도 사용하였습니다. 프로시저의 매개변수는 해당 프로시저에만 사용되는 지역 변수이기 때문에 스프라이트의 변수와 이름이 같아도 스크래치가 구별할 수 있습니다. 따라서 스크래치는 스프라이트의 지역 변수와 프로시저의 매개변수가 동일한 이름을 사용하는 것을 허용합니다. [두 번째 수] 매개변수와 [결과값 말하기] 프로시저의 [계산결과] 매개변수도 마찬가지입니다.

그림 6-15
[사칙연산 계산하기] 프로시저

[결과값 말하기] 프로시저는 [계산결과] 매개변수를 이용해 기능을 구현합니다.

그림 6-16
[결과값 말하기] 프로시저

02 병렬 처리의 개념과 구현

병렬 처리를 위한 멀티 태스킹과 멀티 스레딩

컴퓨터는 여러 개의 프로그램을 병렬적으로 실행하여 여러 기능을 동시에 이용할 수 있게 합니다. 예를 들어, 여러분은 웹 브라우저를 실행시켜 웹 서핑을 즐기면서 동시에 채팅 프로그램으로 친구들과 대화하고 거기에 더해 음악 플레이어로 음악을 들을 수 있습니다. 이렇게 여러 개의 프로그램을 동시에 실행시키는 개념을 멀티 태스킹multi-tasking이라고 합니다.

TIP 태스크task는 컴퓨터가 실행할 수 있는 명령어들의 집합으로 실행 중인 프로그램을 의미하는 프로세스process와 거의 동일한 개념입니다.

그림 6-17
멀티 태스킹의 개념

프로그램 하나가 여러 작업을 동시에 처리하는 경우도 있습니다. 예를 들어, 요즘 채팅 프로그램은 채팅 도중에 파일을 전달할 수 있습니다. 이렇게 하나의 프로그램이 여러 기능을 동시에 실행하는 개념을 멀티 스레딩multi-threading이라고 합니다.

스레드thread는 프로그램에 적힌 문장들을 실행하는 프로그램의 실행 주체로, 실행 중인 프로그램은 현재의 실행을 담당하는 스레드를 최소 한 개 이상 갖습니다. 그리고 스레드를 여러 개 생성해 자신이 갖고 있는 다양한 기능을 병렬적으로 실행할 수 있습니다. 예를 들어, 실행 중인 채팅 프로그램은 하나의 스레드로 채팅 기능을 수행하면서 또 다른 스레드를 생성하여 파일 전송 기능을 병렬적으로 수행할 수 있습니다.

그림 6-18
멀티 스레딩의 예

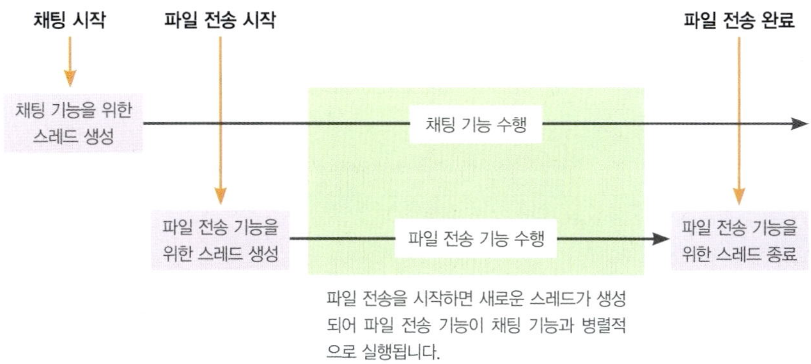

멀티 스레딩을 사용할 때는 다음 사항에 유의해야 합니다.

- 여러 스레드 중 하나만 오류를 범해도 프로그램 전체가 종료될 수 있습니다. 예를 들어, 채팅과 파일 전송이 동시에 가능한 채팅 프로그램에서 채팅 중 파일 전송에 오류가 발생하면 채팅 프로그램 전체가 종료될 수 있습니다.
- 스레드들이 자원을 공유하는 경우 예기치 않은 상황이 발생할 수 있습니다. 예를 들어, 하나의 스레드가 두 변수의 값을 읽어 곱하다가 다른 스레드가 그 변수들의 값을 변경해버리면 곱한 결과는 변수들의 최신 값을 이용하는 것이 아니기 때문에 무의미해집니다.
- 실행 중인 프로그램은 자신이 생성한 모든 스레드가 종료될 때까지 종료되지 않습니다.

병렬 처리 개념 구현하기

스프라이트와 무대는 이벤트event가 발생할 때 이에 대응하는 행동을 할 수 있습니다. 이벤트는 어떤 동작을 실행시키는 사건으로 [프로그램 실행 창] 상단에 있는 (실행) 클릭, 마우스 클릭, 키보드의 특정 키 입력 등이 그 예입니다. 스크래치는 각 이벤트마다 이에 대응하는 이벤트 블록을 제공하고 있습니다. 이 이벤트 블록을 사용하여 이벤트가 발생할 때 스프라이트 또는 무대가 반응해야 할 행동들을 조립합니다. [그림 6-19]는 (실행)을 클릭하면 그때부터 무한히 '야옹' 소리를 내고 키보드의 스페이스 바를 누르면 그때부터 마우스 포인터를 향해 무한히 움직이는 고양이의 스크립트입니다.

TIP 이벤트에 대한 자세한 설명은 9장에서 다룹니다.

그림 6-19
고양이의 스크립트

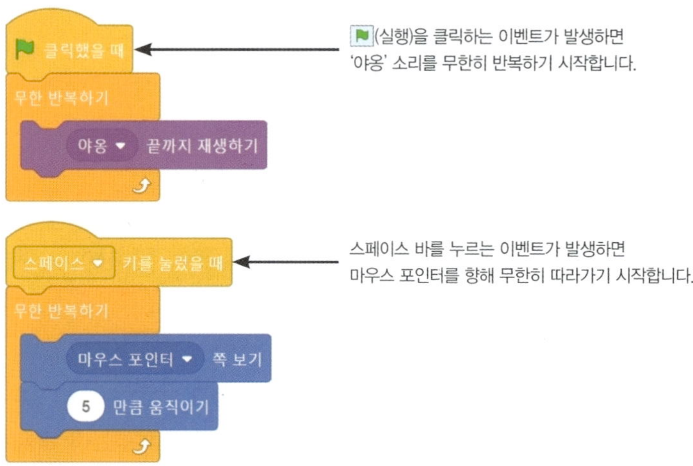

[그림 6-19]의 프로그램은 (실행)을 클릭할 때 고양이가 이에 반응하여 '야옹' 소리를 무한히 내기 시작합니다. 잠시 후에, 키보드의 스페이스 바를 누르면 고양이가 '야옹' 소리를 내면서 마우스 포인터를 향해 움직이기 시작합니다. 여기서 고양이의 '야옹' 소리를 반복하는 행동과 마우스 포인터를 향해 움직이는 행동이 병렬적으로 수행됨을 알 수 있습니다. 이런 병렬 처리는 스크래치가 [그림 6-20]과 같이 이벤트에 반응하는 스프라이트와 무대의 행동마다 스레드를 생성하여 수행하기 때문에 가능합니다.

TIP 스크래치의 스프라이트와 무대의 행동은 이벤트가 발생할 때 반응해야 할 행동들을 모아놓은 것으로 볼 수 있습니다. 스크래치는 이벤트가 발생하면 그 이벤트에 반응할 스프라이트나 무대의 행동마다 스레드를 하나씩 생성하여 병렬 처리합니다.

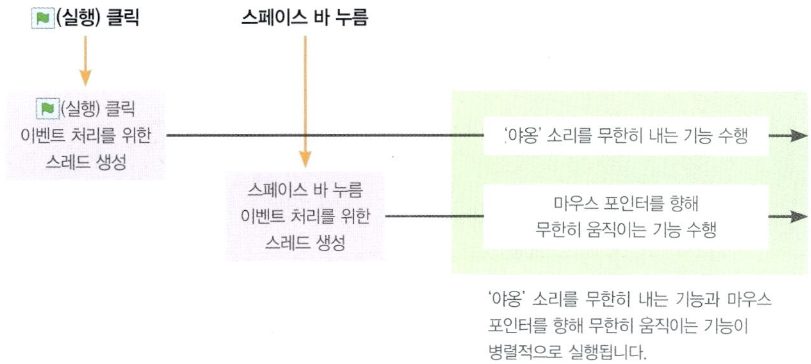

그림 6-20
고양이 행동의 병렬 처리 (멀티 스레딩)

개 스프라이트를 추가([스프라이트 고르기]에서 Dog1 선택)하고 [그림 6-19]에서 작성한 스크립트를 복사하여 [그림 6-21]과 같이 스크립트를 작성합니다.

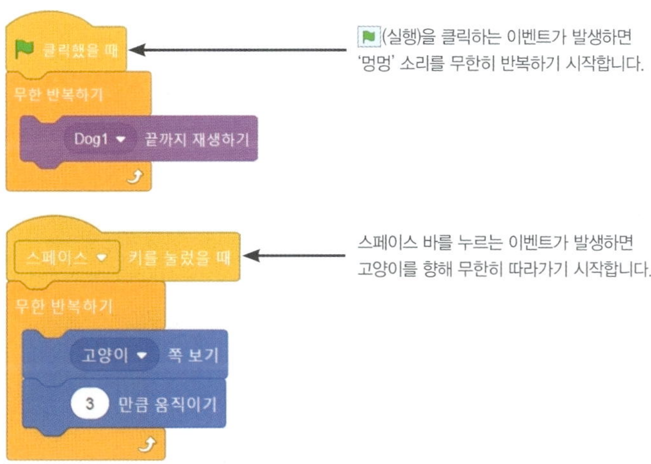

그림 6-21
개의 스크립트

[그림 6-21]까지 완성된 프로그램은 (실행)을 클릭할 때 고양이와 개가 이에 반응하여 각각 '야옹' 소리와 '멍멍' 소리를 무한히 내기 시작합니다. 잠시 후에, 키보드의 스페이스 바를 누르면 고양이는 '야옹' 소리를 내면서 마우스 포인터를 향해 움직이고 개는 '멍멍' 소리를 내면서 고양이를 쫓아가기 시작합니다.

그림 6-22
고양이와 개 행동의 병렬 처리(멀티 스레딩)

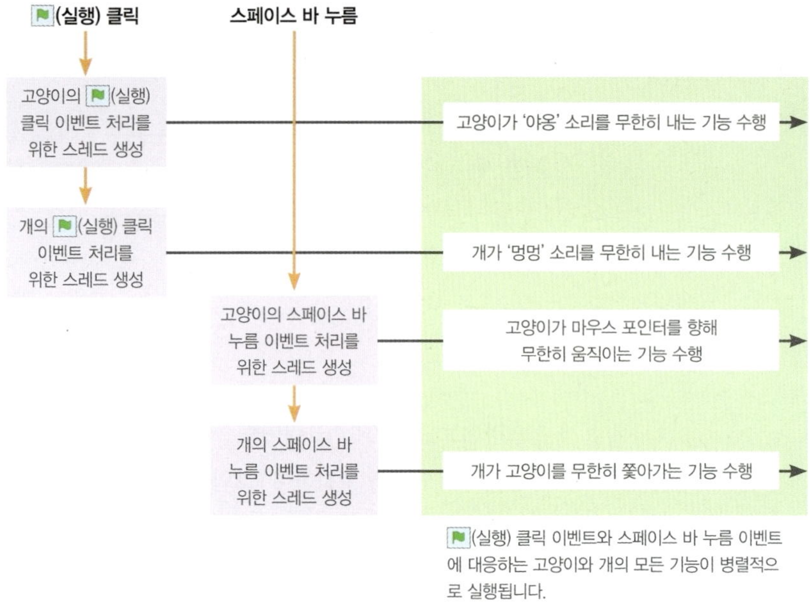

조금 어려운 이야기

병렬로 수행되는 스레드들은 서로 간에 반드시 한 문장씩 균등하게 수행된다는 보장이 없습니다. 예를 들어, 병렬적인 문장들이 균등하게 수행된다면 아래의 프로그램은 스페이스 바를 누를 때 고양이와 개가 모두 자신의 이름을 말해야 합니다. 하지만 실제 프로그램을 실행하면 둘 중 하나는 자신의 이름을 말하지 못하는 경우가 발생합니다. 이는 어느 한 스프라이트가 조건이 참인지 검사한 후 다른 스프라이트가 조건을 검사하기 전에 먼저 그 조건을 거짓으로 변경하는 문장까지 수행하기 때문에 발생하는 현상입니다.

그림 6-23
멀티 스레딩의 균등하지 않은 프로그램 실행의 예

개가 고양이를 쫓게 하기

키보드의 방향 키로 움직이는 고양이와 고양이를 무한히 쫓아가는 개의 행동을 구현합니다. 이 프로그램의 주요 기능은 다음과 같습니다.

1. 프로그램을 실행하면 고양이는 '야옹' 소리를 무한히 반복합니다.
2. 프로그램을 실행하면 개는 '멍멍' 소리를 무한히 반복합니다.
3. 키보드의 방향 키를 누르면 고양이는 방향 키가 가리키는 방향을 바라보며 5만큼 이동합니다.
4. 개는 0.2초마다 2만큼씩 이동하며 고양이를 쫓아갑니다.

스크래치를 실행하여 고양이와 개 스프라이트를 준비합니다. [그림 6-24]는 고양이의 스크립트이고, [그림 6-25]는 개의 스크립트입니다.

TIP 고양이는 각 방향을 바라볼 때마다 회전 방식을 결정하고 있습니다. 그렇지 않으면 고양이가 왼쪽을 바라볼 때 머리가 아래로 향하는 현상이 발생합니다. 회전 방식을 결정하는 블록들을 모두 제거해보면 이 블록들의 필요성을 눈으로 확인할 수 있습니다.

그림 6-24
고양이의 스크립트

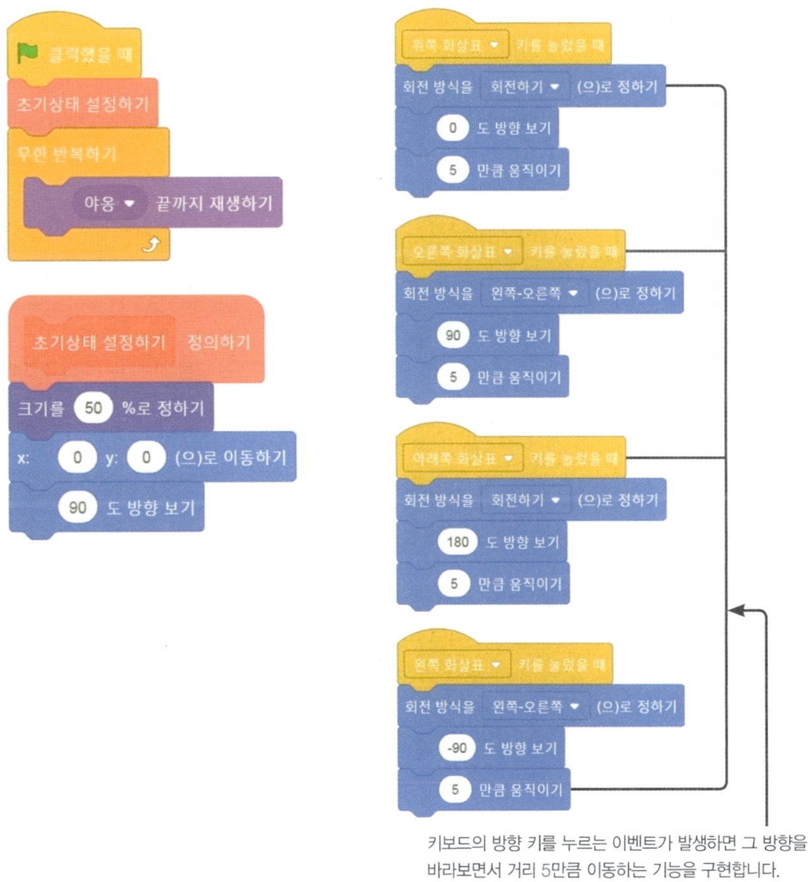

특히 개는 (실행)을 클릭할 때 수행해야 할 기능을 2개로 나누어 구현했습니다. 따라서 (실행) 클릭 이벤트가 발생하면 '멍멍' 소리를 무한히 반복하는 행동과 고양이를 바라보며 쫓아가는 행동을 병렬적으로 수행합니다.

그림 6-25
개의 스크립트

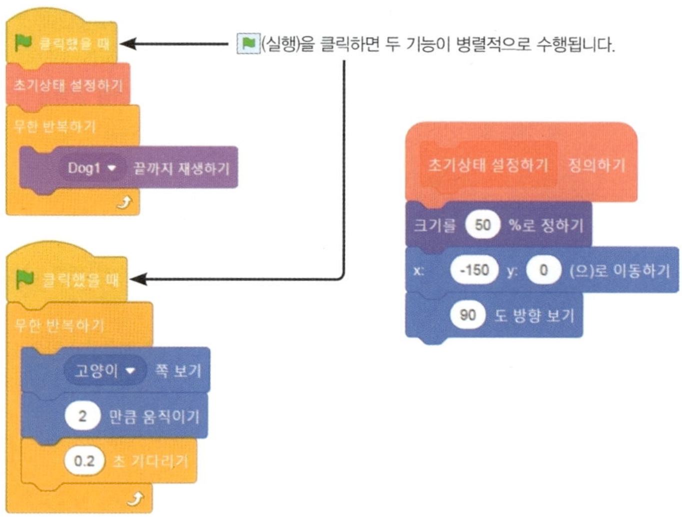

드럼 연주에 맞춰 소녀 춤추게 하기

드럼이 연주되면 춤을 추고 드럼 연주가 멈추면 춤을 멈추는 소녀의 행동을 구현합니다. 이 프로그램의 주요 기능은 다음과 같습니다.

1. 프로그램을 실행하면 드럼은 연주되지 않고 소녀는 춤을 추지 않는 상태입니다.
2. 연주하지 않는 드럼을 마우스로 클릭하면 드럼 연주가 시작되고 소녀는 춤을 추기 시작합니다.
3. 연주 중인 드럼을 마우스로 클릭하면 드럼은 연주를 멈추고 소녀도 춤을 멈춥니다.
4. 위의 2번과 3번 작업을 반복할 수 있습니다.

스크래치를 실행하여 고양이를 삭제한 후, 드럼([스프라이트 고르기]에서 Drum 선택)과 소녀([스프라이트 고르기]에서 Cassy Dance 선택)를 추가하고 드럼에 연주 음원([소리 고르기]에서 Drum Machine 선택)을 추가합니다. 이어서 [그림 6-26]과 같이 드럼의 스크립트를 작성하고 [그림 6-27]과 같이 소녀의 스크립트를 작성합니다.

드럼은 연주 상태에 따라 마우스 클릭에 대해 다르게 반응해야 합니다. 즉, 연주가 진행 중일 때 드럼을 클릭하면 연주를 멈춰야 하고 반대로 드럼이 연주되지 않을 때 클릭하면 연주를 시작해야 합니다. 따라서 드럼의 연주 상태를 기록할 변수 [드럼 연주 중]을 드럼의 전역 변수로 생성합니다. 이 변수는 드럼이 연주 중일 때는 참, 연주되지 않을 때는 거짓 값을 갖습니다. 따라서 소녀는 전역 변수 [드럼 연주 중]의 값을 검사하여 드럼이 연주 중일 때는 춤을 추고 드럼이 연주되지 않을 때에는 춤을 멈추는 행동을 무한히 반복합니다.

TIP 드럼의 [드럼 연주 중]을 전역 변수로 생성하는 이유는 소녀가 이 변수 값을 활용하여 춤을 출지 말지 결정하도록 하기 위해서입니다.

그림 6-26
드럼의 스크립트

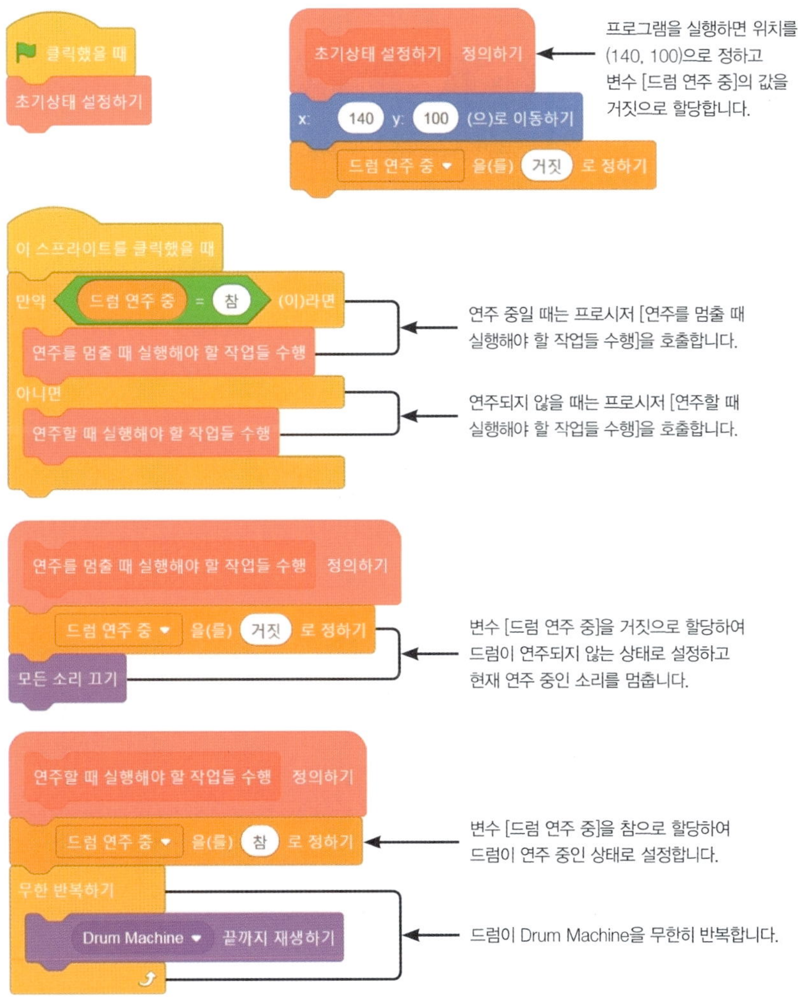

그림 6-27
소녀의 스크립트

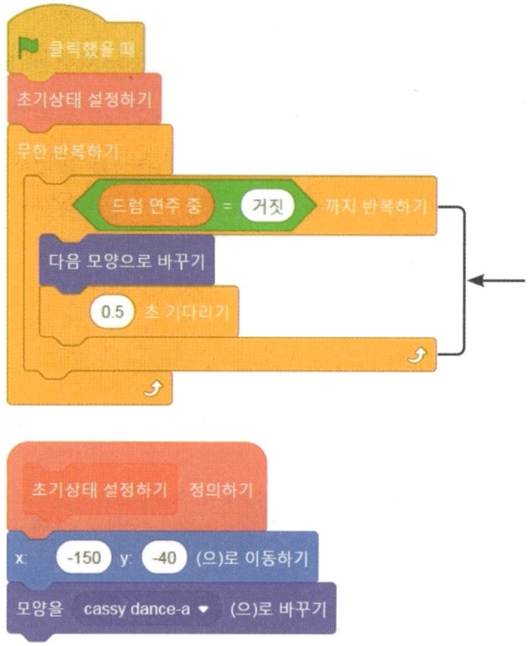

드럼이 연주 중인 상태가 되면 (즉, 변수 [드럼 연주 중]이 참일 때) 춤을 추기 시작하여 드럼이 연주를 멈출 때(즉, 변수 [드럼 연주 중]이 거짓일 때)까지 춤을 반복합니다.

문제 한번 풀어볼까요?

01 다음 중 프로시저에 대한 설명으로 올바르지 않은 것을 고르세요.

① 프로시저란 프로그램의 일부 기능을 담당하는 연속적인 문장들의 묶음입니다.

② 프로시저 간 호출로 프로그램 기능을 구현하는 절차적 프로그래밍 방식의 핵심 개념입니다.

③ 공통 기능을 별도의 프로시저로 구현하면 프로그래밍 작업량을 줄일 수 있습니다.

④ 프로시저의 사용은 프로그래밍 수정 작업을 어렵게 만드는 단점이 있습니다.

⑤ 프로시저는 복잡한 기능을 보다 간단한 기능들로 분해하여 구현하도록 도와줍니다.

02 다음과 같이 프로시저를 서로 다른 방식으로 호출할 때 결과값으로 올바른 것을 고르세요.

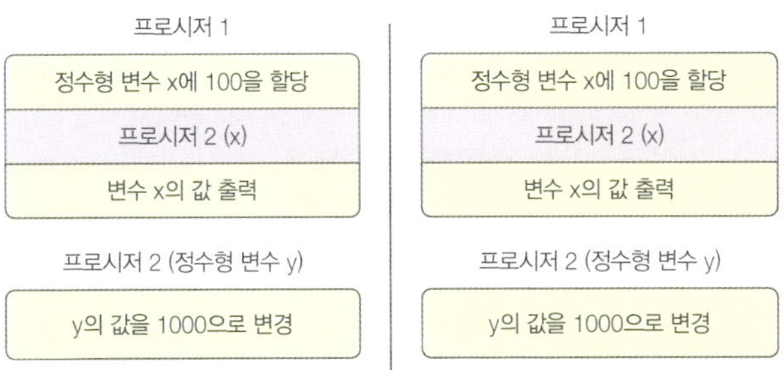

(A) 값 호출 방식의 프로시저 호출 **(B) 참조 호출 방식의 프로시저 호출**

① (A)−100, (B)−100

② (A)−100, (B)−1000

③ (A)−1000, (B)−100

④ (A)−1000, (B)−1000

03 다음은 어느 고양이의 행동입니다. 프로그램을 실행하면 고양이는 어떤 순서로 숫자를 말하게 될까요?

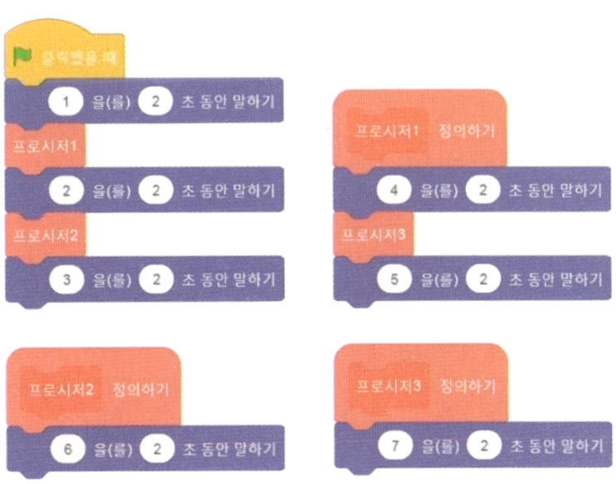

① 1→2→3→4→5→6→7

② 1→4→5→2→6→3→7

③ 1→4→7→5→2→6→3

④ 1→4→5→7→6→2→3

04 다음 스크래치 프로그램에서 잘못된 것을 올바로 지적한 것을 고르세요.

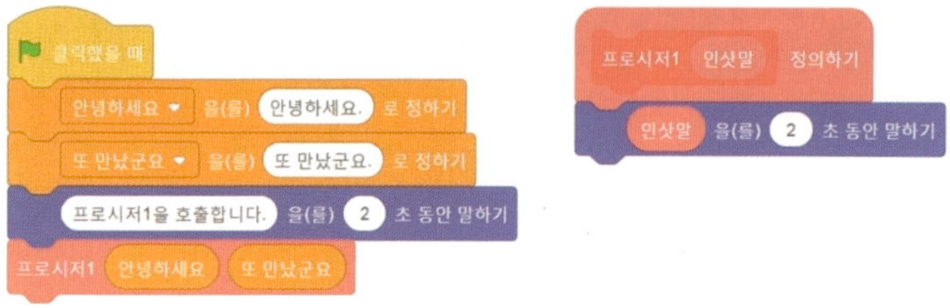

① 프로시저 인자 이름이 너무 깁니다.

② 프로시저를 호출할 때 인자 개수와 프로시저의 매개변수의 개수가 같아야 합니다.

③ 프로시저의 이름에 숫자를 사용하지 못합니다.

④ 프로시저 인자로 1개 이상 사용하지 못합니다.

05 다음 스크래치 프로그램에서 고양이가 말하는 숫자는 무엇일까요?

① 160

② 170

③ 180

④ 190

06 다음 설명 중 올바르지 않은 것을 고르세요.

① 여러 개의 프로그램을 동시에 실행시키는 개념을 멀티 태스킹이라고 합니다.

② 한 프로그램이 여러 개의 기능을 동시에 실행하는 개념을 멀티 스레딩이라고 합니다.

③ 여러 스레드 중 하나만 오류를 범해도 프로그램 전체가 종료될 수 있습니다.

④ 프로그램은 자신이 생성한 스레드들 중 하나만 종료되어도 프로그램 전체가 종료됩니다.

⑤ 스크래치는 이벤트를 처리하는 기능마다 스레드를 생성해 병렬 처리합니다.

07 다음과 같은 고양이의 스크립트에서 ▶(실행)을 클릭할 때 고양이가 취하는 행동을 올바르게 설명한 것은 무엇일까요?

① 제자리에서 '야옹' 소리를 무한히 냅니다.

② 아무런 소리 없이 마우스 포인터를 무한히 쫓아갑니다.

③ '야옹' 소리를 내면서 마우스 포인터를 쫓아가는 행동을 무한히 반복합니다.

④ 한 스프라이트에 같은 이벤트 블록을 여러 개 사용할 수 없습니다.

08 다음과 같이 고양이와 개가 전역 변수 [조건]이 참이 될 때 인사하는 행동을 수행합니다. 프로그램을 실행한 후 스페이스 바를 눌렀을 때의 결과에 대해 올바르게 설명한 것은 무엇일까요?

고양이의 스크립트

개의 스크립트

① 고양이가 [조건]을 참으로 변경한 후, 항상 고양이가 [조건]을 거짓으로 변경하기 전에 개의 선택 제어 조건 검사가 이루어집니다. 따라서 항상 고양이와 개가 모두 인사합니다.

② 멀티 스레딩 방식은 병렬적인 문장들 중 어떤 문장이 먼저 실행될지 모릅니다. 따라서 고양이가 [조건]을 참으로 변경한 후, 개가 선택 제어 조건을 검사하기 전에 [조건]을 거짓으로 변경할 수 있습니다. 이런 경우, 개는 선택 제어 조건이 거짓이 되어 인사할 수 없습니다.

09 **고양이가 좌우로 이동하는 개를 뛰어 넘어 피하는 프로그램을 작성하세요. 이 프로그램의 실행 화면과 기능은 다음과 같습니다. 단, 고양이와 개의 행동은 아래 표의 프로시저들을 사용해야 합니다.**

1. 프로그램을 실행하면 고양이는 [프로그램 실행 창] 중앙에 위치하고 개는 고양이와 같은 높이로 [프로그램 실행 창] 왼쪽에 위치합니다.
2. 프로그램을 실행하면 개는 '멍멍' 소리를 반복하며 0.1초마다 10만큼의 속도로 오른쪽으로 이동합니다.
3. 개는 벽에 닿으면 반대로 방향을 바꿔 이동하며 프로그램이 종료될 때까지 이와 같은 행동을 반복합니다.
4. 고양이는 키보드의 스페이스 바를 누를 때마다 위로 점프하는데 점프 높이는 100이며 점프해서 제자리로 오기까지 4초의 시간이 걸립니다.
5. 무대는 배경음악으로 [소리 고르기]에 있는 Dance Funky를 무한히 반복합니다.
6. 고양이와 개는 원래 크기의 50% 크기를 갖습니다.

스프라이트	프로시저	프로시저 기능	절차 블록
고양이	초기상태 설정하기	고양이의 초기 위치, 방향, 크기 등을 설정합니다.	초기상태 설정하기 정의하기
	고양이 점프하기 (점프 높이)	고양이가 4초에 걸쳐 매개변수 [점프 높이]만큼 점프합니다.	고양이 점프하기 (점프 높이) 정의하기
개	초기상태 설정하기	개의 초기 위치, 방향, 크기, 회전 방식 등을 설정합니다.	초기상태 설정하기 정의하기
	좌우로 무한히 이동하기	개가 왼쪽 또는 오른쪽으로 0.1초에 10만큼의 속도로 무한히 이동합니다. 벽에 닿으면 방향을 변경합니다.	좌우로 무한히 이동하기 정의하기

10 앞에서 소개한 "드럼 연주에 맞춰 소녀 춤추게 하기" 프로그램에 다른 악기와 소녀를 추가하여 더욱 신나는 프로그램으로 변경해봅시다. 이 프로그램의 실행 화면과 기능은 다음과 같습니다.

1. 벨([스프라이트 고르기]의 Bell 선택)과 다른 소녀([스프라이트 고르기]의 Jouvi Dance 선택)를 추가합니다.
2. 무대 배경으로 숲속 풍경([배경 고르기]의 Forest 선택)을 사용합니다.
3. 프로그램을 실행하면 악기들은 연주되지 않고 소녀들은 정지해 있습니다.
4. 연주되지 않는 악기를 클릭하면 연주가 시작되고 연주 중인 악기를 클릭하면 연주가 중단됩니다.
5. 벨과 드럼은 병렬적으로 연주가 가능합니다.
6. 하나의 악기라도 연주 중이면 소녀들은 춤을 추고 모든 악기가 연주를 멈추면 소녀들도 춤을 멈춥니다.

컴퓨팅 사고력과 프로그래밍

이번 장에서 **무엇을 배우나요?**

1. 컴퓨팅 사고력의 개념을 이해합니다.
2. 추상화의 개념을 이해하고 프로그래밍에 적용된 사례를 공부합니다.
3. 분해 개념을 이해하고 프로그래밍에 활용하는 방법을 공부합니다.
4. 패턴인식의 개념을 이해하고 프로그래밍 작업과의 관계를 공부합니다.
5. 알고리즘 개념을 이해하고 알고리즘의 프로그래밍을 연습합니다.

CHAPTER

07

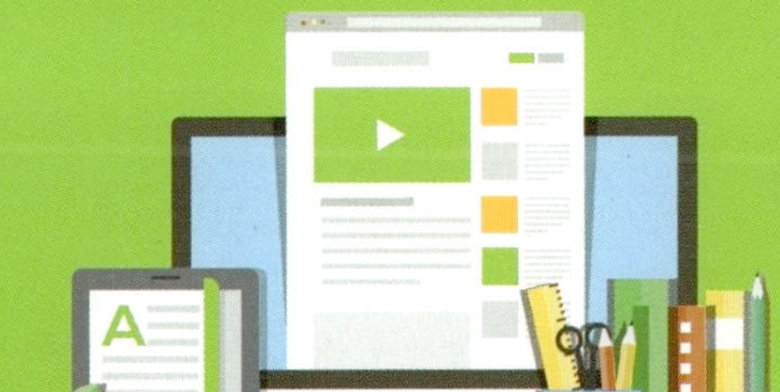

01 컴퓨팅 사고력

컴퓨팅 사고력의 개념

컴퓨팅 사고력computational thinking을 단순히 프로그래밍 능력 또는 컴퓨터처럼 사고하는 것으로 잘못 이해하는 경우가 있습니다. 하지만 사실 컴퓨팅 사고력은 이보다 훨씬 넓은 개념으로, 일상 생활에서 접할 수 있는 모든 문제에 컴퓨터 과학의 기본 개념들을 적용하고 문제 해결을 위해 창의적 · 논리적으로 생각하며 서로 협동하는 자세로 포기하지 않고 오류를 해결하는 사고방식을 의미합니다. 여기서 컴퓨터 과학의 기본 개념에 해당하는 대표적인 예로 추상화abstraction, 분해decomposition, 패턴인식pattern recognition, 알고리즘algorithm 등이 있습니다.

그림 7-1
컴퓨팅 사고력의 개념

- 추상화 : 여러 사물이나 개념에서 공통된 속성들을 추출하여 보다 일반화된 개념을 만들거나 복잡한 대상을 문제 해결에 필요한 속성들만으로 간단하게 정리하는 개념입니다. 추상화를 통해 문제에서 다뤄야 할 대상을 문제 중심으로 단순화할 수 있습니다.
- 분해 : 큰 규모의 복잡한 작업을 처리 가능한 수준의 작업 단위가 될 때까지 계속 작게 쪼개는 작업을 의미합니다. 이런 분해는 해결해야 할 문제를 추상적인 수준에서 구체적이고 구현 가능한 수준으로 이해하도록 도와줍니다.

- 패턴인식 : 사물을 구별할 수 있는 특징을 모아 패턴을 정의하고 어떤 사물이 어떤 패턴에 속하는지 결정하는 기술로, 사물 인식이나 현상 예측 시스템 등에 널리 활용합니다. 이런 패턴인식은 새로운 문제를 해결하고자 할 때 이미 해결책을 알고 있는 문제들과 어떤 유사성이 있는지 파악하여 그 해결책을 새로운 문제에 적용하도록 도와줍니다.
- 알고리즘 : 어떤 문제를 해결하기 위한 절차나 방법을 의미합니다. 근래에는 문제의 규모와 복잡성이 증가함에 따라 해결 방법의 성능이 중요한 요소가 되고 있으며 따라서 효율적인 알고리즘 적용이 요구됩니다.

그림 7-2
컴퓨터 과학의 기본 개념

02 추상화의 개념과 구현

추상화의 개념

추상화는 크게 두 가지 유형으로 구분할 수 있습니다. 하나는 여러 사물이나 개념에서 공통되는 특성이나 속성을 추출하여 보다 일반화된 개념을 만들어내는 것이고, 다른 하나는 사물을 표현할 때 불필요한 요소를 없애거나 감추고 관심 있는 것들만 표현하는 것입니다. 특별히 전자의 유형을 일반화generalization라고 합니다.

추상화의 개념이 적용된 사례는 주위에서 쉽게 찾아볼 수 있습니다. 우리는 나비, 잠자리, 벌, 개미 등을 머리, 가슴, 배로 구분되는 절지동물이라는 공통된 특징으로 일반화하여 곤충이라 부릅니다. 지도를 만들 때는 나무, 돌, 건물, 자동차, 사람들 등 수많은 요소로 이루어진 일정 지역을 단지 도로와 주요 건물만으로 구성하여 표현합니다.

그림 7-3 추상화

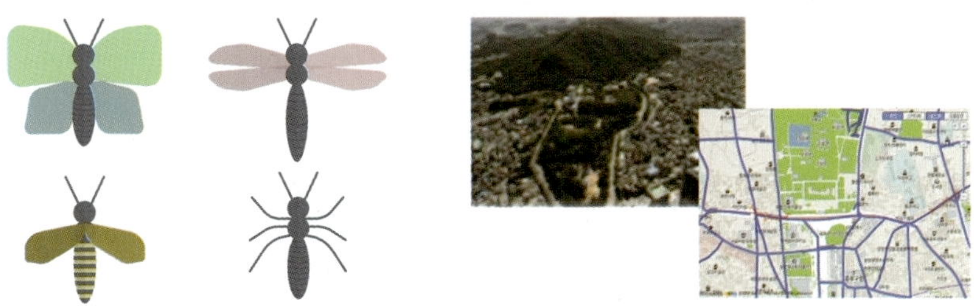

머리, 가슴, 배로 구분되는 절지동물로 일반화 **관심 있는 요소들만으로 표현**

이런 추상화 개념을 적용하면 복잡한 대상을 문제 해결에 반드시 필요한 속성들만으로 간단하게 정리하고 표현할 수 있습니다. 예를 들어, 안경테를 디자인한다고 할 때 사람의 신체 전부를 고려할 필요가 없습니다. 안경테 제작에 반드시 필요한 눈, 코, 귀의 위치만 고려하면 되기 때문에 이 요소들만 이용하여 사람을 추상화합니다.

스크래치에서의 추상화

컴퓨터 프로그래밍에서는 추상화 개념이 자료 설계에 적용되고 있습니다. 예를 들어, 많은 프로그래밍 언어가 동일한 자료형의 자료들을 조작하는 데 편리한 리스트라는 자료를 지원합니다. 리스트는 동일한 자료형의 자료들에 순서를 매겨 저장하는 장소로서 일반적으로 [마지막에 항목 추가하기], [특정 위치에 항목 삽입하기], [특정 위치에 있는 항목 꺼내기], [현재 저장된 항목들의 개수 구하기] 등의 연산들을 제공합니다.

사용자 입장에서는 리스트를 조작하는 데 필요한 연산들이 중요할 뿐, 실제 자료들이 리스트 내부에 어떻게 저장되는지는 중요하지 않습니다. 휴대폰을 예로 들면, 사용자는 휴대폰 인터페이스 사용법만 알면 되지 휴대폰의 내부 기기를 알 필요가 없는 것과 마찬가지입니다. 따라서 리스트에 추상화 개념을 적용하여 실제 자료들이 저장되는 방법은 숨기고 리스트를 조작하는 데 필요한 연산들만 사용자에게 제공합니다. 이와 같은 개념을 자료 추상화라고 하는데, 리스트의 예처럼 일반적으로 자료의 저장 또는 관리 방식을 숨기고 자료 조작에 필요한 연산들만 외부에 노출하는 것을 말합니다. [그림 7-4]는 리스트에 적용된 자료 추상화 개념을 보여줍니다.

그림 7-4
자료 추상화의 개념

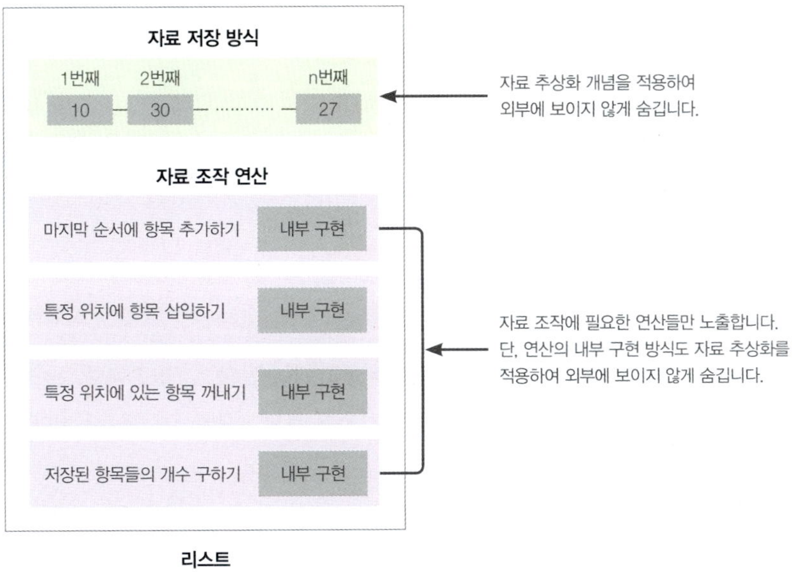

조금 어려운 이야기

자료 추상화 개념이 적용된 자료형을 추상적 자료형abstract data type이라고 합니다. 추상적 자료형의 변수를 다룰 때는 그 추상적 자료형이 제공하는 연산들을 사용합니다.

통상적으로 자료 추상화를 통해 숨긴 정보는 오직 그 자료가 허용한 방법을 통해서만 제공받을 수 있습니다. 예를 들어, 리스트의 첫 번째 항목은 리스트가 제공하는 [특정 위치에 있는 항목 꺼내기] 연산을 통해서만 알 수 있습니다. 이와 같은 개념을 정보은닉information hiding이라 하는데, 이 개념을 통해 외부로부터 불법적인 접근을 차단하여 내부의 정보를 보호할 수 있습니다.

조금 어려운 이야기

정보은닉과 연관하여 자주 언급되는 개념이 캡슐화encapsulation입니다. 캡슐화는 내부 정보를 처리하는 데 필요한 변수들과 연산들을 하나의 단일한 개념으로 묶는 것을 말합니다. 여기서 중요한 것은 캡슐화에 사용된 단일한 개념에 어울리는 요소들만 묶어야 한다는 것입니다. 예를 들어, 사람이란 개념 안에 뿔이나 꼬리를 넣으면 안 됩니다.

스크래치의 리스트는 자료 추상화와 정보은닉 개념을 사용하고 있습니다. [그림 7-5]는 '리스트'라는 이름으로 고양이의 리스트 변수를 생성할 때 함께 생성되는 블록들입니다. 이 블록들을 사용하지 않고는 변수 [리스트]가 관리하는 내부 자료(리스트의 원소들)의 값을 알아보거나 삽입, 삭제 등의 작업을 할 수 없습니다.

그림 7-5
리스트 조작 블록

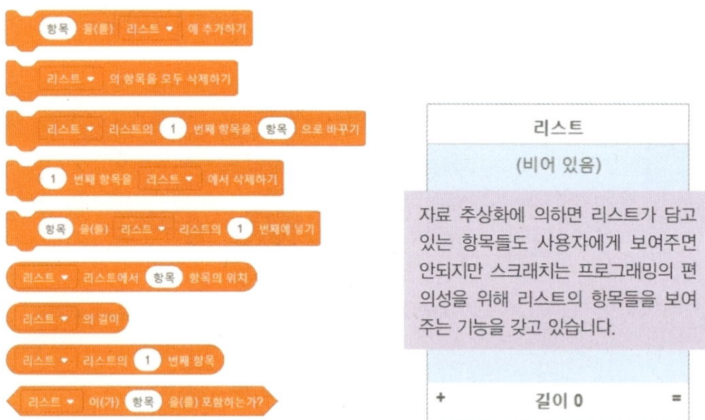

리스트 조작 블록

스프라이트에서도 추상화 개념을 볼 수 있습니다. 스크래치는 스프라이트를 조작하는 데 필요한 블록들을 프로그래머에게 제공하지만 그 외 스프라이트의 내부 모습은 볼 수 없도록 되어 있습니다.

그림 7-6
스프라이트에 적용된 추상화

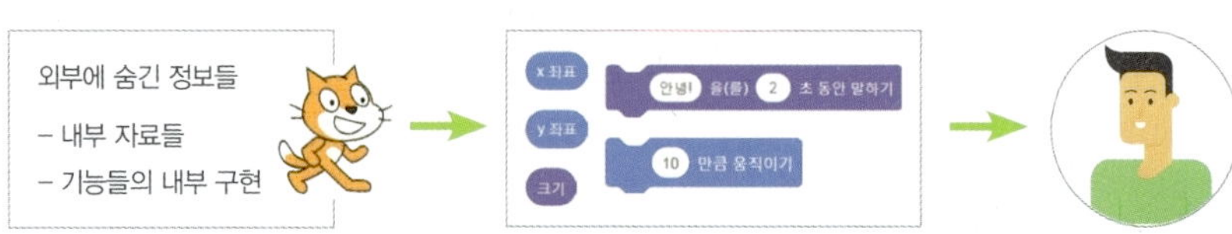

프로그래머 관점에서 스프라이트 행동 조작에
필요한 정보들만 블록 형태로 제공합니다.

03 분해의 개념과 구현

분해의 개념

컴퓨터 과학에서 말하는 분해란 큰 규모의 복잡한 작업을 처리 가능한 수준의 작업 단위가 될 때까지 계속 작게 쪼개는 작업을 의미합니다. '작업 단위가 처리 가능하다'라는 것은 그 작업 단위를 충분히 이해하여 프로그래밍할 수 있다는 것을 의미합니다. 여기서 작업이란 말을 문제로 바꾸어도 상관없는데, 이런 경우 분해란 복잡한 문제를 해결 가능한 수준의 문제 단위까지 작게 쪼개고 각각의 쪼개진 문제들을 해결함으로써 문제 전체를 해결하는 것입니다.

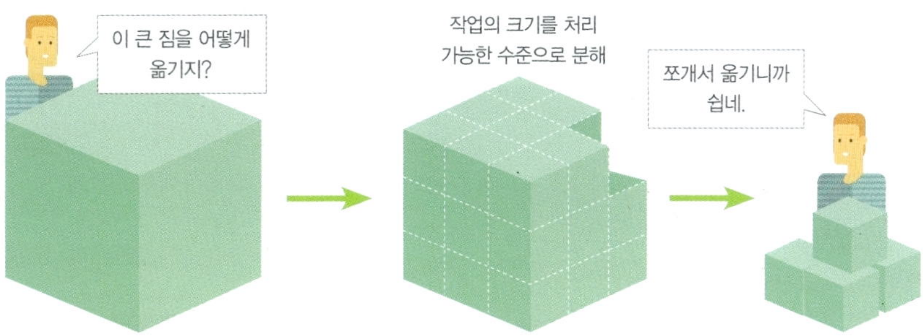

그림 7-7
분해의 개념

분해에 의해 쪼개진 작업 단위는 모듈성modularity이 높을수록 좋은데, 모듈성이 높다는 말은 어떤 부품을 변경할 때 그 변경이 전체에 미치는 영향이 적다는 의미입니다. 즉, 모듈성을 높게 분해하면 한 작업 단위의 해결(또는 구현) 방법을 다른 작업 단위들에 영향을 주지 않고 손쉽게 변경할 수 있습니다.

TIP 작업 또는 시스템 구성 단위들의 모듈성을 높게 만드는 작업을 모듈화modularization라고 합니다.

모듈성 기준은 응집도cohesion와 결합도coupling로 표현할 수 있습니다. 작업 단위가 내부적으로는 응집도가 높고 다른 작업 단위들과는 상호 결합도가 낮을 때 모듈성이 높아집니다. 여기서 응집도가 높다는 말은 그 작업 단위가 통일성 있는 하나의 기능을 수행한다는 것을 의미하며 결합도가 낮다는 말은 그 작업 단위가 자신의 기능을 다른 작업 단위들에 의존하거나 영향을 받지 않고 수행할 수 있다는 것을 의미합니다.

응집도가 높고 결합도가 낮을 때 작업 단위는 독립성이 높아지며 이해와 수정이 쉬워집니다. 앞에서 스프라이트나 프로시저의 변수를 생성할 때 지역 변수를 권고하는 것도 다른 작업 단위들과의 결합도를 낮춰 독립성을 높이기 위해서입니다.

분해 작업을 할 때는 큰 단위의 작업을 이해하기 쉬운 크기의 작은 작업들로 반복해서 나누게 되는데 이렇게 큰 단위에서 작은 단위로 세분화하는 것을 하향식top-down 설계 방식이라고 합니다. 보통 하향식 설계로 분해된 작업은 계층적 구조를 띠기 때문에 하향식 분해 작업을 계층적 분해hierarchical decomposition라고도 합니다. 예를 들어, [외식하기] 작업은 [그림 7-8]과 같이 계층적으로 분해할 수 있습니다. 그림에서 오른쪽으로 갈수록 하위 작업입니다.

그림 7-8
[외식하기] 작업의 분해

계층적 분해를 통해 만들어진 작업들 간의 계층 관계는 작업을 하향식으로 이해하게 도와줍니다. [외식하기] 작업을 예로 들면, 처음에는 [외식하기] 작업을 [식당으로 이동하기], [주문 및 식사하기], [계산하고 식당 나서기] 등의 하위 작업들로 이해합니다. 그 후 각 하위 작업을 다시 그들의 하위 작업들로 세부적으로 이해해나갈 수 있습니다.

계층적 관계를 이용해 [외식하기] 작업 구현하기

프로그래밍 대상의 작업이 복잡하거나 규모가 큰 경우 이를 분해하여 구현하기 적절한 규모의 작업들로 분해합니다. 이런 분해 작업을 통해 만들어진 작업들 간의 계층적 관계는 프로시저들을 생성하고 이들 간의 호출 관계를 결정할 때 활용될 수 있습니다. 즉, 각 계층의 작업들은 프로시저들로 구현될 수 있는데 이때 상위 작업에 해당하는 프로시저가 하위 작업에 해당하는 프로시저를 호출하는 구조를 갖게 됩니다.

앞의 [외식하기] 작업을 예로 들면, [외식하기] 작업에 대응하는 프로시저는 하위 작업들인 [식당으로 이동하기], [주문 및 식사하기], [계산하고 식당 나서기]에 대응하는 프로시저들을 호출합니다. 같은 방식으로 [식당으로 이동하기]에 대응하는 프로시저는 하위 작업들인 [식당 정하기], [예약하기], [식당 입장하기]에 대응하는 프로시저들을 호출하게 됩니다.

그림 7-9
[외식하기] 작업의 계층적 프로시저

스크래치도 역시 스프라이트나 무대의 행동을 계층적 관계를 이용해 프로시저들로 구현할 수 있습니다. [그림 7-10]은 [그림 7-8]의 [외식하기] 작업의 계층적 관계를 바탕으로 스크립트를 작성한 것입니다.

그림 7-10
[외식하기] 작업의 스크립트

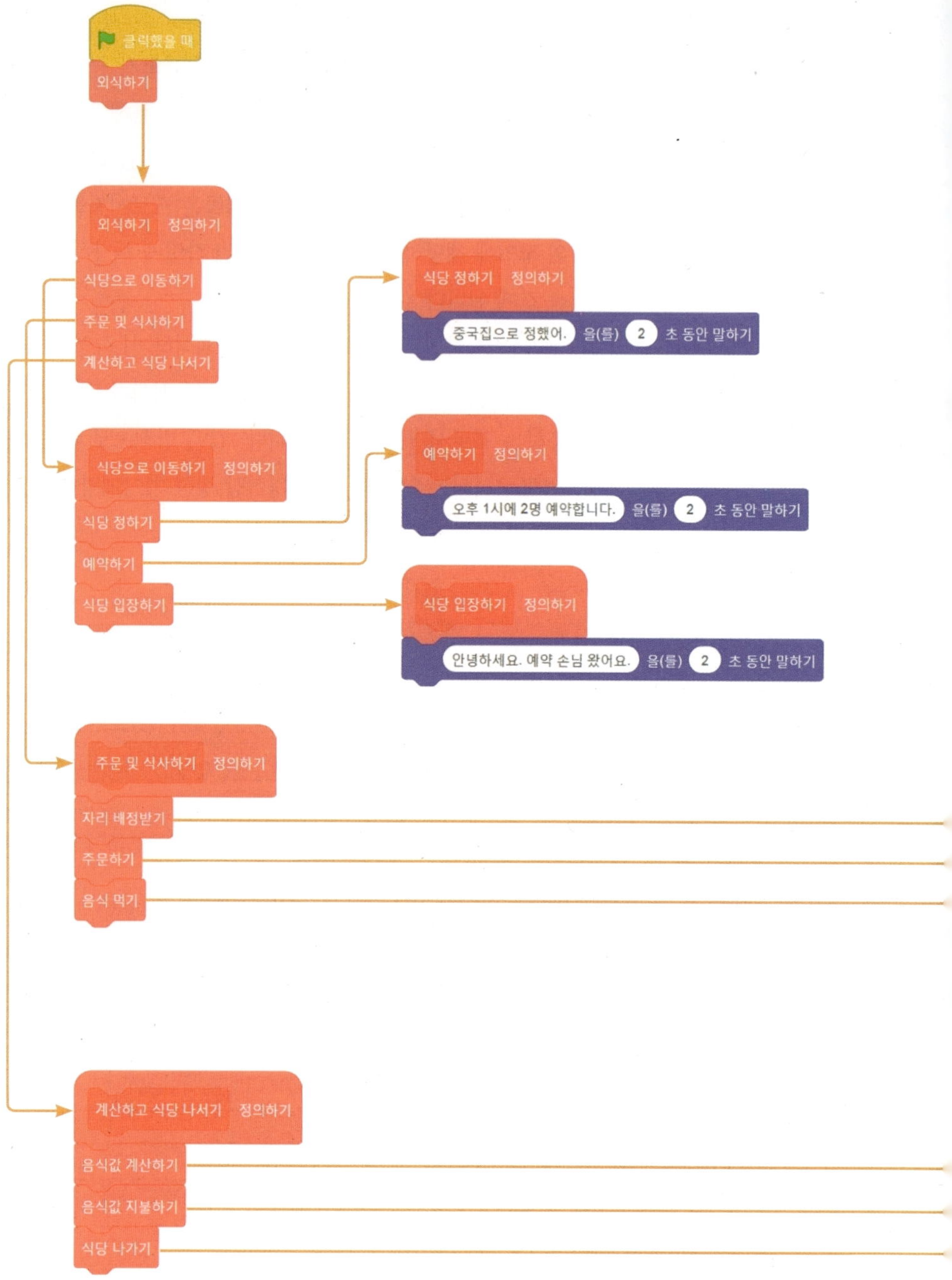

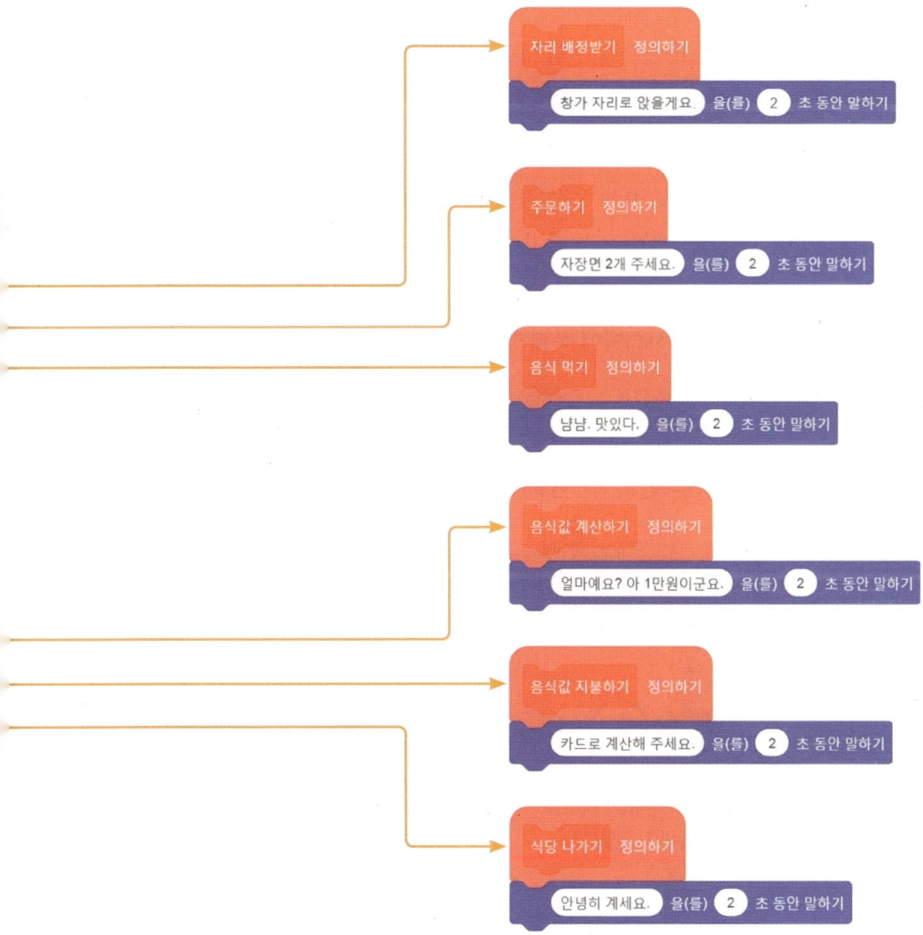
자리 배정받기 정의하기
창가 자리로 앉을게요. 을(를) 2 초 동안 말하기
주문하기 정의하기
자장면 2개 주세요. 을(를) 2 초 동안 말하기
음식 먹기 정의하기
냠냠. 맛있다. 을(를) 2 초 동안 말하기
음식값 계산하기 정의하기
얼마예요? 아 1만원이군요. 을(를) 2 초 동안 말하기
음식값 지불하기 정의하기
카드로 계산해 주세요. 을(를) 2 초 동안 말하기
식당 나가기 정의하기
안녕히 계세요. 을(를) 2 초 동안 말하기

04 패턴인식의 개념과 구현

패턴인식의 개념

컴퓨터 과학에서 말하는 패턴인식이란 컴퓨터가 어떤 대상을 인식하는 문제를 다루는 인공지능의 한 분야를 의미합니다. 즉 패턴인식은 사물을 구별할 수 있는 특징들을 모아 패턴을 정의하고 같은 패턴을 갖는 사물들을 동일한 그룹으로 묶어 구분할 때, 어떤 사물이 어떤 패턴의 그룹에 속하는지 결정하는 기술입니다. 예를 들어, 귀가 길고 꼬리가 짧다는 특징으로 토끼 패턴을 정의한 후 어떤 동물이 토끼인지 아닌지 구별할 수 있고, 비가 오기 전 곤충의 행동과 날씨의 특징을 모아 비 올 날씨 패턴으로 정한 뒤 비가 올지 말지 예측할 수 있습니다. 이런 패턴인식은 문자인식, 음성인식, 지문인식, 얼굴인식 등의 사물인식과 날씨 예측, 지진 예측, 주가 예측 등의 현상 예측 시스템에 폭넓게 활용되고 있습니다.

그림 7-11
패턴인식의 활용 예 : 사물인식

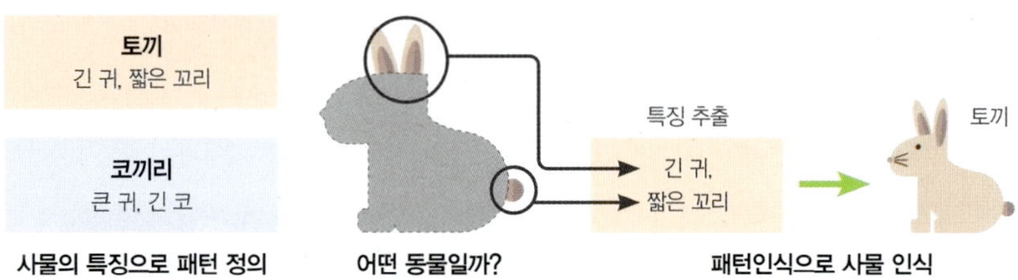

그림 7-12
패턴인식의 활용 예 : 현상 예측

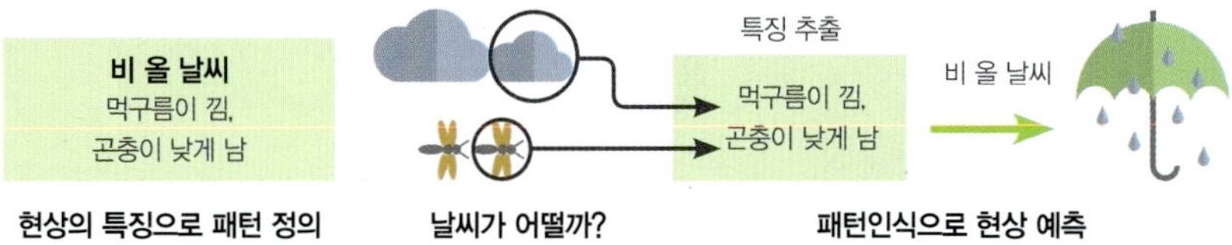

패턴인식 활동은 일상 생활에서 무의식적으로 항상 일어나고 있습니다. 새로운 모자를 썼더라도 친구의 얼굴을 바로 알아본다거나 새로운 디자인의 의자를 보더라도 그것이 의자라는 사실을 바로 인식하는 것은 모두 우리 뇌가 수행하는 패턴인식 활동입니다.

그림 7-13
일상 생활 속 무의식적인 패턴인식 활동의 예

스크래치에서의 패턴인식

컴퓨팅 사고력에서 강조하는 패턴인식의 활용은 어떤 문제를 이미 해결 방법을 알고 있는 다른 문제와 연관시키는 사고능력을 가리킵니다. 이 사고능력은 문제의 핵심적인 특징들을 파악한 뒤 그 특징들을 기준으로 이미 해결 방법을 알고 있는 문제들 중에서 유사한 문제의 해결 방법을 찾아 원래 문제에 적절히 이용하는 능력을 요구합니다.

예를 들어봅시다. 밖에서 지갑을 잃어버렸을 때 걸어온 길을 되돌아가 찾은 경험이 있다면 다른 장소에서 다른 물건을 잃어버렸을 때도 이와 같은 방법을 적용할 수 있습니다. 또한 두 자리 수 더하기 계산법만 익힌 초등학생이 이 계산법을 세 자리 수 더하기에 적용하는 것도 컴퓨팅 사고력에서 강조하는 패턴인식의 활용 모습입니다.

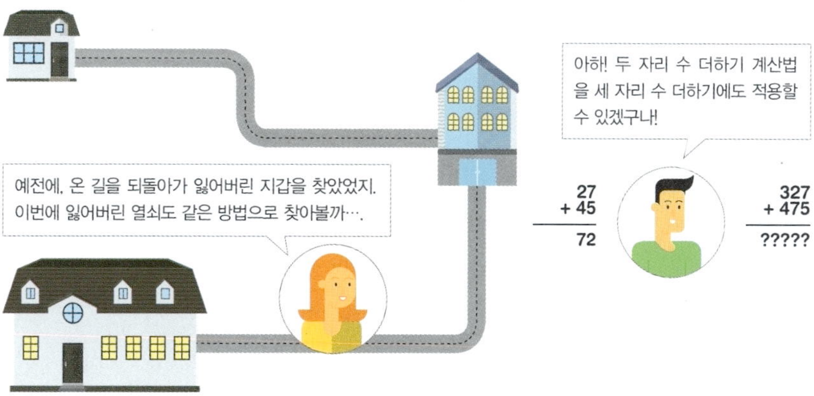

그림 7-14
패턴인식을 활용한 문제 해결

q를 입력할 때까지 짝수와 홀수의 합 계산하기

프로그래밍에서도 위와 같은 패턴인식이 자주 활용됩니다. 예를 들어, q를 입력할 때까지 짝수와 홀수를 구별하는 [그림 5-27]의 스크립트를 활용하여 [그림 7-15]와 같이 q를 입력할 때까지 짝수와 홀수의 합 계산하기 스크립트를 손쉽게 작성할 수 있습니다. 두 스크립트 모두 사용자에게서 입력받은 수가 짝수인지 홀수인지 구별하여 각각에 대해서 필요한 작업을 수행하는 동일한 패턴을 갖습니다. 패턴을 이해하면 프로그래밍할 때 다른 프로그램의 구현 경험이나 일부분을 활용할 수 있습니다. 이때, 이들을 새로운 프로그램에 어떻게 변형하여 적용할지 파악하는 것이 중요합니다.

그림 7-15
패턴인식을 활용한 짝수와 홀수의 합 계산하기

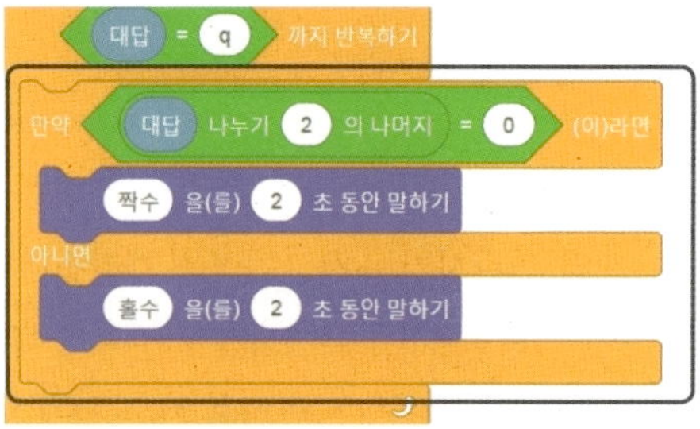

사용자에게서 입력받은 수가 짝수인지 홀수인지에 따라 필요한 작업을 수행합니다.

[그림 5-27]의 q를 입력할 때까지 짝수와 홀수 구별하기 스크립트의 일부분

동일한 패턴이므로 위 프로그램의 구현 경험이나 프로그램 일부분을 아래 프로그래밍에 활용할 수 있습니다.

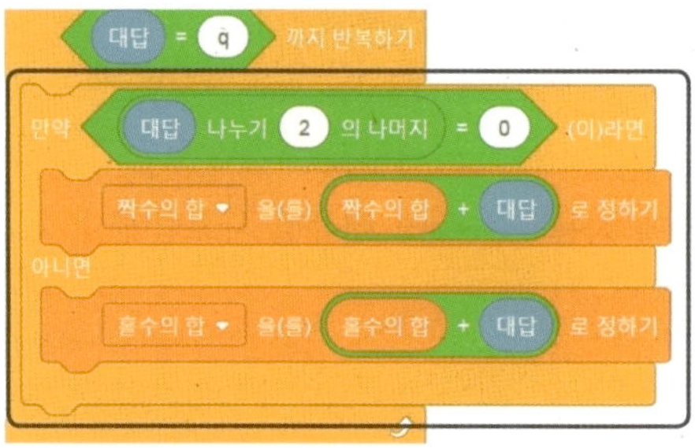

사용자에게서 입력받은 수가 짝수인지 홀수인지에 따라 필요한 작업을 수행합니다.

q를 입력할 때까지 짝수와 홀수의 합 계산하기 스크립트의 일부분

격자의 합 계산하기

또 다른 예를 들어봅시다. 가로 5칸, 세로 3칸의 격자가 있고 격자의 각 칸에 가로와 세로의 번호를 더한 값이 쓰여 있을 때, 격자 안의 모든 수를 더하는 프로그램을 만든다고 가정해봅니다. 이 계산은 하나의 세로에 대해서 모든 가로를 이동하면서 격자의 수를 더하는 작업을 모든 세로를 이동하면서 반복 수행합니다.

그림 7-16
격자의 총합 계산 방법

	1	2	3	4	5
1	2 (1+1)	3 (1+2)	4 (1+3)	5 (1+4)	6 (1+5)
2	3 (2+1)	4 (2+2)	5 (2+3)	6 (2+4)	7 (2+5)
3	4 (3+1)	5 (3+2)	6 (3+3)	7 (3+4)	8 (3+5)

세로의 번호 1과 가로의 번호 5를 더한 6을 담고 있습니다.

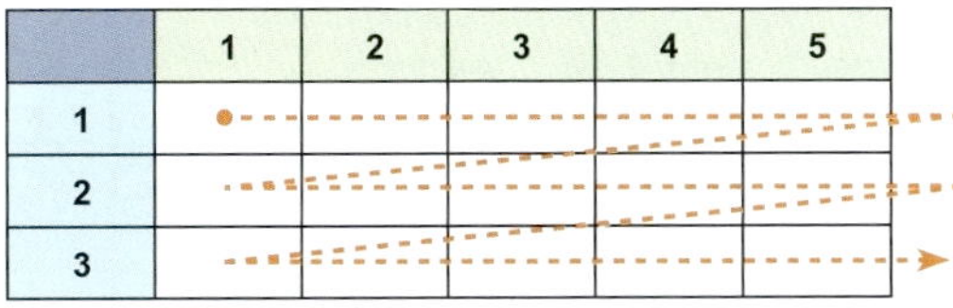

격자의 모든 수를 더하는 계산 방법

하나의 세로에 대해서 모든 가로를 이동하면서 격자의 수를 더하는 작업을 모든 세로를 이동하면서 반복 수행합니다.

위의 계산 방법은 어떤 기준을 매 단계 증가시키면서 각 단계마다 유사한 작업을 반복 수행하는 특징을 갖고 있습니다. 이런 특징은 [그림 5-24]에서 소개한 구구단 스크립트에서 이미 경험하였습니다. 구구단 단계를 1부터 9까지 변경하면서 각 구구단 단계에 1부터 9까지 곱하는 작업을 반복하였습니다. 따라서 구구단 스크립트의 일부분을 이용하여 [그림 7-17]과 같이 격자의 합을 계산하는 스크립트를 작성할 수 있습니다.

그림 7-17
격자의 합 계산하기

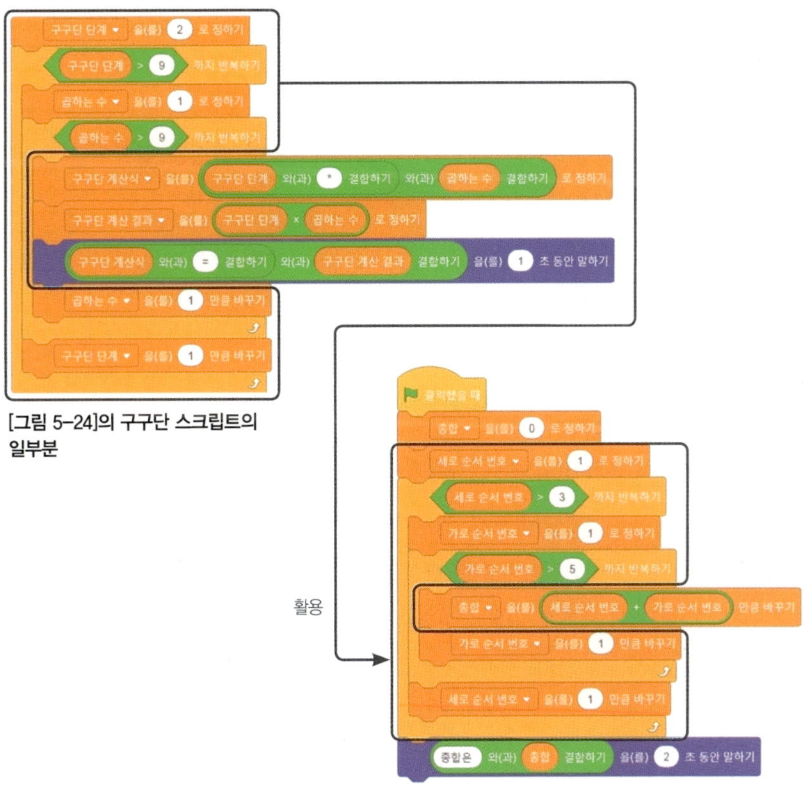

05 알고리즘의 개념과 활용

알고리즘의 개념

알고리즘이란 용어는 9세기경 페르시아의 수학자인 알-콰리즈미의 이름에서 유래하는데, 어떤 문제를 해결하기 위한 절차나 방법을 의미합니다. 알고리즘은 다음과 같은 성질을 만족해야 합니다.

- 입력 : 알고리즘은 외부에서 제공되는 자료가 0개 이상 존재합니다.
- 출력 : 알고리즘은 적어도 1개 이상의 결과가 나옵니다.
- 명확성 : 알고리즘의 수행 과정은 명확하고 모호하지 않은 명령어로 구성되어야 합니다.
- 유한성 : 종결성이라고도 하며 한정된 명령어를 수행한 후에 종료되어야 합니다.
- 효율성 : 알고리즘의 각 과정은 사람이 수작업으로도 계산할 수 있을 만큼 단순, 명백해야 합니다.

TIP 알고리즘은 반드시 종료되어야 합니다. 따라서 무한 반복의 가능성이 있는 문제 해결 방법은 알고리즘으로 볼 수 없습니다.

일반적으로 B.C. 300년경 유클리드의 최대공약수를 구하는 방법을 최초의 알고리즘으로 인정하고 있습니다. 이 알고리즘은 '두 수의 최대공약수는 큰 수에서 작은 수를 뺀 수와 작은 수의 최대공약수와 같다'라는 성질을 이용하여 [그림 7-18]과 같이 두 수의 최대공약수를 계산하는데 그 예는 [그림 7-19]와 같습니다.

그림 7-18
유클리드의 최대공약수 구하기 알고리즘

두 정수 a, b의 최대공약수 구하기 알고리즘

(가정 : 두 정수 a와 b는 0 이상의 값이고 a가 b보다 크거나 같습니다.)

1단계 : b가 0이면 a를 최대공약수로 정하고 알고리즘을 종료합니다.

2단계 : b가 0이 아니라면 a에서 b를 빼고 그 결과값을 c로 정합니다.

3단계 : b와 c 중 큰 값을 a로, 작은 값을 b로 정하여 위 작업을 1단계부터 다시 수행합니다.

그림 7-19
유클리드의 최대공약수 구하기 알고리즘 예

28과 16의 최대공약수 계산

알고리즘 수행 과정

28과 16의 최대공약수=16과 12(=28-16)의 최대공약수=12와 4(=16-12)의 최대공약수=8(=12-4)과 4의 최대공약수=4와 4(=8-4)의 최대공약수=4와 0(=4-4)의 최대공약수

알고리즘 결과값

따라서 최대공약수는 4입니다.

알고리즘의 표현 방법

일상에서 사용하는 글은 애매모호할 수 있습니다. 예를 들어, '적당한', '적절하게', '효율적으로' 등의 용어는 정확한 수치가 정해지지 않은 모호한 표현입니다. 또한 "두 수 A와 B를 더한 값을 앞의 수에 다시 더한다."라는 문장도 앞의 수가 A인지 B인지 명확하지 않아 사람마다 다르게 해석할 수 있습니다. 이런 문제점 때문에 일반적으로 프로그래밍 언어와 유사한 의사 코드pseudo code나 순서도flow chart로 알고리즘을 표현합니다.

- 의사 코드 : 일반적인 프로그래밍 언어와 유사하게 if와 while 등의 문법으로 선택 제어와 반복 제어를 수행하고 결과값을 출력하면서 종료하는 명령어로 return을 사용합니다. 알고리즘의 결과값은 return 옆에 괄호로 감싼 형태로 적어줍니다.
- 순서도 : 작업은 사각형, 선택 조건은 마름모, 작업 진행 순서는 화살표로 나타냅니다. 마름모의 선택 조건이 참인 경우와 거짓인 경우를 구분하여 다음에 실행될 도형으로 화살표를 연결합니다. 반복 제어는 화살표를 위의 작업으로 다시 연결해 사이클을 만들어 표현할 수 있습니다.

TIP 순서도는 알고리즘이 길면 그림이 너무 커져 표현하는 데 어려움이 있습니다. 그러므로 비교적 간단한 알고리즘을 명확하게 나타낼 때 주로 사용합니다.

[그림 7-20]은 유클리드의 최대공약수 구하기 알고리즘을 의사 코드와 순서도로 나타낸 것입니다.

그림 7-20
최대공약수 알고리즘의 의사 코드와 순서도

최대공약수 구하기(a, b)

입력 : 정수 값의 변수 a, b(단, a ≥ b ≥ 0)

```
while (b != 0)      ← b가 0이 될 때까지 아래 작업들을 계속 반복 수행합니다.
    c ← a - b
    if (b ≥ c)  ┐
        a ← b   │
        b ← c   │
    else        │ ← b와 c 중 큰 값을 a에 대입하고 작은 값을 b에 대입합니다.
        a ← c   │
        b ← b   ┘
return (a)          ← b가 0이 되면 반복 작업을 중단하고 a를 출력합니다.
```

의사 코드로 표현

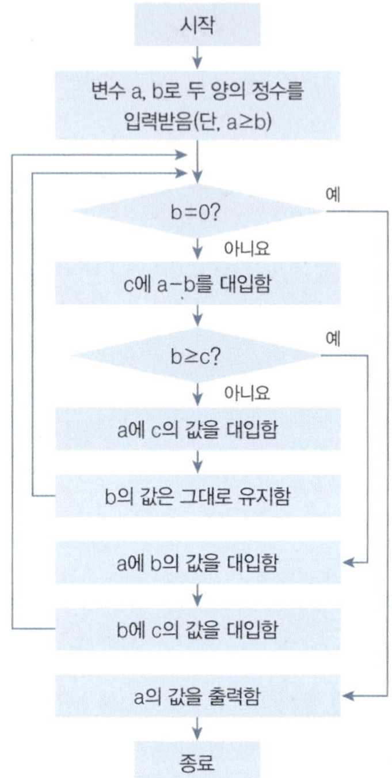

순서도로 표현

알고리즘의 성능

알고리즘은 일반적으로 알고리즘이 처리해야 할 입력 개수가 증가함에 따라 수행되는 시간도 늘어납니다. 예를 들어, 여러 개의 수를 크기 순서대로 정렬하는 알고리즘의 경우 수 10개를 정렬할 때보다 수 10,000개를 정렬할 때 시간이 더 오래 걸립니다. 여기서 중요한 것은, 입력의 개수와 알고리즘 수행 시간에 어떤 관계가 존재하는지 파악하는 것입니다. 입력의 개수가 두 배 증가할 때 수행 시간이 두 배 증가하는 알고리즘도 있지만 수행 시간이 열 배, 백 배 증가하는 알고리즘도 있기 때문에 알고리즘의 입력 개수와 수행 시간 간의 관계를 파악하여 적절히 사용해야 합니다.

입력의 수가 증가할 때 알고리즘 수행 시간이 증가하는 대략적인 모양새를 시간 복잡도time complexity라고 하며 알고리즘의 효율성을 측정하는 데 사용합니다. 알고리즘의 시간 복잡도는 주로 입력 개수에 따른 최악의 알고리즘 수행 시간 관계를 나타내는 빅오big-oh(O) 표기법으로 나타냅니다. O(1)은 입력 개수가 증가해도 알고리즘 수행 시간은 변함없이 일정하다는 것을 나타내고 O(n)은 입력 개수가 증가하는 비율로 알고리즘 수행 시간이 증가한다는 것을 나타냅니다.

조금 어려운 이야기

중요한 문제를 해결하는 알고리즘의 시간 복잡도가 $O(2^n)$, O(n!)인 경우가 많은데 이 경우 입력 개수가 조금만 늘어도 알고리즘 수행 시간이 상상을 초월할 정도로 증가하게 됩니다. 이런 이유로 문제 해결에 효율적인 알고리즘을 사용하는 것이 매우 중요합니다.

[그림 7-21]은 다양한 빅오 표기들에 대해서 그들 간의 상대적인 수행 시간 크기를 보여줍니다.

그림 7-21
알고리즘의 시간 복잡도

O(1)
$O(\log_2 n)$
O(n)
$O(n\log_2 n)$
$O(n^2)$
$O(2^n)$
O(n!)

시간 복잡도 증가 방향 ↓

빅오 표기의 시간 복잡도 크기 순서

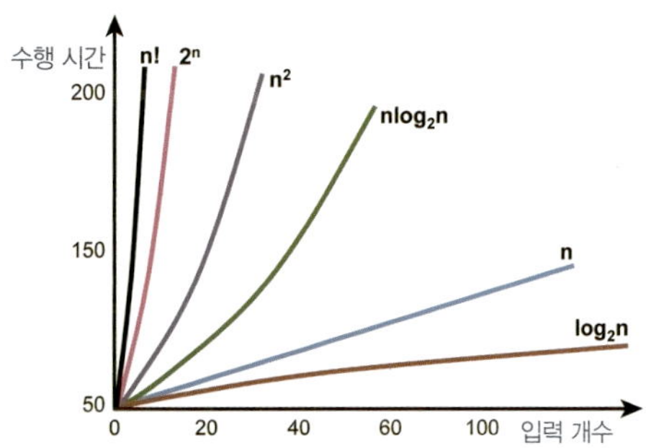

TIP n!은 1부터 n까지의 수를 곱하는 계산식입니다. 즉, 4!은 1×2×3×4=24입니다.

유클리드의 최대공약수 구하기

요즘은 알고리즘을 컴퓨터가 수행하게 하는 것이 일반화되어 있습니다. 그래서 컴퓨팅 사고력은 문제 해결에 필요한 창의적인 알고리즘 개발과 알고리즘의 효율성을 분석하는 능력 외에 알고리즘을 프로그래밍하는 능력도 강조하고 있습니다. [그림 7-22]는 앞에서 배운 유클리드의 최대공약수 구하기 알고리즘으로 두 수의 최대공약수를 계산하는 스크립트입니다. 이 프로그램을 실행하면 고양이가 사용자에게 최대공약수를 구할 두 양의 정수를 요구하되 항상 더 큰 수를 먼저 입력하도록 요구합니다. 그리고 사용자가 입력한 첫 번째 수는 변수 a에, 두 번째 수는 변수 b에 할당하고 그 후 유클리드의 최대공약수 구하기 알고리즘을 이용해 두 수의 최대공약수를 계산합니다.

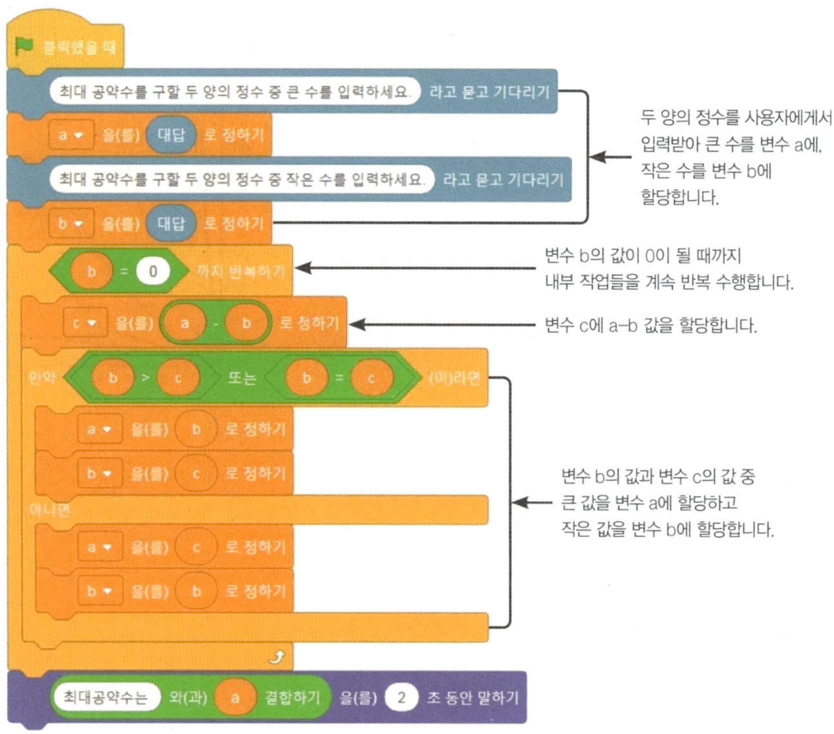

그림 7-22
유클리드의 최대공약수 구하기

문제 한번 풀어볼까요?

01 다음 중 컴퓨팅 사고력에 대한 설명으로 올바르지 않은 것을 고르세요.

① 컴퓨팅 사고력에서 가장 중요한 것은 프로그래밍 능력입니다.

② 컴퓨팅 사고력은 문제 해결에 컴퓨터 과학의 기본 개념을 적용하고 창의적, 논리적, 협동적 태도로 진행하는 사고방식입니다.

③ 대표적인 컴퓨터 과학의 기본 개념으로 추상화, 분해, 패턴인식, 알고리즘 등이 있습니다.

④ 컴퓨터 활용의 중요성이 높아짐에 따라 컴퓨터를 활용하여 문제를 해결하려는 태도를 포함하기도 합니다.

02 컴퓨터 과학의 기본 개념에 대한 설명으로 올바르지 않은 것을 고르세요.

① 추상화 – 공통된 특징으로 일반화하거나 필요한 요소들만으로 단순화합니다.

② 분해 – 복잡한 작업을 처리 가능한 수준의 작업 단위가 될 때까지 계속 작게 쪼갭니다.

③ 패턴인식 – 컴퓨터가 어떤 대상을 인식하는 문제를 다루는 인공지능의 한 분야입니다.

④ 알고리즘 – 문제를 해결하기 위한 절차나 방법을 의미하며 무한히 수행될 수도 있습니다.

03 다음 중 추상화와 관련된 행동을 고르세요.

① 머리, 가슴, 배로 구분되는 절지동물들을 곤충이란 개념으로 일반화합니다.

② 사람을 남자와 여자로 세분화합니다.

③ 1부터 100까지 더하는 효율적인 계산 공식을 만들어냅니다.

④ 먹구름이 잔뜩 낀 것을 보고 우산을 챙겨 외출합니다.

04 다음 중 분해와 관련된 행동을 고르세요.

① 12+34, 45+72에 대한 계산 능력을 키워 186+980을 계산해냅니다.
② 안경테를 디자인하기 위해 눈, 코, 귀만 있는 사람 머리 조형을 만듭니다.
③ 도로, 강, 주요 건물만 표시한 지도를 만듭니다.
④ 커다란 벽화를 여러 개의 격자로 구분하여 여러 사람이 함께 색칠합니다.

05 다음 중 패턴인식과 관련된 행동을 고르세요.

① 숲속 풍경을 삼각형으로만 표현하여 그립니다.
② 비가 오면 매운 짬뽕이 많이 팔렸기 때문에 비 오는 날 짬뽕 재료를 많이 준비합니다.
③ 커다란 옷장을 옮길 때 모든 서랍을 꺼내어 하나씩 포장해서 옮깁니다.
④ 여러 개의 수를 크기 순서대로 정렬하는 방식을 찾아냅니다.

06 다음 중 알고리즘과 관련된 행동을 고르세요.

① 마네킹을 옮기기 위해 머리, 팔, 다리 몸통을 분리합니다.
② 숫자를 정렬하는 프로그램을 문자를 정렬하는 프로그램에 활용합니다.
③ 자동차 내비게이션의 빠른 길 찾기 기능에 필요한 효율적인 방법을 고안합니다.
④ 제자리에서 무한히 회전하는 게임 캐릭터의 기능을 구현합니다.

07 다음의 시간 복잡도들 중 가장 작은 것과 가장 큰 것끼리 짝지어진 것은 무엇인가요?

$O(n^2)$	$O(\log_2 n)$	$O(1)$	$O(n)$	$O(n\log_2 n)$	$O(n!)$	$O(2^n)$

① 가장 작은 것 – $O(\log_2 n)$, 가장 큰 것 – $O(2^n)$
② 가장 작은 것 – $O(n)$, 가장 큰 것 – $O(2^n)$
③ 가장 작은 것 – $O(1)$, 가장 큰 것 – $O(n!)$
④ 가장 작은 것 – $O(\log_2 n)$, 가장 큰 것 – $O(n!)$

08 다음의 예문들은 컴퓨터 과학의 기본 개념 중 어떤 개념을 적용한 것인가요?

> **예문 I**
> 원시인 철수는 벼락에 맞아 불에 타고 있는 나무 근처에 동물들이 다가가지 못하는 광경을 보았습니다. 어느 날 밤, 숲속에서 길을 잃은 철수는 짐승의 공격을 피하기 위해 나무에 불을 붙여 무사히 숲속을 빠져나왔습니다.
>
> **예문 II**
> 영희는 32+56+21+13을 계산하는 문제를 받았습니다. 영희는 이 문제를 (32+56)과 (21+13)으로 나누어 각각 88과 34의 답을 먼저 구하고 (88+34)를 계산하여 122라는 답을 구했습니다.

① 예문 I – 추상화, 예문 II – 분해
② 예문 I – 알고리즘, 예문 II – 패턴인식
③ 예문 I – 분해, 예문 II – 알고리즘
④ 예문 I – 패턴인식, 예문 II – 분해

09 1부터 n까지의 합을 구하는 알고리즘을 이용하여 1부터 사용자가 입력하는 양의 정수까지 합을 구하는 프로그램을 작성하세요. 이 프로그램의 실행 화면과 알고리즘의 원리는 다음과 같습니다.

1부터 n까지의 합 구하기 알고리즘

입력 : 양의 정수 n
1단계 : n과 (n+1)을 곱하고 그 결과를 2로 나눕니다.
2단계 : 1단계의 계산 결과값을 답으로 정하고 알고리즘을 종료합니다.

1부터 10까지의 합 구하기 알고리즘

1단계 : 10과 11을 곱하고 그 결과인 110을 2로 나눕니다.
2단계 : 1단계의 계산 결과값인 55를 답으로 정하고 알고리즘을 종료합니다.

10 임의의 수가 적혀 있는 카드를 숫자가 안 보이게 뒤집어놓은 상태에서, 가장 큰 수를 찾는 방법을 이용해 사용자에게서 10개의 수를 입력받아 그중 가장 큰 수를 찾는 프로그램을 작성하세요. 단, 사용자에게서 입력받은 수는 리스트로 관리하고, 매번 손에 남는 가장 큰 수를 담는 변수를 생성하도록 합니다. 이 프로그램의 실행 화면과 원리는 다음과 같습니다.

위의 작업을 뒤집힌 카드가 없어질 때까지 반복하면 최종적으로 손에 남은 카드가 가장 큰 수의 카드가 됩니다.

11 각 동물의 귀, 코, 목, 꼬리의 특징으로 패턴을 정의한 후, 사용자에게서 동물의 귀, 코, 목, 꼬리의 특징을 입력받아 어떤 패턴에 속하는지 결정하는 프로그램을 작성하세요. 이 프로그램의 실행 화면과 패턴으로 정의할 동물의 특징은 다음과 같습니다.

토끼

귀 - 길다
코 - 짧다
목 - 짧다

코끼리

귀 - 크다
코 - 길다
목 - 짧다

기린

귀 - 짧다
코 - 짧다
목 - 길다

감지를 활용한 응용 프로그래밍

이번 장에서 **무엇을 배우나요?**

1. 감지의 개념을 이해합니다.
2. 스크래치가 제공하는 감지 기능과 관련된 블록들을 소개합니다.
3. 스크래치의 감지 기능과 관련된 블록들을 연습합니다.
4. 멀티모달 인터페이스의 개념을 이해합니다.
5. 스크래치의 비디오를 감지하는 블록들을 연습합니다.

CHAPTER

08

01 감지의 이해

감지 기능

감지sensing란 어떤 현상이나 자료를 관찰하여 판독하는 것입니다. 스크래치는 감지 기능을 제공하여 스프라이트가 다양한 현상과 자료의 값을 활용할 수 있도록 합니다. 예를 들어, 고양이는 쥐까지의 거리를 감지하여 쥐가 일정 거리 안에 들어오면 쫓아갈 수 있습니다. 또 고양이는 마우스 포인터의 위치를 감지하여 그 위치로 이동할 수 있습니다. [그림 8-1]은 스프라이트가 감지할 수 있는 대상을 보여줍니다.

그림 8-1
감지 대상

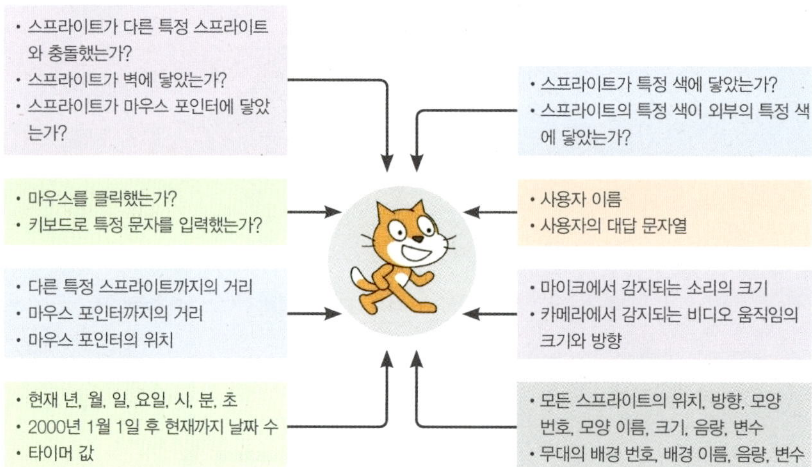

TIP 비디오의 감지 기능은 [확장 기능 추가하기]의 [비디오 감지] 기능에서 제공합니다. 무대도 감지 기능을 활용할 수 있습니다. 다만 무대는 움직일 수 없으므로 다른 스프라이트까지의 거리와 충돌 여부, 특정 색과의 접촉 등은 감지할 수 없습니다.

감지 기능을 제어 블록과 조합하여 다양한 동작을 손쉽게 구현할 수 있습니다. 예를 들어, 스프라이트 간 충돌 현상을 감지하여 고양이가 쥐를 잡았는지 알 수 있고, 특정 색과의 접촉 현상을 감지하여 달리는 자동차가 회색 벽에 충돌했는지 알 수 있습니다. 그 밖에 스프라이트 간의 거리를 감지하여 적이 일정 거리 안으로 다가오면 총을 발사하는 장치를 만들 수 있고, 스프라이트가 질문을 던지고 사용자가 답을 맞추는 퀴즈 게임도 만들 수 있습니다. 컴퓨터에 장착된 카메라의 비디오를 감지하여 손으로 건들면 도망치는 고양이도 만들 수 있습니다.

그림 8-2
감지 활용의 예

스프라이트 간 충돌 감지로 쥐를 잡았는지 판단합니다.

특정 색 접촉 감지로 벽에 충돌했는지 판단합니다.

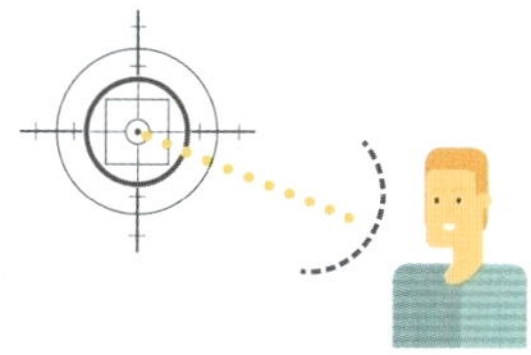

스프라이트 간 거리 감지로 적이 가까이 왔는지 판단합니다.

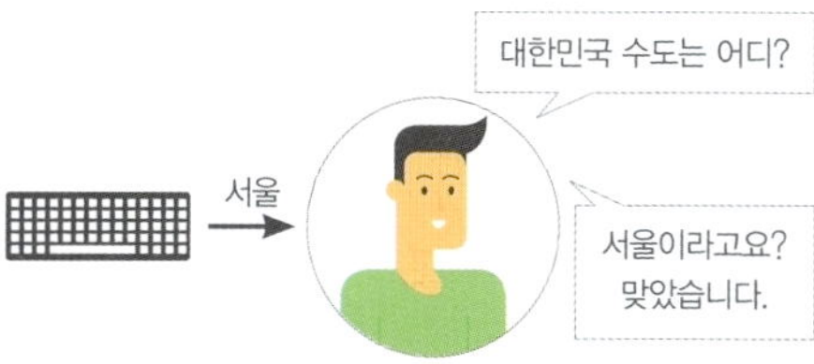

키보드 입력 감지로 사용자가 입력한 답을 이용할 수 있습니다.

카메라 비디오를 감지하여 스프라이트를 조정할 수 있습니다.

감지 블록

스크래치는 감지 기능과 관련된 블록들을 [코드] 탭-[감지] 메뉴에 모아놓았습니다. [감지] 메뉴는 타이머를 0으로 초기화하는 블록과 같이 감지 대상을 조작하는 문장 블록도 포함하고 있습니다. [표 8-1]은 스크래치가 제공하는 감지를 위한 블록들입니다.

표 8-1
감지 블록

블록	설명
마우스 포인터 ▾ 에 닿았는가?	스프라이트가 마우스 포인터, 벽, 다른 스프라이트 등에 닿았는지 확인합니다.
색에 닿았는가?	스프라이트가 설정한 색에 닿았는지 확인합니다.
색이 색에 닿았는가?	스프라이트에 있는 왼쪽에 설정한 색이 오른쪽에 설정한 색에 닿았는지 확인합니다.
마우스 포인터 ▾ 까지의 거리	선택한 스프라이트나 마우스 포인터까지의 거리를 확인합니다.
너 이름이 뭐니? 라고 묻고 기다리기	묻고 사용자가 답할 때까지 기다립니다.
대답	사용자가 답한 내용을 저장합니다.
스페이스 ▾ 키를 눌렀는가?	설정한 키가 눌렸는지 확인합니다.
마우스를 클릭했는가?	마우스를 클릭했는지 확인합니다.
마우스의 x좌표	마우스 포인터의 x좌표를 확인합니다.
마우스의 y좌표	마우스 포인터의 y좌표를 확인합니다.
드래그 모드를 드래그 할 수 있는 ▾ 상태로 정하기	전체 화면 실행 시 스프라이트의 드래그 가능성을 설정합니다.
음량	마이크로 전달된 음량을 확인합니다.
타이머	타이머를 1/1000초 단위로 구합니다.
타이머 초기화	타이머 값을 0으로 만듭니다.
무대 ▾ 의 배경 번호 ▾	무대나 스프라이트의 정보를 구합니다.
현재 년 ▾	현재 년, 월, 일, 요일, 시, 분, 초를 확인합니다.
2000년 이후 현재까지 날짜 수	2000년 1월 1일 이후 현재까지의 날짜 수를 구합니다.
사용자 이름	로그인한 사용자 이름을 구합니다.
비디오 동작 ▾ 에 대한 스프라이트 ▾ 에서의 관찰값	[비디오 감지 기능] 스프라이트나 무대를 기준으로 비디오 동작과 방향을 구합니다.
비디오 켜기 ▾	[비디오 감지 기능] 비디오를 켜거나 끕니다.
비디오 투명도를 0 (으)로 정하기	[비디오 감지 기능] 비디오의 투명도를 설정합니다.

TIP [비디오 감지] 기능에는 비디오 동작 크기가 일정 수치를 넘어갈 때 처리되는 이벤트 블록이 존재합니다. 이 블록은 9장의 '이벤트를 활용한 응용 프로그래밍'에서 살펴봅니다.

02
감지 응용 프로그래밍

키보드로 쥐 조정하기

기본적으로 제공하는 고양이를 삭제하고 [스프라이트 고르기]에서 Mouse1을 추가하여 이름을 '쥐'로 수정한 후 [그림 8-3]과 같이 스크립트를 작성합니다. 키보드의 ↑, ↓, ←, →를 누르면 그 방향대로 쥐가 이동하는데 방향 키를 누를 때마다 거리 2만큼씩 이동합니다. 이 예를 통해 여러분은 키보드의 특정 키가 눌렸는지 감지하는 기능을 연습합니다.

그림 8-3
쥐 움직이기

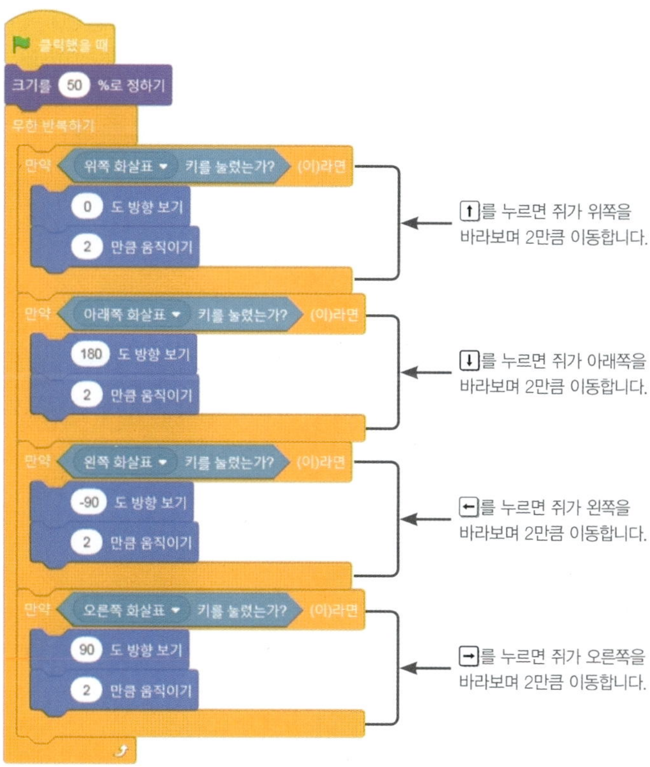

마우스를 클릭하면 고양이가 등장해 쥐 쫓게 하기

[스프라이트 고르기]에서 Cat 2를 추가하고 이름을 '고양이'로 수정합니다. [그림 8-4]와 같이 고양이의 스크립트를 작성합니다. 고양이는 처음에 보이지 않다가 마우스를 클릭하면 무대 가장자리에 나타나 쥐를 쫓기 시작하는데 0.2초에 3만큼의 속도로 이동합니다. 이 예를 통해 여러분은 마우스가 클릭되었는지 감지하는 기능을 연습합니다.

그림 8-4
고양이가 등장해 쥐 쫓게 하기

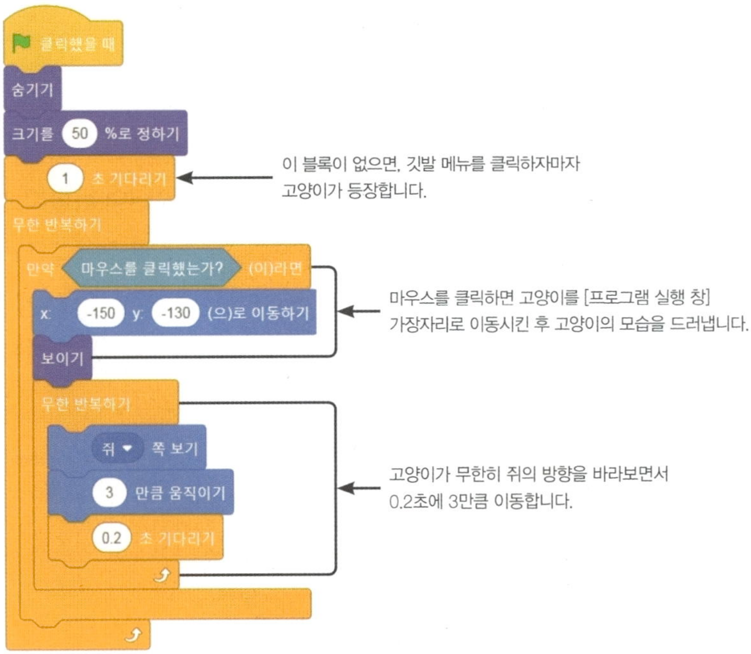

고양이가 쥐 잡게 하기

고양이가 쥐를 잡으면 "잡았다!"라고 말한 뒤 쥐를 맛있게 먹는 스크립트를 작성해봅시다. 이때 쥐는 고양이에게 잡혀 더는 움직이지 않으며 고양이도 쥐를 쫓을 필요가 없으므로 더는 움직이지 않습니다. 고양이가 쥐를 잡는 행동은 두 스프라이트가 닿았는지를 확인해 구현할 수 있습니다. 이 예를 통해 여러분은 두 스프라이트가 서로 닿았는지 감지하는 기능을 연습합니다.

[그림 8-5]는 쥐가 고양이에게 잡히면 "찍" 소리를 내고 더는 움직이지 않도록 [그림 8-3]을 수정한 스크립트이고, [그림 8-6]은 [그림 8-4]에 고양이가 쥐를 잡는 행동을 추가한 스크립트입니다.

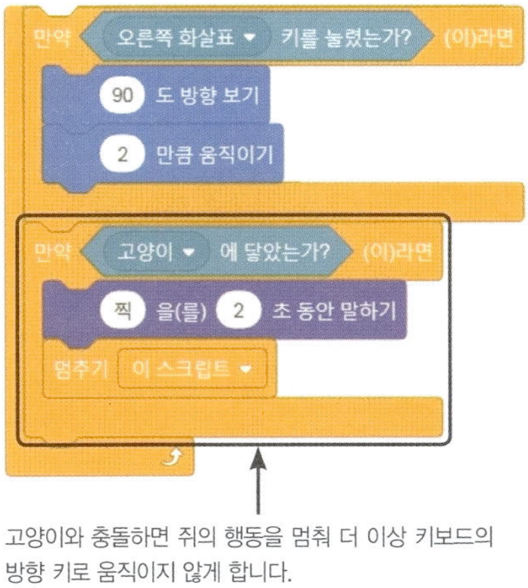

그림 8-5 [그림 8-3]의 스크립트 수정

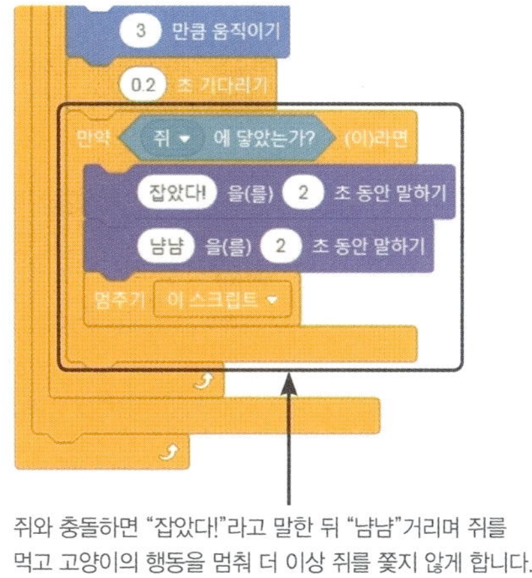

그림 8-6 [그림 8-4]의 스크립트 수정

쥐가 바다에 빠지면 죽게 하기

무대 배경을 Beach Malibu로 변경하고, 쥐가 바다에 빠지면 죽게 해봅시다. 쥐가 바다에 빠지면 죽는 행동은 바다 색에 닿았는지를 확인해 구현할 수 있습니다. 이 예를 통해 여러분은 스프라이트가 특정 색에 닿았는지 감지하는 기능을 연습합니다.

[그림 8-7]은 스프라이트가 특정 색깔에 닿았는지 확인하는 감지 블록의 사용법을 보여줍니다. 이 블록은 특정 색깔에 접촉하는 순간 참이 됩니다. 이 블록을 사용해 [그림 8-5]의 스크립트를 [그림 8-8]과 같이 수정합니다.

그림 8-7 색 감지 블록 사용법

그림 8-8
[그림 8-5]의
스크립트 수정

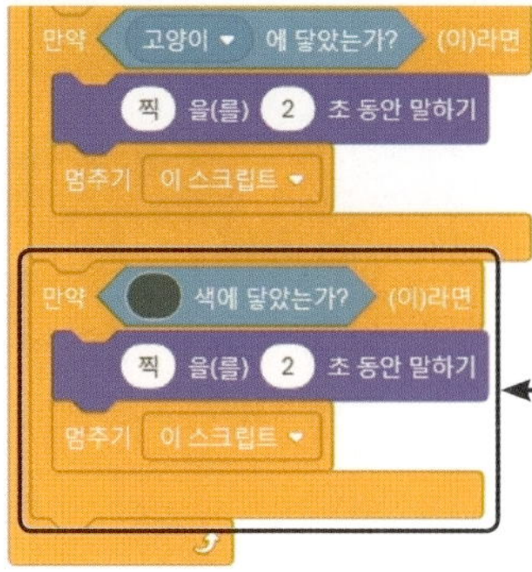

쥐가 바다 색깔에 닿으면 쥐의 행동을 멈춰 더 이상 키보드의 방향 키로 움직이지 않게 합니다.

고양이가 마우스로 클릭한 위치에 나타나게 하기

[그림 8-4]에서는 마우스를 클릭할 때 고양이가 무대 가장자리에서 등장하였습니다. 이를 수정하여 마우스를 클릭한 위치에 고양이가 등장하도록 해보겠습니다. 이 기능은 마우스 포인터의 위치를 확인하여 [그림 8-9]와 같이 구현할 수 있습니다. 여러분은 이 예를 통해 마우스 포인터의 위치를 감지하는 기능을 연습합니다.

그림 8-9
[그림 8-6]의
스크립트 수정

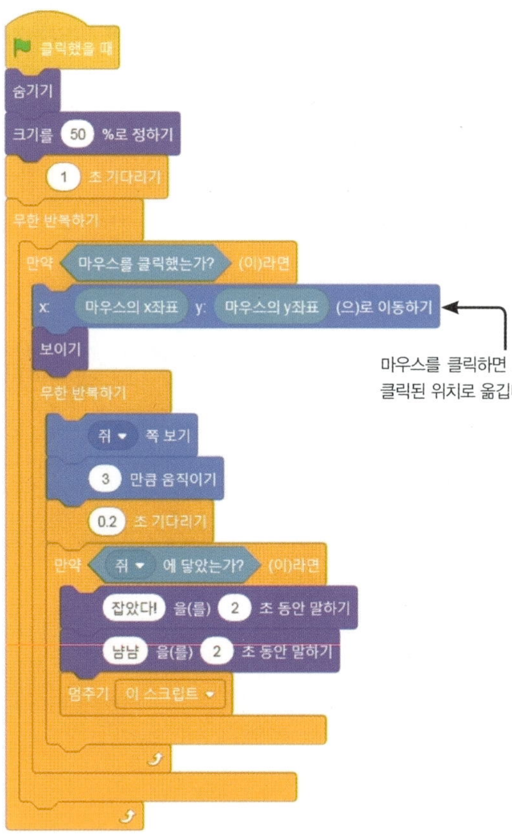

마우스를 클릭하면 고양이를 마우스가 클릭된 위치로 옮깁니다.

쥐가 다가오면 고양이가 쫓게 하기

고양이가 등장하자마자 쥐를 쫓는 게 아니라 쥐가 100만큼의 거리 안으로 들어올 때부터 쫓도록 [그림 8-9]의 스크립트를 [그림 8-10]과 같이 수정해봅시다. 이 예를 통해 여러분은 두 스프라이트 간의 거리를 감지하는 기능을 연습합니다.

그림 8-10
[그림 8-9]의 스크립트 수정

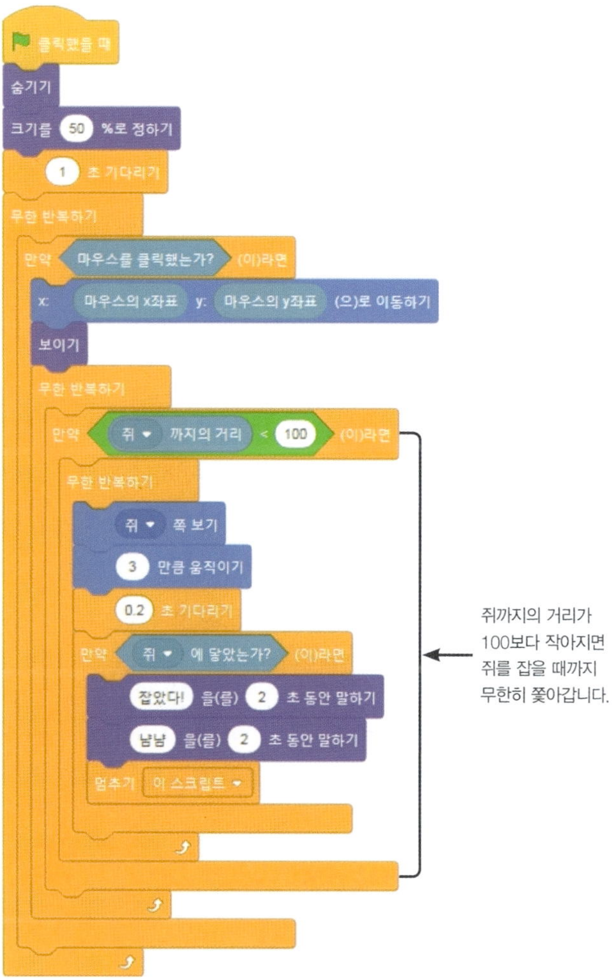

03 카메라와 마이크 응용 프로그래밍

카메라와 마이크 기능

사람과 컴퓨터 간의 전형적인 대화 방식은 키보드와 마우스를 이용하는 것입니다. 그러나 음성과 동작인식 기술이 발전하고 터치 스크린이 보편화됨에 따라 음성, 동작, 스크린 터치도 컴퓨터와 대화하는 방식으로 활용되고 있습니다. 이와 같은 다양한 인터페이스는 보다 사람 중심으로 자연스럽고 효율적으로 컴퓨터와 상호작용하도록 도와줍니다. 키보드를 조작하는 데 어려움을 겪는 노인들이나 장애인들이 음성으로 컴퓨터와 대화하거나 스크린 터치로 복잡한 컴퓨터의 기능을 직관적으로 조작하는 것 등을 대표적인 예로 들 수 있습니다.

그림 8-11
사람과 컴퓨터 간 인터페이스

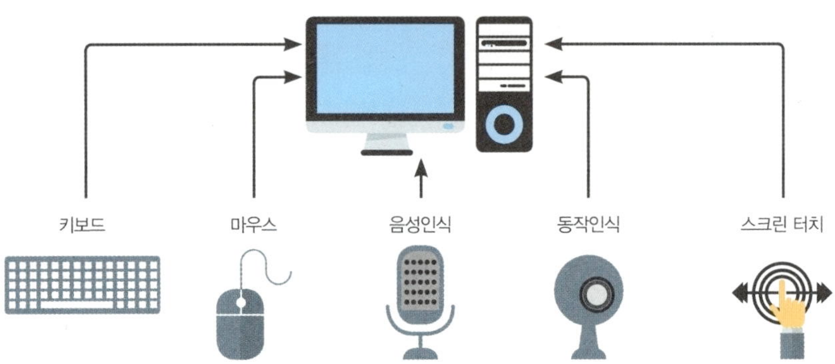

조금 어려운 이야기

이처럼 키보드와 마우스뿐 아니라 음성, 동작, 스크린 터치 등의 다양한 방법으로 컴퓨터와 대화하는 것을 멀티모달 인터페이스(multimodal interface)라고 합니다. 멀티모달에서 모달은 상호작용에 사용되는 대화 채널을 의미하는 모달리티(modality)에서 온 용어입니다. 키보드도 컴퓨터와 상호작용하는 대화 채널로서 하나의 모달리티를 지원하는 장치입니다.

특히 게임에서는 키보드와 마우스만으로 조작하기보다 음성과 동작, 스크린 터치 등을 모두 이용하는 것이 사용자에게 새로운 재미를 줄 수 있습니다. 그래서 많은 게임 회사들이 다양한 대화 방식의 인터페이스 기능을 갖춘 게임기와 게임 소프트웨어를 개발하고 있습니다. [그림 8-12]는 특히 동작인식 기능으로 새로운 재미를 제공하는 게임기들을 보여줍니다.

그림 8-12
동작인식 인터페이스 활용 예

닌텐도 Wii　　마이크로소프트 XBOX　　소니 PS

스크래치도 키보드와 마우스뿐 아니라 다른 인터페이스 기능을 활용할 수 있도록 지원하고 있습니다. 이런 기능은 크게 카메라로 촬영되는 비디오를 인식하는 기능과 마이크로 입력되는 오디오의 음량을 측정하는 기능으로 나뉘며, 관련된 블록들을 [코드] 탭-[감지] 메뉴와 확장 기능 중 하나인 [비디오 감지] 기능에 모아 놓았습니다. 여러분은 이 블록들을 활용하여 사용자의 동작 또는 음성으로 조작되는 스프라이트의 행동을 프로그래밍할 수 있습니다. [그림 8-13]은 스크래치의 비디오를 감지하는 자료/변수 블록이 비디오의 동작과 방향을 해석하는 방법을 보여줍니다.

그림 8-13
비디오 동작과 방향을 감지하는 자료/변수 블록

- 비디오 동작의 관찰값은 손동작이 크면 클수록 값이 커집니다.
- 비디오 방향의 관찰값은 스크래치 방향계를 기준으로 손의 방향 값을 측정합니다. 즉, 손이 왼쪽에서 오른쪽으로 이동하면 양의 값, 오른쪽에서 왼쪽으로 이동하면 음의 값이 측정됩니다.
- 무대를 기준으로 감지하면 무대 내 모든 비디오의 동작과 방향을 감지합니다.
- 스프라이트를 기준으로 감지하면 스프라이트의 비디오 감지 영역(스프라이트가 차지하는 공간) 내에서만 비디오의 동작과 방향을 감지합니다.

비디오 (동작 ▾) 에 대한 (무대 ▾) 에서의 관찰값

감지 가능 대상 : ❶❷❸❹

비디오 (동작 ▾) 에 대한 (스프라이트 ▾) 에서의 관찰값

감지 가능 대상 : ❸❹

비디오 (방향 ▾) 에 대한 (무대 ▾) 에서의 관찰값

감지 가능 대상 : ❶❷❸❹

비디오 (방향 ▾) 에 대한 (스프라이트 ▾) 에서의 관찰값

감지 가능 대상 : ❸❹

고양이를 때리면 울게 하기

비디오 동작과 방향을 감지하려면 컴퓨터에 카메라가 연결되어 있어야 합니다. 이런 환경을 구축하고 난 후, 때리는 강도에 따라 우는 소리의 크기가 달라지는 고양이의 스크립트를 [그림 8-14]와 같이 작성합니다. 이 고양이는 손으로 약하게 때리면 원래 음량의 10%로 작게 울고, 세게 때리면 원래 음량대로 우는 행동을 합니다. 이 예를 통해서 여러분은 스프라이트를 기준으로 비디오 동작을 감지하는 기능을 연습합니다.

TIP 비디오 동작은 컴퓨터 환경에 따라 달라질 수 있으므로 상황에 맞게 관찰값의 크기를 조정합니다.

그림 8-14
때리면 울게 하기

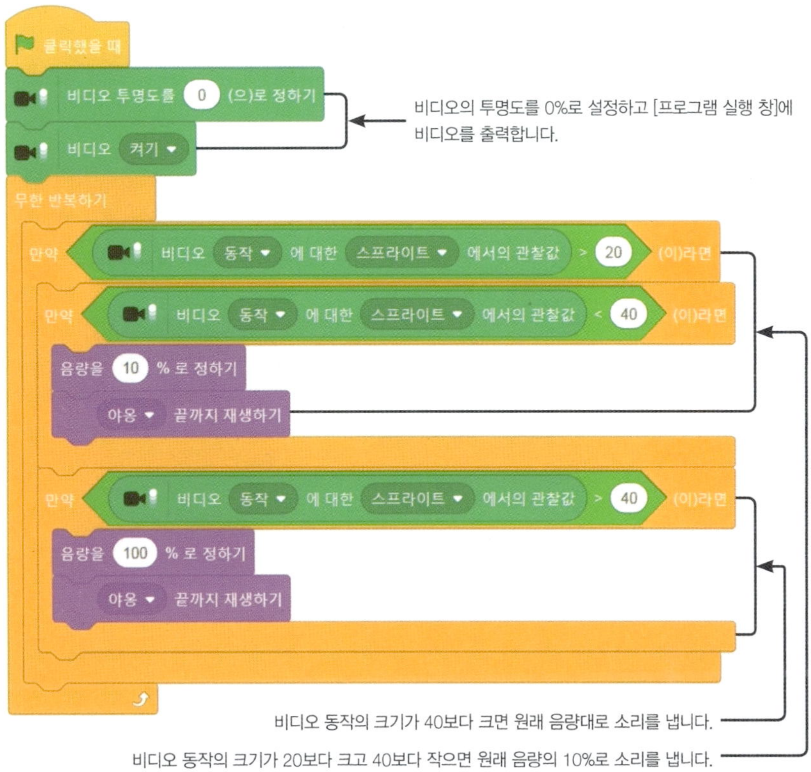

고양이가 사람 손을 피해 도망가게 하기

고양이를 손으로 밀면 손의 반대 방향으로 도망가게 해봅시다. 사용자가 왼쪽에서 오른쪽으로 손을 갖다 대면 고양이가 오른쪽으로 이동하고, 반대로 오른쪽에서 왼쪽으로 손을 갖다 대면 고양이가 왼쪽으로 이동하도록 [그림 8-15]와 같이 스크립트를 작성합니다. 이 예를 통해 여러분은 스프라이트를 기준으로 비디오 방향을 감지하는 기능을 연습합니다.

TIP 비디오 방향은 매우 민감해 스프라이트를 세밀하게 조정하기는 어렵습니다. 그래서 일반적으로 동작이 왼쪽에서 오른쪽으로 이루어질 때 양의 값을 갖고 오른쪽에서 왼쪽으로 이루어질 때 음의 값을 갖는 정도로만 구분합니다.

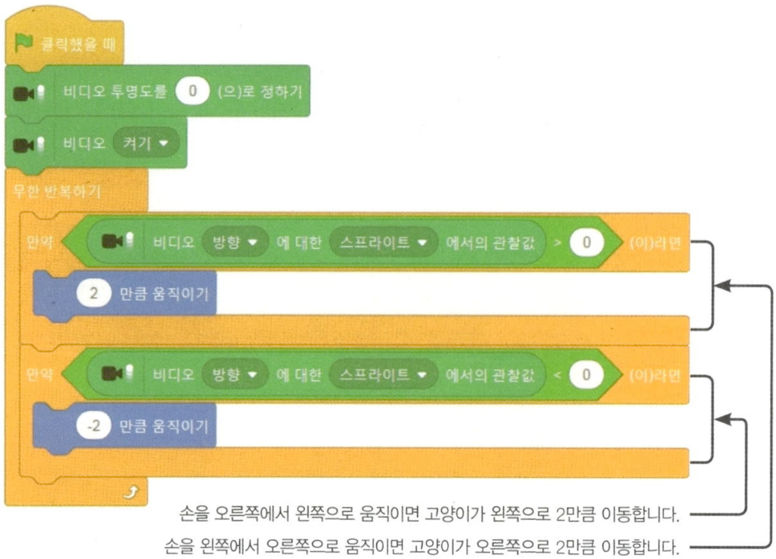

그림 8-15
손을 피해 도망 다니게 하기

손동작으로 무대 바꾸기

지금까지는 스프라이트를 기준으로 비디오를 감지했는데, 이번에는 무대를 기준으로 비디오의 동작과 방향을 감지해보겠습니다. [그림 8-16]과 같이 무대 배경 여러 개를 추가하고 이 무대 배경을 손동작으로 변경하도록 [그림 8-17]과 같이 무대의 스크립트를 작성합니다. 이 예를 통해 여러분은 무대를 기준으로 비디오 동작과 방향을 감지하는 기능을 연습합니다.

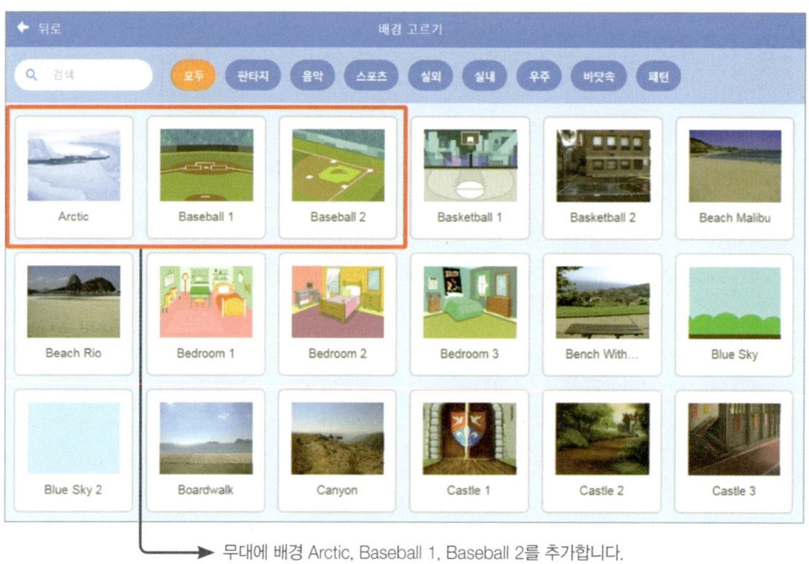

그림 8-16
무대 배경 추가하기

그림 8-17
손동작으로 배경 바꾸기

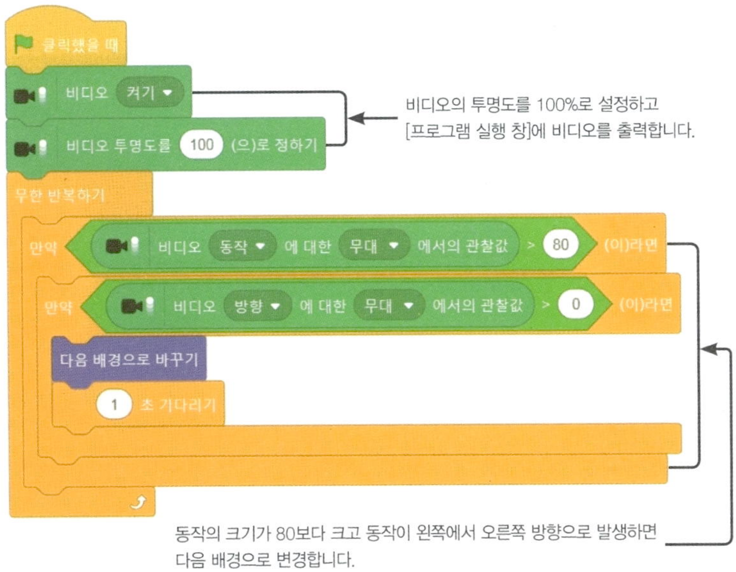

소리에 따라 고양이의 달리는 속도 변경하기

음량을 이용하기 위해 컴퓨터에 마이크를 연결한 후, [그림 8-18]과 같이 응원 소리의 크기에 따라 달리는 속도가 변경되는 고양이의 스크립트를 작성합니다. 이 예를 통해 여러분은 마이크로 입력되는 오디오의 음량을 감지하는 기능을 연습합니다.

그림 8-18
응원 소리에 따라
달리는 속도 변경하기

문제 한번 풀어볼까요?

01 어떤 현상이나 자료를 관찰하여 판독하는 개념은 무엇인가요?

① 이벤트　② 감지　③ 자료형　④ 조건

02 다음 중 스크래치의 스프라이트가 감지할 수 있는 대상을 모두 고르세요.

① 다른 스프라이트까지의 거리　② 특정 색과의 접촉 현상
③ 현재 년, 월, 일, 요일, 시, 분, 초　④ 마우스 포인터까지의 거리

03 다음 중 무대가 감지할 수 없는 대상을 모두 고르세요.

① 마우스가 클릭되는 현상　② 스프라이트와의 충돌 현상
③ 키보드의 특정 키가 눌리는 현상　④ 특정 색과의 접촉 현상

※ 다음은 스크래치에서 제공하는 감지 기능 관련 블록들입니다. 이 보기를 보고 4번과 5번 문제에 답하세요.

ⓐ 벽 ▾ 에 닿았는가?　ⓑ 색에 닿았는가?
ⓒ 마우스를 클릭했는가?　ⓓ 스페이스 ▾ 키를 눌렀는가?

04 벽 또는 다른 스프라이트와 충돌했는지 감지하는 데 사용하는 블록은 무엇인가요?

① ⓐ 블록　② ⓑ 블록　③ ⓒ 블록　④ ⓓ 블록

05 키보드의 특정 키가 눌리는 현상을 감지하는 데 사용하는 블록은 무엇인가요?

① ⓐ 블록　② ⓑ 블록　③ ⓒ 블록　④ ⓓ 블록

06 다음은 감지 기능을 활용한 고양이의 스크립트입니다. 이 프로그램에 대한 설명으로 옳지 않은 것을 모두 고르세요.

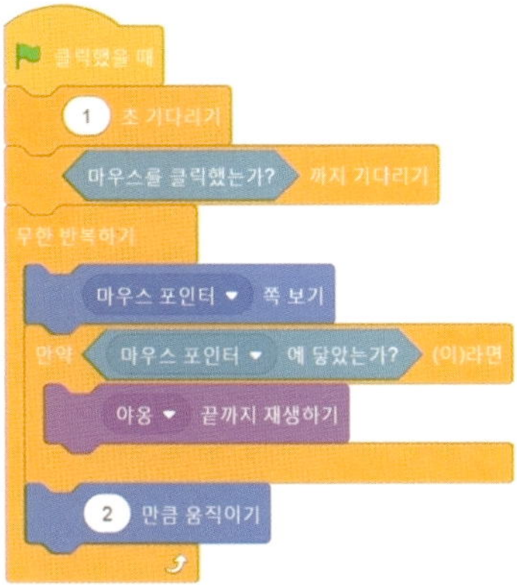

① 깃발 메뉴를 클릭하자마자 고양이가 마우스 포인터를 쫓아갑니다.

② 깃발 메뉴를 클릭한 후, 1초가량 지나서 마우스가 클릭되면 고양이가 마우스 포인터를 쫓아갑니다.

③ 마우스 포인터에 닿으면 야옹 소리를 내고 계속 마우스 포인터를 쫓아갑니다.

④ 마우스 포인터에 닿으면 야옹 소리를 내고 그 자리에 멈춥니다.

07 다음은 감지 기능을 활용한 고양이의 스크립트입니다. 이 프로그램에 대한 설명으로 옳은 것은 무엇인가요?

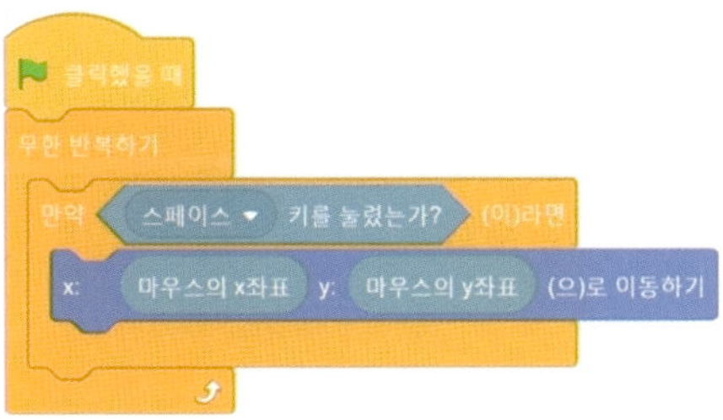

① (실행)을 클릭한 후, 스페이스 바를 누르면 마우스 포인터를 쫓아갑니다.

② (실행)을 클릭한 후, 스페이스 바를 누르면 마우스 포인터 방향을 바라봅니다.

③ (실행)을 클릭한 후, 스페이스 바를 누르면 마우스 포인터 위치로 순간 이동합니다.

④ (실행)을 클릭한 후, 스페이스 바를 누르면 마우스 포인터를 바라보면서 쫓아갑니다.

08 키보드와 마우스뿐 아니라 동작, 음성 등의 다양한 방식으로 컴퓨터와 상호작용하는 개념은 무엇인가요?

① 멀티 스레딩 ② 멀티모달 인터페이스

③ 멀티플레이 ④ 멀티 태스킹

09 다음과 같은 조건이 참이 되기 위한 현상으로 옳은 것은 무엇인가요?

① 스프라이트의 비디오 감지 영역 내에서 손을 왼쪽에서 오른쪽으로 움직입니다.

② 스프라이트의 비디오 감지 영역 내에서 손을 오른쪽에서 왼쪽으로 움직입니다.

③ 무대 아무 곳에서나 손을 왼쪽에서 오른쪽으로 움직입니다.

④ 무대 아무 곳에서나 손을 오른쪽에서 왼쪽으로 움직입니다.

10 다음은 비디오 감지 기능을 활용한 고양이의 스크립트입니다. 이 프로그램에 대한 설명으로 옳은 것은 무엇인가요?

① 고양이를 15보다 큰 동작으로 때리면 고양이가 웁니다.

② 무대 아무 곳에서나 15보다 큰 동작이 발생하면 고양이가 웁니다.

③ 고양이를 15보다 작은 동작으로 때리면 고양이가 웁니다.

④ 무대 아무 곳에서나 15보다 작은 동작이 발생하면 고양이가 웁니다.

11 고양이는 마우스 포인터를 쫓아가고 개는 고양이를 쫓아가는 프로그램을 작성하세요. 이 프로그램의 실행 화면과 기능은 다음과 같습니다.

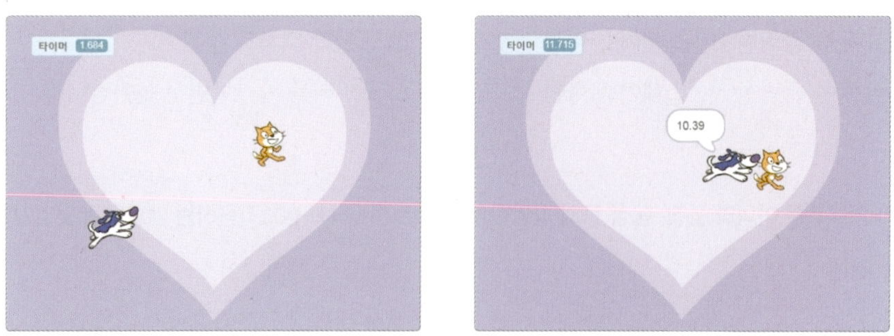

1. 무대 배경은 Hearts입니다.
2. (실행)을 클릭하면 무대는 배경음악 Dance Around를 반복 재생합니다.
3. (실행)을 클릭하면 고양이는 자신의 크기를 50%로 줄이고 위치 (0, 0)에 나타나 마우스 포인터 방향을 바라보면서 0.2초에 3만큼씩 이동합니다.
4. (실행)을 클릭하면 개는 자신의 크기를 50%로 줄이고 위치 (−150, −100)에서 자신의 모습을 숨기고 있습니다.
5. 키보드의 스페이스 바를 누르면 개가 모습을 드러내어 고양이를 바라보면서 0.2초에 3만큼씩 이동합니다.
6. 개가 고양이를 쫓기 시작한 순간부터 타이머로 시간을 측정합니다.
7. 개가 고양이를 잡으면 둘 다 동작을 멈추고 개가 고양이를 잡기까지 걸린 시간을 2초간 말합니다.
8. 개가 고양이를 잡으면 배경음악도 중지됩니다.

12 **고양이가 사과를 던져서 위아래로 움직이는 박쥐를 맞히는 게임을 작성하세요. 이 프로그램의 실행 화면과 기능은 다음과 같습니다.**

1. 무대 배경은 Desert입니다.
2. (실행)을 클릭하면 무대는 점수를 0으로 설정합니다(무대에 변수 [점수] 생성).
3. (실행)을 클릭하면 고양이는 자신의 크기를 70%로 줄이고 위치 (−200, −50)에 나타나 제자리에 가만히 있습니다.
4. (실행)을 클릭하면 박쥐는 자신의 크기를 60%로 줄이고 위치 (170, 0)에 나타나 위아래로 이동합니다(이동 속도는 사용자가 결정).
5. (실행)을 클릭하면 사과는 자신의 크기를 50%로 줄이고 위치 (−160, −50)에 나타납니다.
6. 키보드의 스페이스 바를 누르면 사과는 스페이스 바를 누르는 순간의 마우스 포인터 위치를 바라보면서 날아갑니다(사과가 날아가는 속도는 사용자가 결정).
7. 날아가는 사과는 도중에 마우스 포인터 조작으로 방향을 바꿀 수 없습니다.
8. 날아가는 사과는 박쥐에 닿거나 벽에 닿으면 사라지고 다시 고양이 손 쪽(위치 (−160, −50))에 나타납니다.
9. 박쥐는 사과에 맞으면 점수를 10만큼 올리고 소용돌이 치면서 사라집니다. 그리고 다시 원래 위치 (170, 0)에 나타나 위아래로 이동합니다.

이벤트를 활용한 응용 프로그래밍

이번 장에서 무엇을 배우나요?

1. 이벤트의 개념과 이벤트 드리븐 프로그램의 개념을 이해합니다.
2. 메시지 방송의 개념을 이해합니다.
3. 스크래치가 제공하는 이벤트 처리 기능과 관련된 블록들을 소개합니다.
4. 스크래치의 이벤트 처리와 관련된 블록들을 연습합니다.
5. 비디오와 오디오로 발생하는 이벤트 처리 기능을 연습합니다.

CHAPTER

09

01 이벤트 처리와 메시지 방송

이벤트의 개념

이벤트event란 어떤 동작을 실행시키는 사건을 의미합니다. 일상 속에서 이루어지는 행동은 이벤트에 의해 수행되는 경우가 많습니다. 갑자기 비가 오면 건물 안으로 몸을 피한다거나, 전화벨이 울리면 급히 달려와 전화를 받는 행동이 모두 이에 해당됩니다. 프로그램에서도 반응해야 할 이벤트들이 존재하는데 대표적인 예로 키보드 입력, 마우스 클릭 등이 있습니다.

프로그램 중에는 이벤트 처리가 주요 기능인 것들이 있습니다. 마우스 클릭과 키보드 입력에 계속 반응해야 하는 게임을 예로 들 수 있는데, 이렇게 이벤트를 중심으로 프로그램의 실행과 동작이 변경되는 프로그램을 이벤트 주도 프로그램 또는 이벤트 드리븐event-driven 프로그램이라고 합니다.

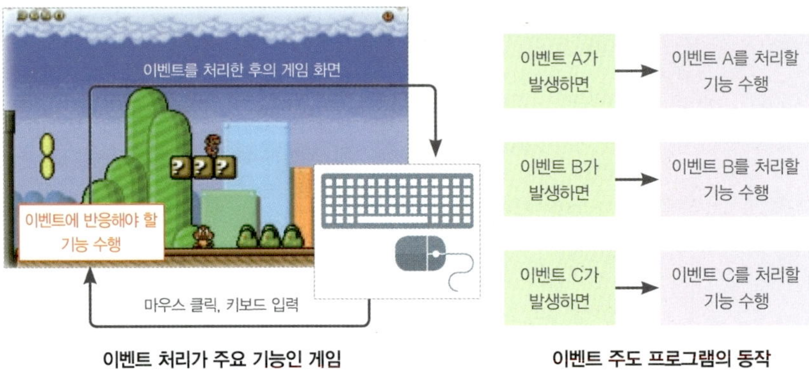

그림 9-1
이벤트 주도 프로그램의 개념

스크래치에서의 이벤트

스크래치는 게임이나 인터랙티브 스토리와 같이 사용자와 활발하게 상호작용하는 프로그램 개발을 장려하면서 이벤트 주도 프로그래밍 방식을 지원합니다. [그림 9-2]는 스크래치가 지원하는 이벤트들을 보여줍니다.

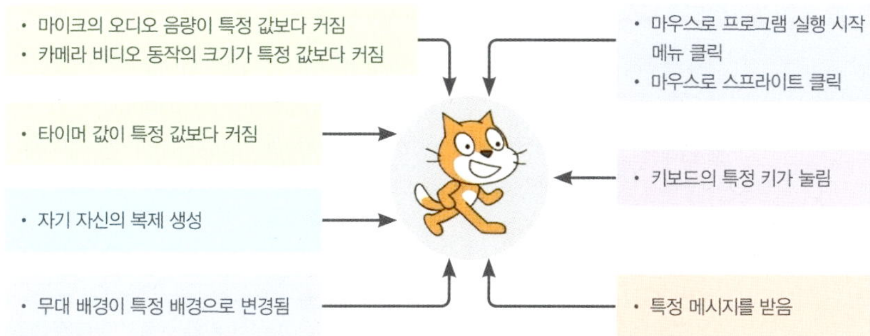

그림 9-2
스크래치에서 지원하는 이벤트

TIP [그림 9-2]에 기술된 자신의 복제 생성 이벤트는 스프라이트가 자신과 똑같은 형태의 스프라이트를 복제할 때 발생하는 이벤트입니다. 이에 대해서는 10장에서 자세히 다룹니다.

스크래치의 이벤트 처리 기능을 활용하면 감지 기능과 마찬가지로 다양한 동작을 손쉽게 프로그래밍할 수 있습니다. 예를 들어, 키보드의 방향 키 입력을 이벤트로 처리해 자동차의 진행 방향을 조정할 수 있고, 무대 배경이 야구장일 때는 야구를 하다가 배경이 자연 경관으로 바뀌면 산책하도록 주인공의 행동을 변경할 수도 있습니다. 그 밖에 고양이들이 쥐가 나타났다는 메시지를 받아 쥐를 쫓아가도록 할 수 있고 카메라나 마이크로부터 전달되는 자료의 값을 이용하여 동작과 음성인식 프로그램도 만들 수 있습니다. [그림 9-3]은 스크래치의 이벤트 처리 기능으로 구현할 수 있는 다양한 활용 예입니다.

그림 9-3
스크래치의 이벤트 처리 기능의 활용 예

> **조금 어려운 이야기**
>
> 8장에서 마우스 클릭과 키보드 입력을 감지 기능으로 처리하는 방법에 대해 배웠습니다. 이벤트와 감지의 가장 큰 차이는 이벤트로 실행되는 기능은 이벤트가 발생하는 순간 스레드가 생성되어 다른 기능들과 병렬적으로 실행된다는 것입니다. 또한 감지 기능은 감지하는 순간에 발생한 현상만 처리하기 때문에 마우스 클릭과 키보드 입력을 놓칠 수 있는 가능성이 있지만 이벤트로 처리하면 마우스 클릭과 키보드 입력이 언제 발생하더라도 놓치지 않고 처리한다는 차이가 있습니다.

스크래치는 이벤트 처리와 관련된 블록을 [코드] 탭-[이벤트] 메뉴에 모아놓았습니다. [표 9-1]은 스크래치의 이벤트를 처리하는 블록들을 보여줍니다.

표 9-1 이벤트 처리 블록

블록	설명
(깃발) 클릭했을 때	(실행)을 클릭하면 아래에 연결된 블록들을 실행합니다.
스페이스 ▾ 키를 눌렀을 때	설정한 키를 누르면 아래에 연결된 블록들을 실행합니다.
이 스프라이트를 클릭했을 때	이 블록을 포함한 스프라이트를 클릭하면 아래에 연결된 블록들을 실행합니다.
배경이 배경 1 ▾ (으)로 바뀌었을 때	설정된 배경으로 바뀌면 아래에 연결된 블록들을 실행합니다.
음량 ▾ > 10 일 때	음량 또는 타이머의 값이 설정한 값보다 크면 아래에 연결된 블록들을 실행합니다.
메시지1 ▾ 신호를 받았을 때	설정한 메시지를 받으면 아래에 연결된 블록들을 실행합니다.
메시지1 ▾ 신호 보내기	모든 스프라이트에 메시지를 보내고 즉시 다음 동작을 실행합니다.
메시지1 ▾ 신호 보내고 기다리기	모든 스프라이트에 메시지를 보내고 이 메시지로 인해 실행되는 모든 행동을 마친 후에 다음 동작을 실행합니다.
비디오 동작 > 10 일 때	[비디오 감지 기능] 비디오 동작의 크기가 설정한 값보다 크면 아래에 연결된 블록들을 실행합니다.

메시지 방송과 관련된 블록

[표 9-1]에서 소개한 블록들 중, 메시지 신호와 관련된 블록들의 사용법을 알아봅시다. 스프라이트는 사용자가 이름을 정한 특정 메시지를 같은 프로그램에 존재하는 모든 스프라이트와 무대에게 전달할 수 있습니다. 심지어 메시지를 보낸 스프라이트 자신도 그 메시지를 전달받게 됩니다. 이 책에서는 '메시지 신호 보내기'라는 용어보다는 '메시지 방송'이란 용어를 사용합니다. 그 이유는 방송

broadcasting이란 뜻이 메시지를 모든 대상에게 전달한다는 의미이며, 블록의 영문 표기에도 Broadcast란 단어를 사용하기 때문입니다. [그림 9-4]는 방송하기 블록이 메시지 [쥐 봤다]를 방송하도록 메시지의 이름을 정해주는 방법입니다.

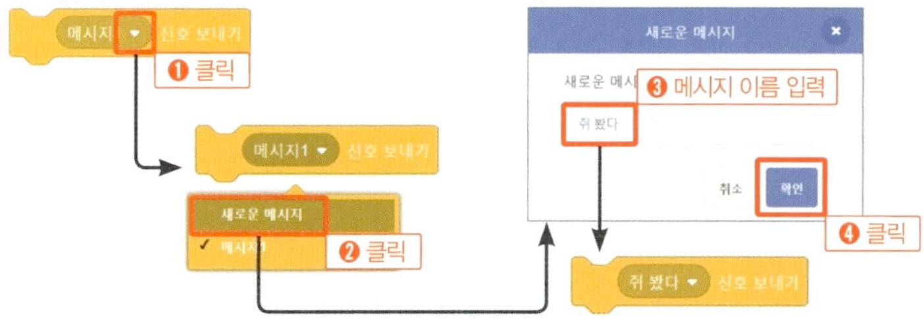

그림 9-4
방송할 메시지의 이름 지정

스프라이트와 무대는 특정 메시지를 받으면 이에 반응할 수 있습니다. 즉, 스프라이트나 무대가 특정 메시지를 받았을 때 반응해야 할 행동들을 대응하는 이벤트 블록에 조립하면 됩니다. [그림 9-5]는 메시지 [쥐 봤다]가 방송될 때 이 메시지를 받는 이벤트 블록의 생성 방법입니다.

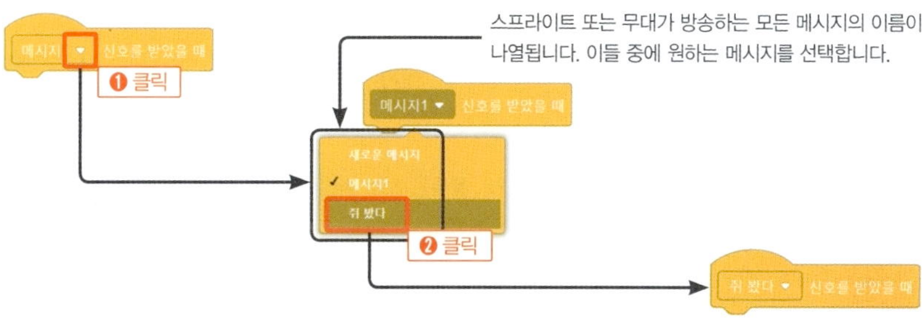

그림 9-5
이벤트 블록의 생성

[그림 9-4]와 [그림 9-5]의 블록들을 활용하면 쥐를 발견한 고양이가 그 사실을 메시지 [쥐 봤다]로 방송하고 다른 고양이들이 그 메시지를 받아서 함께 쥐를 쫓는 행동을 만들 수 있습니다.

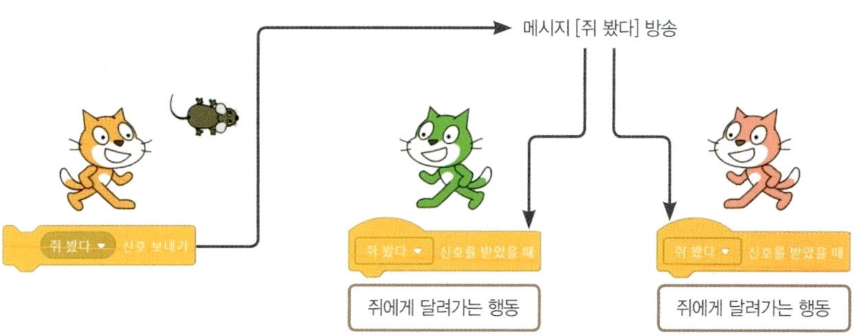

그림 9-6
메시지 방송과 활용 예

메시지 방송의 활용 목적은 크게 두 가지로 나뉩니다. 하나는 [그림 9-6]에서 볼 수 있듯이 메시지를 방송하는 주체가 다른 대상에게 어떤 행동을 유발하기 위해서이고, 또 다른 하나는 자기 자신의 행동을 병렬적으로 수행하기 위해서입니다. 후자의 예로, 고양이가 쥐를 쫓아갈 때 반복해서 야옹 소리를 내야 한다면 고양이는 쥐를 쫓는 행동과 야옹 소리를 내는 행동을 병렬적으로 수행해야 합니다. 이런 경우, 고양이의 행동 내부에 메시지 [소리 내]를 받아서 야옹 소리를 내는 행동을 구현하고 고양이가 쥐를 쫓기 전에 메시지 [소리 내]를 방송하도록 프로그래밍을 합니다.

그림 9-7
메시지 방송을 활용한 병렬적 행동

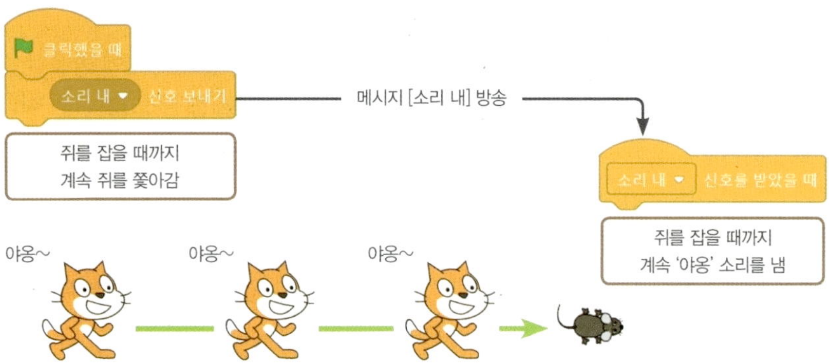

TIP 모든 이벤트 블록은 서로 병렬적으로 수행된다는 것을 다시 한 번 기억하기 바랍니다. 따라서 [그림 9-7]에서 (실행) 클릭 이벤트를 처리하는 기능과 메시지 [소리 내]를 받았을 때 처리되는 기능은 함께 수행됩니다.

02
이벤트 응용 프로그래밍

키보드로 쥐 조정하기

Mouse1 스프라이트를 추가하여 이름을 '쥐'로 수정한 후 [그림 9-8]과 같이 스크립트를 작성합니다. 여기서는 쥐의 생존 상태를 나타내는 전역 변수 [쥐 생존상태]를 사용해 쥐가 살아 있는 동안에만 움직일 수 있게 했습니다.

그림 9-8
키보드로 조정하는 쥐의 스크립트

고양이가 쥐를 쫓게 하기

[그림 9-8]의 프로그램에 Cat 2 스프라이트를 추가하여 이름을 '고양이'로 수정하고 [그림 9-9]와 같이 스크립트를 작성합니다. 고양이는 쥐가 일정 거리 안에 들어오는 순간부터 0.1초마다 거리 3만큼씩 이동하며 쥐를 쫓습니다. 고양이가 쥐를 잡으면 [쥐 생존상태]를 '죽었음'으로 설정하고 쥐를 쫓는 행동을 멈춥니다.

그림 9-9
쥐를 쫓는 고양이의 스크립트

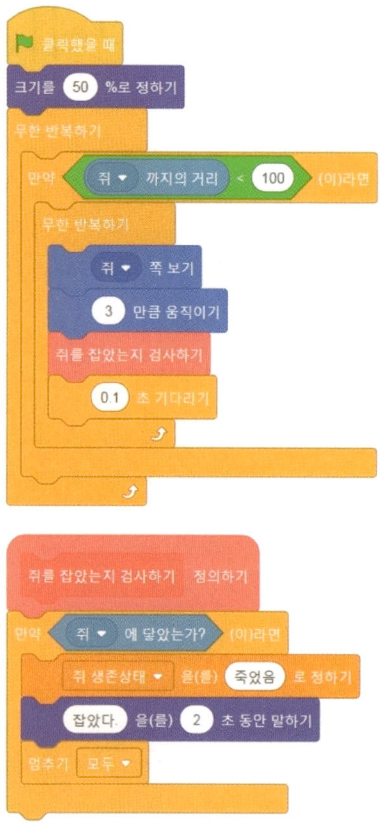

쥐가 30초 이상 잡히지 않으면 이기게 하기

고양이가 쥐를 쫓기 시작한 순간부터 쥐가 30초 동안 고양이에게 잡히지 않는다면 쥐가 승리를 선언하게 합니다. 고양이가 쥐를 쫓기 시작한 순간부터 경과되는 시간은, 고양이가 쥐까지 떨어진 거리를 관찰하다가 이 거리가 일정 거리보다 가까워지는 순간에 타이머를 초기화함으로써 측정할 수 있습니다. 쥐를 쫓기 시작한 순간에 타이머를 초기화하도록 [그림 9-9]의 스크립트를 [그림 9-10]과 같이 수정하고, 쥐에는 [그림 9-11]의 스크립트를 추가하여 쥐가 살아 있는 상태에서 타이머가 30초보다 커지면 "이겼다! 고양이 멈춰라."를 외치도록 합니다.

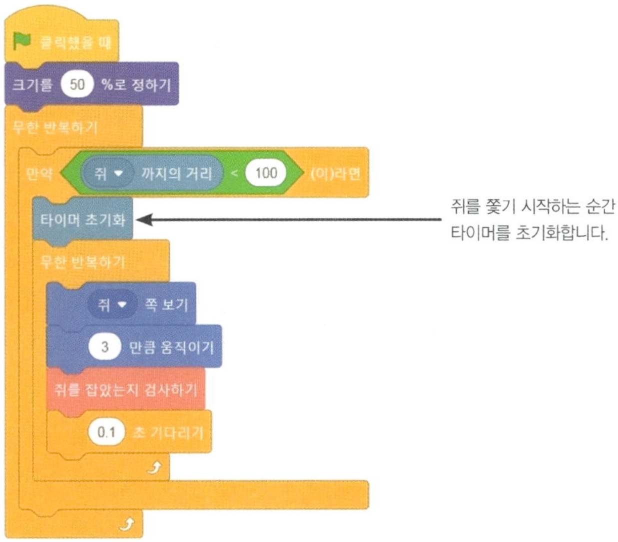

그림 9-10
타이머 초기화를 추가한
고양이의 스크립트

그림 9-11
승리 선언을 추가한
쥐의 스크립트

쥐가 이기면 고양이가 포기하게 하기

쥐가 승리를 선언한 후, 고양이가 쥐를 더 이상 쫓지 않고 포기하도록 해보겠습니다. 이는 [그림 9-12]와 같이 쥐가 [고양이 멈춰라] 메시지를 방송하면 고양이는 이 메시지를 받아 쥐를 쫓는 행동을 멈추게 하면 됩니다.

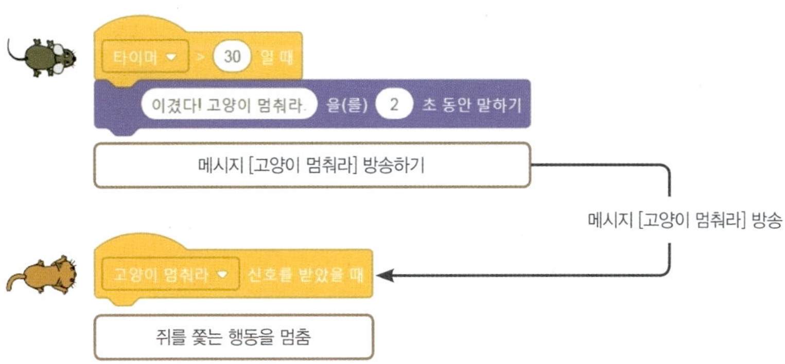

그림 9-12
쥐의 승리 선언에
반응하는 고양이

[그림 9-13]은 쥐가 [고양이 멈춰라] 메시지를 방송하도록 쥐 스크립트 [그림 9-11]을 수정한 것이고 [그림 9-14]는 고양이가 이 메시지를 받아 쫓는 동작을 멈추도록 고양이 스크립트 [그림 9-10]에 추가하는 스크립트입니다.

그림 9-13
이길 때 메시지를 방송하도록 수정한 쥐의 스크립트

그림 9-14
쥐가 승리를 선언하면 쫓기를 멈추도록 추가하는 고양이의 스크립트

고양이가 야옹 소리를 내며 쥐를 쫓게 하기

고양이가 쥐를 쫓을 때 야옹 소리를 내게 하려면 쥐를 쫓는 행동과 야옹 소리를 내는 행동이 동시에 이루어져야 합니다. 따라서 고양이 스크립트를 [그림 9-15]와 같이 수정합니다.

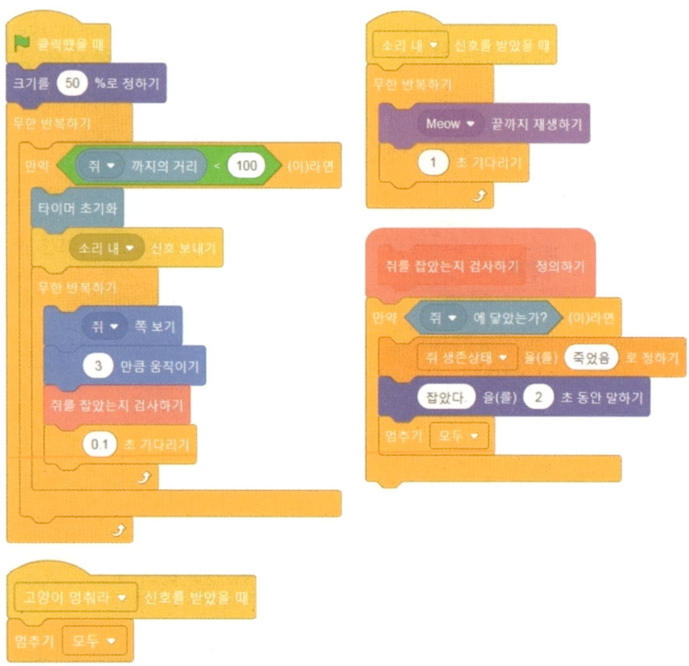

그림 9-15
야옹 소리를 병렬적으로 내도록 수정한 고양이의 스크립트

승자에 따라 배경 변경하기

처음 프로그램을 실행하면 무대가 배경을 Light로 바뀌 쥐와 고양이 간의 게임이 이 배경에서 이루어지게 합니다. 쥐는 자신이 이겼을 때 배경을 Hearts로 변경하고 고양이는 자신이 이겼을 때 배경을 Rays로 변경합니다. 먼저 Light, Hearts, Rays를 무대 배경으로 추가하고, 그런 다음 쥐와 고양이의 스크립트를 각각 [그림 9-16], [그림 9-17]과 같이 수정합니다. 그리고 무대의 스크립트는 [그림 9-18]과 같이 작성합니다.

그림 9-16
이기면 무대 배경을 변경하도록 수정한 쥐의 스크립트

그림 9-17
이기면 무대 배경을 변경하도록 수정한 고양이의 스크립트

그림 9-18
무대의 스크립트

고양이가 친구를 불러 쥐를 함께 쫓게 하기

이제 쥐를 쫓을 고양이를 2마리 더 추가하여 게임을 좀 더 긴장감 있게 만듭니다. 쥐를 먼저 발견한 고양이는 메시지 [쥐 봤다]를 방송하여 다른 고양이들과 함께 쥐를 쫓게 됩니다. [스프라이트 고르기]에서 Cat 2를 2개 더 추가해 고양이를 총 3마리로 만듭니다. 이 고양이들의 이름을 각각 '고양이1', '고양이2', '고양이3'으로 변경하고 쉽게 구별할 수 있도록 [그림 9-19]와 같이 [모양] 탭의 기능을 이용해 색깔을 변경합니다.

그림 9-19
고양이들의 색깔 변경

모든 고양이의 스크립트는 [그림 9-20]과 같이 동일합니다. 고양이는 쥐까지의 거리를 지속적으로 관찰하다가 만일 그 거리가 100보다 가까워지면 메시지 [쥐 봤다]를 방송합니다. 이 메시지를 받으면 고양이는 쥐와의 거리를 관찰하는 행동을 멈추고 타이머를 초기화한 후 야옹 소리를 내면서 쥐를 쫓습니다.

그림 9-20
고양이1, 고양이2, 고양이3의 스크립트

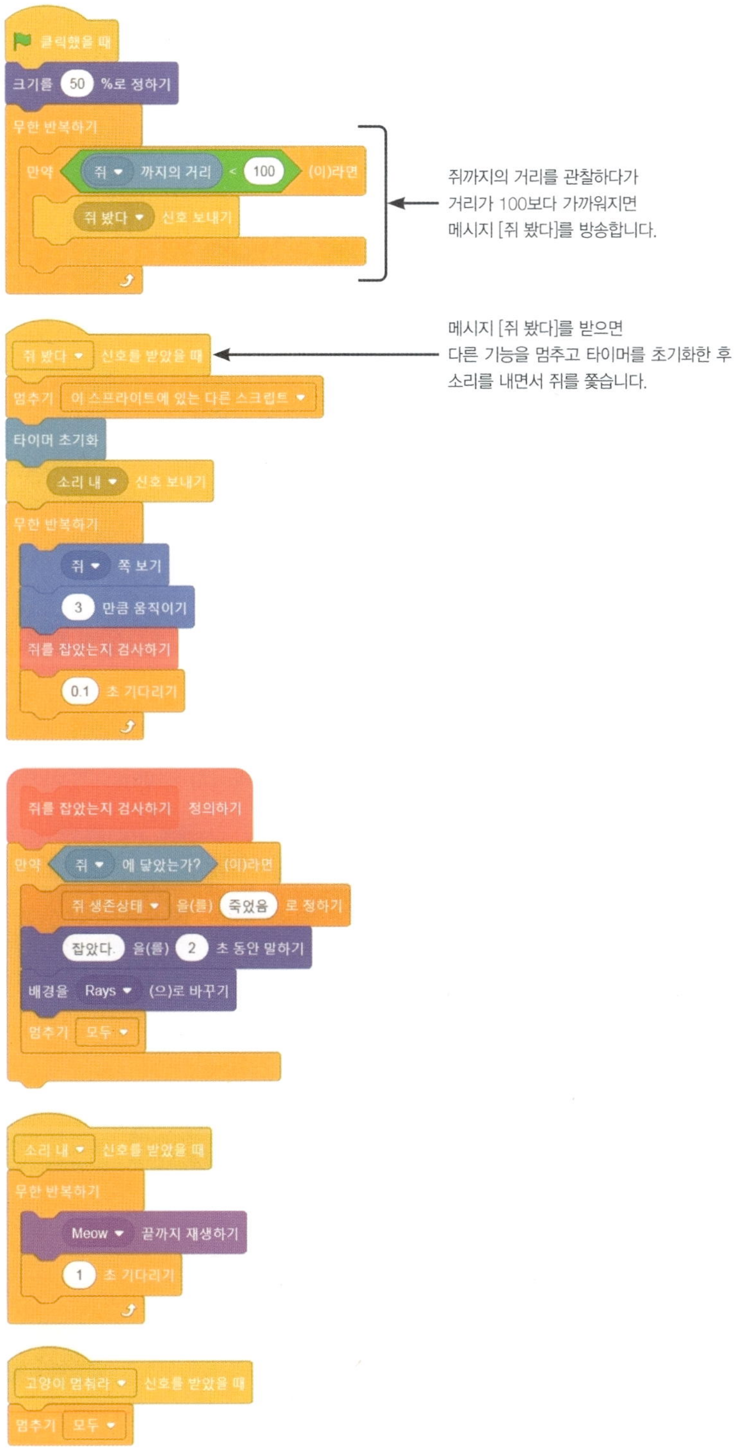

03 비디오와 오디오 이벤트 응용 프로그래밍

비디오 동작 이벤트

스크래치는 카메라에서 비디오 동작의 크기가 일정 값을 넘어가는 이벤트를 처리하는 이벤트 블록을 제공합니다. 이 이벤트 블록은 [그림 9-21]과 같이 스프라이트에 사용하면 해당 스프라이트의 비디오 감지 영역 안에서 발생하는 동작만 감지하고, 무대에 사용하면 무대 전체에서 발생하는 동작을 감지합니다.

그림 9-21
비디오 동작을 처리하는 이벤트 블록

비디오 동작 > 60 일 때

이벤트가 발생했을 때 수행할 행동들 조립

고양이 스프라이트의 비디오 감지 영역 내에서 발생하는 비디오 동작에 대해서 이벤트를 처리함

이벤트 처리 대상 : ❷

비디오 동작 > 60 일 때

이벤트가 발생했을 때 수행할 행동들 조립

무대 전체에서 발생하는 모든 비디오 동작에 대해서 이벤트를 처리함

이벤트 처리 대상 : ❶❷

공을 손으로 건들면 사라지게 하기

컴퓨터에 카메라를 설치한 후, 일정 크기 이상으로 자신을 건들면 사라졌다가 3초 후에 다시 나타나는 공([스프라이트 고르기]에서 Ball 선택)의 스크립트를 [그림 9-22]와 같이 작성합니다.

이 스크립트를 실행하면 처음에 공은 제자리에 정지되어 있는 상태입니다. 이때 마우스로 클릭하면 공은 마우스 포인터 방향으로 0.1초에 10만큼의 거리를 이동하기 시작하며 벽에 닿으면 튕겨 나오게 됩니다. 만약 이 공을 손으로 50 이상의 동작 크기로 건드리면 공이 사라졌다가 3초 후에 다시 나타나는데 이때 공이 나타나는 위치는 사라진 상태에서 움직인 위치입니다.

TIP 공의 비디오 감지 영역이 아닌 곳에서는 크기 50 이상의 비디오 동작이 발생하더라도 공이 사라지지 않는다는 것에 유의합니다.

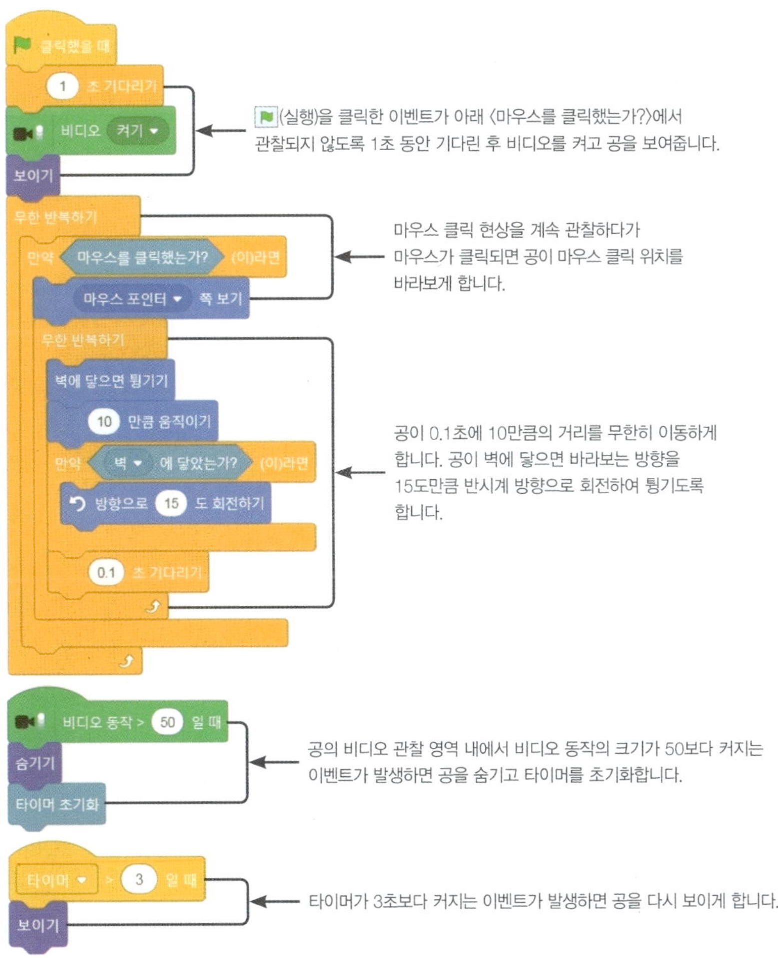

그림 9-22
손으로 건들면 사라지는 공의 스크립트

공을 소리로 사라지게 하기

컴퓨터에 마이크를 연결한 후, 일정 크기 이상의 소리가 나면 사라졌다가 3초 후에 다시 나타나는 공의 스크립트를 [그림 9-23]과 같이 작성합니다. 손동작이 아닌 소리로 공이 사라진다는 것과 비디오를 사용하지 않는다는 것 외에는 앞에서 소개한 "공을 손으로 건들면 사라지게 하기" 스크립트와 동일합니다.

그림 9-23
소리에 의해 사라지는 공의 스크립트

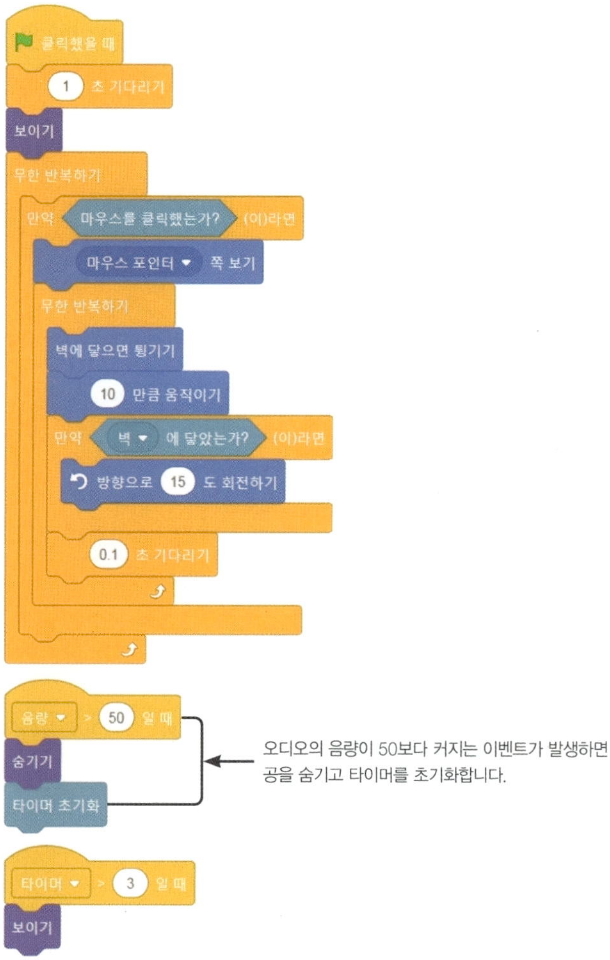

문제 한번 풀어볼까요?

01 어떤 동작을 실행시키는 사건을 의미하는 개념은 무엇인가요?

① 이벤트　　② 감지
③ 자료형　　④ 조건

02 이벤트를 중심으로 실행의 흐름이 결정되고 동작이 변경되는 프로그램을 무엇이라고 하나요?

① 이벤트 강조 프로그램　　② 이벤트 주도 프로그램
③ 멀티 이벤트 프로그램　　④ 병렬 처리 프로그램

03 다음 중 스크래치가 처리할 수 있는 이벤트가 아닌 것을 고르세요.

① 특정 시간의 경과　　② 스프라이트를 마우스로 클릭
③ 키보드의 특정 키 입력　　④ 스프라이트들 간의 충돌

04 다음의 이벤트 블록들에 대한 설명으로 옳지 않은 것을 고르세요.

ⓐ 

ⓑ 

ⓒ 

ⓓ 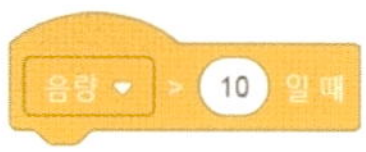

① ⓐ 블록 – [프로그램 실행 창] 상단에 있는 ⚑(실행)을 클릭하는 이벤트를 처리합니다.
② ⓑ 블록 – 키보드의 스페이스 바를 누르는 이벤트를 처리합니다.
③ ⓒ 블록 – 스프라이트를 마우스로 클릭하는 이벤트를 처리합니다.
④ ⓓ 블록 – 스프라이트가 10보다 큰 음량으로 소리를 내는 이벤트를 처리합니다.

05 다음은 이벤트 처리 기능을 활용한 고양이의 스크립트입니다. 이 프로그램에 대한 설명으로 옳지 않은 것을 고르세요.

① ⚑(실행)을 누르면 [프로그램 실행 창] 정중앙으로 이동하고 크기를 반으로 줄입니다.

② 키보드의 →를 누르면 오른쪽을 바라보며 거리 10만큼 이동합니다.

③ 키보드의 →와 ←를 동시에 누르면 오른쪽 또는 왼쪽 중 한쪽 방향으로만 이동합니다.

④ 고양이를 마우스로 클릭하면 야옹 소리를 냅니다.

06 다음은 메시지 방송 기능을 활용한 고양이와 쥐의 스크립트입니다. 이 프로그램에 대한 설명으로 옳은 것을 고르세요.

고양이의 스크립트

쥐의 스크립트

① 고양이가 쥐를 향해 100보다 가깝게 가면 고양이만 울기 시작합니다.

② 고양이가 쥐를 향해 100보다 가깝게 가면 쥐만 울기 시작합니다.

③ 고양이가 쥐를 향해 100보다 가깝게 가면 고양이와 쥐 모두 울기 시작합니다.

④ 고양이가 쥐를 향해 100보다 가깝게 가도 아무도 울지 않습니다.

07 다음은 이벤트 처리 기능을 활용한 고양이의 스크립트입니다. 이 프로그램을 실행하고 그림과 같이 손을 움직였을 때 고양이의 행동으로 옳은 것을 모두 고르세요. (단, 모든 손동작의 크기는 60 이상으로 가정합니다.)

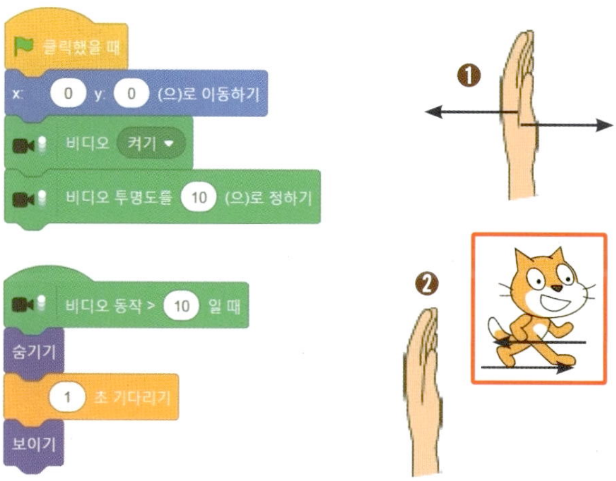

① ❶과 같이 손을 움직이면 고양이가 사라지지 않습니다.

② ❶과 같이 손을 움직이면 고양이가 1초 동안 사라집니다.

③ ❷와 같이 손을 움직이면 고양이가 사라지지 않습니다.

④ ❷와 같이 손을 움직이면 고양이가 1초 동안 사라집니다.

08 키보드의 방향 키를 움직여, 쥐가 미로를 통과해 오렌지를 먹는 프로그램을 작성하세요. 이 프로그램의 실행 화면과 기능은 다음과 같습니다.

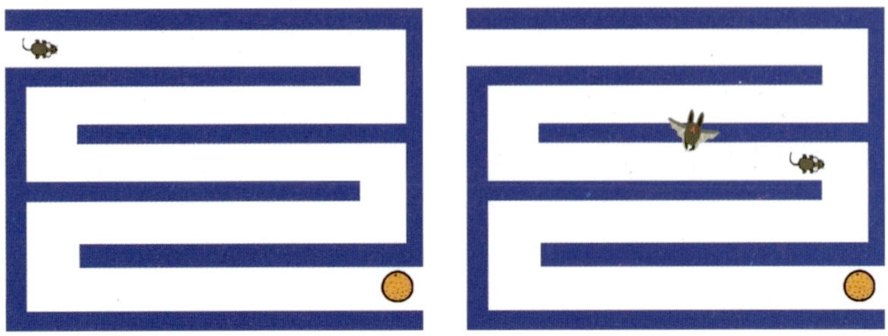

1. 무대 배경을 [배경] 탭의 기능을 이용하여 위의 그림과 같이 제작하여 사용합니다. ([배경] 탭의 사각형 그리기 기능과 색 채우기 기능을 이용합니다.)
2. ⚑(실행)을 클릭하면 쥐는 자신의 크기를 40%로 줄이고 좌측 상단 미로 입구에 등장합니다.
3. ⚑(실행)을 클릭하면 오렌지는 우측 하단 미로 출구에 등장합니다.
4. 키보드의 ↑, ↓, ←, →를 누르면 쥐는 방향 키 방향대로 거리 5만큼 이동합니다.
5. ⚑(실행)을 클릭한 후 5초가 지나면 박쥐가 등장해 0.2초마다 거리 5만큼씩 이동하며 쥐를 쫓습니다.
6. 쥐가 벽에 닿거나 박쥐에게 잡히면 게임이 다시 시작됩니다. 즉, 쥐는 다시 미로 입구 위치로 이동하고 박쥐도 사라져 다시 5초 후에 등장합니다.
7. 쥐가 오렌지와 닿으면 "이겼다."라고 말합니다. 그 후, 오렌지와 박쥐가 사라집니다.
8. 언제든지 키보드의 스페이스 바를 누르면 게임이 다시 시작됩니다.
9. 쥐를 마우스로 클릭하면 오렌지에 닿는 순간까지의 최고 기록(가장 적게 걸린 시간)을 말합니다.

09 고양이와 여우가 화살표를 클릭할 때마다 한마디씩 대화하는 프로그램을 작성하세요. 이 프로그램의 실행 화면과 기능은 다음과 같습니다.

1. 무대 배경으로 Blue Sky를 사용합니다.
2. (실행)을 클릭하면 고양이는 (–140, –110) 위치에서 등장하고 여우는 (140, –110) 위치에서 등장합니다. 화살표는 (200, 150) 위치에서 등장합니다.
3. 화살표를 마우스로 클릭할 때마다 고양이와 여우가 서로 한마디씩 합니다.
4. 고양이와 여우의 대화 내용과 순서는 다음과 같습니다.

① 안녕. 여우야.
② 오랜만이야. 그 동안 잘 지냈니?

④ 나도 잘 지냈어.
⑤ 내가 약속이 있어서 그만 가봐야 해.

⑦ 그래. 곧 연락할게.

③ 반가워. 고양이야.
나는 잘 지내고 있어. 너는?

⑥ 그래. 다음에 한번 연락 줘.

복제, 난수, 재귀호출을 활용한 응용 프로그래밍

이번 장에서 무엇을 배우나요?

1. 복제의 개념을 이해하고 스크래치의 복제 기능을 연습합니다.
2. 스프라이트와 그 스프라이트의 복제 간 차이를 이해합니다.
3. 난수의 개념을 이해하고 스크래치의 난수 생성 기능을 연습합니다.
4. 재귀호출의 개념과 재귀호출을 활용한 알고리즘들을 공부합니다.
5. 스크래치의 재귀 프로시저를 활용한 프로그래밍을 연습합니다.

CHAPTER

10

01 복제의 개념과 활용

복제의 개념

복제cloning란 자신과 동일한 개체를 생성하는 것입니다. 스크래치에서 복제는 한 스프라이트의 모양을 그대로 복사한 새로운 개체가 생성되는 것을 의미합니다. 또한 복제할 당시 원형 스프라이트에 적용된 그래픽 효과도 그대로 가져옵니다. 예를 들어, 고양이의 크기를 절반으로 줄인 상태에서 복제하면 줄어든 크기로 복제됩니다.

스프라이트는 자신의 복제를 여러 개 만들 수 있으며 복제된 스프라이트가 수행하는 행동을 별도의 스크립트로 작성할 수 있습니다. 즉 스프라이트는 원래 자신의 행동 외에 자신으로부터 복제된 스프라이트가 수행하는 행동도 포함할 수 있는데, 모든 복제는 그 행동을 공통으로 수행하게 됩니다.

그림 10-1
스프라이트의 복제 기능

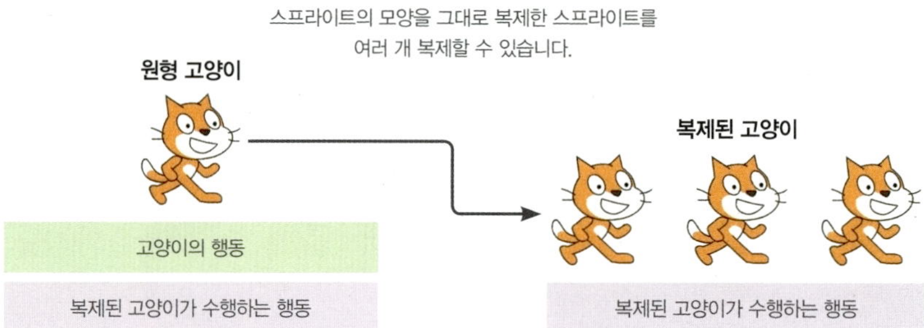

복제 블럭

스크래치는 복제와 관련된 블록들을 [코드] 탭-[제어] 메뉴 아래 모아놓았습니다.

표 10-1
복제 관련 블록

블록	설명
	복제된 스프라이트가 아래에 연결된 블록들을 실행합니다.
	설정한 스프라이트를 복제합니다.
	복제본을 삭제합니다.

복제된 스프라이트의 행동을 이해하기 위해 간단한 프로그램을 작성해봅시다. [그림 10-2]는 ▶(실행)을 클릭하면 자신의 복제를 하나 생성하는 고양이의 행동을 보여줍니다. 복제된 스프라이트는 복제된 순간부터 앞을 향해 1초에 10만큼씩 계속 걸어갑니다.

그림 10-2
복제의 예1

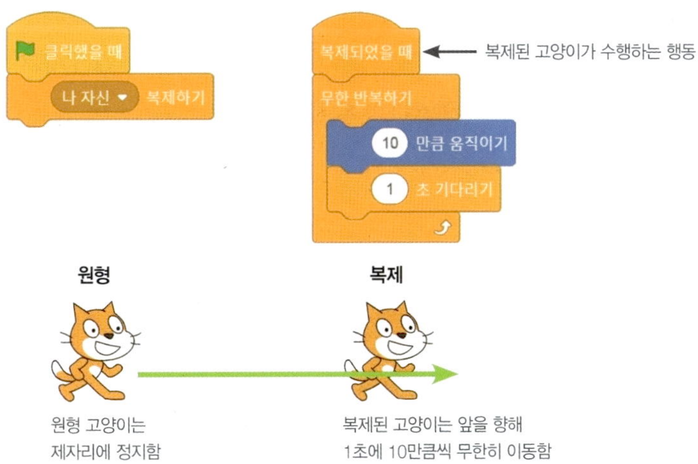

이벤트 처리 기능은 복제된 스프라이트에도 동일하게 적용됩니다. 예를 들어, 키보드의 방향 키 누름 이벤트를 처리하는 스프라이트가 자신의 복제를 만들었다면 방향 키 누름에 대해서 원형 스프라이트뿐 아니라 복제들도 동일하게 반응합니다. [그림 10-3]은 키보드의 ←, →를 눌렀을 때 고양이가 앞뒤로 움직이도록 [그림 10-2]를 수정한 것입니다. ←, →를 누를 때마다 원형 스프라이트뿐 아니라 앞으로 전진하고 있는 복제된 스프라이트도 함께 앞뒤로 움직이는 것을 볼 수 있습니다.

그림 10-3
복제의 예2

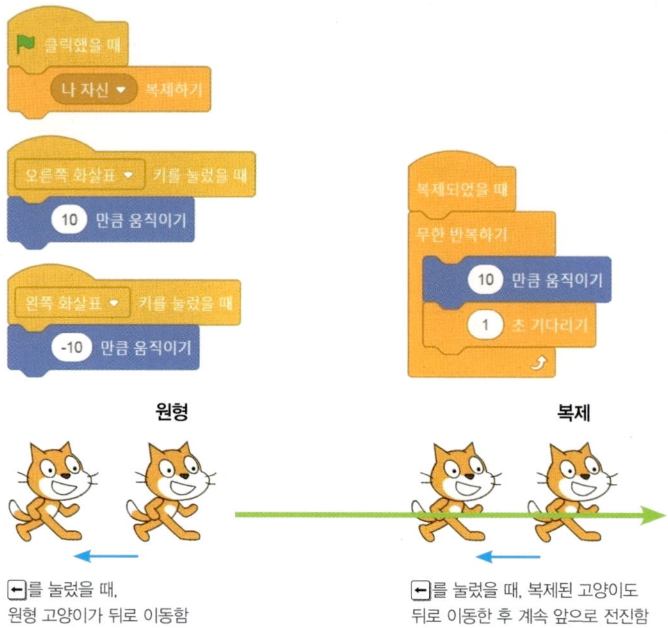

만일 [그림 10-3]의 예에서 복제된 스프라이트가 방향 키에 영향을 받지 않게 하려면 방향 키를 이벤트로 처리하지 말고, [그림 10-4]처럼 원형 스프라이트의 스크립트 내부에서 감지 기능으로 처리하면 됩니다.

그림 10-4
복제의 예3

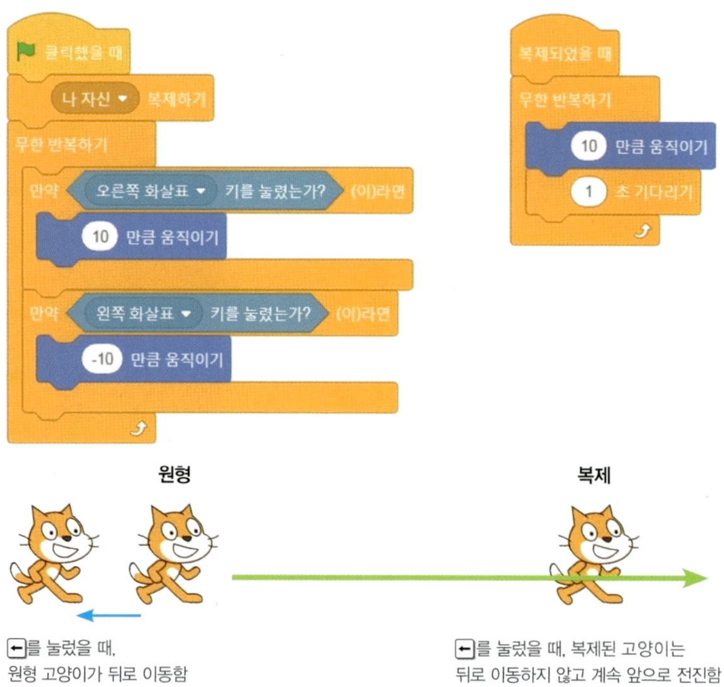

고보가 마우스 포인터를 쫓아다니게 하기

복제 기능을 활용해, 마우스로 자신을 클릭하면 무한히 복제를 만들어 자신의 뒤에 꼬리를 다는 스크립트를 작성해봅시다. 스크래치를 실행하여 고양이를 삭제하고 Gobo 스프라이트를 추가한 후 이름을 '고보'로 변경합니다. 고보는 마우스로 클릭하면 몸 색깔을 계속 바꾸며 자신을 무한히 복제하면서 마우스 포인터를 따라 다닙니다. 각 복제는 고보의 반대 방향으로 얼마간 이동하다가 사라집니다.

그림 10-5
마우스 포인터를 쫓아다니는 고보의 스크립트

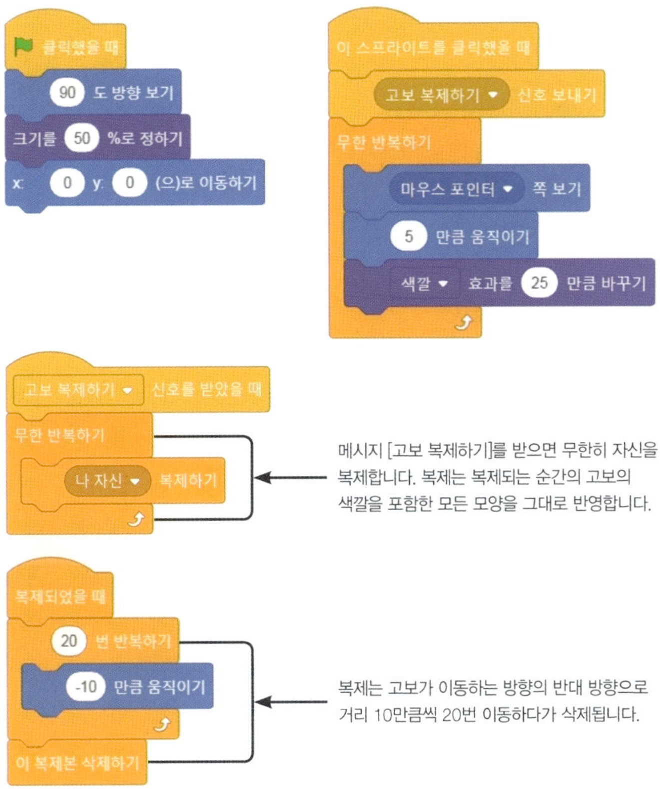

화살로 풍선 맞히기

이번에는 복제 기능을 활용해 생성한 풍선들을 역시 복제 기능으로 생성한 화살로 맞히는, "화살로 풍선 맞히기" 게임의 스크립트를 작성해봅시다. Balloon1과 Arrow1 스프라이트를 추가한 후 이름을 각각 '풍선'과 '화살'로 변경합니다. 그리고 무대의 전역 변수 [점수]를 생성합니다.

[그림 10-6]은 무대의 스크립트입니다. 무대는 프로그램을 새로 시작할 때마다 자신의 전역 변수 [점수]를 0으로 초기화합니다.

그림 10-6
무대의 스크립트

화살은 키보드의 ⬆, ⬇를 이용해 위아래로 움직일 수 있으며 스페이스 바를 누르면 자신을 복제하여 복제된 화살을 발사합니다. 화살이 [프로그램 실행 창]을 벗어나지 않도록 y좌표 값이 −150에서 150사이에서만 움직일 수 있도록 했으며 발사된 화살은 벽에 닿으면 사라집니다. [그림 10-7]은 화살의 스크립트입니다.

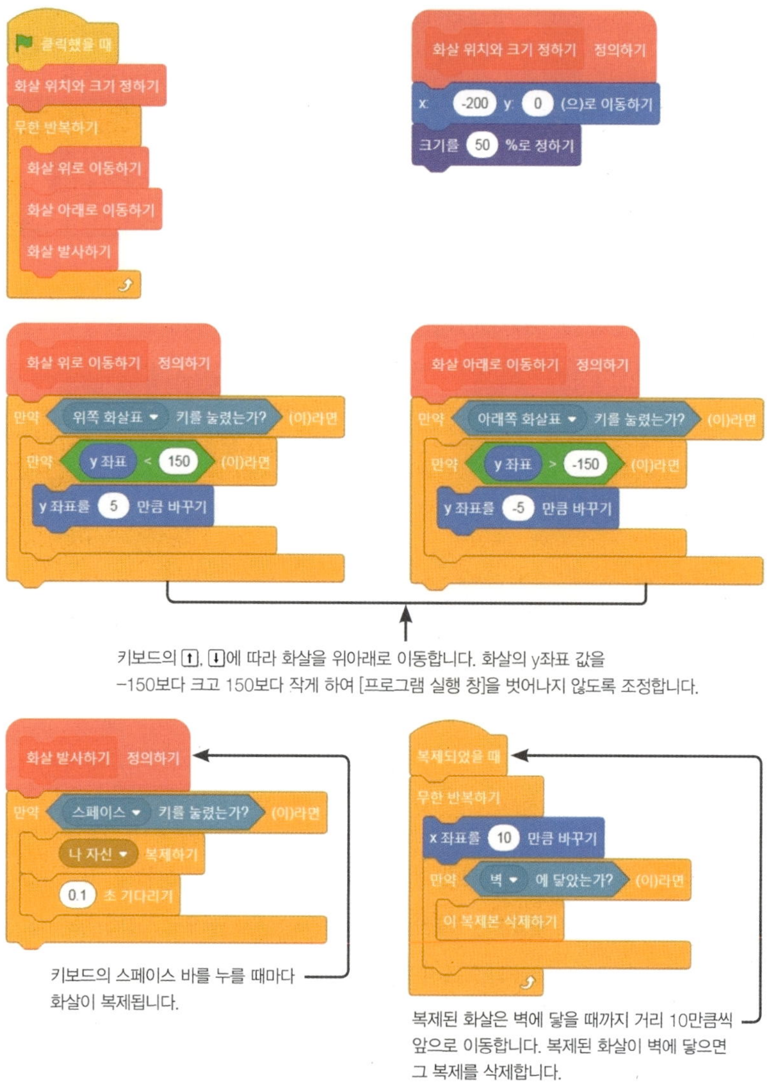

그림 10-7
화살의 스크립트

풍선은 자신의 모습은 숨긴 채 자신을 복제한 스프라이트를 2초 간격으로 위로 날아오르게 합니다. 복제된 풍선은 위로 날아오르다가 벽에 닿거나 날아오는 화살에 닿으면 사라집니다. 특히, 화살에 닿는 경우 복제된 풍선은 풍선 터지는 소리와 함께 자신의 색깔을 바꿔 화살에 맞았다는 것을 보여줍니다. 복제된 풍선이 화살에 맞을 경우, 변수 [점수]의 값을 10만큼 올려줍니다. [그림 10-8]은 풍선의 스크립트입니다.

그림 10-8
풍선의 스크립트

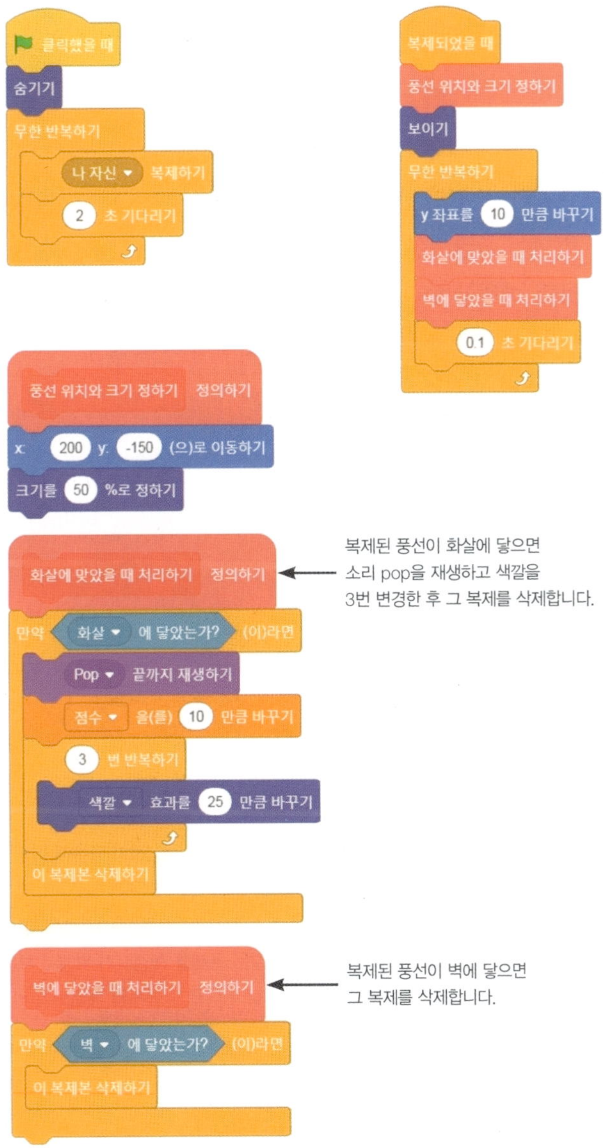

02 난수의 개념과 활용

난수의 개념

난수random number는 정해진 범위 안에서 무작위로 추출된 수입니다. 대표적인 사용 예는 복권 추첨 시 당첨 번호 생성, 게임에서 무작위로 등장하는 적군이나 아이템, 예측할 수 없게 유입되는 손님이나 작업들의 시뮬레이션 등입니다. 누구도 다음에 나올 숫자나 행동을 확신할 수 없다는 것이 특징입니다.

그림 10-9
난수의 활용 예

복권 당첨 번호를 예측하지 못함

적 비행기의 출현 시기와 위치를 예측하지 못함

손님이 언제, 몇 명이 방문할지 예측하지 못함

조금 어려운 이야기

컴퓨터는 이미 정해진 계산 방법을 사용하여 난수를 생성하기 때문에 매번 생성하는 난수의 배열이 동일합니다. 예를 들어, 새로 실행할 때마다 같은 패턴으로 적군이 등장하는 게임은 이 같은 난수 생성의 특징이 반영된 것입니다. 이처럼 동일한 조건 아래 매번 동일한 배열로 생성되는 난수를 의사난수pseudo-random number라고 합니다. 컴퓨터는 이와 같은 문제를 해결하기 위해서 보통은 계속 변하는 컴퓨터의 현재 시각을 씨앗 값seed으로 삼고 그 씨앗 값이 다르면 난수의 배열도 달라지는 수학적 알고리즘을 이용하여 난수를 생성하고 있습니다.

난수 생성 블록

스크래치는 [코드] 탭-[연산] 메뉴 아래, 일정 범위 안에 있는 정수 또는 실수를 무작위로 생성하는 자료/변수 블록을 제공합니다. [그림 10-10]은 이 자료/변수 블록의 활용 모습을 보여줍니다.

그림 10-10
난수 생성 블록의 사용법

고보를 임의의 방향으로 움직이게 하기

앞서 작성한 고보의 스크립트에 난수를 적용해 고보가 마우스 포인터를 좇아다니는 대신 스스로 임의의 방향으로 움직이게 해봅시다. 이때 부드러운 움직임을 주기 위해 급격한 방향 변경을 피하고 현재 바라보는 방향에서 10도 이상 변하지 않는 범위 내에서 방향을 변경하도록 합니다. 고보가 임의로 방향을 정하면 벽에 닿는 경우가 종종 발생하는데, 이런 경우를 위해 벽에 닿으면 튕기는 기능도 추가합니다. [그림 10-11]은 이처럼 난수 생성 기능을 활용하여 스스로 방향을 정해 움직이는 고보의 스크립트입니다.

그림 10-11
난수를 활용한
고보의 스크립트

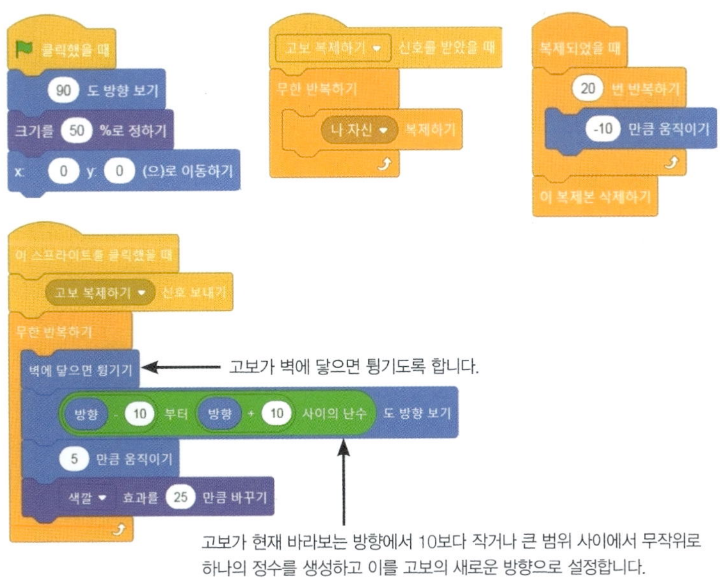

난수를 활용한 화살로 풍선 맞히기

앞서 작성한 "화살로 풍선 맞히기" 게임도 난수 생성 기능을 활용하여 더욱 게임 요소를 강화할 수 있습니다. 풍선을 색깔과 크기가 다른 세 종류로 확장하고, 종류별로 하늘로 날아오르는 속도와 화살로 맞혔을 때의 점수가 다르도록 변경합니다. 이때, 날려 보낼 풍선 종류와 풍선이 날아오르는 위치는 난수 생성 기능을 활용해 무작위로 결정됩니다. [그림 10-12]는 이 게임에 대한 전반적인 설명입니다.

그림 10-12
"화살로 풍선 맞히기" 게임에 난수를 활용한 모습

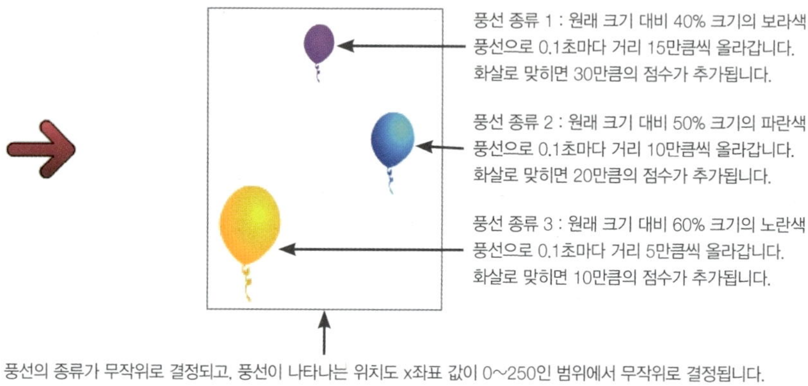

Balloon1 스프라이트를 2개 추가하여 풍선이 총 3개가 되게 하고 각각의 이름을 '풍선1', '풍선2', '풍선3'으로 변경합니다. 풍선1을 선택한 후 [모양] 탭에서 모양을 balloon1-c로 정해줍니다. 같은 방법으로 풍선2와 풍선3의 모양을 각각 balloon1-a와 balloon1-b로 정해줍니다.

그림 10-13
풍선 스프라이트의 추가

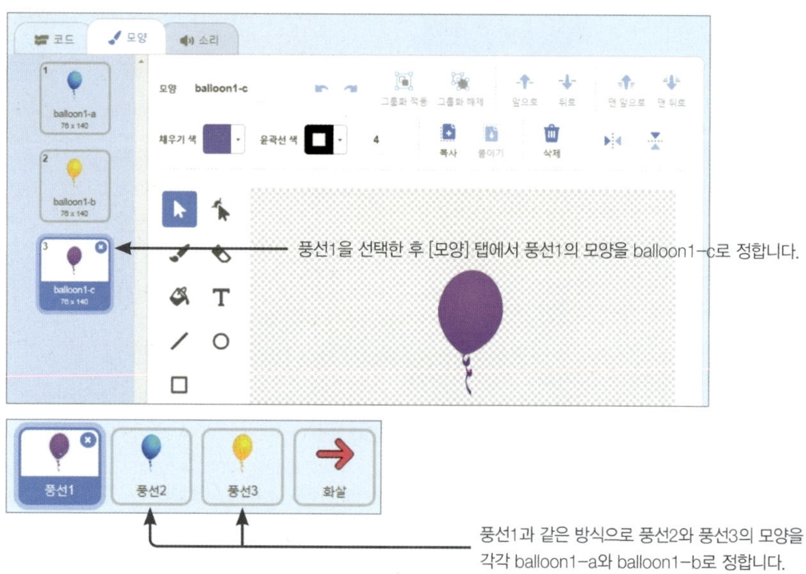

풍선1은 매번 5초에서 7초 사이의 간격으로 생성되어 0.1초마다 거리 15만큼의 이동 속도로 올라갑니다. 그리고 원래 크기의 40% 크기를 가지며 화살로 맞혔을 때 30만큼의 점수가 추가됩니다. 풍선2는 매번 3초에서 5초 사이의 간격으로 생성되어 0.1초마다 거리 10만큼의 이동 속도로 위로 올라갑니다. 크기는 원래 크기의 50%이며 화살로 맞혔을 때 20만큼의 점수가 추가됩니다. 풍선3은 매번 2초에서 4초 사이의 간격으로 생성되어 0.1초마다 거리 5만큼의 이동 속도로 올라갑니다. 크기는 원래 크기의 60%이며 화살로 맞혔을 때 10만큼의 점수가 추가됩니다. [그림 10-14]는 풍선1의 스크립트입니다.

그림 10-14
풍선1의 스크립트

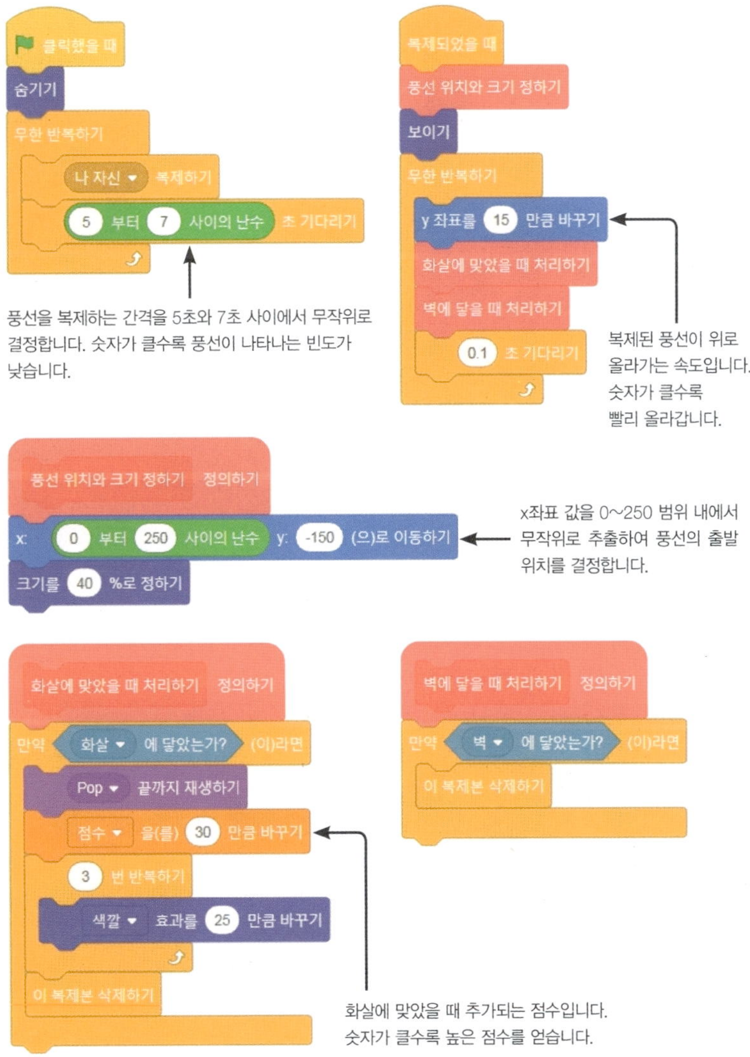

풍선2, 풍선3은 풍선의 크기, 생성되는 빈도, 위로 올라가는 속도, 화살로 맞혔을 때 추가되는 점수 등을 제외하고는 풍선1과 똑같은 행동을 수행합니다. 풍선1의 스크립트를 참고해 풍선2와 풍선3의 스크립트도 각각 [그림 10-15], [그림 10-16]과 같이 작성합니다. 단, 무대와 화살의 스크립트는 각각 [그림 10-6], [그림 10-7]과 같습니다.

그림 10-15
풍선2의 스크립트

그림 10-16
풍선3의 스크립트

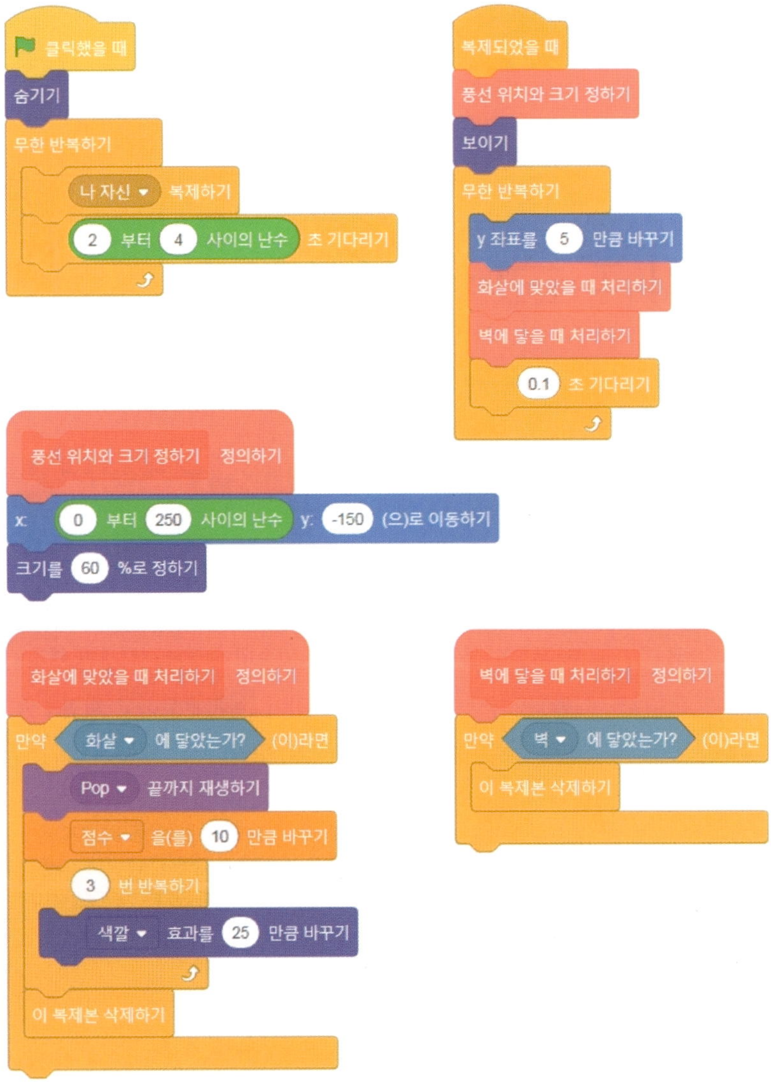

03 재귀호출의 개념과 활용

재귀호출의 개념

재귀호출recursive call이란 프로시저가 자기 자신을 호출하는 것을 의미하고, 재귀호출을 수행하는 프로시저를 재귀 프로시저recursive procedure라고 합니다. 자신을 호출하는 재귀 프로시저는 호출될 때마다 또다시 자신을 호출하기 때문에 잘못하면 무한한 호출이 발생할 수 있습니다. 따라서 재귀 프로시저는 반드시 자신을 호출하는 행동을 종료하는 조건이 존재해야 하고 재귀호출 도중 언젠가 그 조건이 만족되어 재귀호출을 중단해야 합니다.

TIP 재귀호출은 조금씩 변하는 매개변수를 활용하여 동일한 작업을 반복하는 알고리즘을 매우 간결하게 표현하기 때문에 많은 알고리즘이 재귀호출로 설명되거나 프로그래밍되고 있습니다. 프로그래밍에 입문하는 단계에서 재귀호출의 개념을 학습하기는 쉽지 않지만 재귀호출에 대한 기본적인 이해를 갖추는 것이 필요합니다.

재귀 프로시저의 구조는 크게 두 부분으로 구성되어 있습니다. 하나는 재귀호출이 더 이상 발생하지 않는 조건과 그 조건이 만족될 때 수행해야 할 작업이고, 다른 하나는 다시 자신을 호출해야 할 상황에서 수행해야 할 작업입니다. 후자의 경우, 최종적인 결과를 계산하는 데 필요한 일부 작업 또는 중간 과정의 작업을 수행하고 나머지 작업은 다시 자신을 호출하여 떠넘기게 됩니다. 여기서 중요한 것은 일반적으로 재귀호출을 종료할 조건으로 프로시저의 매개변수를 활용하기 때문에 재귀호출할 때마다 프로시저 인자의 값이 재귀호출을 종료할 조건에 다가가도록 변경해야 한다는 것입니다.

그림 10-17
재귀 프로시저의 구조

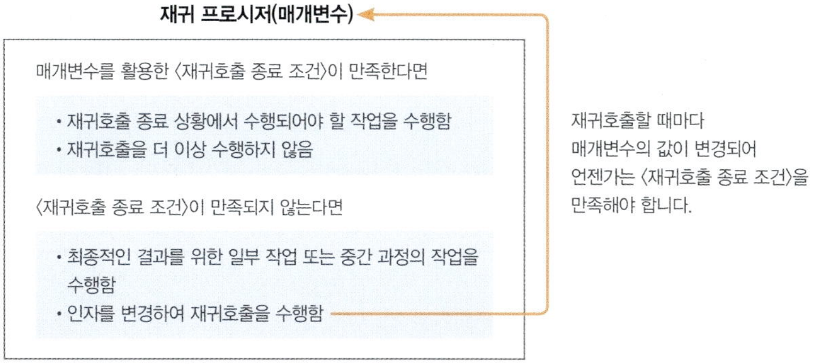

반환값 기능 유무에 따른 재귀 프로시저

재귀 프로시저의 구현은 프로시저가 반환값 기능을 갖고 있는가, 갖고 있지 않은가에 따라서 크게 달라집니다. 만일 프로시저가 반환값 기능을 갖고 있다면 각 재귀호출마다 반환되는 값을 취합하여 최종적인 값을 구해내지만 반환값 기능을 갖고 있지 않다면 전역 변수를 두어 그 전역 변수에 각 재귀호출마다 수행되는 중간 단계의 계산을 반영해야 합니다. 예를 들어, 1부터 임의의 양의 정수까지 더하는 기능을 재귀 프로시저로 구현할 수 있는데 프로시저가 반환값 기능을 갖는 경우 [그림 10-18]과 같은 재귀 프로시저로 이 기능을 구현할 수 있습니다.

TIP 반환값을 갖는 프로시저의 경우, 그 프로시저의 호출을 프로시저가 반환하는 자료로 간주하면 이해하기 쉽습니다. 즉 [그림 10-18]에서 프로시저 호출 [임의의 양의 정수까지 더하기 (2)]를 단순히 이 프로시저 호출의 반환값인 3이라고 생각하면 됩니다.

그림 10-18
재귀 프로시저의 구조와 예1
: 반환값 이용

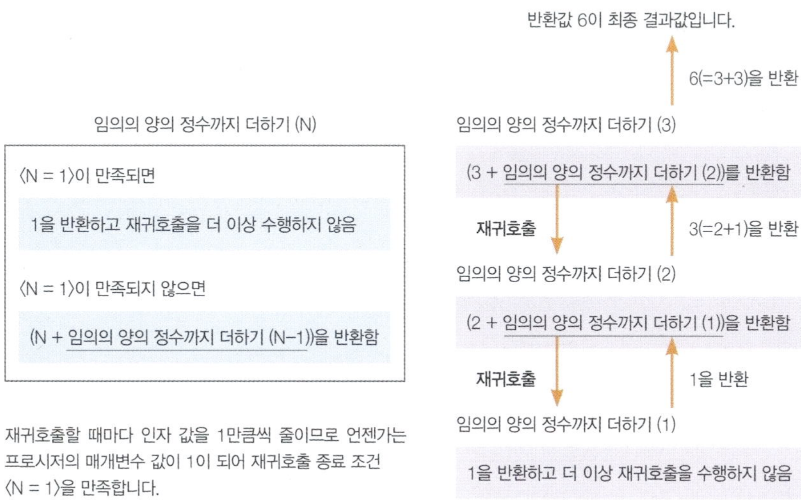

프로시저가 반환값 기능이 없는 경우, 각 재귀호출은 중간 계산 값을 반영할 전역 변수가 필요하고 모든 재귀호출이 완료된 후 그 전역 변수가 담고 있는 값이 최종 결과가 됩니다. 예를 들어, 임의의 정수까지 더하는 재귀 프로시저의 경우, 이 재귀 프로시저는 자신의 매개변수의 값이 1보다 크다면 매개변수의 값을 전역 변수 [결과값]에 더하고 매개변수보다 1만큼 작은 수를 인자로 하여 다시 자신을 호출합니다. 이렇게 호출된 프로시저는 자신을 호출한 프로시저의 매개변수보다 1만큼 작은 매개변수로 같은 작업을 수행하게 됩니다. 결국 이 재귀 프로시저는 처음에 자신이 받은 매개변수인 임의의 양의 정수부터 1만큼씩 작아지는 수를 계속해서 전역 변수 [결과값]에 더하기 때문에 매개변수가 1이 되어 더 이상 재귀호출이 발생하지 않을 때에는 전역 변수 [결과값]이 1부터 임의의 양의 정수까지 모두 더한 값을 갖게 됩니다.

그림 10-19
재귀 프로시저의 구조와 예2 : 전역 변수 이용

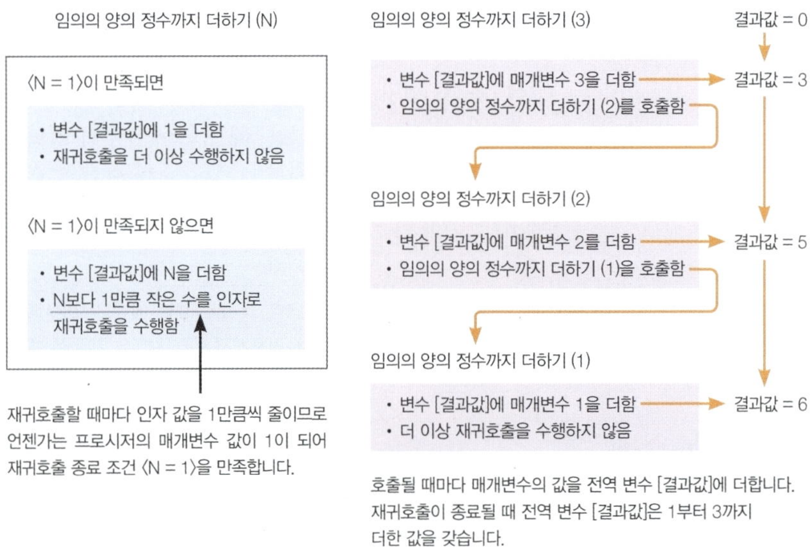

임의의 양의 정수까지 더하기

스크래치는 프로시저가 반환값을 갖지 못하기 때문에 최종적인 결과값을 위한 전역 변수를 만들고 프로시저를 호출할 때마다 이 전역 변수의 값을 변경하다가 더 이상 재귀호출이 발생하지 않을 때 이 전역 변수가 최종적인 결과값을 갖도록 합니다. [그림 10-19]를 기반으로 임의의 양의 정수까지 더하는 고양이의 스크립트를 [그림 10-20]과 같이 작성해봅시다.

그림 10-20
임의의 양의 정수까지 더하는 고양이의 스크립트

팩토리얼 구하기

[그림 10-20]과 같이 호출할 때마다 변수 [결과값]에 매개변수를 더하는 대신 매개변수를 곱하면 사용자가 입력한 양의 정수의 팩토리얼을 계산할 수 있습니다. 어떤 양의 정수의 팩토리얼은 1부터 그 수까지 모두 곱한 값으로, 예를 들어 4의 팩토리얼은 1×2×3×4=24입니다. [그림 10-20]을 수정하여 [그림 10-21]과 같이 양의 정수의 팩토리얼을 구하는 고양이의 스크립트를 작성해봅시다.

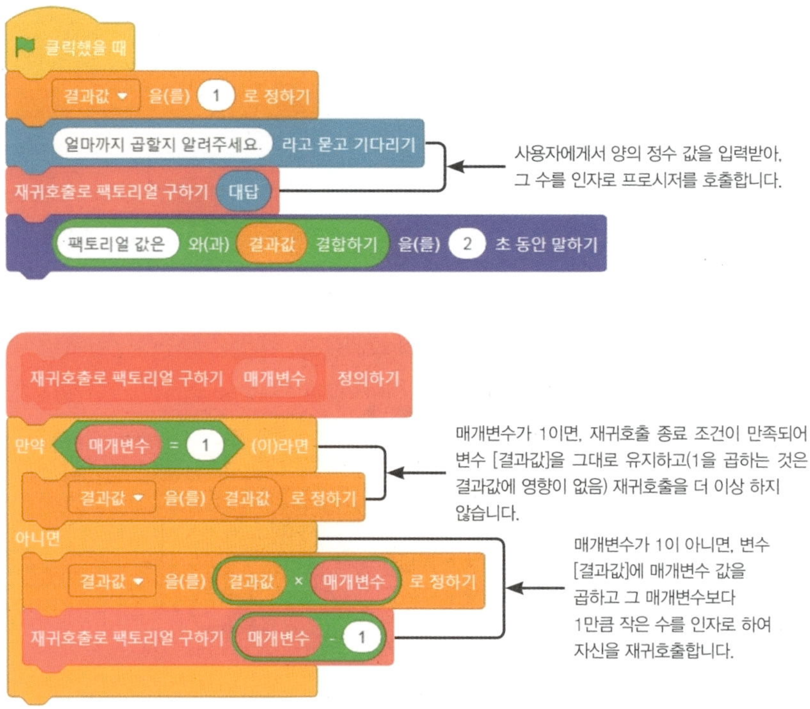

그림 10-21
팩토리얼을 구하는 고양이의 스크립트

문제 한번 풀어볼까요?

01 스크래치의 스프라이트 복제 기능에 대해서 잘못 설명한 것을 고르세요.

① 복제되는 스프라이트는 원형 스프라이트의 그래픽 효과까지 모두 복사합니다.

② 복제된 스프라이트는 원형 스프라이트와 다른 자신만의 행동을 가질 수 있습니다.

③ 복제된 스프라이트와 원형 스프라이트가 이벤트에 동일하게 반응합니다.

④ 원형 스프라이트 크기를 2배로 키운 후 복제해도 원래 크기의 스프라이트가 복제됩니다.

02 다음은 복제 기능을 활용한 고양이의 스크립트입니다. 이 프로그램에 대한 설명으로 옳지 않은 것을 고르세요.

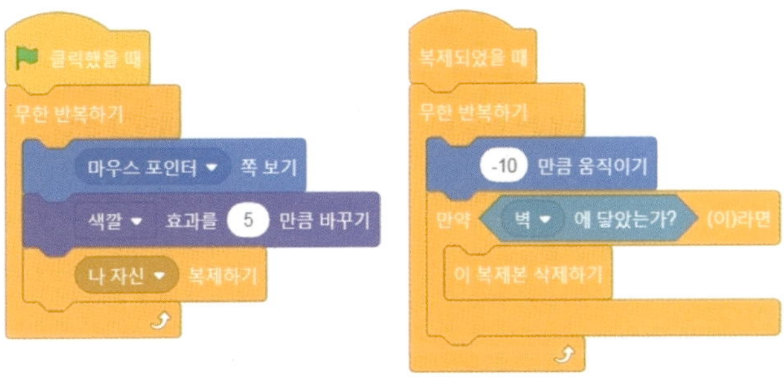

① 고양이는 제자리에서 마우스 포인터 위치를 무한히 바라봅니다.

② 고양이는 자신의 색깔을 무한히 변경합니다.

③ 모든 복제된 스프라이트는 실행 전 원형 스프라이트의 색깔만 갖습니다.

④ 복제된 스프라이트는 원형 스프라이트의 뒤로 벽에 닿을 때까지 이동하다 사라집니다.

03 다음은 복제 기능을 활용한 고양이의 스크립트입니다. 이 프로그램을 실행하면 복제가 하나 생성되어 원형 스프라이트 뒤에 서게 됩니다. [↑]를 누를 때 프로그램의 실행 모습으로 옳은 것을 고르세요.

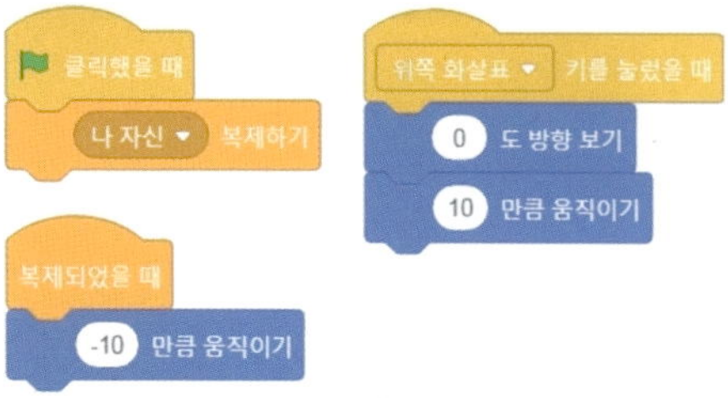

① 원형 스프라이트만 위로 이동합니다.

② 복제만 위로 이동합니다.

③ 원형과 복제 모두 위로 이동합니다.

④ 원형과 복제 모두 이동하지 않습니다.

04 컴퓨터가 생성하는 난수처럼 같은 조건에서는 항상 동일한 배열로 생성되는 난수를 무엇이라고 하나요?

① 의사난수　　② 불완전 난수

③ 미완성 난수　　④ 유사난수

05 다음은 난수를 생성하는 스크래치 자료/변수 블록들의 활용 모습입니다. 이에 대한 설명으로 옳지 않은 것은 무엇인가요?

ⓐ 

ⓑ 

ⓒ 

① ⓐ는 1과 10 사이의 정수를 난수로 생성합니다.

② ⓑ는 1.0과 10 사이의 정수를 난수로 생성합니다.

③ ⓑ는 1.0과 10 사이의 실수를 난수로 생성합니다.

④ ⓒ는 1.0과 10.0 사이의 실수를 난수로 생성합니다.

06 다음은 난수 생성 기능을 활용한 고양이의 스크립트입니다. 이 프로그램을 실행하여 스페이스 바를 누를 때마다 고양이가 수행하는 행동으로 옳은 것을 고르세요.

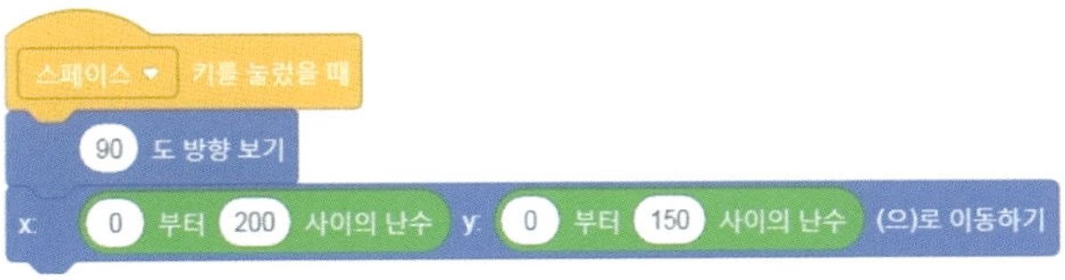

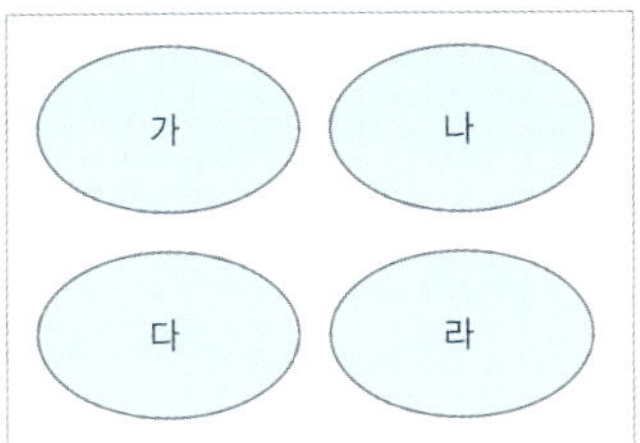

① (가) 영역의 임의의 장소로 이동합니다.
② (나) 영역의 임의의 장소로 이동합니다.
③ (다) 영역의 임의의 장소로 이동합니다.
④ (라) 영역의 임의의 장소로 이동합니다.

07 다음 중 재귀호출에 관한 설명으로 잘못된 것을 고르세요.

① 재귀호출이란 프로시저가 자기 자신을 호출하는 개념입니다.
② 재귀호출을 수행하는 프로시저를 재귀 프로시저라고 합니다.
③ 일반적으로 재귀호출은 매개변수를 활용한 재귀호출 종료 조건을 갖고 있습니다.
④ 스크래치의 프로시저는 반환값 기능이 없기 때문에 재귀호출을 사용할 수 없습니다.

08 다음은 재귀 프로시저를 활용한 고양이의 스크립트입니다. 이 프로그램의 실행 결과로 고양이가 말하는 값은 무엇인가요?

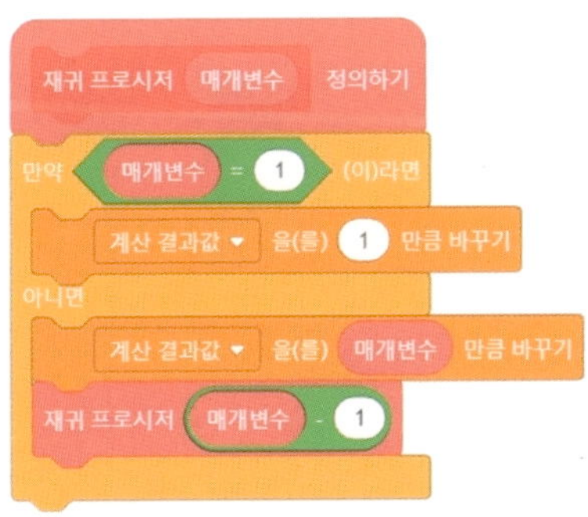

① 55
② 100
③ 5050
④ 10000

09 8장의 문제 12번은 고양이가 사과를 던져서 박쥐를 맞히는 프로그램을 작성하는 것이었습니다. 이번에는 박쥐가 자신을 무한히 복제하여 자유롭게 날아다니도록 프로그램을 수정하세요. 모든 박쥐를 잡으면 게임이 끝납니다. 이 프로그램의 실행 화면과 기능은 다음과 같습니다.

1. (실행)을 클릭하면 박쥐는 자신의 크기를 60%로 줄이고 위치 (170, 0)에 나타나 자유롭게 이동합니다(이동 속도는 사용자가 결정).
2. 박쥐를 자유롭게 움직이게 하려면 x좌표를 −150과 200 사이의 난수로, y좌표를 −140과 140 사이의 난수로 생성해 그 위치로 이동하는 작업을 반복하게 하면 됩니다.
3. (실행)을 클릭하면 박쥐는 자기 자신을 복제합니다.
4. 박쥐의 복제 역시 자유롭게 이동하면서 2초와 4초 사이에 자신을 반복해서 복제합니다(복제가 복제를 생성하는 형태).
5. 박쥐와 복제들은 사과에 맞으면 점수를 10만큼 올리고 소용돌이치면서 사라집니다. 사라진 박쥐와 복제는 다시 등장하지 않습니다.
6. 박쥐나 박쥐의 복제들이 모두 사과에 맞게 되면 게임이 종료됩니다.

10 7장에서 소개한 유클리드의 최대공약수 구하기 알고리즘을 이용하여 두 양의 정수의 최대공약수를 계산하는 프로그램을 작성하세요. 단, 이 프로그램은 재귀 프로시저를 활용하고 실행 화면과 기능은 다음과 같습니다.

1. (실행)을 클릭하면 고양이가 첫 번째 양의 정수를 요구합니다.
2. 양의 정수를 입력하면 고양이가 두 번째 양의 정수를 요구합니다. 단, 두 번째 양의 정수는 첫 번째 입력한 수보다 같거나 작아야 합니다.
3. 고양이가 입력한 두 양의 정수의 최대공약수를 말합니다.
4. 재귀 프로시저를 활용하고 유클리드의 최대공약수를 구하는 재귀 프로시저의 구조는 다음과 같습니다.

최대공약수 구하기 (A, B)

만일 〈B = 0〉이 만족되면

- 매개변수 A가 최대공약수가 됨
- 재귀호출을 더 이상 수행하지 않음

만일 〈B = 0〉이 만족되지 않으면

- 만일 B가 (A−B)보다 크다면,
  최대공약수 구하기 (B, A−B)를 호출함
- 만일 B가 (A−B)보다 크지 않다면,
  최대공약수 구하기 (A−B, B)를 호출함

두 양의 정수의 최대공약수는 '큰 수에서 작은 수를 뺀 계산 값과 작은 수의 최대공약수가 같다'라는 성질을 이용합니다.

재귀호출할 때마다 항상 B와 (A−B) 중 크거나 같은 것을 앞의 매개변수로, 작거나 같은 것을 뒤의 매개변수로 사용합니다.

프로그램 개발 과정 이해하기

이번 장에서 **무엇을 배우나요?**

1. 프로그램 생명주기 단계와 생명주기 모델을 공부합니다.
2. 프로그램 요구사항 분석의 개념을 이해하고 연습합니다.
3. 테스트의 종류와 테스트케이스 작성 방법을 공부합니다.
4. 효율적인 테스트케이스 설계 방법을 공부합니다.

CHAPTER 11

01 프로그램의 생명주기

프로그램 생명주기의 개념

프로그램도 생명체처럼 자신의 생명주기life-cycle를 갖는데, 탄생부터 폐기까지 [그림 11-1]의 단계를 거칩니다.

요구사항 분석requirements analysis은 '어떤 프로그램을 개발해야 하는가?'에 대한 답을 찾는 단계입니다. 이 단계에서는 프로그램의 기능, 성능, 안전성 및 제약사항 등을 파악하여 모순되거나 불완전하거나 불명확한 요소를 분석해 해결합니다. 만약 요구사항에 오류가 생기면 뒤의 단계들에 계속 이어지기 때문에 프로그램 개발 비용에 심각한 영향을 주게 됩니다. 설계design는 요구사항 분석 단계에서 파악된 프로그램을 '어떻게 만들어야 하는가?'에 대한 답을 찾는 단계로서 프로그램의 구조, 자료의 구조, 프로시저들의 기능과 인터페이스(프로시저 이름, 매개변수), 알고리즘 등을 설계합니다. 구현implementation은 설계 단계에서 생성된 결과

그림 11-1
프로그램의 생명주기

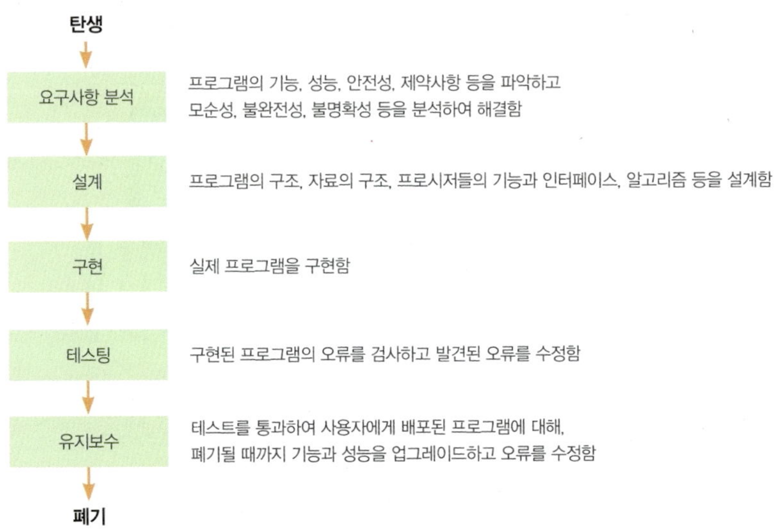

물을 기반으로 실제 프로그래밍 작업을 수행하는 단계이고, 테스팅testing은 구현된 프로그램에 오류가 존재하는지 검사하여 발견된 오류를 해결하는 작업을 수행하는 단계입니다. 테스팅 단계를 통과한 프로그램은 실제 이 프로그램을 사용할 사용자에게 배포됩니다. 그 후 폐기될 때까지 기능과 성능의 업그레이드와 오류 수정 작업이 지속되는 유지보수maintenance 단계에 들어갑니다.

프로그램 생명주기 모델

[그림 11-1]의 생명주기는 요구사항 분석 단계부터 유지보수 단계까지 폭포수가 떨어지듯 순차적으로 진행됩니다. 그래서 이를 폭포수 생명주기 모델water-fall life-cycle model이라고 합니다. 폭포수 생명주기 모델은 가장 고전적인 생명주기 모델로 각 단계의 작업이 다음 단계로 넘어가기 전에 완벽하게 완료될 수 있는, 비교적 난이도가 낮고 규모가 작은 프로그램을 개발할 때 적합합니다. 하지만 프로그램의 기능이 복잡해지고 규모가 커지면서 폭포수 생명주기 모델의 문제점들이 드러났습니다. 이 문제점들은 주로 복잡한 기능을 담은 프로그램의 요구사항을 초기 단계에서 완벽하게 파악하기 어렵다는 것과 대규모 프로그램의 모든 기능을 구현 단계에서 모두 개발한 후 다음 단계로 진행하는 것이 비현실적이라는 것에 기인합니다.

TIP 프로그램 개발에 실현 가능성이 낮은 기술을 사용한다고 할 때, 그 기술의 가능성을 먼저 확인하지 않고 본격적인 개발에 들어가는 것은 매우 위험합니다.

이런 문제점을 해결하기 위해 새로운 생명주기 모델이 개발되었습니다. [그림 11-2]의 프로토타이핑 모델prototyping model은 직접 눈으로 확인할 수 있는 시제품prototype을 만들어 사용자의 요구사항을 정확히 확인하고, 그 후에 본격적인 프로그램 개발에 들어가는 방법을 제시합니다.

그림 11-2 프로토타이핑 모델

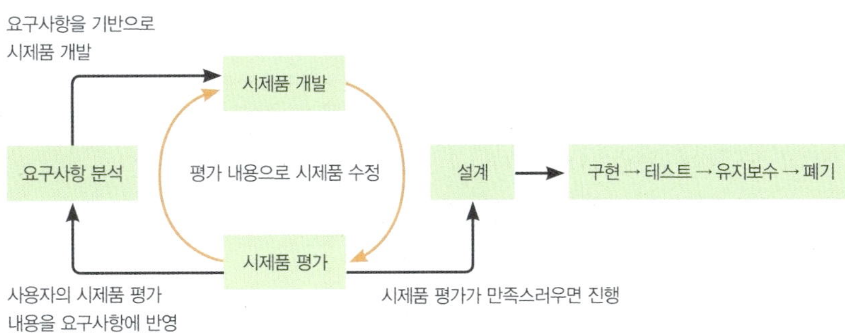

[그림 11-3]의 반복적 개발 모델iterative development model은 프로그램에서 먼저 개발되어야 할 기능이나 실현 가능성을 확인해야 하는 기능들부터 개발하는 작업을 반복하여 최종 프로그램을 완성하는 방법을 제시합니다.

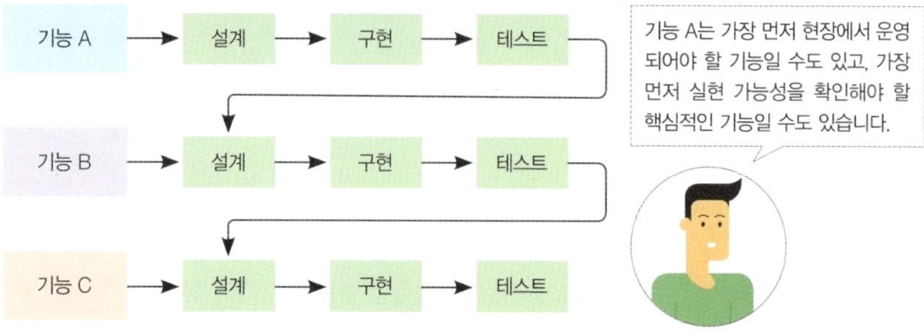

그림 11-3
반복적 개발 모델

오류는 생명주기의 앞 단계에서 발견할수록 수정하는 비용이 적게 듭니다. [그림 11-4]는 요구사항 분석 단계에서 수정할 수 있었던 오류를 유지보수 단계에서 수정할 때 그 비용이 100배 이상 증가하는 상황을 보여줍니다. 이런 이유로 요구사항이 복잡하고 규모가 큰 프로그램을 개발할 때는 시제품을 먼저 개발하여 사용자에게 프로그램에 대한 요구사항을 확인받은 후 본격적인 개발에 들어간다거나(프로토타이핑 모델), 요구사항의 구현이 어려운 기능부터 먼저 개발하면서 점차 구현 기능을 확장해나가는 방식(반복적 개발 모델) 등을 사용합니다.

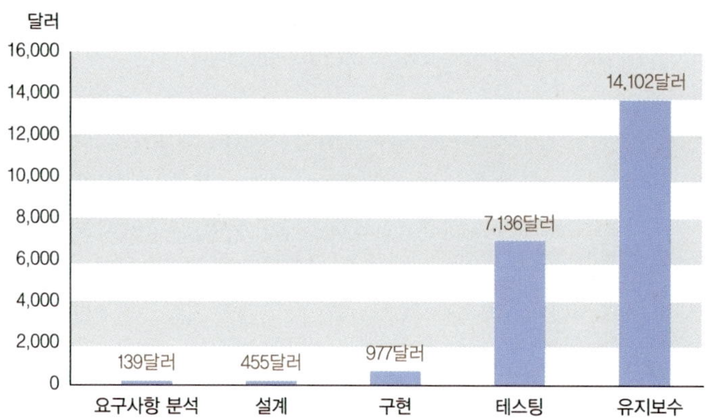

그림 11-4
프로그램 생명주기의 단계별 오류 수정 비용

〈출처 : B. Boehm and V. Basili, "Software Defect Reduction Top 10 List", IEEE Computer〉

02 요구사항 분석의 개념과 예

요구사항 분석의 개념

요구사항 분석은 간단히 말하면 어떤 프로그램을 개발해야 하는가에 대한 답을 찾는 것입니다. 즉 프로그램의 기능, 성능, 안전성, 제약사항 등에 대한 고객(프로그램 사용자 또는 프로그램 개발을 의뢰한 발주자)의 요구사항을 파악하고 파악된 요구사항에 일관성이 없거나, 완전하지 않거나, 명확하지 않거나, 테스트가 불가능하거나, 구현이 불가능한 내용 등이 없는지 분석하는 작업입니다.

그림 11-5
요구사항 분석 작업

요구사항 분석 내용은 이후 프로그램 설계와 구현에 가이드라인으로 활용되며
테스트 항목 설계의 기준이 되기 때문에 정확한 분석이 요구됩니다.
이를 위해 고객과 개발자 간 명확한 의사소통과 원활한 분석 작업이 이루어지도록
정형적인 요구사항 명세 언어들이 개발되어 사용되고 있습니다.

TIP 요구사항 분석은 고객의 프로그램에 대한 요구 사항을 기반으로 하지만, 고객이 요구하지 않았더라도 프로그램이 당연히 제공해야 하는 사항들을 포함합니다.

사실 요구사항은 프로그램의 기능부터 성능, 안전성, 신뢰성, 기술 표준 제약, 사생활 보호법 준수, 배포 방식 등 매우 다양한 내용을 포함합니다. 하지만 여기서는 가장 대표적인 기능function과 성능performance에 대한 요구사항 및 인명 피해나 막대한 재산 피해가 발생할 수 있는 민감한 응용 분야에서 반드시 분석해야 하는 안전성safety을 간단한 "엘리베이터 제어 프로그램"을 통해 설명하겠습니다.

요구사항 분석의 예

1층과 2층만 운행하는 간단한 엘리베이터 제어 프로그램을 만든다고 가정해봅시다. [그림 11-6]과 같이 엘리베이터 외부에는 엘리베이터를 호출하는 버튼과 현재 엘리베이터의 위치를 보여주는 디스플레이가 존재합니다. 그리고 엘리베이터 내부에는 1층과 2층 버튼, 문 열림 버튼, 문 닫힘 버튼, 그리고 현재 엘리베이터가 몇 층에 있는지 보여주는 디스플레이가 존재합니다.

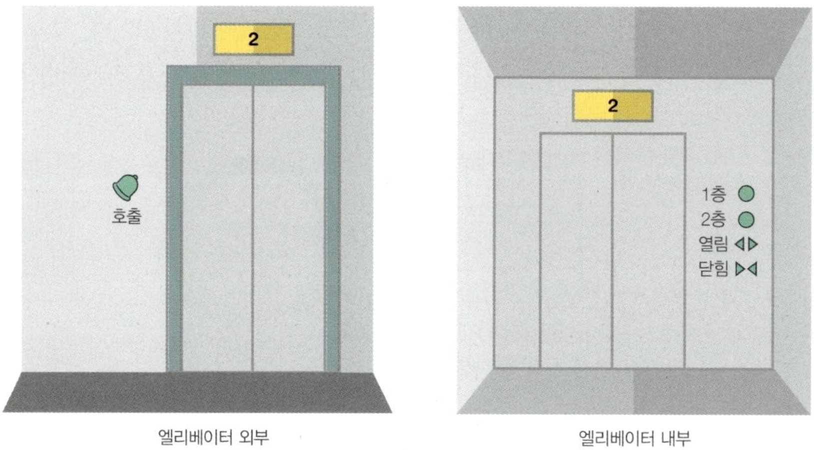

그림 11-6 1~2층을 운행하는 엘리베이터의 외부와 내부

프로그램의 기능에 대한 요구사항은 주로 데이터를 어떻게 조작하고 처리하는지, 외부에서 발생하는 이벤트에 대해서 어떻게 반응하는지 등에 대한 내용을 담고 있습니다. 따라서 [그림 11-6]에서 소개한 엘리베이터 기능에 대한 요구사항을 정리하면 [표 11-1]과 같습니다. 각 기능 요구사항을 구별하기 쉽게 기능 요구사항마다 번호를 붙였습니다.

표 11-1 엘리베이터 기능에 대한 요구사항

식별자	기능 내용
기능 요구 1	엘리베이터 호출 버튼을 누르면 엘리베이터 문이 열립니다.
기능 요구 2	엘리베이터가 머물고 있지 않은 층에서 호출 버튼을 누르면 엘리베이터 문은 열리지 않고 엘리베이터가 호출 버튼이 눌린 층으로 이동합니다.
기능 요구 3	엘리베이터가 호출 버튼이 눌린 층에 도착하면 엘리베이터 문은 자동으로 열립니다.
기능 요구 4	열린 엘리베이터 문은 일정 시간이 지난 후 자동으로 닫힙니다.
기능 요구 5	엘리베이터 안에서 문 닫힘 버튼을 누르면 엘리베이터 문이 닫힙니다.
기능 요구 6	엘리베이터 문이 닫히고 있을 때 엘리베이터가 있는 층의 호출 버튼이나 엘리베이터 안의 문 열림 버튼을 누르면 엘리베이터 문이 다시 열립니다.
기능 요구 7	엘리베이터 안에서 목적지 층을 누르면 그 목적지 층으로 이동합니다.
기능 요구 8	엘리베이터가 목적지 층에 도착하면 엘리베이터 문이 자동으로 열립니다.
기능 요구 9	엘리베이터는 현재 머물고 있는 층이 아닌 다른 층의 호출 버튼이 눌리거나 현재 층과 다른 목적지 층 버튼이 눌리지 않은 이상 그 자리에 머물러 있습니다.
기능 요구 10	엘리베이터 바깥 층과 엘리베이터 안의 디스플레이는 엘리베이터가 있는 층 번호를 보여줍니다.

프로그램 성능에 대한 요구사항은 주로 사용자가 작업을 요구한 시점부터 그 작업을 완료하기까지 걸리는 시간 또는 일정 시간에 처리할 수 있는 데이터의 양 등에 대한 내용을 담고 있습니다. [표 11-2]는 앞에서 설명한 엘리베이터에 대한 성능 요구사항입니다.

표 11-2 엘리베이터의 성능 요구사항

식별자	성능 내용
성능 요구 1	엘리베이터가 목적지 층에 도착한 순간부터 엘리베이터 문은 1초 안에 완전히 열려야 합니다.
성능 요구 2	엘리베이터가 다른 층으로 이동하는 순간부터 적당한 시간 안에 목적지 층에 도착해야 합니다.

안전성에 대한 요구사항은 인명 피해나 대규모의 재산 손실을 막기 위해 프로그램이 반드시 만족해야 할 성질입니다. 다른 요구사항과는 달리 일반적으로 안전성을 해치는 상황이 발생하는 것을 금지하는 형태로 기술합니다. [표 11-3]은 앞에서 설명한 엘리베이터의 안전성 요구사항들을 정리한 것입니다.

TIP 요즘 프로그램은 엘리베이터의 제어, 원자력 발전소의 제어, 미사일 궤도의 제어 등 매우 민감한 영역에도 널리 사용되고 있습니다. 이런 프로그램을 개발할 때는 무엇보다 안전성에 대한 요구사항을 정확하게 분석해야 합니다.

표 11-3
엘리베이터의
안전성 요구사항

식별자	안전성 내용
안전성 요구 1	엘리베이터 문이 열린 상태에서는 절대로 엘리베이터가 움직여서는 안 됩니다.
안전성 요구 2	엘리베이터가 움직이고 있을 때는 절대로 엘리베이터 문이 열려서는 안 됩니다.

프로그램에 대한 요구사항들이 정리되면 여러 사항을 분석하여 요구사항이 타당한지 확인해야 합니다. 이 작업을 연습하기 위해 앞에서는 일부러 개선이 필요하게 요구사항을 정리했습니다. 이제부터 [표 11-4]와 같은 항목들을 기준으로 요구사항 분석 및 개선 작업을 연습합니다.

표 11-4
요구사항 분석 항목

요구사항 분석 항목	요구사항 분석 내용
일관성consistency	요구사항 항목들이 서로 모순되지 않는지 분석합니다.
완전성completeness	요구사항에 누락된 내용이 없는지 분석합니다.
명확성unambiguity	요구사항에 애매모호한 내용이 없는지 분석합니다.
테스트 가능성testability	요구사항을 테스트할 수 있는지 분석합니다.
구현 가능성feasibility	요구사항이 구현 가능한지 분석합니다.

일관성 분석

[표 11-1]의 [기능 요구 1]은 엘리베이터가 머물러 있는 층과 호출 버튼이 눌리는 층 간의 관계를 밝히지 않아 엘리베이터가 1층에 있는 상태에서 2층의 호출 버튼을 눌러도 엘리베이터 문이 열리게 됩니다. 이는 [기능 요구 2]와 서로 모순됩니다. 따라서 [표 11-5]와 같이 수정합니다.

표 11-5
요구사항의 일관성 분석

식별자	기능 내용
기능 요구 1	엘리베이터 호출 버튼을 누르면 엘리베이터 문이 열립니다.

↓

식별자	기능 내용
기능 요구 1	엘리베이터가 머물고 있는 층에서 호출 버튼을 누르면 엘리베이터 문이 열립니다.

완전성 분석

완전성 분석은 요구사항 분석자가 고객이 말하지 않는 요구사항을 분석자 스스로 찾아내는 작업으로, 보통 외부로부터 프로그램에 주어질 수 있는 모든 입력 또는 프로그램이 처할 수 있는 모든 상황에 대해서 프로그램의 행동이 기술되었는지 검사합니다. 하지만 프로그램의 외부 입력 또는 프로그램이 처할 수 있는 상황 자체를 누락하는 경우도 있기 때문에 고객으로부터 유도된 요구사항만으로 완전성을 분석하는 것은 한계가 있습니다. 이런 이유로 완전성 분석은 분석자가 프로그램이 사용되는 영역에 대해 얼마나 많은 지식을 갖고 있느냐에 크게 영향을 받습니다.

[표 11-3]의 엘리베이터의 안전성 요구사항을 보면, 엘리베이터가 머물고 있지 않은 층에서 호출 버튼이 눌려도 엘리베이터 문이 절대 열리지 말아야 한다는 중요한 안전성 내용이 빠져 있습니다. 이 안전성 요구사항을 [표 11-6]과 같이 추가합니다.

표 11-6
요구사항의 완전성 분석

식별자	안전성 내용
안전성 요구 1	엘리베이터 문이 열린 상태에서는 절대로 엘리베이터가 움직여서는 안 됩니다.
안전성 요구 2	엘리베이터가 움직이고 있을 때는 절대로 엘리베이터 문이 열려서는 안 됩니다.

↓

식별자	안전성 내용
안전성 요구 1	엘리베이터 문이 열린 상태에서는 절대로 엘리베이터가 움직여서는 안 됩니다.
안전성 요구 2	엘리베이터가 움직이고 있을 때는 절대로 엘리베이터 문이 열려서는 안 됩니다.
안전성 요구 3	엘리베이터가 머물고 있지 않은 층에서 호출 버튼이 눌리는 경우에 엘리베이터 문이 열려서는 안 됩니다.

명확성 분석

[표 11-1]의 [기능 요구 5]를 보면 엘리베이터 문이 열리는 도중에 문 닫힘 버튼을 누르면 엘리베이터 문이 바로 닫히기 시작해야 하는지, 아니면 엘리베이터 문이 완전히 열린 후에 닫혀야 하는지 애매모호합니다. 따라서 [표 11-7]과 같이 엘리베이터 문이 열리는 도중에는 문이 완전히 열리기 전까지 문 닫힘 버튼을 눌러도 엘리베이터 문이 닫히지 않는다는 것을 가정하여 수정합니다.

표 11-7
요구사항의 명확성 분석

식별자	기능 내용
기능 요구 5	엘리베이터 안에서 문 닫힘 버튼을 누르면 엘리베이터 문이 닫힙니다.

↓

식별자	기능 내용
기능 요구 5	엘리베이터 문이 열린 상태에서 문 닫힘 버튼을 누르면 엘리베이터 문이 닫힙니다. 단, 엘리베이터 문이 열리는 도중에는 엘리베이터 문이 완전히 열릴 때까지 문 닫힘 버튼을 눌러도 엘리베이터 문이 닫히지 않습니다.

테스트 가능성 분석

[표 11-2]의 [성능 요구 2]를 보면 엘리베이터가 다른 층으로 이동하는 속도에 대해서 정확한 수치가 제시되어 있지 않습니다. 그저 적당한 시간 안에 다른 층으로 도착한다고 기술하면 테스트를 수행하는 사람에 따라서 합격과 불합격이 달라질 수 있습니다. 따라서 [표 11-8]과 같이 고객과 협의된 엘리베이터의 층간 이동 시간을 7초로 가정하고 수정합니다.

표 11-8 요구사항의 테스트 가능성 분석

식별자	성능 내용
성능 요구 2	엘리베이터가 다른 층으로 이동하는 순간부터 적당한 시간 안에 목적지 층에 도착해야 합니다.

↓

식별자	성능 내용
성능 요구 2	엘리베이터가 이동하는 순간부터 7초 안에 목적지 층에 도착해야 합니다.

구현 가능성 분석

[표 11-2]의 [성능 요구 1]을 보면 엘리베이터 문이 1초 만에 열려야 한다는 내용이 있습니다. 이 요구사항은 구현이 안 될 가능성이 매우 높기 때문에 [표 11-9]와 같이 반드시 고객과 협의하여 구현 가능한 성능으로 수정해야 합니다.

표 11-9 요구사항의 구현 가능성 분석

식별자	성능 내용
성능 요구 1	엘리베이터가 목적지 층에 도착한 순간부터 엘리베이터 문은 1초 안에 완전히 열려야 합니다.

↓

식별자	성능 내용
성능 요구 1	엘리베이터가 목적지 층에 도착한 순간부터 엘리베이터 문은 2초 안에 열리기 시작해서 5초 안에 완전히 열려야 합니다.

03 프로그램 테스팅의 개념과 예

프로그램 테스팅의 개념

프로그램 테스팅testing은 프로그램 실행을 통하여 프로그램에 존재하는 결함을 검출하는 작업입니다. 프로그램 테스팅의 최종 목표는 개발된 프로그램이 요구사항을 모두 만족하는지 확인하는 것입니다. 테스팅과 관련해 에러, 결함, 고장, 디버깅이란 용어가 혼용되는데 이들은 서로 다른 개념입니다.

- 에러error : 프로그래머가 프로그래밍할 때 범하는 실수로, 프로그램 내에 결함을 유발합니다.
- 결함default : 프로그램 내에 존재하는 완전하지 않거나 올바르지 않은 부분으로, 흔히 버그bug라고도 합니다. 프로그래머가 에러를 일으켜 발생합니다.
- 고장failure : 프로그램 내에 존재하는 결함으로 인해 발생하는 프로그램의 잘못된 동작입니다.
- 디버깅debugging : 프로그램 내의 결함을 찾아내어 제거하는 작업입니다.

그림 11-7 에러, 결함(버그), 고장, 디버깅의 개념

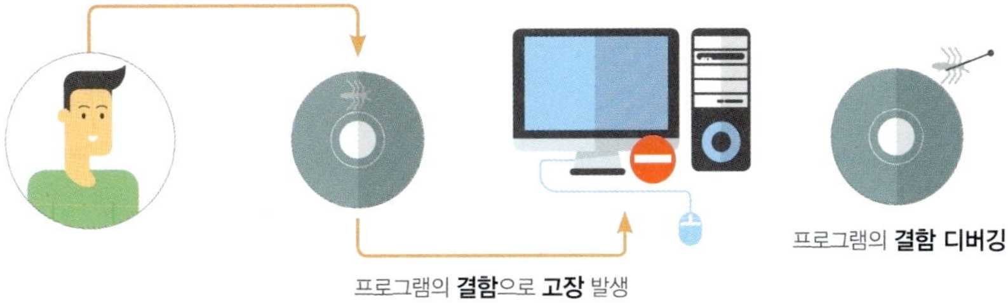

프로그램 내에 결함이 존재한다고 반드시 고장이 발생하는 것은 아닙니다. 예를 들어, 엘리베이터의 문 닫힘 버튼을 1초에 10번 이상 눌러야 발견되는 결함은 실제 상황에서 고장을 일으키지 않을 가능성이 높습니다.

프로그램을 실제로 실행하면서 결함을 검출하는 것을 시스템 테스트system test라고 합니다. 시스템 테스트는 블랙박스 테스트black-box test라는 방식을 사용합니다. 블랙박스 테스트는 프로그램 내용은 보지 않은 채 프로그램을 테스트 시나리오대로 실행시키면서 오류를 검사하는 방식입니다.

TIP 실행 가능한 프로그램이 만들어지기 전에도 프로시저 단위로 결함을 검출하는 단위 테스트unit test와 프로시저들이 정상적으로 하나의 프로그램으로 결합되는지 검사하는 결합 테스트integration test가 있습니다. 블랙박스 테스트와 달리 프로그램 내용을 직접 보면서 프로그램의 오류를 찾는 방식을 화이트박스 테스트white-box test라 하는데, 화이트박스 테스트는 주로 프로그래머가 단위 테스트나 결합 테스트를 할 때 사용합니다.

테스트케이스의 개념과 예

블랙박스 테스트에 사용되는 하나의 테스트 시나리오를 테스트케이스test-case라고 합니다. 테스트케이스는 프로그램 요구사항에 기술된 기능, 성능, 안전성, 제약사항 등을 검사할 수 있는 프로그램 조작 시나리오를 담고 있습니다. 그 외 자신을 구별할 수 있는 식별자, 테스트 내용에 대한 간략한 설명과 테스트 범주 구분(기능, 성능, 안전성, 제약사항 중 어느 범주를 테스트하는 것인지 구분), 심각성 구분(일반적으로 매우 심각, 심각, 보통, 사소함으로 테스트의 심각한 정도를 구분), 사전 조건(본 테스트케이스를 실행 전에 반드시 만족되어야 할 조건을 기술) 등을 포함하고 있습니다.

[표 11-10]은 앞에서 소개한 엘리베이터의 기능 중 [기능 요구 2]를 확인하는 테스트케이스의 예입니다. 만일, 조작 시나리오의 예상 결과대로 프로그램이 동작하지 않는다면 이 테스트케이스는 실패로 판정되는데 이런 경우 이 테스트케이스는 심각성이 '매우 심각'으로 구분되기 때문에 반드시 수정되어야 합니다.

표 11-10
[기능 요구 2] 확인을 위한 테스트케이스의 예

테스트케이스 식별자	기능 요구 2-테스트케이스 001			
테스트케이스 설명	엘리베이터가 머물고 있지 않는 층에서 호출 버튼을 누르면 엘리베이터 문은 열리지 않고 엘리베이터가 호출 버튼이 눌린 층으로 이동하는지 테스트합니다.			
테스트 범주	■ 기능	□ 성능	□ 안전성	□ 기타 제약
심각성	■ 매우 심각	□ 심각	□ 보통	□ 사소
사전 조건	엘리베이터는 1층에 정지해 있습니다.			

조작 시나리오	예상 결과
1 2층에서 엘리베이터 호출 버튼을 누릅니다.	• 2층의 엘리베이터 문이 열리지 않습니다. • 엘리베이터가 2층으로 이동합니다. • 엘리베이터 문이 자동으로 열립니다.
2 엘리베이터에 타지 않고 기다립니다.	• 엘리베이터 문이 자동으로 닫힙니다.
3 1층에서 엘리베이터 호출 버튼을 누릅니다.	• 1층의 엘리베이터 문이 열리지 않습니다. • 엘리베이터가 1층으로 이동합니다. • 1층에 도착한 후 엘리베이터 문이 자동으로 열립니다.

시스템 테스트 작업은 테스트케이스가 얼마나 효율적으로 설계되었는가에 크게 영향을 받습니다. 예를 들어, 전자계산기 프로그램의 더하기 기능을 테스트할 때 양수끼리 더하는 테스트케이스만 100개 만들면 결코 음수끼리 더하는 기능에 존재하는 결함을 찾아낼 수 없습니다. 테스트케이스를 설계할 때는 항상 적은 테스트케이스들로 최대한 많은 결함을 찾을 수 있도록 고민해야 합니다. [그림 11-8]은 테스트케이스의 효율성을 비교한 그림입니다. 그림처럼 적은 수의 테스트케이스로 최대한의 결함을 검출하는 테스트케이스가 효율성이 좋습니다.

그림 11-8
테스트케이스의 효율성 비교

테스트케이스를 효율적으로 설계하는 대표적인 기법으로, 먼저 프로그램의 입력을 몇 개의 유형으로 구분한 후 유형별 대표 입력 값을 테스트에 사용하는 기법이 있습니다. 전자계산기의 정수끼리 더하기 기능을 테스트할 때 더하기의 입력을 양의 정수끼리 더하기, 양의 정수와 음의 정수 더하기, 음의 정수와 양의 정수 더하기, 음의 정수끼리 더하기 등으로 유형을 구분하고 각 유형의 대표로 3+7, 10+(−3), (−6)+2, (−3)+(−6)만 테스트하는 것이 그 예입니다.

그림 11-9
테스트케이스 설계 기법 예1 : 입력의 유형별 구분 활용

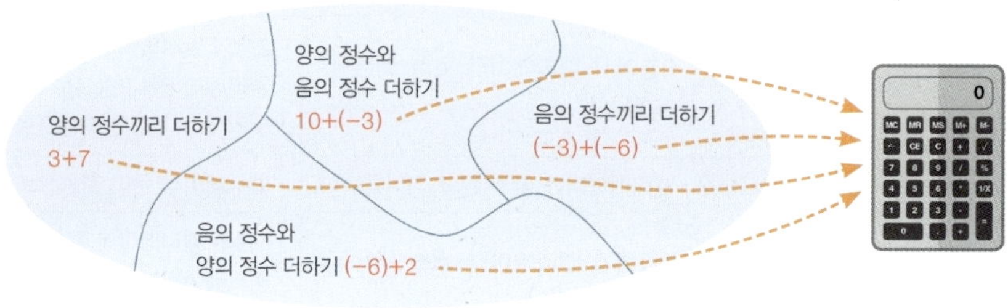

다음으로 프로그램의 입력 또는 출력이 가질 수 있는 값의 최대 또는 최소의 경곗값을 테스트에 사용하는 기법이 있습니다. 계산할 수 있는 최댓값이 1억인 전자계산기를 테스트할 때 결과값이 1억을 넘어가는 경우를 테스트케이스로 사용한다거나 나누기 계산에서 분모의 중요한 경곗값인 0으로 나누는 기능을 테스트케이스로 사용하는 것이 그 예입니다.

그림 11-10
테스트케이스 설계 기법 예2 : 경곗값 활용

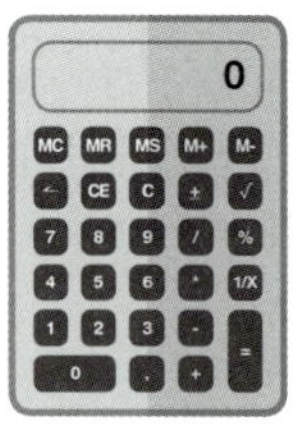

최대 1억까지 계산할 수 있는 전자계산기

경곗값을 활용한 테스트케이스 설계

- 계산 결과가 1억을 넘어가는 테스트케이스. 예) 6천만 + 6천만
- 0으로 나누기 기능을 검사하는 테스트케이스. 예) 25 / 0

조금 어려운 이야기

[그림 11-9]의 기법을 전문 용어로 동등 분할equivalent partition이라 하고 [그림 11-10]의 기법을 경곗값 분석boundary-value analysis이라 합니다.

04 요구사항 분석과 테스팅 연습

요구사항 분석하기

사용자에게서 삼각형 세 변의 길이를 입력받아 삼각형이 될 수 없음, 정삼각형, 이등변삼각형(정삼각형 제외), 부등변삼각형으로 구분하는 프로그램을 작성해봅시다. 이 프로그램은 성격상 성능이나 안전성 등의 요구사항은 중요하지 않으므로 기능에 대한 요구사항만 분석하면 [표 11-11]과 같습니다.

표 11-11 프로그램의 기능 요구사항

식별자	기능 내용
기능 요구 1	입력받은 세 변의 길이가 삼각형을 형성하지 못하는 값이라면 고양이가 "잘못된 값입니다."라고 말합니다.
기능 요구 2	삼각형을 형성하는 세 변의 길이가 모두 같으면 고양이가 "정삼각형입니다."라고 말합니다.
기능 요구 3	삼각형을 형성하는 세 변의 길이 중 두 변만 길이가 같으면 고양이가 "정삼각형이 아닌 이등변삼각형입니다."라고 말합니다.
기능 요구 4	삼각형을 형성하는 세 변의 길이가 모두 다르면 고양이가 "부등변삼각형입니다."라고 말합니다.

테스트케이스 설계하기

요구사항 분석 작업이 완료되면 이를 기반으로 테스트케이스를 설계할 수 있습니다. 이때 삼각형의 세 변의 길이를 달리하여 수많은 테스트케이스를 설계할 수 있지만 여기서는 입력을 유형별로 구분하는 동등 분할 기법을 활용하겠습니다.

테스트에 사용할 삼각형 세 변의 길이를 ❶ 삼각형을 형성하지 못하는 경우(두 변의 길이 합이 다른 한 변의 길이와 같거나 작은 경우), ❷ 정삼각형을 형성하는 경우(세 변의 길이가 모두 같은 경우), ❸ 정삼각형이 아닌 이등변삼각형을 형성하는 경우(두 변의 길이만 같은 경우), ❹ 부등변삼각형을 형성하는 경우(세 변의 길이가 모두 다른 경우)의 4가지 유형으로 구분합니다.

각 유형별로 대표 값을 선정해 테스트케이스 설계에 활용하는데 여기서는 삼각형을 형성하지 못하는 경우의 대표 값으로 (18, 3, 5), 세변의 길이가 같은 경우의 대표 값으로 (4, 4, 4), 두 변의 길이만 같은 경우의 대표 값으로 (8, 5, 5), 세 변의 길이가 모두 다른 경우의 대표 값으로 (6, 3, 5)를 사용합니다.

그림 11-11
테스트케이스 설계

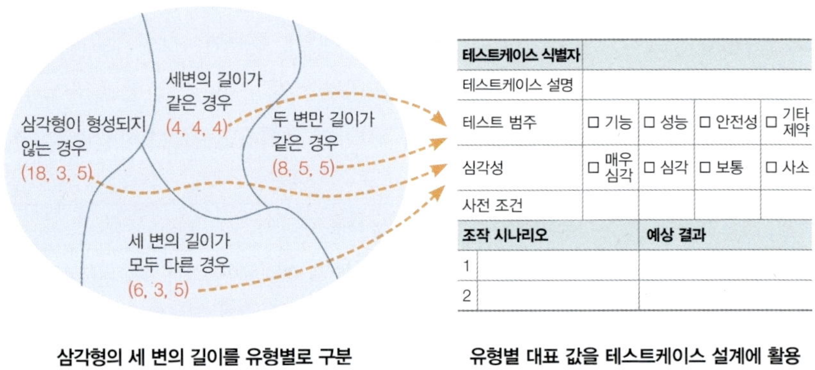

[표 11-12]와 [표 11-13]은 각 유형별 대표 값들을 활용하여 설계한 테스트케이스를 보여줍니다. 모든 테스트케이스의 테스트 범주는 기능 범주에 속하며 심각성은 매우 심각하나 테스트케이스를 간략하게 표현하기 위해서 표에는 테스트 범주와 심각성을 생략하였습니다.

테스트케이스 식별자		기능 요구 1 – 테스트케이스 001
테스트케이스 설명		세 변의 길이가 삼각형을 형성하지 못하는 값이라면 고양이가 "잘못된 값입니다."라고 말하는지 테스트합니다.
조작 시나리오		**예상 결과**
1	스크래치 프로그램을 실행시킵니다.	사용자 입력 창이 뜨고 고양이가 첫 번째 변의 길이를 묻습니다.
2	사용자 입력 창에 18을 입력합니다	사용자 입력 창이 뜨고 고양이가 두 번째 변의 길이를 묻습니다.
3	사용자 입력 창에 3을 입력합니다.	사용자 입력 창이 뜨고 고양이가 세 번째 변의 길이를 묻습니다.
4	사용자 입력 창에 5를 입력합니다.	고양이가 "잘못된 값입니다."라고 말합니다.

테스트케이스 식별자		기능 요구 2 – 테스트케이스 001
테스트케이스 설명		세 변의 길이가 모두 같으면 고양이가 "정삼각형입니다."라고 말하는지 테스트합니다.
조작 시나리오		**예상 결과**
1	스크래치 프로그램을 실행시킵니다.	사용자 입력 창이 뜨고 고양이가 첫 번째 변의 길이를 묻습니다.
2	사용자 입력 창에 4를 입력합니다.	사용자 입력 창이 뜨고 고양이가 두 번째 변의 길이를 묻습니다.
3	사용자 입력 창에 4를 입력합니다.	사용자 입력 창이 뜨고 고양이가 세 번째 변의 길이를 묻습니다.
4	사용자 입력 창에 4를 입력합니다.	고양이가 "정삼각형입니다."라고 말합니다.

표 11-12 삼각형을 형성하지 못하는 경우와 정삼각형인 경우의 테스트케이스

테스트케이스 식별자		기능 요구 3 – 테스트케이스 001
테스트케이스 설명		세 변의 길이 중 두 변만 길이가 같으면 고양이가 "정삼각형이 아닌 이등변삼각형입니다."라고 말하는지 테스트합니다.
조작 시나리오		**예상 결과**
1	스크래치 프로그램을 실행시킵니다.	사용자 입력 창이 뜨고 고양이가 첫 번째 변의 길이를 묻습니다.
2	사용자 입력 창에 8을 입력합니다	사용자 입력 창이 뜨고 고양이가 두 번째 변의 길이를 묻습니다.
3	사용자 입력 창에 5를 입력합니다.	사용자 입력 창이 뜨고 고양이가 세 번째 변의 길이를 묻습니다.
4	사용자 입력 창에 5를 입력합니다.	고양이가 "정삼각형이 아닌 이등변삼각형입니다."라고 말합니다.

테스트케이스 식별자		기능 요구 4 – 테스트케이스 001
테스트케이스 설명		세 변의 길이가 모두 다르면 고양이가 "부등변삼각형입니다."라고 말하는지 테스트합니다.
조작 시나리오		**예상 결과**
1	스크래치 프로그램을 실행시킵니다.	사용자 입력 창이 뜨고 고양이가 첫 번째 변의 길이를 묻습니다.
2	사용자 입력 창에 6을 입력합니다.	사용자 입력 창이 뜨고 고양이가 두 번째 변의 길이를 묻습니다.
3	사용자 입력 창에 3을 입력합니다.	사용자 입력 창이 뜨고 고양이가 세 번째 변의 길이를 묻습니다.
4	사용자 입력 창에 5를 입력합니다.	고양이가 "부등변삼각형입니다."라고 말합니다.

표 11-13 이등변삼각형인 경우와 부등변삼각형인 경우의 테스트케이스

삼각형 종류를 구별하는 프로그램 테스트하기

앞에서 설계한 테스트케이스들을 활용하기 위해 [그림 11-12]와 같이 삼각형의 종류를 구별하는 스크립트를 작성합니다.

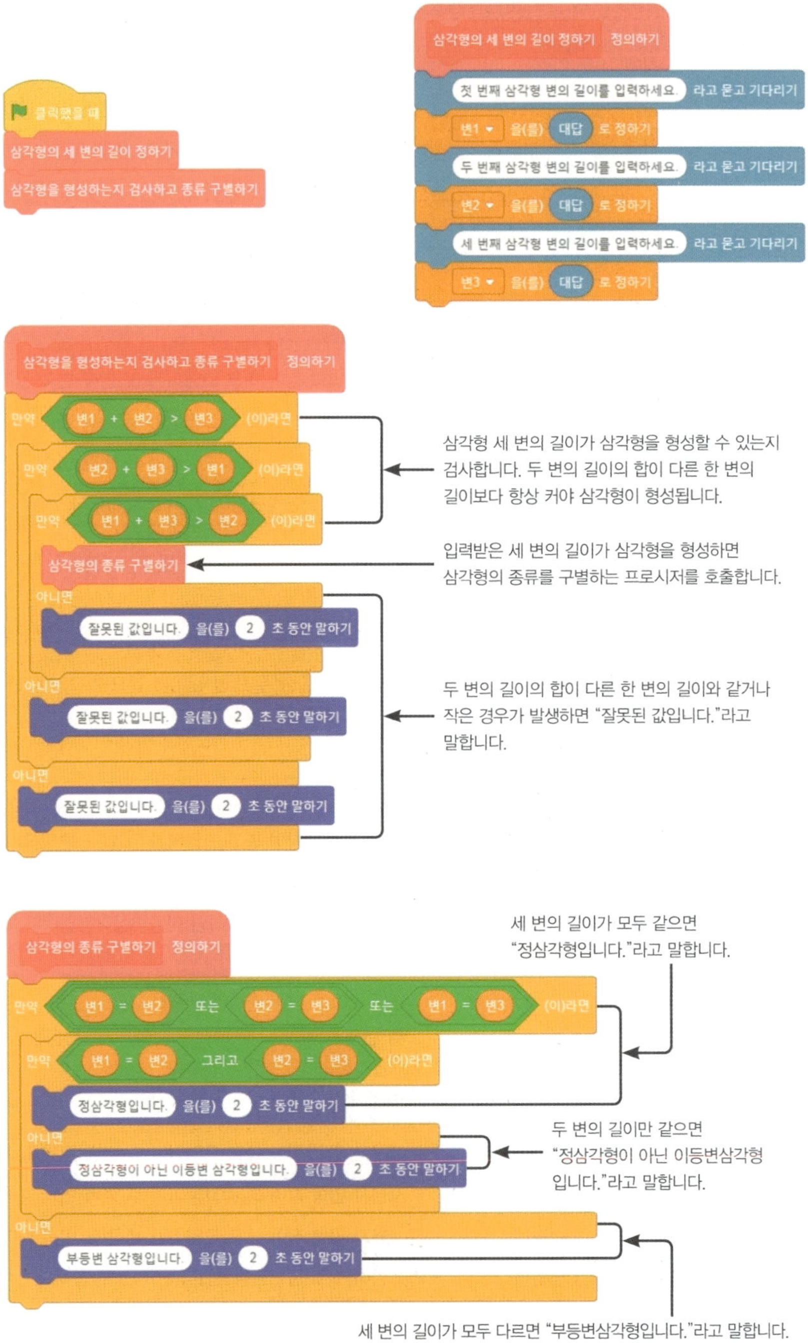

그림 11-12
삼각형 종류를 구별하는 스크립트

이 프로그램은 앞에서 설계한 테스트케이스들을 모두 성공적으로 통과합니다. 테스트 수행의 예로, [표 11-14]는 테스트케이스 [기능 요구 2-테스트케이스 001]로 프로그램을 검사한 예입니다.

표 11-14
테스트케이스를 이용한 프로그램 검사

조작 시나리오		예상 결과	프로그램 실행 결과
1	스크래치 프로그램을 실행시킵니다.	사용자 입력 창이 뜨고 고양이가 첫 번째 변의 길이를 묻습니다.	
2	사용자 입력 창에 4를 입력합니다.	사용자 입력 창이 뜨고 고양이가 두 번째 변의 길이를 묻습니다.	
3	사용자 입력 창에 4를 입력합니다.	사용자 입력 창이 뜨고 고양이가 세 번째 변의 길이를 묻습니다.	
4	사용자 입력 창에 4를 입력합니다.	고양이가 "정삼각형입니다."라고 말합니다.	

문제 한번 풀어볼까요?

01 다음 중 프로그램의 생명주기를 구성하는 대표적인 단계에 속하지 않는 것을 고르세요.

① 요구사항 분석 단계　② 설계 단계
③ 테스팅 단계　④ 폐기 단계

02 프로그램 생명주기 단계 중, 어떤 프로그램을 개발할 것인가에 대한 답을 찾는 단계로서 프로그램의 기능, 성능, 안전성 등에 대한 요구사항을 파악하고 이들의 오류를 분석하여 해결하는 단계는 무엇인가요?

① 요구사항 분석 단계　② 설계 단계
③ 구현 단계　④ 테스팅 단계

03 가장 고전적인 프로그램의 생명주기 모델로서 요구사항 분석, 설계, 구현, 테스팅, 유지보수 단계를 차례대로 완료하는 방식의 모델은 무엇인가요?

① 폭포수 모델　② 프로토타이핑 모델　③ 반복적 개발 모델

04 프로그램 생명주기 모델 중, 프로그램의 시제품을 먼저 개발하여 고객의 요구사항을 정확히 파악한 후 다음 단계로 넘어가는 모델은 무엇인가요?

① 폭포수 모델　② 프로토타이핑 모델　③ 반복적 개발 모델

05 요구사항을 분석하는 항목들 중, 요구사항들 간에 서로 모순되는 것이 없는지 검사하는 항목과 누락된 요구사항이 없는지 검사하는 항목을 올바르게 짝지은 것을 고르세요.

① 일관성 검사 – 명확성 검사
② 명확성 검사 – 테스트 가능성 검사
③ 완전성 검사 – 구현 가능성 검사
④ 일관성 검사 – 완전성 검사

06 다음은 놀이공원의 요금을 계산하는 프로그램의 기능에 대한 요구사항을 정리한 것입니다. 이 요구사항의 분석 결과로 올바른 것을 고르세요.

식별자	기능 내용
기능 요구 1	놀이공원의 기본 요금은 10,000원입니다.
기능 요구 2	입장객의 나이가 6세 이하거나 60세 이상인 경우 20%를 할인하여 8,000원을 받습니다.
기능 요구 3	10명 이상 단체 입장객들은 10%를 할인하여 9,000원을 받습니다.

① [기능요구 1]은 테스트가 불가능한 요구사항입니다.

② [기능요구 2]는 구현이 불가능한 요구사항입니다.

③ [기능요구 2]와 [기능요구 3]은 서로 모순되는 요구사항들입니다.

④ 10명 이상인 단체 입장객들에 나이가 6세 이하거나 60세 이상인 입장객이 포함된 경우, 어떤 요금을 적용할지에 대한 요구가 누락되었습니다.

07 다음 중 프로그램 내의 결함을 찾아내어 제거하는 작업은 무엇인가요?

① 디버깅 ② 결함 ③ 고장 ④ 에러

08 다음 중 시스템 테스트에 대한 설명으로 옳은 것은 무엇인가요?

① 프로그램 내용을 직접 보면서 오류를 검사하는 화이트 박스 테스트 방식을 활용합니다.

② 프로그램을 실행하면서 테스트케이스대로 조작하여 오류를 검사합니다.

③ 프로시저의 구현 내용을 보면서 오류를 검사합니다.

④ 프로시저들이 제대로 하나의 프로그램으로 결합되는지 검사합니다.

09 블랙박스 테스트에 사용되는 테스트 시나리오를 테스트케이스라고 합니다. 다음 중 테스트케이스에 포함되지 않는 항목은 무엇인가요?

① 테스트케이스 식별자

② 간략한 테스트 내용 설명

③ 프로그램 개발자 이름

④ 테스트 범주와 심각성 정도

⑤ 프로그램 조작 시나리오와 그에 따른 프로그램의 반응

10 전자계산기의 정수 덧셈 기능을 테스트하기 위해 동등 분할 기법을 활용하려고 합니다. 테스트의 입력 값이 올바르게 묶인 것을 고르세요.

① 9+10, 8+11, 10+9, (−9)+(−6)

② (−9)+10, 8+(−11), (−10)+(−9), (−9)+(−6)

③ 9+10, (−8)+(−11), 10+9, (−9)+(−6)

④ 9+10, 8+(−11), (−10)+9, (−9)+(−6).

11 다음과 같은 음료 자판기를 제어하는 프로그램을 개발하고자 할 때, 테스트 입력 값이 올바르게 묶인 것을 고르세요. (힌트 각 음료의 값은 중요한 테스트 입력 값입니다(500, 700, 900). 그리고 각 음료 값을 기준으로 구분되는 영역(예 : 500 이하, 500과 700 사이)의 금액을 대표하는 값들도 중요한 테스트 입력 값입니다.)

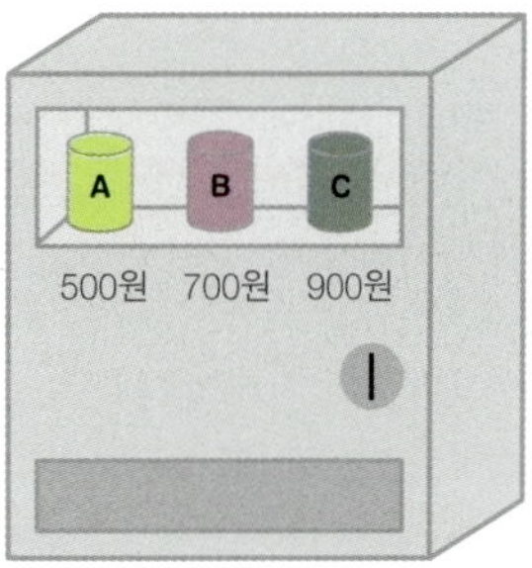

① 100원, 500원, 600원, 700원, 800원, 900원, 1000원

② 100원, 500원, 550원, 600원, 650원, 950원, 1000원

③ 50원, 100원, 600원, 700원, 900원, 1000원, 1500원

④ 50원, 500원, 600원, 700원, 800원, 850원, 900원

12 다음은 500원짜리 음료 하나만 판매하는 자판기의 기능에 대한 요구사항을 정리한 것입니다. 이 요구사항에 대해서 일관성, 명확성, 완전성을 분석하세요. 여러분이 알고 있는 자판기의 기능과 자판기를 이용하는 다양한 경우를 상상합니다. 예를 들어, '음료가 품절된 상태에서 돈을 투입하면 자판기가 어떻게 행동해야 할까?', '음료 가격 이상의 금액이 투입되어 있을 때 음료 버튼을 계속 누르지 않고 있으면 자판기는 어떻게 행동해야 할까?' 등을 고민하면 다음의 요구사항은 일관성, 명확성, 완전성 관점에서 개선의 여지가 있습니다. (단, 이 자판기는 거슬러 줄 수 있는 잔돈이 없는 경우를 고려하지 않습니다.)

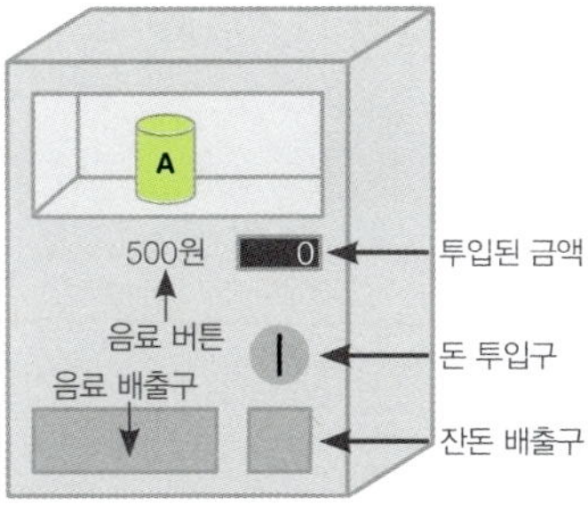

〈자판기의 기능 요구사항 정리〉

식별자	기능 내용
기능 요구 1	돈을 투입하면 투입된 금액을 보여줍니다.
기능 요구 2	500원 이상의 돈이 투입되면 음료 버튼이 켜집니다.
기능 요구 3	음료가 품절되면 음료 버튼은 켜지지 않습니다.
기능 요구 4	500원 이상의 돈이 투입된 상태에서 음료 버튼을 누르면 투입된 금액에서 500원을 차감하고 1개의 음료가 배출됩니다.
기능 요구 5	음료가 배출된 후에도 500원 이상의 금액이 투입된 상태라면 음료 버튼은 여전히 켜져 있고 500원 미만의 금액이 투입된 상태라면 음료 버튼이 꺼지게 됩니다.
기능 요구 6	500원 미만의 돈이 남았을 때 추가로 돈을 투입하지 않으면 자판기는 잔돈을 배출합니다.

13 12번 문제를 풀고 난 후, 개선된 기능 요구사항들 중 3개를 임의로 선택하여 검사하는 테스트케이스들을 작성하세요. 아래는 [기능 요구 1]에 대한 테스트케이스의 예입니다. 테스트케이스의 조작 시나리오는 테스트케이스를 작성하는 사람마다 다를 수 있지만 우리가 사용할 수 있는 모든 동전에 대해서 검사하는 것에 주목합니다. (단, 1원짜리 동전은 사용하지 않는다고 가정합니다.)

테스트케이스 식별자		기능 요구 1－테스트케이스 001			
테스트케이스 설명		돈을 투입한 금액대로 표시되는지 검사합니다.			
테스트 범주		■ 기능	□ 성능	□ 안전성	□ 기타 제약
심각성		■ 매우 심각	□ 심각	□ 보통	□ 사소
사전 조건					
조작 시나리오			**예상 결과**		
1	10원짜리 동전을 투입합니다.		10원이 표기됩니다.		
2	50원짜리 동전을 투입합니다.		60원이 표기됩니다.		
3	100원짜리 동전을 투입합니다.		160원이 표기됩니다.		
4	500원짜리 동전을 투입합니다.		660원이 표기됩니다.		

창의 게임 프로그래밍

이번 장에서 **무엇을 배우나요?**

1. 컴퓨터 게임의 개념을 이해하고 컴퓨터 게임의 장르를 공부합니다.
2. 다양한 키보드 키와 마우스 버튼 입력 처리 방법을 공부합니다.
3. 스프라이트들끼리 충돌했을 때 이를 처리하는 방법에 대해 공부합니다.
4. 스프라이트들을 결합하여 이동시키는 방법을 공부합니다.
5. 중력에 영향을 받는 움직임의 구현 방법을 공부합니다.

CHAPTER

12

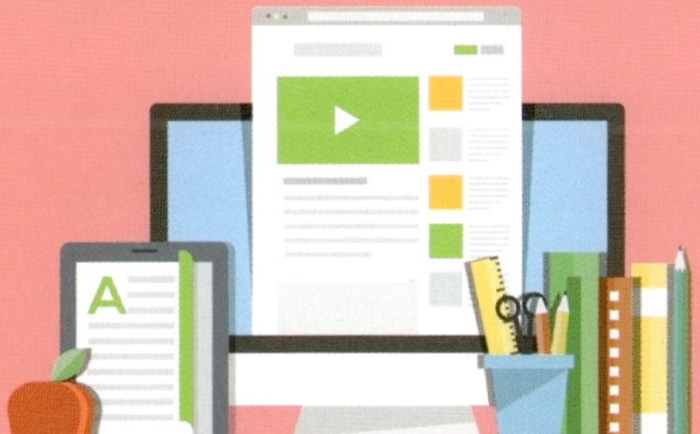

01 게임의 개념과 종류

게임의 개념

게임은 쉽게 말해 우리가 흔히 알고 있는 놀이에 경쟁, 승부 등의 요소가 강하게 들어간 활동입니다. 게임에 대한 정의는 여러 사람에 의해 다양하게 언급되어 왔지만 대개 '게임 참여자들이 일정한 규칙 아래 경쟁하여 수치적으로 측정 가능한 결과를 만들어내는 시스템'으로 설명할 수 있습니다. 컴퓨터 게임은 이와 같은 게임을 컴퓨터로 구현한 것입니다. 사전에서는 '컴퓨터를 이용하여 즐기는 오락. 주로 컴퓨터의 그래픽 기능을 이용하여 화면 위에 움직이는 그림으로 하는 비디오 게임'이라고 정의하고 있습니다.

컴퓨터 게임의 종류

컴퓨터 게임은 크게 아케이드, 어드벤처, 시뮬레이션, 롤플레잉(역할 수행) 등의 4가지로 분류할 수 있습니다.

아케이드 게임

아케이드 게임arcade game은 가장 고전적인 게임 형식으로, 동전을 넣고 게임할 수 있는 기계로 즐기는 게임을 말합니다. 아케이드 게임은 짧은 단계, 제한 시간, 2~3번의 기회 등을 특징으로 하며 특별한 이야기 구조가 없습니다. 대표적인 아케이드 게임으로는 갤라그, 벽돌 깨기, 방구차 등이 있습니다.

그림 12-1
아케이드 게임

아케이드 게임장

갤라그

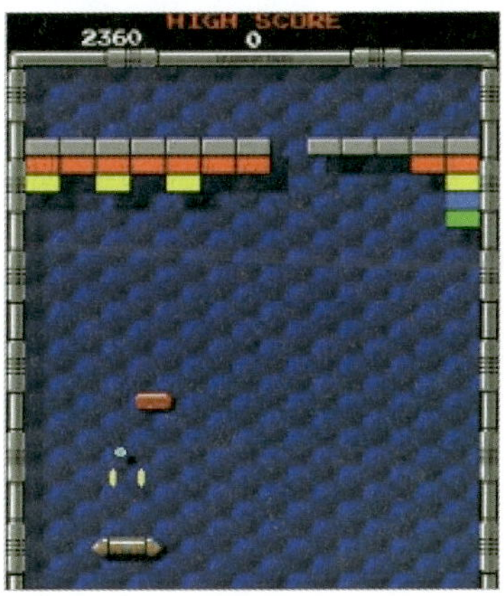

벽돌 깨기

방구차

TIP 원래 아케이드란 용어는 돔 아래 밀집되어 있는 상점들을 의미하는데, 이런 상점들에 아케이드 게임기를 설치해 운영했기 때문에 아케이드 게임이란 이름이 붙었습니다.

어드벤처 게임

어드벤처 게임adventure game은 미리 짜인 스토리에 따라 주인공이 모험을 하면서 주어진 상황에 적절히 대처하고, 모험 중에 획득한 아이템과 기술을 이용해 문제를 해결하여 최종 목적지를 향해 가는 게임입니다. 빠른 손동작과 반사 행동이 강조되는 아케이드 게임과는 달리 논리적 사고와 인내심이 요구되는 게임으로, 화려한 액션이 필요 없고 논리적인 전개를 필요로 하기 때문에 글을 읽거나 추리하는 형식이 많습니다. 대표적인 어드벤처 게임으로는 미스트, 툼 레이더, 몽키 아일랜드 등이 있습니다.

그림 12-2
어드벤처 게임

미스트

툼 레이더

몽키 아일랜드

시뮬레이션 게임

시뮬레이션 게임simulation game은 현실 상황을 표현한 게임입니다. 처음에는 군사 훈련이나 자동차 운전 연습 등 교육과 훈련 목적으로 개발되었는데, 점차 일반적인 상황을 컴퓨터로 표현함에 따라 육성(기르기), 연애, 경영 등으로 그 범위가 넓어졌습니다. 시뮬레이션 게임은 실재에서와 같이 자유롭게 사물을 조정하거나 환경을 만들어가는 게임으로 플라이트 시뮬레이터 시리즈, 그란투리스모, 심시티, 심즈, 삼국지 등이 있습니다.

그림 12-3
시뮬레이션 게임

플라이트 시뮬레이터

그란투리스모

심즈

삼국지

롤플레잉 게임

롤플레잉 게임role-playing game은 플레이어가 게임 속 캐릭터들의 역할을 맡아 임무나 목적을 달성해가는 게임으로, 자신이 수행하는 역할에 따라 다양한 방식으로 게임에 참여하게 됩니다. 어드벤처 게임과는 달리 정해진 스토리가 없으며 높은 자유도로 주어진 공간에서 자신이 맡은 역할만 수행하면 된다는 특징이 있습니다. 대표적인 롤플레잉 게임으로 울티마, 파이널 판타지 등이 있습니다. 한편, 인터넷이 발전하면서 대규모 플레이어들이 함께 게임에 참여하는 MMORPG가 큰 인기를 끌고 있는데 대표적인 MMORPG로 리니지, 월드오브워크래프트 등이 있습니다.

그림 12-4
롤플레잉 게임

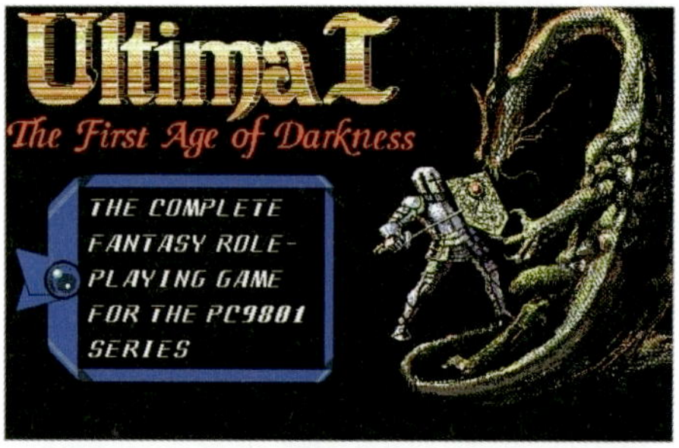

울티마

파이널 판타지

월드오브워크래프트

02
다양한 게임 기능의 구현

키보드 키들의 조합 처리하기

상당히 많은 게임에서 스프라이트들이 키보드에 있는 키 두 개가 동시에 눌렸을 때 수행하는 행동을 갖고 있습니다. 대표적인 예로, 스페이스 바만 눌렀을 때는 제자리에서 점프하지만, 방향 키로 달리게 하면서 스페이스 바를 누르면 달리는 방향으로 점프하는 경우를 들 수 있습니다.

[그림 12-5]는 키보드의 ←, →로 이동하며 스페이스 바로 점프하는 고양이의 스크립트입니다. 고양이는 정지 상태에서 스페이스 바를 누르면 제자리에서 점프하고 이동 중에 스페이스 바를 누르면 이동 방향으로 점프합니다.

그림 12-5
멀리 점프하는 고양이의 스크립트

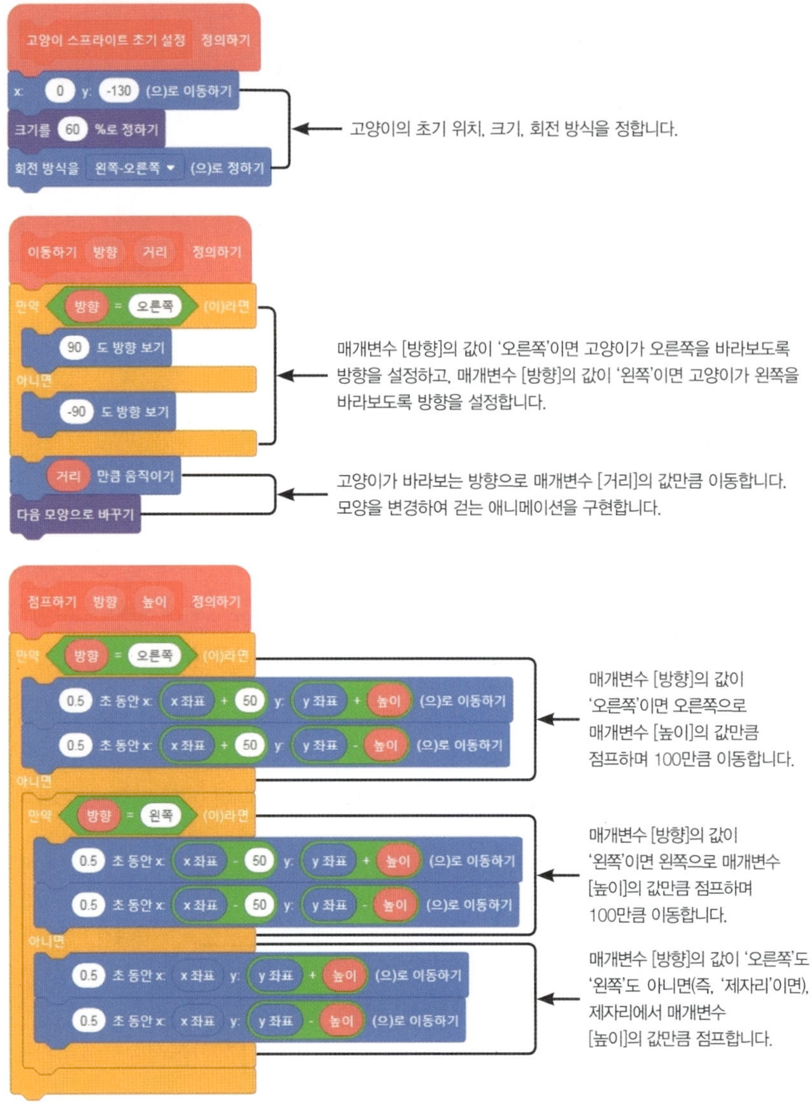

키보드 키와 마우스 버튼의 조합 처리하기

게임의 스프라이트는 마우스 버튼을 눌렀을 때 키보드의 상태에 따라서 다른 행동을 수행할 수 있습니다. 예를 들어, 마우스 버튼을 누르면 일반 총알을 발사하는 비행기가 키보드의 스페이스 바가 눌린 상태에서 마우스 버튼을 누르면 미사일을 발사할 수 있습니다.

[그림 12-6]은 마우스 버튼을 클릭할 때마다 마우스 포인터의 위치로 이동하는 고양이의 스크립트입니다. 고양이는 마우스 버튼만 클릭하면 마우스 포인터의 위치까지 3초에 걸쳐 이동하지만 키보드의 스페이스 바가 눌린 상태에서 마우스 버튼을 누르면 마우스 포인터의 위치까지 순간 이동을 합니다.

그림 12-6
마우스 포인터가 있는 위치로 이동하는 고양이의 스크립트

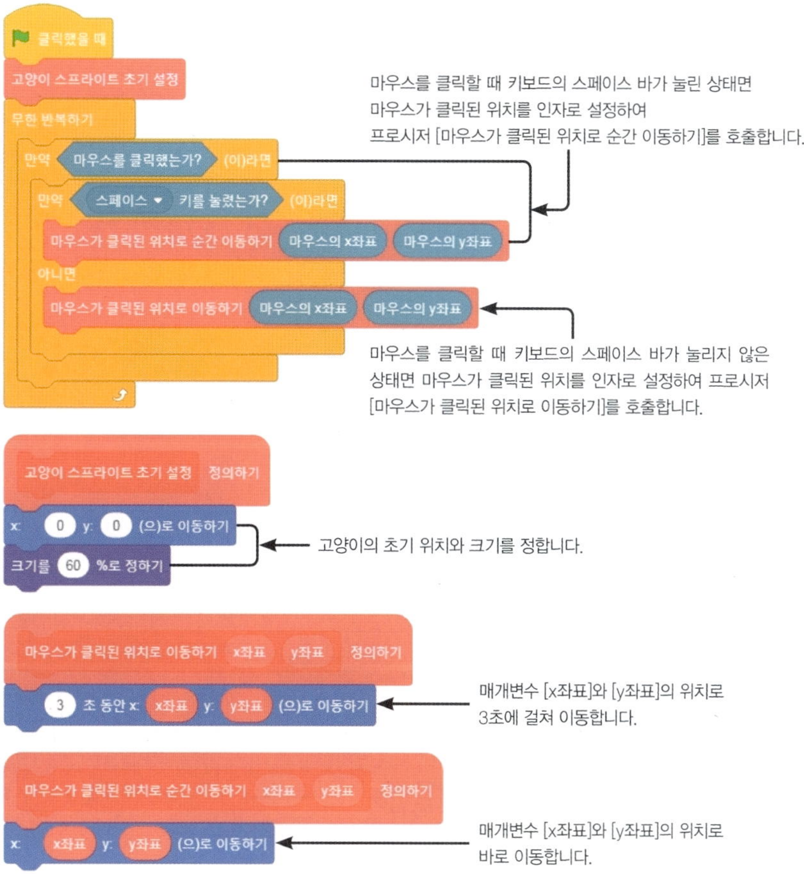

키보드 키의 누름 상태 처리하기

게임의 스프라이트는 키보드의 특정 키를 누른 상태에서 지속적으로 수행되는 행동을 가질 수 있습니다. 예를 들어, 날고 있는 새의 높낮이를 조정할 때 스페이스 바를 누른 상태에서는 계속 위로 올라가다가 스페이스 바를 떼면 아래로 떨어지도록 할 수 있습니다.

[그림 12-7]은 키보드의 스페이스 바를 누르면 위로 올라가고 스페이스 바를 떼면 일정한 속도로 떨어지는 비행기(Airplane 스프라이트를 추가하고 이름을 '비행기'로 변경)의 스크립트입니다. 비행기는 스페이스 바를 누른 상태에서는 계속 위로 올라가며 천장이든 바닥이든 벽에 닿으면 폭발하게 됩니다.

그림 12-7
스페이스 바로 높이를 조정하는 비행기의 스크립트

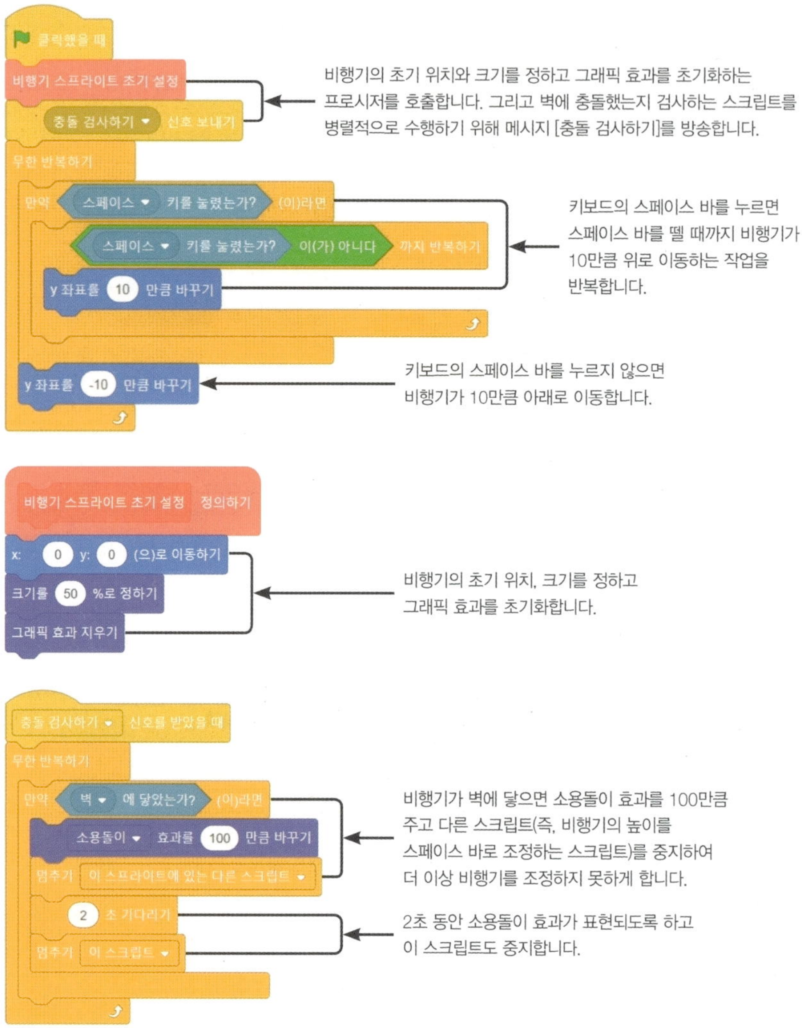

스프라이트들 간 충돌 처리하기

스프라이트들 간의 충돌 감지는 게임에서 매우 자주 사용되는 중요한 기능입니다. 예를 들어, 적을 총으로 맞혀 죽인다거나 장애물에 부딪혀 넘어지는 행동은 모두 스프라이트들 간의 충돌을 관찰하다가 충돌이 감지되는 순간 적절한 행동을 수행하는 것입니다. 이런 중요성 때문에 스크래치는 [코드] 탭-[감지] 메뉴에 스프라이트들 간의 충돌을 감지할 수 있는 조건 블록을 제공하고 있습니다. 여러분은 이 조건 블록을 이용하여 스프라이트들 간의 충돌과 관련된 행동을 손쉽게 프로그래밍할 수 있습니다.

두 스프라이트가 충돌로 인해 모두 사라져야 하는 행동을 구현할 때는 프로그래밍에 따라 하나의 스프라이트가 사라지지 않을 수 있기 때문에 유의해야 합니다. 예를 들어, [그림 12-8]은 야구공이 마우스 포인터에 붙어서 이동하다가 농구공과 충돌하면 두 스프라이트가 모두 사라지는 행동을 프로그래밍한 것입니다. 하지만 실제 이 프로그램을 실행시키면 대부분 야구공 또는 농구공 중 하나가 사라지지 않고 남는 것을 알 수 있습니다.

그림 12-8
충돌하면 사라지는 야구공과 농구공의 스크립트 (오류 존재)

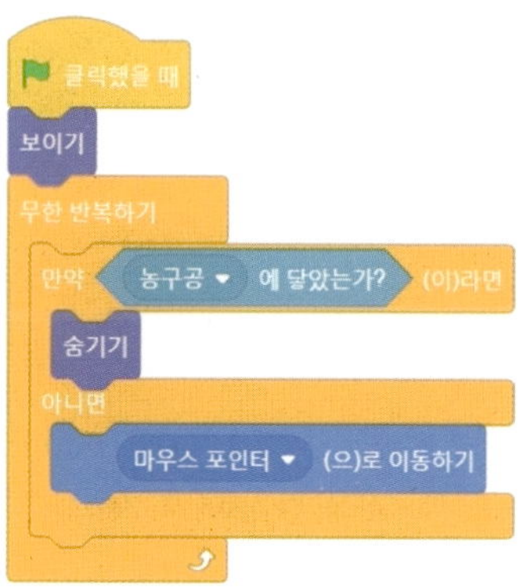

야구공의 스크립트

농구공의 스크립트

이와 같은 현상이 발생하는 이유는 야구공과 농구공의 스크립트 문장들이 병렬적으로 실행될 때 실행 순서가 임의로 선택되기 때문입니다. [그림 12-9]는 야구공과 농구공이 충돌한 순간 발생할 수 있는 다양한 실행 순서를 보여줍니다. 〈실행 순서 1〉과 〈실행 순서 2〉는 야구공 또는 농구공이 충돌 감지 조건을 검사하기 전에 상대 스프라이트가 사라지는 경우입니다. 이와 같은 경우, 야구공 또는 농구공이 사라지지 않고 남게 됩니다. 〈실행 순서 3〉의 경우에만 야구공과 농구공이 모두 사라집니다.

그림 12-9
충돌하면 사라지는 야구공과 농구공의 병렬적 실행 스크립트

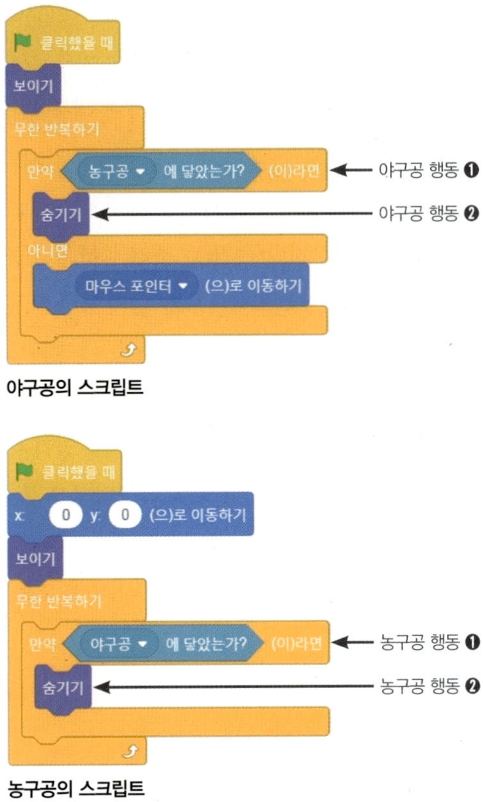

실행 순서 1

야구공 행동 ❶ → 야구공 행동 ❷ → 농구공 행동 ❶

야구공을 이미 숨겼기 때문에 농구공 행동 ❶이 실행될 때 조건이 참이 될 수 없습니다. 따라서 농구공 행동 ❷는 실행되지 않아 농구공이 남게 됩니다.

실행 순서 2

농구공 행동 ❶ → 농구공 행동 ❷ → 야구공 행동 ❶

농구공을 이미 숨겼기 때문에 야구공 행동 ❶이 실행될 때 조건이 참이 될 수 없습니다. 따라서 야구공 행동 ❷는 실행되지 않아 야구공이 남게 됩니다.

실행 순서 3

야구공 행동 ❶ → 농구공 행동 ❶ → 야구공 행동 ❷ → 농구공 행동 ❷

야구공과 농구공을 숨기기 전에 서로 간의 충돌을 검사합니다. 따라서 야구공과 농구공이 모두 사라집니다.

이와 같은 문제를 해결하기 위한 가장 간단한 방법은 충돌한 스프라이트를 숨기기 전에 다른 스프라이트도 충돌을 감지할 수 있는 충분한 시간을 주는 것입니다. [그림 12-10]은 [그림 12-8]의 야구공과 농구공의 스크립트를 수정한 것입니다. 야구공이 농구공과 충돌한 것을 감지한 후 자신을 숨기기 전에 0.1초 동안 기다려 농구공도 야구공과 충돌한 것을 감지할 수 있도록 합니다. 이와 마찬가지로 농구공도 야구공과 충돌한 것을 감지한 후 0.1초 동안 기다리도록 행동을 수정합니다.

그림 12-10
충돌하면 사라지는 야구공과 농구공의 스크립트 (오류 제거)

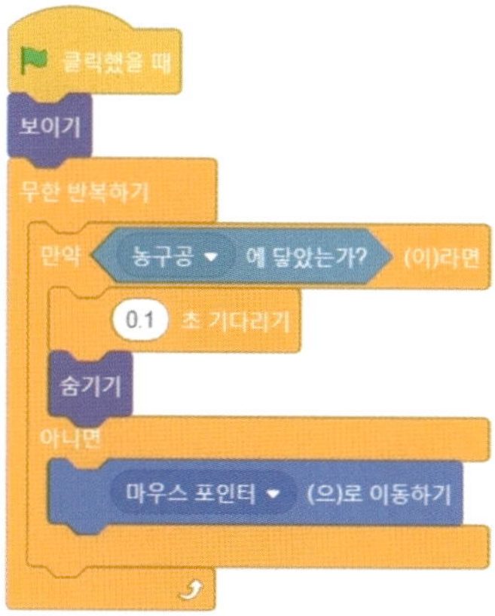

수정된 야구공의 스크립트

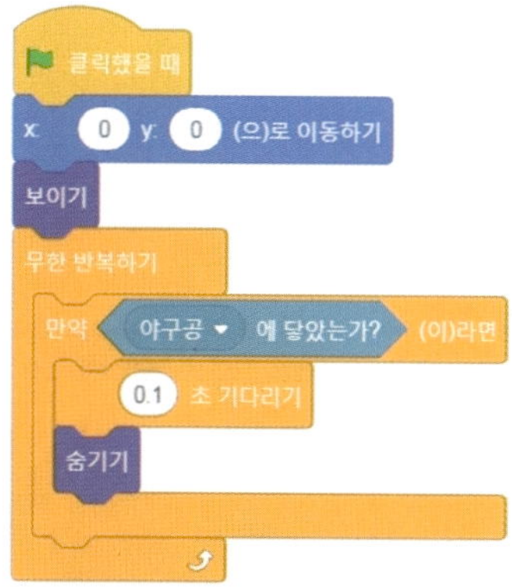

수정된 농구공의 스크립트

스프라이트들의 결합 처리하기

게임에 등장하는 캐릭터들을 보면 여러 개의 스프라이트가 마치 한 개체처럼 결합되는 경우가 있습니다. 예를 들어, 기사와 말이 결합된 말 탄 기사와 각종 무기와 전사가 결합된 무기 든 전사 등이 있습니다. 남은 체력을 표시해주는 체력 게이지 바가 주인공 머리 위에 결합된 형태 등도 대표적인 예입니다.

그림 12-11
스프라이트들의 결합

일반적으로 결합된 스프라이트들은 이동할 때 상대적 위치를 유지한 채 같이 움직여야 합니다. 즉, 말이 달릴 때 기사는 말 위에 앉아 있어야 하며 주인공이 움직일 때 체력 게이지 바는 주인공 캐릭터 머리 위에 계속 붙어 다녀야 합니다. 이런 동작을 구현하는 일반적인 방법은 움직임의 주체가 되는 스프라이트를 기준으로 상대적 위치를 계산하여 붙어 다니는 스프라이트의 위치를 결정해주는 것입니다.

예를 들어, 체력 게이지 바의 위치를 주인공의 위치를 기준으로 [그림 12-12]와 같이 결정할 수 있습니다. 이렇게 체력 게이지 바의 위치를 결정하면, 주인공이 움직이더라도 체력 게이지 바의 x좌표는 항상 주인공의 x좌표와 동일하며 체력 게이지 바의 y좌표는 항상 주인공의 y좌표보다 50만큼 위에 있게 됩니다.

그림 12-12
결합된 스프라이트의 위치 지정

[그림 12-13]과 [그림 12-14]는 앞에서 설명한 방식으로 고양이 머리 위에 나비를 결합하여 고양이가 움직일 때마다 나비도 함께 움직이도록 프로그래밍한 것입니다.

그림 12-13
머리 위에 나비가 따라다니는 고양이의 스크립트

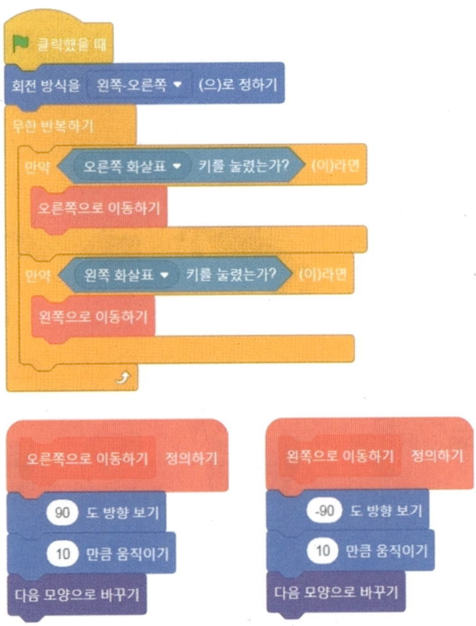

그림 12-14
고양이를 따라다니는 나비의 스크립트

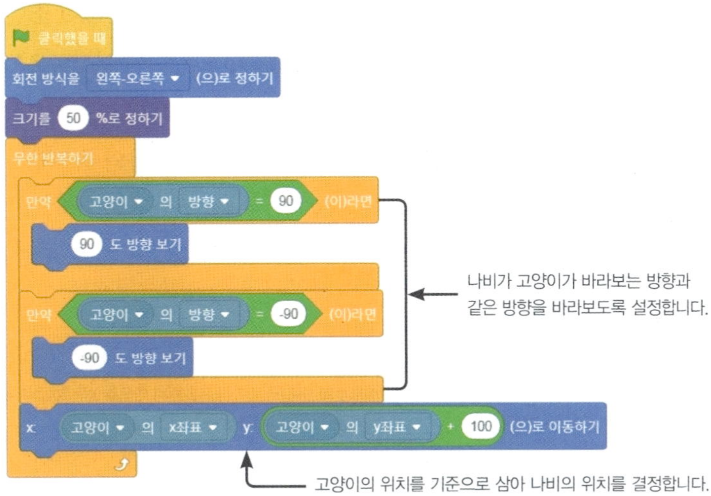

중력에 의한 움직임 구현하기

게임에서 중력의 영향을 받는 물체의 움직임을 종종 볼 수 있습니다. 예를 들어, 절벽에서 떨어지는 장애물이 점점 빨리 떨어지거나 위를 향해 쏘아 올린 공이 점차 속도가 줄다가 땅으로 다시 떨어지는 것이 중력의 영향을 받는 움직임입니다. 이런 움직임은 게임의 사실감을 높여주는 효과가 있습니다.

그림 12-15
중력에 영향을 받는 물체의 움직임

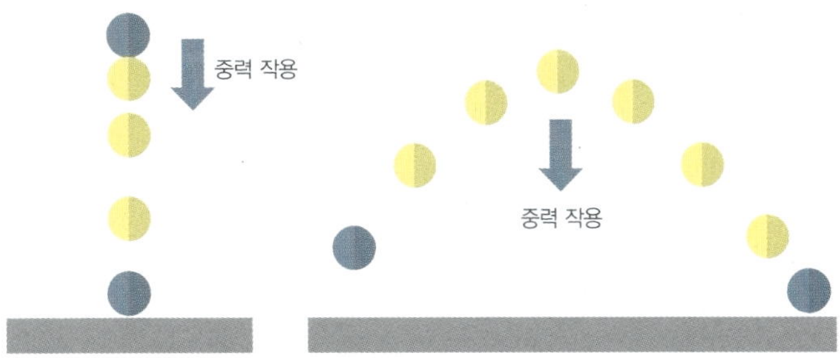

중력은 떨어지는 물체에 중력가속도만큼의 속도 변화를 줍니다. 대략 $9.8m/s^2$으로 표현되는 중력가속도는 떨어지는 물체에 지면 방향으로 1초마다 9.8m/s 만큼의 속도를 지속적으로 더해줍니다. 이런 중력가속도의 효과로 아래로 떨어지는 물체는 시간이 지날수록 떨어지는 속도가 빨라지고 위로 던져진 물체는 언젠가 올라가는 속도가 0이 되며 그 후 지면으로 떨어지게 됩니다. 중력가속도는 gravity의 첫 자를 따서 간단히 g로 표기합니다.

던져진 물체의 속도는 x축 방향의 속도와 y축 방향의 속도로 분해할 수 있습니다. x축 방향의 속도는 중력가속도의 영향을 받지 않고 y축 방향의 속도만 중력가속도의 영향을 받아 시간이 지남에 따라 언젠가는 지면을 향해 떨어지는 속도로 변합니다. 따라서 이런 던져진 물체의 x축 방향의 속도와 y축 방향의 속도를 알면 시간에 따른 물체의 위치를 계산할 수 있습니다.

[그림 12-16]은 던져진 물체가 시간이 지남에 따라 위치가 어떻게 결정되는지 보여줍니다.

그림 12-16 던져진 물체의 위치 계산

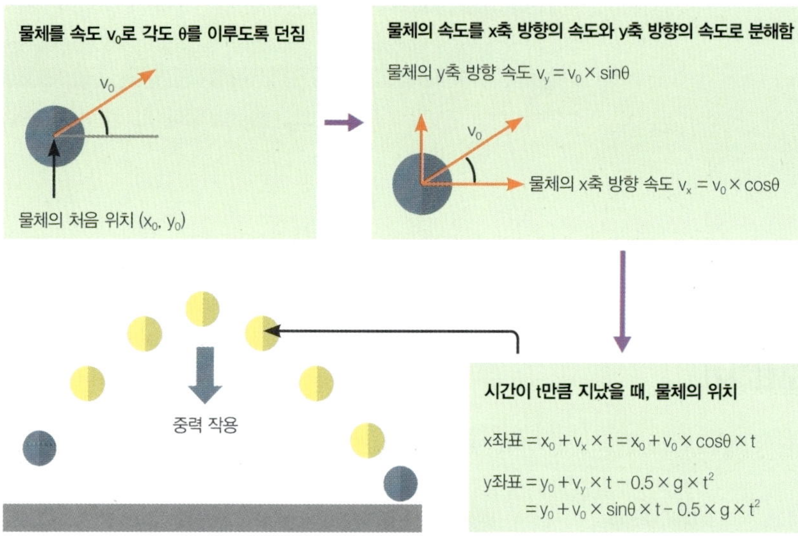

[그림 12-16]의 식을 이용하면 물체가 던져질 때 처음 속도와 지면과 이루는 각도를 이용하여 매 순간 물체의 위치를 계산할 수 있습니다. 그런데 여기서 이 식의 원리까지 설명하면 너무 어려워지므로 여기서는 이 식을 그대로 이용해 중력에 의해 영향받는 스프라이트들의 움직임을 구현해보겠습니다.

마우스를 클릭하면 마우스 포인터가 위치한 방향으로 농구공을 던지는 프로그램을 작성해봅시다. 농구공의 처음 속도는 농구공과 마우스가 클릭된 위치 간의 거리로 결정합니다. 즉, 농구공과 마우스가 클릭된 위치가 멀면 멀수록 농구공의 처음 속도가 커지게 됩니다. 마우스를 클릭하여 던져진 농구공은 자신의 움직임에 중력가속도의 영향을 받습니다. 마지막으로 농구공은 벽에 닿으면 자신의 움직임을 멈추게 됩니다.

그림 12-17
농구공의 처음 속도와 방향 결정

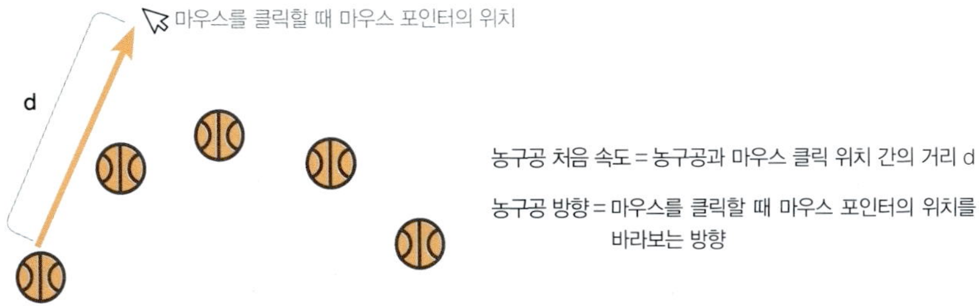

스크래치에서 Basketball 스프라이트를 추가하고 이름을 '농구공'으로 변경합니다. 그리고 농구공의 지역 변수로 [표 12-1]과 같은 변수들을 생성합니다.

표 12-1
농구공 스크립트 작성에 필요한 변수

변수	설명
중력 가속도	지구의 중력가속도 값을 나타냅니다.
공의 처음 x좌표	마우스를 클릭하는 순간에 농구공의 x좌표 값을 나타냅니다.
공의 처음 y좌표	마우스를 클릭하는 순간에 농구공의 y좌표 값을 나타냅니다.
공의 처음 속도	마우스를 클릭하는 순간, 농구공과 마우스 포인터 간의 거리를 농구공의 처음 속도로 정합니다.
공의 방향	마우스를 클릭하는 순간, 농구공이 마우스 포인터를 바라보는 각도를 나타냅니다. y축을 0도로 하는 스크래치의 방향계를 x축을 0도로 하는 일반 방향계로 변환하기 위해 (90-농구공의 방향)으로 계산합니다.
공의 x방향 속도	농구공의 x축 방향의 속도를 나타냅니다. (공의 처음 속도 × cos(공의 방향))으로 계산합니다.
공의 y방향 속도	농구공의 y축 방향의 속도를 나타냅니다. (공의 처음 속도 × sin(공의 방향))으로 계산합니다.
경과 시간	농구공이 던져진 후, 농구공의 위치를 계산할 시간 단위를 나타냅니다. 이 프로그램에서는 0.2초마다 농구공 위치를 계산해 움직임을 표현합니다.

[그림 12-18]은 중력에 의해 떨어지는 농구공의 스크립트입니다. 던져진 농구공은 벽에 닿으면 움직임을 중지하는데 이런 경우 농구공을 벽에서 떼어낸 다음 다시 마우스를 클릭하면 반복적으로 농구공의 움직임을 관찰할 수 있습니다.

그림 12-18
중력에 영향받는
농구공의 스크립트

(실행)을 클릭하는 이벤트를 무시하기 위해 일정 시간 동안 기다립니다.

마우스를 클릭하면 농구공의 처음 위치와 방향, 처음 속도, x축 방향의 속도, y축 방향의 속도를 설정하는 프로시저들을 호출합니다.

농구공이 던져진 후 경과 시간을 0으로 설정합니다.

농구공이 벽에 닿을 때까지 경과 시간을 0.2초씩 더하면서 농구공의 위치를 계산하는 프로시저를 호출합니다.

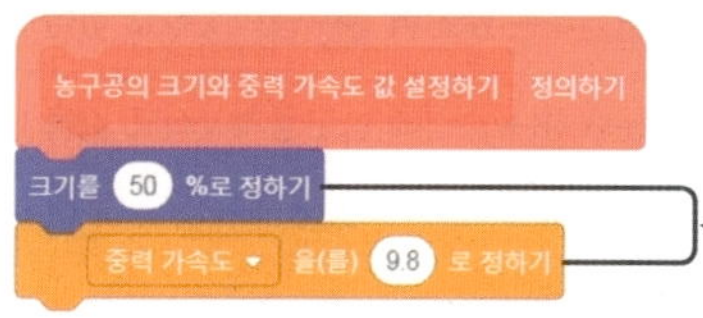

농구공의 크기를 50%로 줄이고 중력가속도의 값을 9.8로 설정합니다.

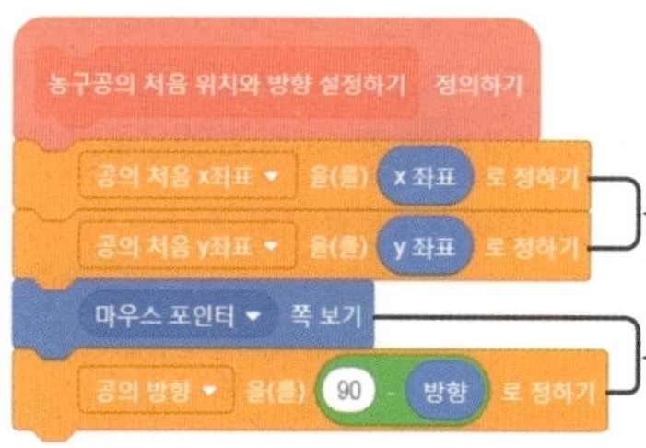

마우스를 클릭하는 순간에 농구공의 x좌표와 y좌표를 농구공의 처음 위치로 설정합니다.

90에서 농구공이 마우스 포인터를 바라보는 방향을 뺀 값을 농구공의 방향으로 설정합니다. 90에서 농구공의 방향을 빼는 이유는 스크래치 방향계가 양의 x축을 방향의 기준으로 삼지 않고 양의 y축을 방향의 기준으로 삼기 때문입니다.

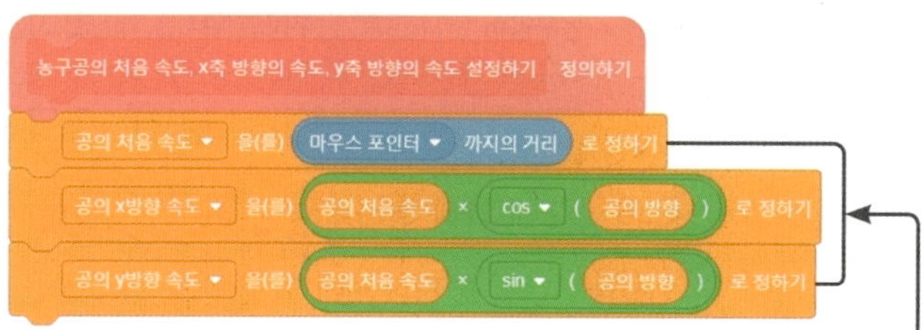

마우스를 클릭하는 순간에 농구공과 마우스 포인터 간의 거리를 공의 처음 속도로 설정합니다. 그 속도에 공 방향의 cos 값을 구하여 농구공의 x축 방향 속도로 설정하고 sin 값을 구하여 y축 방향 속도로 설정합니다.

x축 방향 속도에 경과 시간을 곱한 값을 농구공의 처음 x좌표에 더하여 그 경과 시간 때의 농구공의 x좌표를 구합니다. 이와 마찬가지로, 중력가속도에 의한 위치 변화 식을 계산하여 그 값을 농구공의 처음 y좌표에서 빼서 그 경과 시간 때의 농구공의 y좌표를 구합니다.

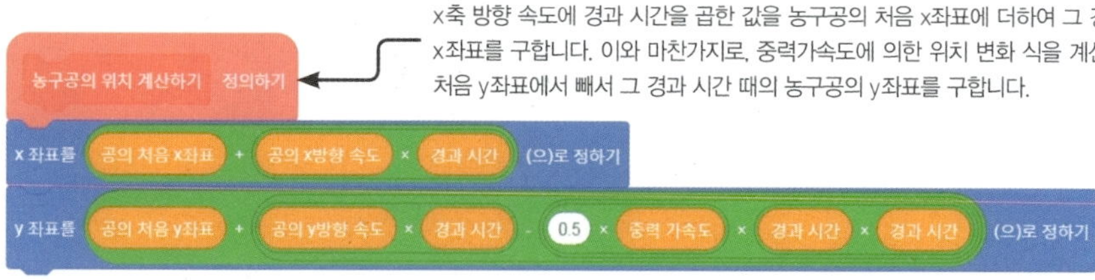

03 공을 던져 개를 맞히는 게임 프로그래밍

게임 구상하기

여기서는 앞에서 배운 스프라이트들 간 결합과 중력에 의한 움직임 구현 방식을 이용하여 간단한 게임을 프로그래밍합니다. 고양이가 농구공을 던져 개를 맞히는 게임은 [그림 12-19]와 같이 나타낼 수 있고 다음과 같은 특징을 갖습니다.

1. 농구공은 마우스를 클릭한 순간 마우스 포인터 방향으로 날아가는데, 속도는 농구공과 마우스 포인터 간의 거리로 계산됩니다. 즉, 농구공과 마우스 포인터 간의 거리가 멀면 농구공의 속도가 커지게 됩니다. 날아가는 농구공은 중력의 영향을 받아 아래로 떨어지다가 벽에 닿으면 사라지고 다시 고양이 손에 들리게 됩니다.
2. 개는 자신의 체력을 나타내는 체력 게이지 바를 머리 위에 달고 있는데 농구공을 3번 맞으면 체력이 모두 떨어지게 됩니다. 체력이 모두 떨어진 개는 2초간 사라진 후 새롭게 체력을 채워 다시 등장하게 됩니다. 공에 맞은 개는 멍멍 소리를 내며 세 번 번쩍거립니다. 그리고 공에 맞을 때마다 [프로그램 실행 창]의 일정 범위 내에서 무작위로 자신의 위치를 새롭게 변경합니다.

그림 12-19
게임의 개요

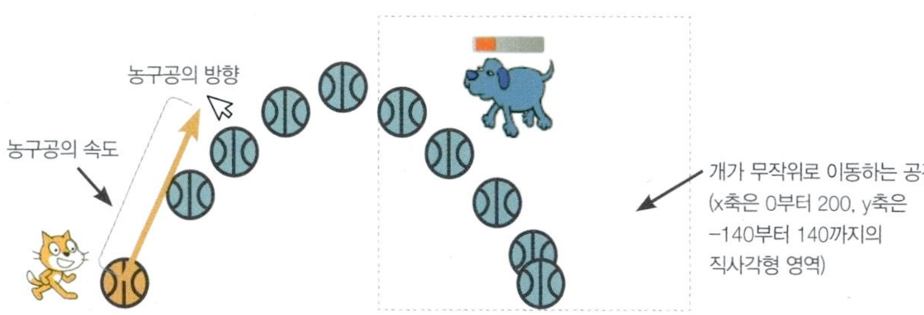

스프라이트 구성하기

이 게임은 고양이, 개, 농구공 그리고 개의 체력이라는 스프라이트들로 구성됩니다. 스크래치를 실행하여 처음부터 존재하는 고양이 외에 Basketball, Button3, Dog2 스프라이트를 추가하고 각각의 이름을 '고양이', '농구공', '개의 체력', '개'로 변경합니다. 그리고 개의 체력을 선택하여 [모양] 탭을 선택한 후, 체력 게이지 바의 형태로 바꿉니다.

그림 12-20
게임에 사용되는 스프라이트들

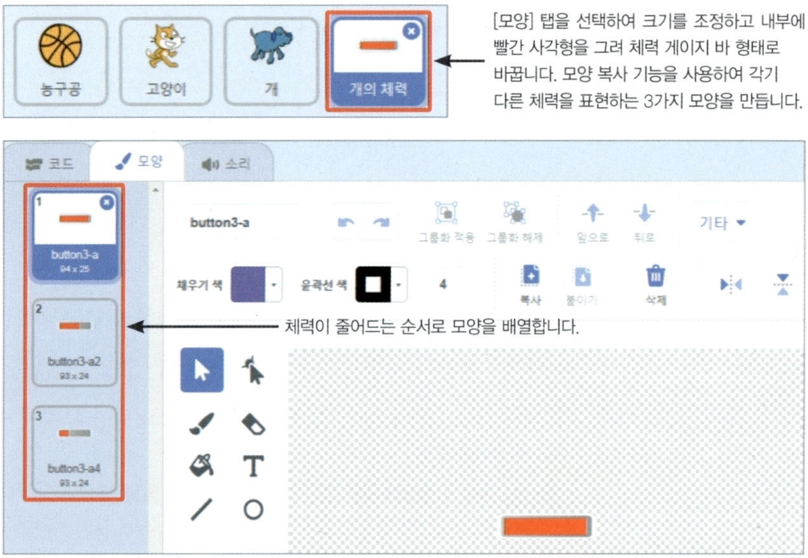

스크립트 작성하기

고양이의 스크립트

고양이는 프로그램을 실행하면 [프로그램 실행 창]의 왼쪽 아래에 위치하며 원래의 50% 크기로 형태를 바꾸도록 스크립트를 작성합니다.

그림 12-21
고양이의 스크립트

농구공의 스크립트

농구공이 던져질 때와 벽에 닿을 때 적당한 소리를 내기 위해서 Boing과 Pop 음원을 농구공의 소리로 등록합니다.

Boing 음원은 마우스를 클릭해 농구공을 던질 때 나는 소리로 사용하고 Pop 음원은 농구공이 벽에 부딪힐 때 나는 소리로 사용합니다. 농구공의 변수로 [표 12-1]처럼 지역 변수들을 생성하고 [그림 12-22]처럼 스크립트를 작성합니다.

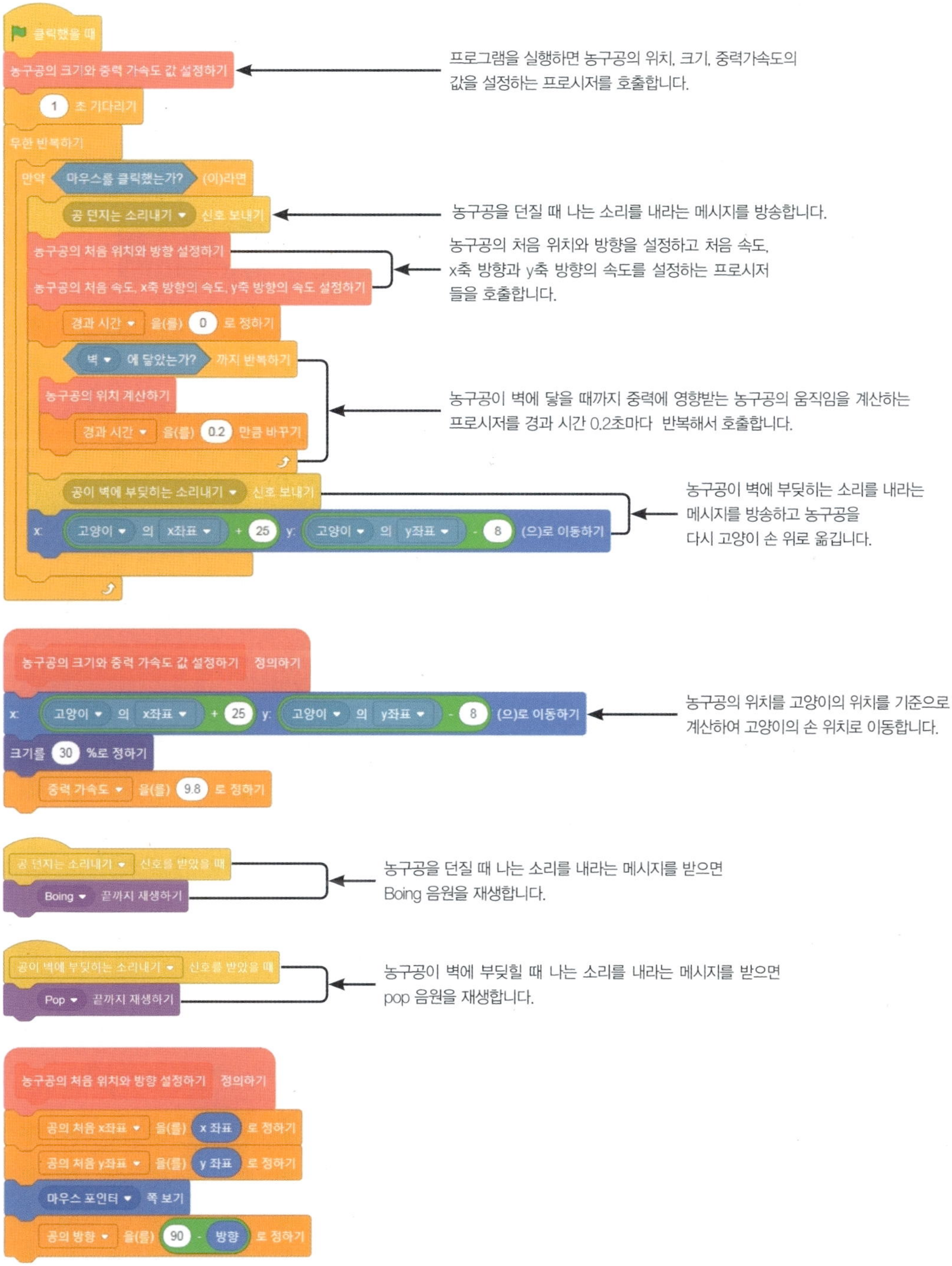

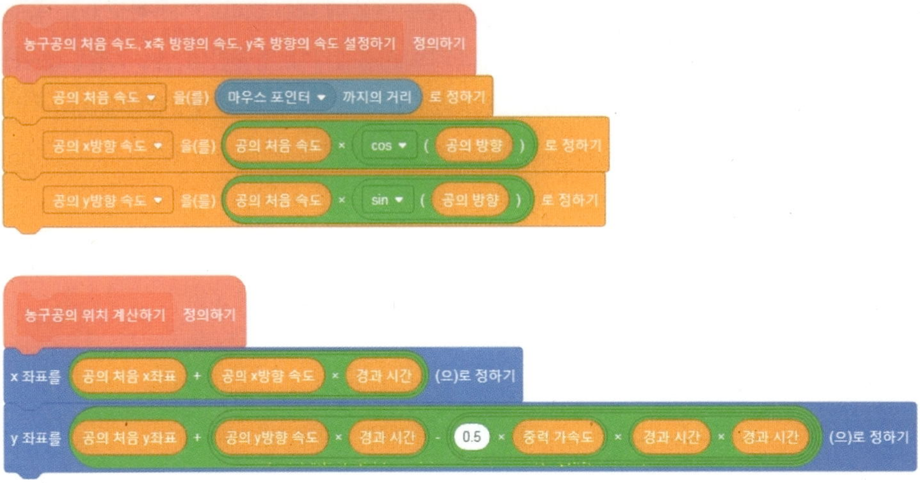

그림 12-22 농구공의 스크립트

개의 스크립트

개의 변수로 자신이 농구공에 맞은 횟수를 저장하는 지역 변수 [공에 맞은 횟수]를 생성합니다. 그리고 [그림 12-23]과 같이 스크립트를 작성합니다.

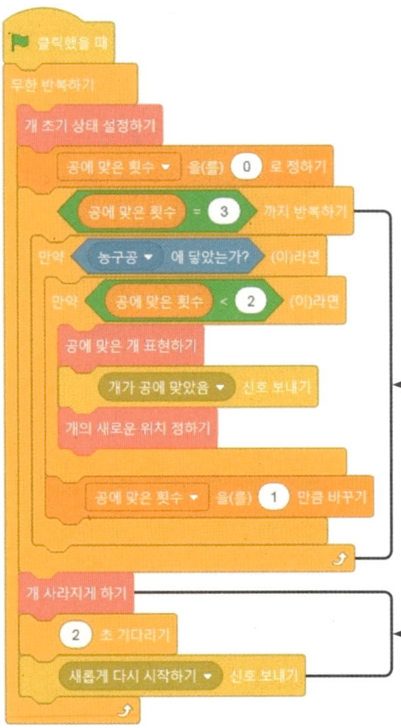

농구공에 맞을 때마다, 개가 번쩍거리며 짖는 프로시저를 호출하고 개의 체력에 그 사실을 알리기 위한 메시지를 방송합니다. 이 메시지를 받은 개의 체력은 체력이 감소한 모양으로 변경됩니다. 그리고 새로운 위치를 무작위로 선택하여 개를 이동시키는 프로시저를 호출합니다. 위의 행동은 개가 농구공에 3번 미만으로 맞았을 때만 수행합니다.

농구공에 3번 맞게 되면 개를 사라지게 하는 프로시저를 호출하고 2초 후에 체력이 회복된 모습으로 개가 새롭게 등장합니다. 이 사실을 개의 체력에 알리기 위한 메시지를 방송합니다. 개의 체력은 이 메시지를 받으면 다시 체력이 완전히 회복된 모양으로 변경됩니다.

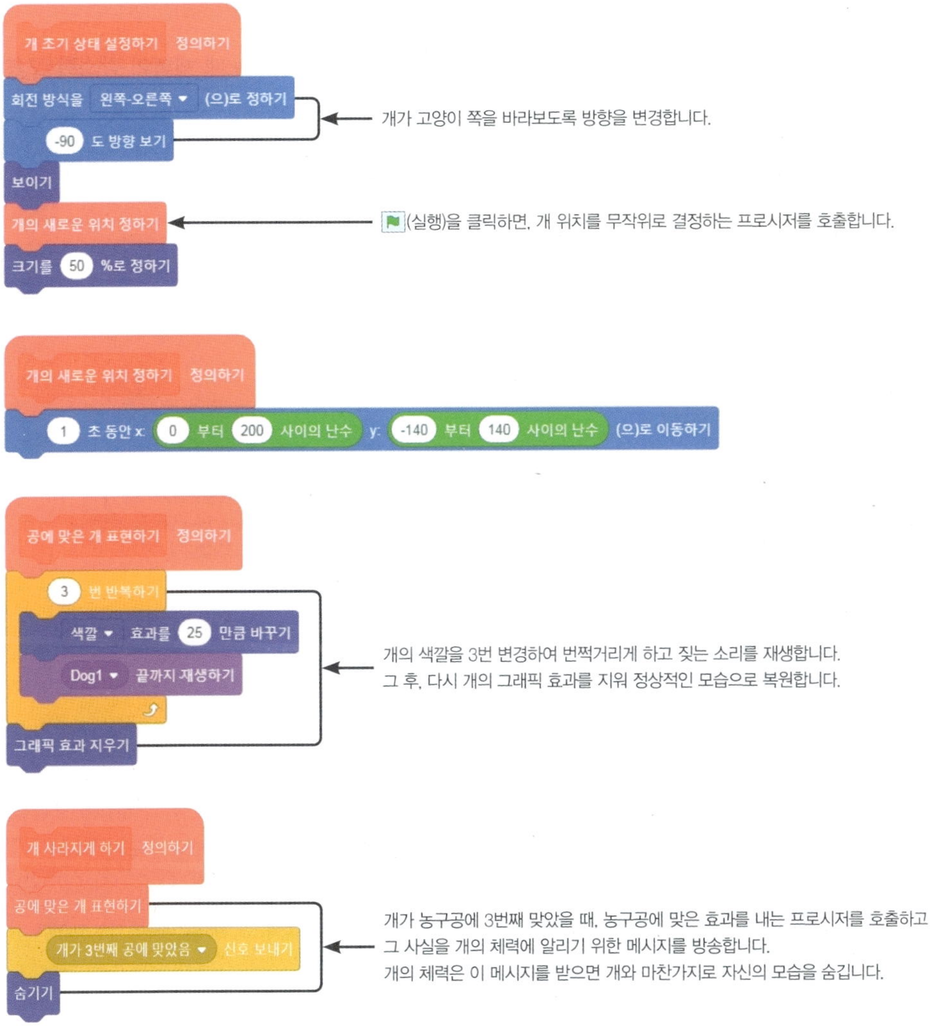

그림 12-23 개의 스크립트

개의 체력 스크립트

개의 체력은 항상 개를 따라 다니고 개가 농구공에 맞았을 때 체력이 감소한 모양으로 변경되어야 하므로 [그림 12-24]와 같이 스크립트를 작성합니다.

그림 12-24
개의 체력 스크립트

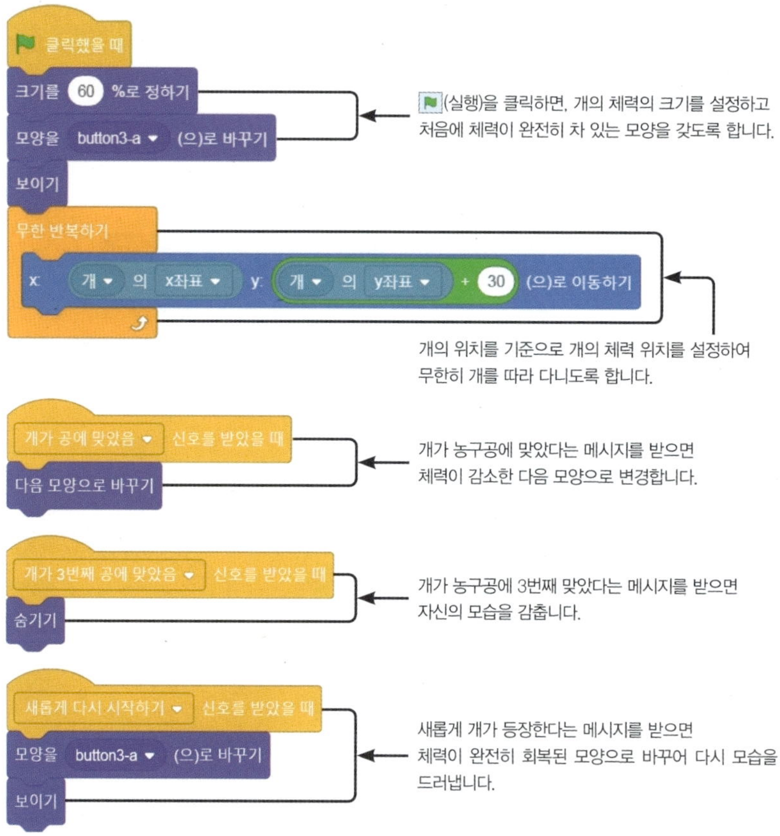

문제 한번 풀어볼까요?

01 실물과 유사하게 구현된 비행기 조종 장치로 비행기를 운전하는 게임이 속하는 장르를 고르세요.

① 어드벤처 게임

② 시뮬레이션 게임

③ 롤플레잉 게임

④ 아케이드 게임

02 다음 중 어드벤처 게임에 대한 설명으로 잘못된 것은 무엇인가요?

① 빠른 손동작과 반사 행동이 강조되는 게임입니다.

② 미리 짜인 스토리에 따라 주인공이 모험을 합니다.

③ 논리적 사고와 인내심이 요구됩니다.

④ 주로 글을 읽거나 추리를 하는 형식이 많습니다.

03 다음은 철수가 즐기고 있는 게임에 대한 설명입니다. 이 게임이 속한 장르는 무엇인가요?

- 철수가 게임에 접속하여 사냥꾼 캐릭터를 선택합니다.
- 철수는 동물들을 사냥하고 가죽과 뼈로 옷과 무기를 만들어 다른 게이머들에게 제공합니다.

① 시뮬레이션 게임

② 어드벤처 게임

③ 아케이드 게임

④ 롤플레잉 게임

04 다음은 고양이와 나비의 스크립트입니다. 고양이를 키보드의 [←], [→]로 움직일 때 나비의 행동에 대한 설명으로 옳은 것을 고르세요.

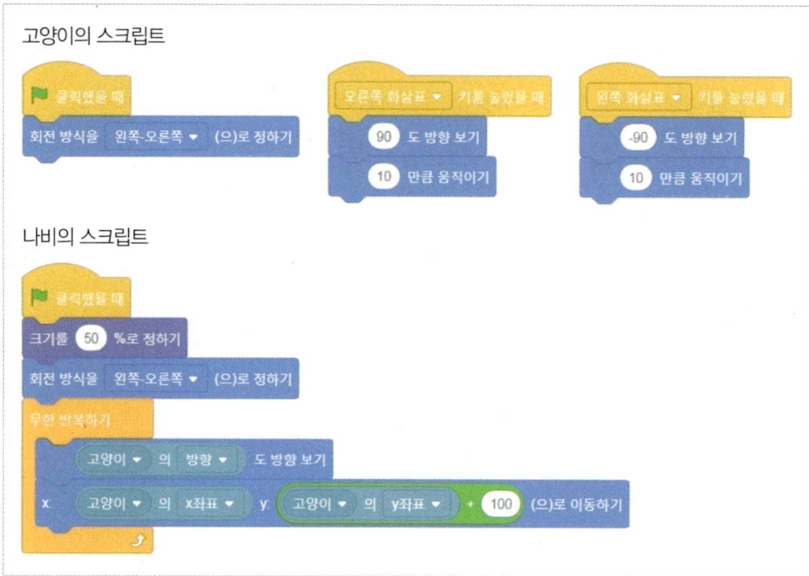

① 제자리에서 움직이지 않습니다.

② 항상 고양이 머리 위에서 고양이와 같은 방향을 보면서 따라다닙니다.

③ 항상 고양이 앞에서 고양이와 같은 방향을 보면서 따라다닙니다.

④ 고양이가 오른쪽으로 움직일 때만 따라다닙니다.

05 다음과 같은 행동을 하는 고양이가 있습니다. [→]를 누를 때 고양이의 행동으로 옳은 것은 무엇인가요?

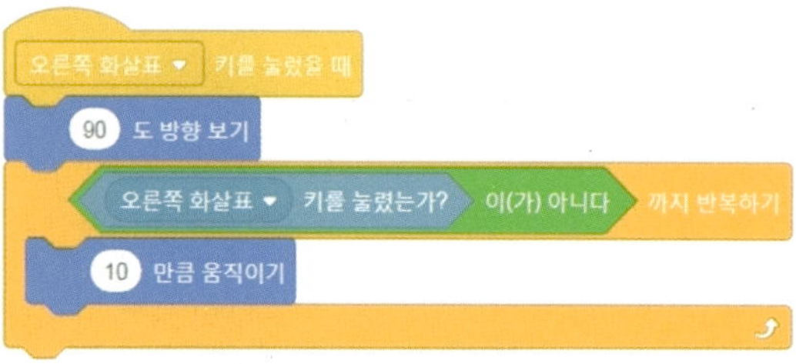

① [→]를 뗄 때까지 오른쪽으로 계속 이동합니다.

② [→]를 계속 누르고 있어도 한번만 이동합니다.

06 다음과 같은 행동을 하는 고양이에 대한 설명으로 옳은 것은 무엇인가요?

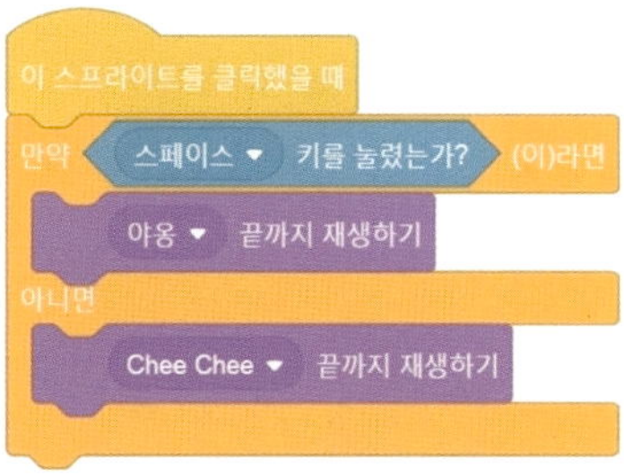

① 마우스로 클릭하면 야옹과 Chee Chee 음원을 동시에 소리 냅니다.

② 마우스로 클릭하면 야옹 음원을 소리 냅니다.

③ 키보드의 스페이스 바를 누른 상태에서 마우스로 클릭하면 야옹 음원을 소리 냅니다.

④ 키보드의 스페이스 바를 누른 상태에서 마우스로 클릭하면 Chee Chee 음원을 소리 냅니다.

07 다음과 같은 행동을 하는 축구공과 농구공이 충돌할 경우 발생하는 현상에 대한 설명으로 옳은 것은 무엇인가요?

① 항상 축구공과 농구공이 모두 사라집니다.

② 축구공 또는 농구공 중 하나는 사라지지 않을 수 있습니다.

08 고보가 제자리에서 총알을 마우스 포인터 방향으로 연속 발사하여 사방에서 출현하는 유령들을 잡는 게임 프로그램을 작성하세요. 이 프로그램의 실행 화면과 기능은 다음과 같습니다.

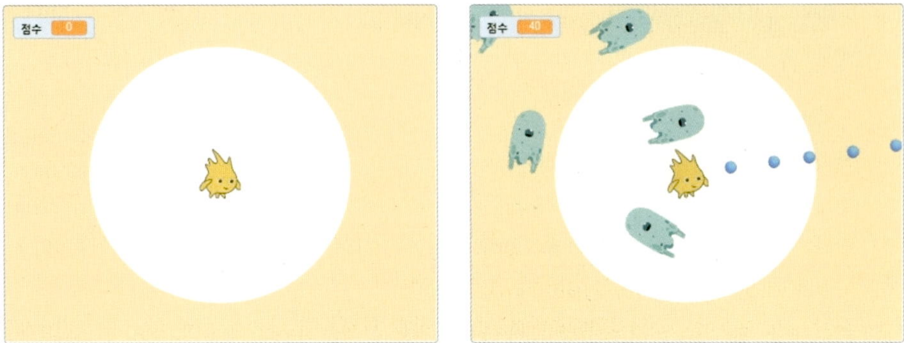

1. 무대 배경으로 Light를 사용합니다.
2. (실행)을 클릭하면 무대는 자신의 전역 변수 [점수]를 0으로 설정하고 배경음악인 Dance Funky를 반복해서 출력합니다.
3. (실행)을 클릭하면 고보(Gobo 스프라이트)는 원래의 50% 크기로 [프로그램 실행 창]의 정중앙(0, 0)에 등장하여 마우스 포인터를 지속적으로 바라봅니다.
4. (실행)을 클릭하면 고보는 마우스 포인터를 향해 0.1초 간격으로 총알(Ball 스프라이트)을 발사하고 발사된 총알은 벽에 닿으면 사라집니다. 총알은 원래의 30% 크기를 갖습니다.
5. (실행)을 클릭하면 유령(Ghost 스프라이트)은 [프로그램 실행 창]에서 임의의 가장자리에 등장하여 고보를 향해 다가옵니다. 유령의 등장 속도와 이동 속도는 사용자가 임의로 결정합니다.
6. 유령은 총알에 맞으면 사라지고 [점수]의 값을 10만큼 더합니다.
7. 고보는 유령에 닿으면 Scream1 음원을 소리 내고 게임을 종료시킵니다.

09 고양이가 바구니를 머리에 이고 번개를 피하면서 사과를 받는 게임 프로그램을 작성하세요. 번개와 사과는 모두 중력가속도가 적용되면서 떨어집니다. 이 프로그램의 실행 화면과 기능은 다음과 같습니다.

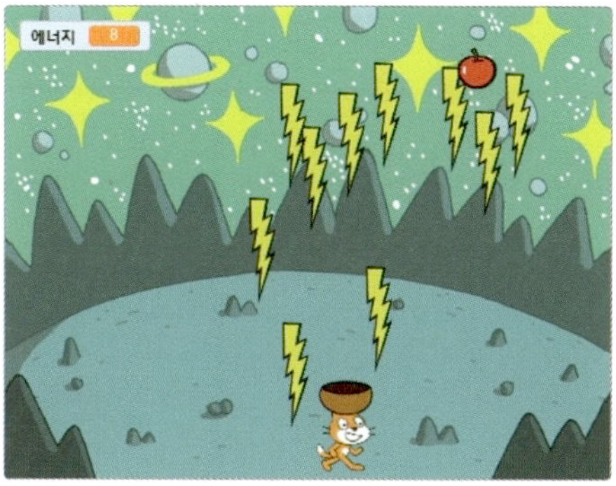

1. 무대 배경으로 Space를 사용합니다.
2. (실행)을 클릭하면 무대는 자신의 전역 변수 [에너지]를 1로 설정하고 배경음악인 Dance Chill Out을 반복해서 출력합니다.
3. (실행)을 클릭하면 고양이는 원래의 50% 크기로 [프로그램 실행 창]의 정중앙 하단(0, −150)에 등장합니다.
4. (실행)을 클릭하면 번개(Lightning 스프라이트)가 원래의 50% 크기로 [프로그램 실행 창]에서 상단 임의의 장소에 등장해 아래로 떨어집니다.
5. (실행)을 클릭하면 사과(Apple 스프라이트)가 원래의 50% 크기로 [프로그램 실행 창]에서 상단 임의의 장소에 등장해 아래로 떨어집니다.
6. 번개와 사과가 등장하는 시간 간격을 일정 범위의 난수로 조정할 수 있고 이 범위를 조정하여 게임의 난이도를 결정합니다.
7. 번개와 사과의 떨어지는 속도는 모두 중력가속도(9.8)에 영향을 받습니다.
8. 키보드의 ←, →로 고양이를 이동시킵니다. 고양이는 항상 바구니(Bowl 스프라이트)를 머리에 이고 다니면서 한번 방향 키가 눌리면 그 방향 키를 뗄 때까지 지속적으로 이동합니다.
9. 사과가 바구니에 닿으면 [에너지]의 값을 5만큼 올리고 번개가 바구니에 닿으면 [에너지]의 값을 1만큼 떨어뜨립니다.
10. 무대는 [에너지]의 값이 0이 되면 게임을 종료시킵니다.

창의 인터랙티브 스토리 프로그래밍

이번 장에서 **무엇을 배우나요?**

1. 인터랙티브 스토리의 개념을 이해합니다.
2. 인터랙티브 스토리에서 씬(scene)의 개념과 씬의 진행 구조를 이해합니다.
3. 씬 진행자의 개념을 이해하고 씬 진행자의 역할을 공부합니다.
4. 씬의 전환 기법들을 알아보고 페이드인/아웃 기법을 연습합니다.
5. 캐릭터들 간 대화 순서를 맞추는 기법을 연습합니다.
6. 대화 내용을 별도의 자료로 관리하는 기법을 연습합니다.

CHAPTER 13

01 인터랙티브 스토리의 개념과 진행 구조

인터랙티브 스토리의 개념

인터랙티브 스토리란 유저가 컴퓨터와 상호작용하여 이야기 내용 전개에 영향을 미칠 수 있는 이야기 형식입니다. 이 개념을 제안한 게임 디자이너 크리스 크로포드Chris Crawford는 인터랙티브 스토리가 "전통적인 이야기 전개 방식 위에 컴퓨터의 상호작용성을 활용한 새로운 예술적 매체"라고 정의하면서 이야기의 내용이 주는 감동과 더불어 유저가 직접 이야기의 주인공이 되는 특별한 경험도 할 수 있다고 말합니다.

그림 13-1
인터랙티브 스토리의 재미 요소

인터랙티브 스토리의 가장 큰 특징은 유저와 상호작용하면서 이야기 내용과 진행이 달라질 수 있다는 점입니다. 예를 들어, 인터랙티브 스토리는 유저의 이름을 묻고 그 이름을 주인공의 이름으로 사용하여 유저와 이야기 주인공 간의 동질감을 높여줄 수 있습니다. 또 백설공주 이야기에서 유저로 하여금 마녀가 백설공주에게 먹일 과일을 사과, 복숭아, 바나나 중에서 선택하게 하고 선택된 과일 종류에 따라 이야기 전개를 다르게 한다거나, 잠자는 숲속의 미녀 이야기에서 유저가 직접 왕자가 되어 용으로 변신한 마녀를 이길 때까지 공주를 구할 수 없게 할 수도 있습니다. 만일 유저가 이야기의 인물로 등장해 어떤 역할을 수행해야 한다면 인터랙티브 스토리 개발자는 이야기 내용뿐 아니라 역할 수행 면에서도 게임의 재미를 느낄 수 있도록 함께 고민해야 합니다.

조금 어려운 이야기

유저와 어떻게 상호작용하느냐에 따라 이야기 진행이 달라지는 스토리를 분기적 스토리branched story라고도 합니다.

[그림 13-2]는 토끼와 거북의 경주 이야기를 인터랙티브 스토리로 구성한 예입니다.

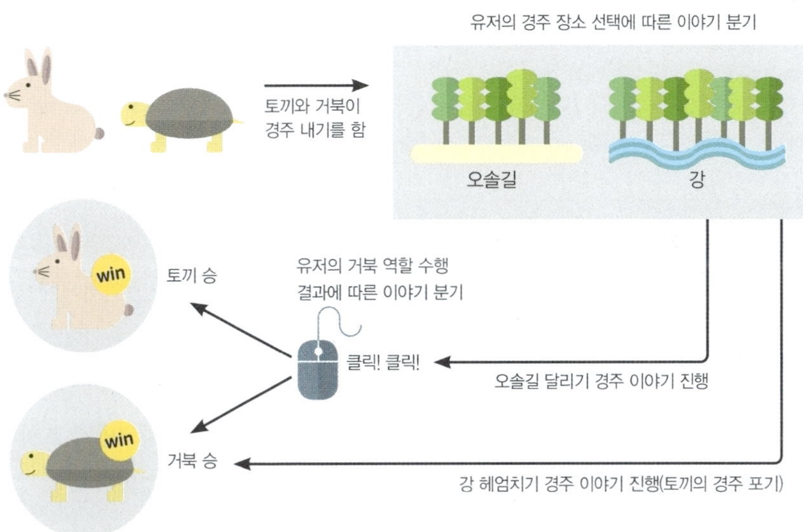

그림 13-2
인터랙티브 스토리의 예 : 토끼와 거북의 경주

이 책에서는 인터랙티브 스토리를 구성하는 단위로 영화에서 사용하는 씬scene이라는 용어를 사용합니다. 영화에서 씬은 같은 장소에서 이루어지는 배우들의 짧은 연기를 담고 있는데 인터랙티브 스토리에서도 동일한 배경에서 등장 캐릭터들이 수행하는 대화와 행동으로 씬을 정의할 수 있습니다.

[그림 13-3]은 개와 고양이가 사막을 걷다가 오아시스를 발견하는 씬의 예입니다.

씬 #1 : 개와 고양이가 사막을 걷다가 오아시스를 발견합니다.

- **배경** : 사막
- **등장 캐릭터** : 개, 고양이
- **대화와 행동** : 고양이–"너무 더워 죽겠어.." → 개–"저기 오아시스가 보여." → 개–(혀를 내밀며 앞으로 뛰어 나가면서) "빨리 따라와~"

그림 13-3 인터랙티브 스토리 씬의 예

인터랙티브 스토리의 진행 구조

인터랙티브 스토리의 이야기 진행은 씬들의 연결로 이루어집니다. 예를 들어, 전통적인 토끼와 거북의 경주 이야기는 [거북이 토끼에게 경주를 제안하는 씬], [토끼와 거북이 경주 장소에서 만나는 씬], [토끼와 거북이 경주하는 씬], [토끼가 낮잠 자는 씬], [거북이 토끼를 지나치는 씬], [거북이 우승하는 씬]의 순차적인 연결로 이루어집니다. 인터랙티브 스토리가 일반적인 스토리와 다른 점은 유저와 상호작용하는 씬들이 존재하고 그 상호작용 결과에 따라서 그 후 진행되는 씬들이 다르게 선택된다는 점입니다.

[표 13-1]은 유저와 상호작용하면서 이야기 내용이 달라지는 토끼와 거북의 경주 이야기에 사용될 씬들입니다. 이 인터랙티브 스토리는 전통적인 토끼와 거북의 경주 이야기를 보여주는 대신 유저와 상호작용하여 경주 내용을 오솔길 달리기로 선택할 수도 있고 강 헤엄치기로 선택할 수도 있습니다. 또한 오솔길 달리기 내용에서도 유저와 상호작용하여 토끼가 낮잠을 자게 할 수도 있고 계속 열심히 달리게 할 수도 있는 분기적 스토리입니다. 만일 강 헤엄치기 경주를 선택한다면 토끼는 경주 장소에서 헤엄치기를 포기하고 거북이 우승하는 이야기로 결말을 맺게 됩니다. 오솔길 달리기 경주를 선택한다면, 그 후 토끼가 낮잠을 자는 것을 선택할 경우 거북이 우승하고 토끼가 낮잠을 자지 않고 계속 달리는 것을 선택할 경우 토끼가 우승하는 것으로 결말을 맺게 됩니다.

표 13-1
토끼와 거북의 경주 씬

씬	설명
경주 제안	토끼가 거북을 놀리고 거북이 경주를 제안하는 씬
경주 종류 선택	유저가 경주 장소를 오솔길과 강 중에서 결정하는 씬
달리기 경주 준비	오솔길에서 토끼와 거북이 만나 달리기 경주를 준비하는 씬
헤엄치기 경주 준비	강가에서 토끼와 거북이 만나 헤엄치기 경주를 준비하는 씬
달리기	토끼와 거북이 오솔길을 달리는 씬
토끼 헤엄 포기	토끼가 강에 들어가는 것을 포기하는 씬
토끼 낮잠 여부 선택	유저가 토끼가 낮잠을 잘 것인가 말 것인가를 결정하는 씬
토끼 달리기	토끼가 낮잠을 자지 않고 계속 달리는 씬
토끼 낮잠	토끼가 낮잠을 자고 거북이 토끼를 지나치는 씬
거북 달리기 우승	거북이 오솔길 달리기 경주에서 우승하는 씬
토끼 달리기 우승	토끼가 오솔길 달리기 경주에서 우승하는 씬
거북 헤엄 우승	거북이 헤엄치기 경주에서 우승하는 씬

[그림 13-4]는 [표 13-1]에 있는 씬들의 진행 구조입니다. 그림에서 유저와 상호작용하는 씬은 파란색 상자로 표현했습니다.

그림 13-4
토끼와 거북의 경주 씬 진행 구조

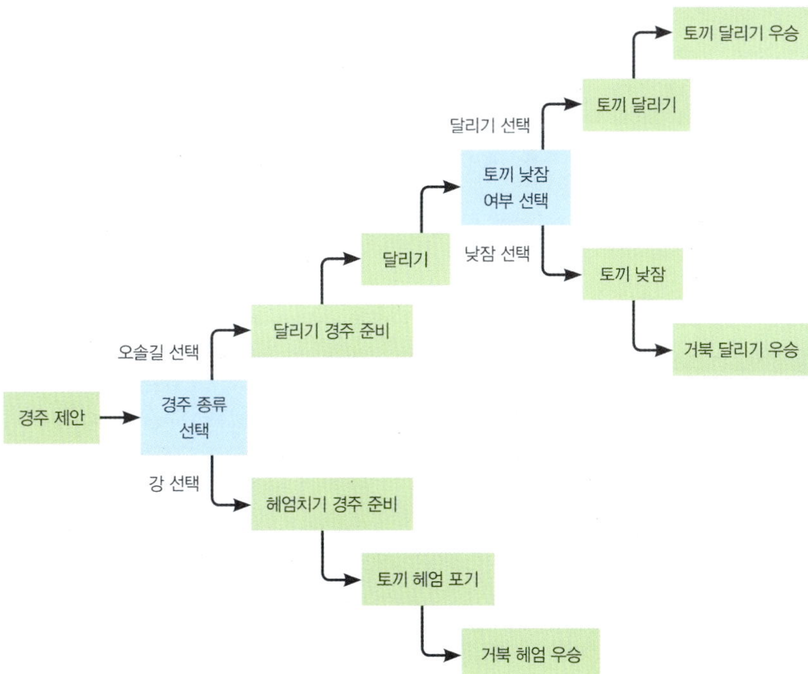

02 인터랙티브 스토리의 씬 진행과 씬 전환

씬 진행자와 씬 진행 방식

영화 또는 드라마의 감독이나 연출가처럼 인터랙티브 스토리도 씬 진행을 관리하는 존재가 필요합니다. 이 책에서는 이런 존재를 씬 진행자라고 부르겠습니다. 씬 진행자가 각 씬의 종료 시점을 감지하고 유저와의 상호작용 결과를 바탕으로 다음에 이어질 씬을 결정합니다.

그림 13-5
씬 진행자와 스프라이트의 관계

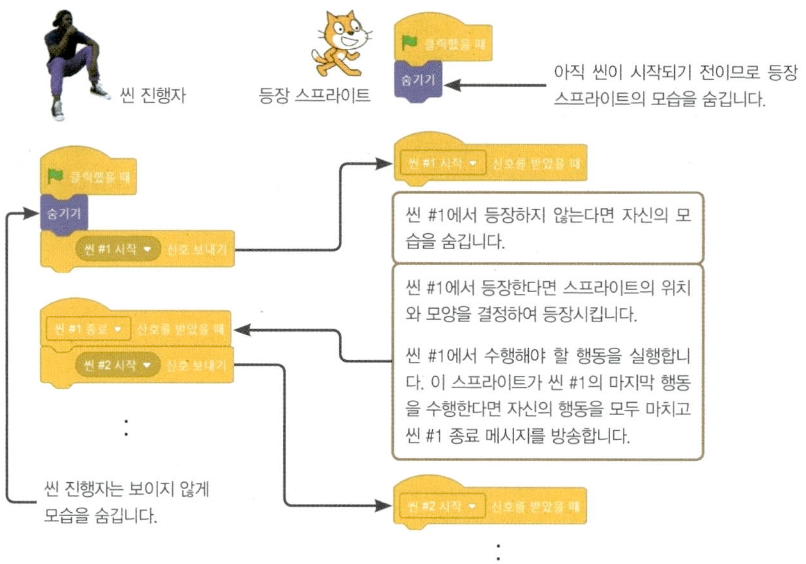

스크래치에서 씬 진행자는 숨겨진 스프라이트로 구현합니다. 씬 진행자에게 현재 씬이 종료되었다는 사실을 알리는 방법은 그 씬에서 가장 마지막 행동을 수행한

스프라이트가 씬의 종료를 알리는 메시지를 방송하는 것입니다. 씬 종료 메시지를 감지한 씬 진행자는 다음에 진행될 씬을 알리는 메시지를 방송하고, 스프라이트들과 무대는 이 메시지를 감지하여 다음 씬의 행동들을 수행하게 됩니다.

그림 13-6
씬 진행자와 무대의 관계

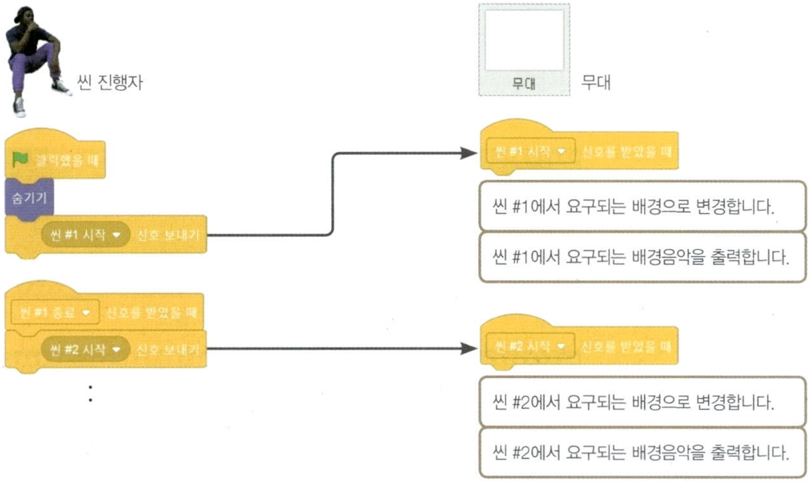

유저와 상호작용하는 씬은 유저의 상호작용 결과를 구분하는 메시지를 방송합니다. 예를 들어, 앞의 토끼와 거북의 경주 이야기에서 경주 장소를 선택하는 씬은 토끼와 거북 중 하나가 [그림 13-7]과 같이 행동하게 하여 구현할 수 있습니다.

그림 13-7
유저와 상호작용하는 씬

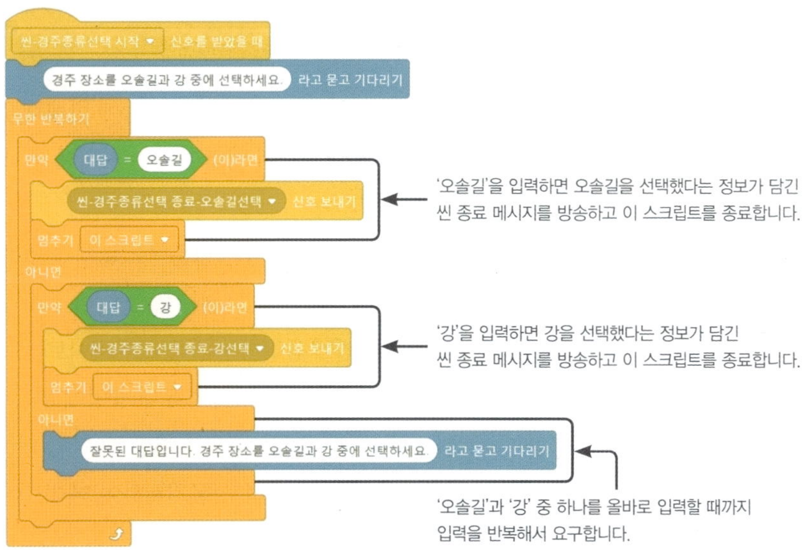

TIP 씬 진행자는 유저의 선택이 반영된 메시지를 받아 그 선택에 따라 다음 씬을 결정하고 해당 씬을 시작하라는 메시지를 방송합니다.

씬 전환 구현하기

다른 씬으로 전환할 때, 단순히 현재 씬에서 다음 씬으로 바로 전환할 수도 있지만 영화에서는 다양한 기법을 사용합니다. 현재 씬이 서서히 사라지면서 동시에 다음 씬이 서서히 나타나는 디졸브dissolve, 현재 씬이 지워지면서 그 자리를 다음 씬이 채우는 와이프wipe, 현재 씬이 점점 밝아지면서 나타나는 페이드인fade-in과 반대로 씬이 점점 어두워지면서 사라지는 페이드아웃fade-out 등이 그 예입니다.

그림 13-8
영화에서 사용되는 씬 전환 기법

스크래치는 스프라이트와 무대 배경 처리 기능에 한계가 있어서 디졸브나 와이프와 같은 씬 전환 기법을 구현하기 어렵습니다. 따라서 여기서는 페이드인/아웃 기법을 구현해보겠습니다.

스크래치에서 페이드인/아웃 기법은 검은색으로 채워진 무대 크기의 사각형 스프라이트를 이용해서 구현할 수 있습니다. 앞으로 이 스프라이트를 페이드라고 부르겠습니다. 페이드는 씬에 등장하는 다른 스프라이트들보다 항상 앞에 존재하도록 설정되며 무대를 완전히 덮는 크기로 무대 중앙에 위치합니다.

[그림 13-9]와 같이 씬 진행자는 씬을 전환할 때 먼저 페이드에게 자신의 투명도를 100에서 서서히 0으로 변경하도록 지시하여 페이드아웃 효과가 나타나도록 합니다. 그 후 씬을 전환해 무대 배경과 스프라이트들을 다음 씬에 맞게 변경한 후 페이드가 자신의 투명도를 0에서 서서히 100으로 변경하도록 지시하여 페이드인 효과를 나타냅니다.

그림 13-9
페이드의 행동과 씬 진행자의 관계

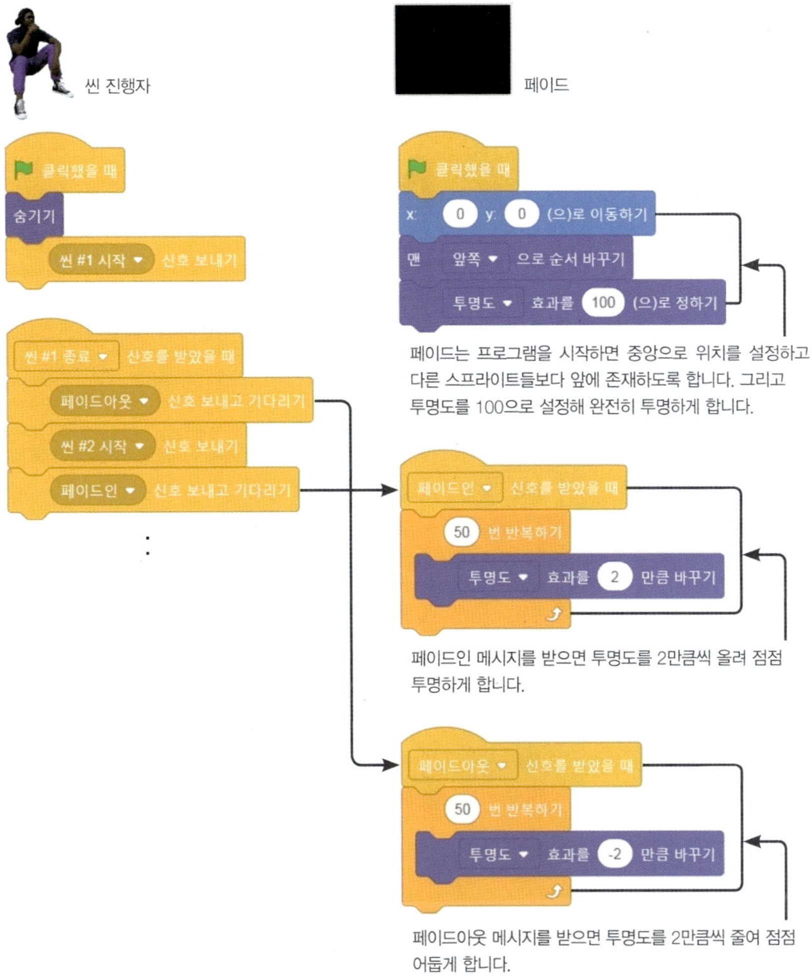

페이드는 [그림 13-10]과 같이 임의의 스프라이트를 추가한 후 [모양] 탭의 기능을 활용하여 만들 수 있습니다. 예를 들어, Ball 스프라이트를 추가한 후 이름을 '페이드'로 변경합니다. 그 후 [모양] 탭을 선택하고 상단에 있는 [삭제] 메뉴를 선택하여 원래 공 모양의 그림을 지웁니다. 여기까지 작업이 완료되었으면, 우측 세로 메뉴 바에 있는 [직사각형] 메뉴를 선택한 후 그림판에 최대한 크게 사각형을 그립니다. 그리고 [채우기 색] 메뉴 기능을 사용해 사각형을 검게 칠해줍니다.

TIP 사각형을 그린 후 사각형의 각 모서리에 있는 제어 포인트를 조정하여 그림판 영역을 가득 채우도록 사각형의 크기를 늘려줄 수 있습니다.

그림 13-10
페이드의 생성

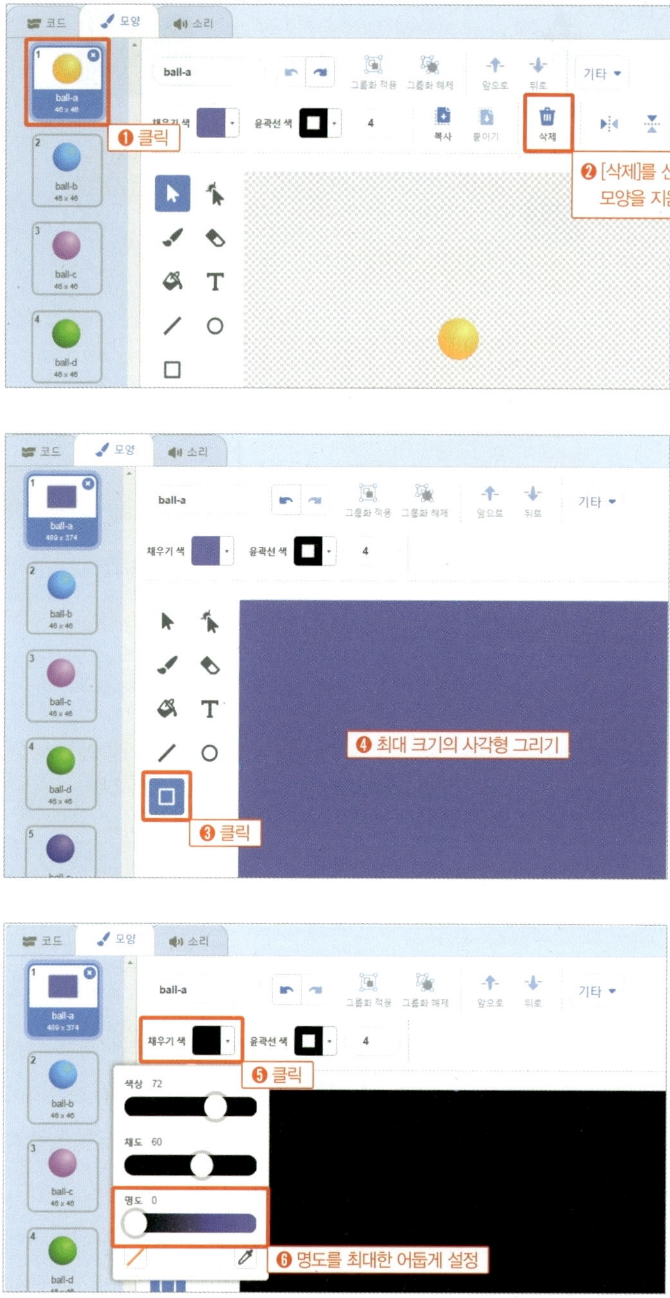

간단한 인터랙티브 스토리를 통해 페이드인/아웃 효과를 적용해봅시다. 이 인터랙티브 스토리는 무대 배경 Blue Sky에 고양이가 인사하는 첫 번째 씬과 무대 배경 Desert에 개가 인사하는 두 번째 씬으로 구성되어 있습니다. [그림 13-11]과 [그림 13-12]는 인터랙티브 스토리에 사용될 스프라이트들과 무대입니다.

그림 13-11
스프라이트

그림 13-12
무대 배경

[그림 13-13]부터 [그림 13-15]까지는 씬 진행자와 무대 그리고 페이드의 스크립트입니다. 스크립트를 실행하면 씬 진행자는 첫 번째 씬의 시작을 알리는 메시지 [씬 #1 시작]을 방송하고 무대는 이 메시지를 받아 배경을 Blue Sky로 변경합니다. 씬 진행자는 메시지 [씬 #1 종료]를 받으면 메시지 [페이드아웃]을 방송하여 페이드가 씬을 완전히 어둡게 할 때까지 기다렸다가 메시지 [씬 #2 시작]을 방송합니다. 그 후 씬 진행자는 메시지 [페이드인]을 방송하여 페이드가 다음 씬을 완전히 밝게 드러낼 때까지 기다립니다. 무대는 메시지 [씬 #2 시작]을 받으면 배경을 Desert로 변경합니다.

그림 13-13
씬 진행자의 스크립트

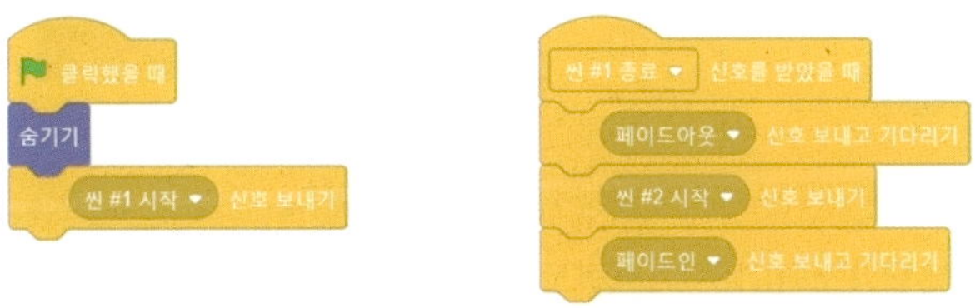

그림 13-14
무대의 스크립트

그림 13-15
페이드의 스크립트

[그림 13-16]과 [그림 13-17]은 고양이와 개의 스크립트입니다. 고양이는 메시지 [씬 #1 시작]을 받으면 적당한 위치에 등장한 후 "안녕하세요."라고 인사하고 메시지 [씬 #1 종료]를 방송합니다. 개는 첫 번째 씬에는 등장하지 않기 때문에 메시지 [씬 #1 시작]을 받으면 자신의 모습을 숨깁니다. 메시지 [씬 #2 시작]을 받으면 개는 적당한 위치에 등장한 후 페이드인 효과가 완전히 끝날 때까지 일정 시간 동안 기다린 후 "안녕하세요."라고 말합니다. 고양이는 두 번째 씬에는 등장하지 않기 때문에 메시지 [씬 #2 시작]을 받으면 자신의 모습을 숨깁니다.

그림 13-16
고양이의 스크립트

그림 13-17
개의 스크립트

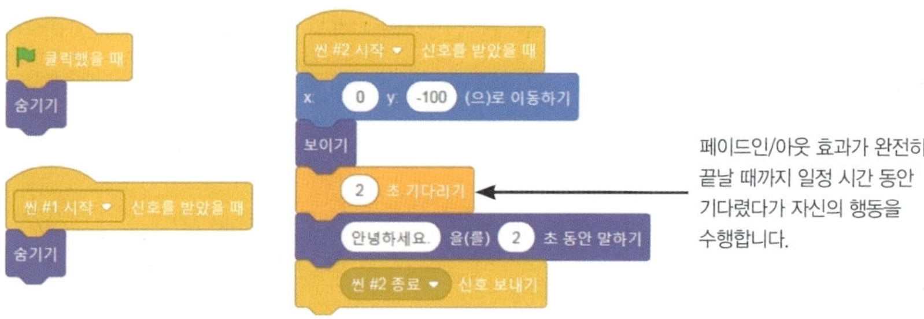

[그림 13-18]은 스크립트를 실행한 모습입니다. 씬을 전환할 때 페이드인/아웃 효과를 확인할 수 있습니다.

그림 13-18
페이드인/아웃의 실행

03 인터랙티브 스토리의 대화 처리

대화 진행 방식

인터랙티브 스토리의 씬은 일반적으로 캐릭터들 간의 대화를 담고 있습니다. 캐릭터들끼리 응답하는 방식으로 이루어지는 대화는 말의 순서를 맞춰야 합니다. 이를 구현하는 방법으로 상대방이 말하는 시간 동안 기다리도록 대기시간을 조정하는 방법과 자신의 말이 끝날 때마다 그 사실을 메시지로 방송하는 방법이 있습니다. [그림 13-19]는 고양이와 개가 대기시간을 조정하는 방법으로 대화하는 예입니다.

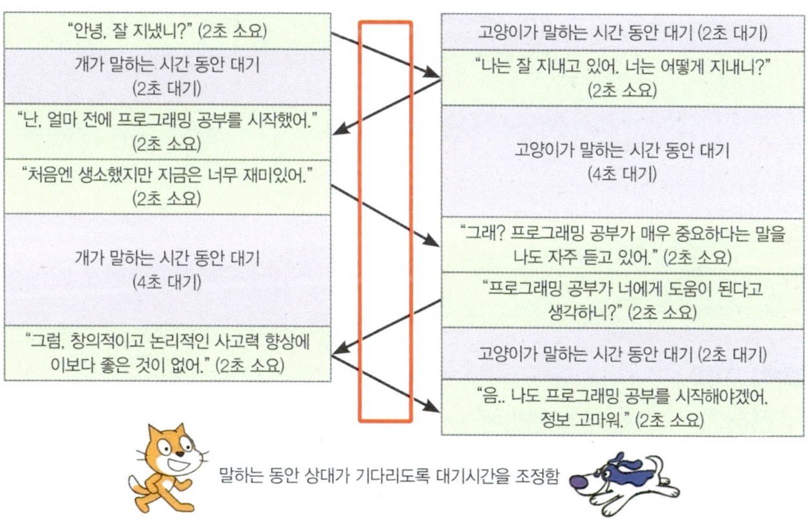

그림 13-19
대기시간 조정 방법으로 순서를 맞춘 대화

대기시간을 조정하는 방법을 선택할 경우, 상대방이 말하는 시간을 예측해 그 시간 동안 기다린 후 자신의 말을 하므로 상대방이 말하는 데 소요되는 시간보다 대기시간이 짧으면 상대방의 말을 끊을 수 있습니다. 그리고 상대방이 말하는 시간이 수정되면 대기시간을 다시 조정해야 하는 번거로움이 있습니다.

메시지 방송을 이용하는 방법으로 프로그램을 짜면 각 캐릭터가 말을 마쳤을 때 그 사실을 메시지로 방송합니다. 상대방의 말이 끝나기를 기다리던 캐릭터는 이 메시지를 받고 자신이 할 말을 시작하게 됩니다. 이 방법은 상대방이 말하는 데 걸리는 시간을 예측할 필요가 없고 말하는 데 걸리는 시간이 수정되더라도 이로 인해 변경할 사항이 없다는 장점이 있습니다.

[그림 13-20]은 [그림 13-19]를 메시지 방송을 이용하는 방법으로 수정한 예입니다.

그림 13-20
메시지 방송을 이용해 순서를 맞춘 대화

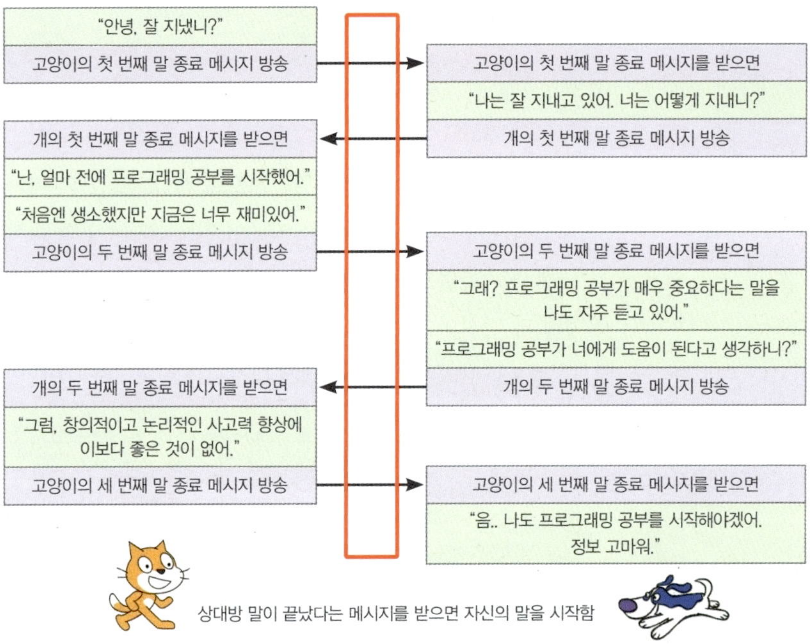

대화 진행 구현하기

스크래치를 이용해 인터랙티브 스토리의 대화 진행 방식을 대기시간을 조정하는 방법과 메시지 방송을 이용하는 방법으로 각각 구현해보겠습니다.

대기시간 조정으로 구현하기

대기시간을 조정하는 방법은 [코드] 탭–[제어] 메뉴 안에 있는 일정 시간 동안 기다리는 문장 블록을 이용해 구현합니다.

[그림 13-21]과 [그림 13-22]는 각각 [그림 13-19]를 대기시간을 이용하는 방법으로 구현한 고양이와 개의 스크립트입니다.

그림 13-21
대기시간 조정 방법을 이용한 고양이의 스크립트

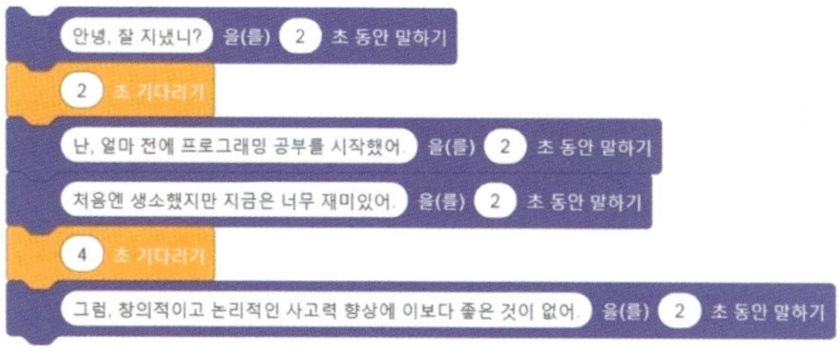

그림 13-22
대기시간 조정 방법을 이용한 개의 스크립트

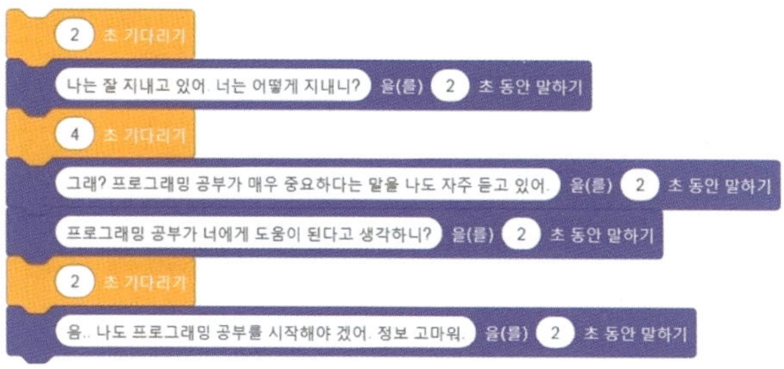

메시지 방송을 이용해 구현하기

메시지 방송을 이용하는 방법은 [코드] 탭-[이벤트] 메뉴의 메시지를 방송하는 문장 블록과 메시지를 받는 이벤트 블록을 이용해 구현합니다. [그림 13-23]은 [그림 13-20]에서 고양이의 행동을 메시지 방송을 이용해 구현한 스크립트입니다.

TIP 스프라이트가 자신의 말을 완료했다는 메시지의 이름은 [그림 13-23]의 예와 같이 '씬의 번호 + 말을 한 스프라이트의 이름 + 말의 순서'와 같은 형식으로 정하면 관리하기 편리합니다.

그림 13-23
메시지 방송을 이용한 고양이의 스크립트

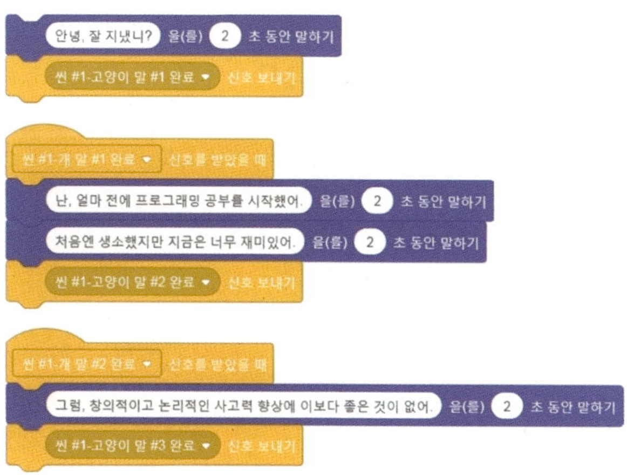

[그림 13-24]는 [그림 13-20]에서 개의 행동을 구현한 스크립트입니다.

TIP [그림 13-24]를 보면 개가 [그림 13-23]에서 사용된 메시지들을 이용해서 고양이와의 대화 순서를 조정합니다.

그림 13-24
메시지 방송을 이용한 개의 스크립트

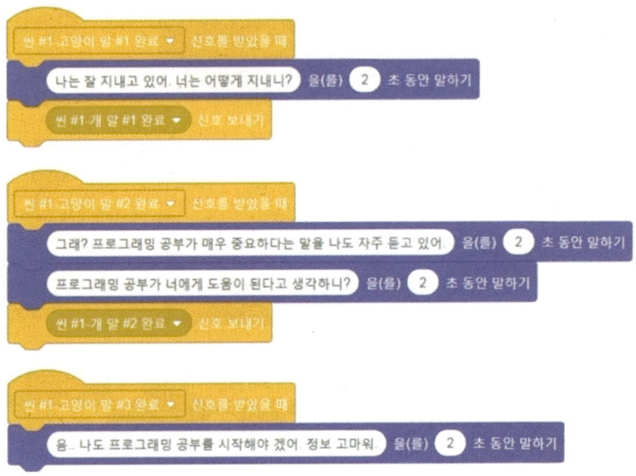

효과적으로 대화 관리하기

스프라이트가 하는 말들을 별도의 자료로 모아서 관리한다면 말에 오류가 있는지 검토하거나 말 내용을 수정할 때 프로그램 전체를 살펴볼 필요 없이 그 자료만 보면서 작업을 수행할 수 있습니다. 이런 장점 때문에 각 스프라이트마다 자신이 말할 내용을 씬별로 구분하여 리스트에 저장하는데, 대화 내용이 많은 스토리일수록 이런 장점이 더욱 두드러집니다.

[그림 13-25]는 고양이에 리스트 [씬 #1-고양이 말 내용]을 만들고 그 리스트에 씬 #1에서 고양이가 말할 내용들을 저장하는 예입니다.

그림 13-25
고양이가 씬 #1에서 말할 내용을 리스트 변수에 저장하는 예

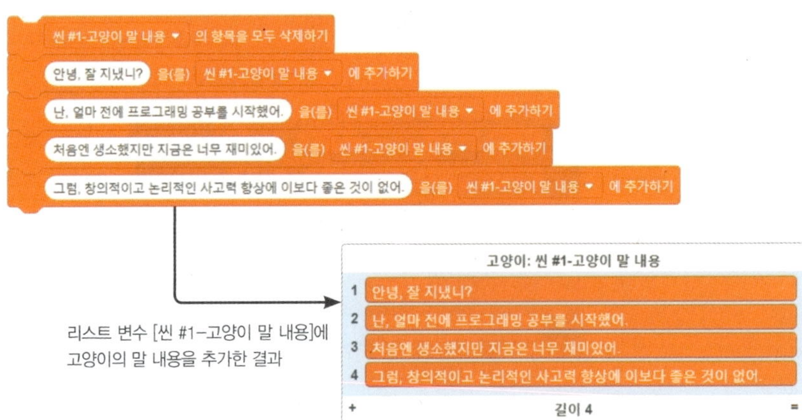

[그림 13-26]은 고양이가 리스트를 이용해 대화하도록 [그림 13-23]을 수정한 것입니다.

그림 13-26
리스트 변수에서 말할 내용을 선택하여 대화하는 고양이의 스크립트

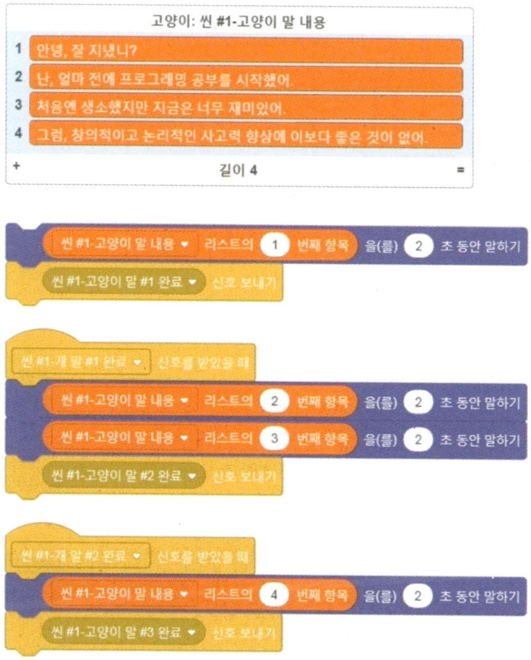

04 친구와의 만남 인터랙티브 스토리 프로그래밍

씬 구성하기

여기에서는 앞에서 배운 씬 관리 기법, 페이드인/아웃 기법 그리고 대화 처리 방식을 이용해 고양이가 친구를 만나 서로 대화하는 간단한 인터랙티브 스토리를 구현해보겠습니다.

이 인터랙티브 스토리는 고양이가 아침에 친구를 만나기로 결심하는 씬, 개와 새 중 어떤 친구를 만날지 결정하는 씬(유저와의 상호작용 씬) 그리고 앞에서 결정된 친구와 만나서 대화하는 몇 개의 씬들로 구성되어 있습니다.

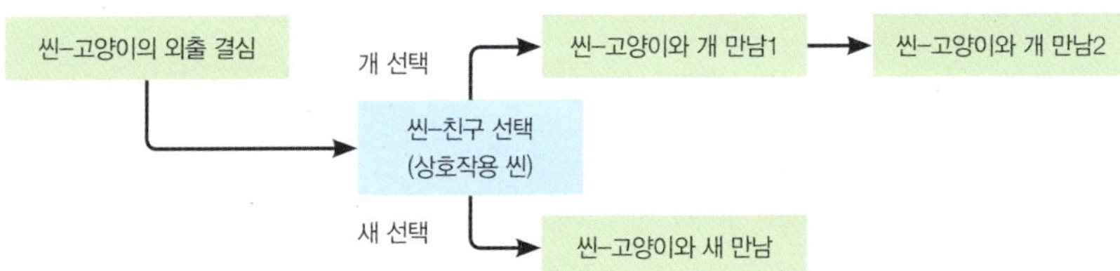

그림 13-27
씬 진행의 구조

고양이의 외출 결심 씬

고양이가 자기 방에서 친구 만날 생각을 하는 씬으로 무대 배경은 Bedroom 2이고 고양이가 말할 내용은 [그림 13-28]과 같습니다.

그림 13-28
[씬-고양이의 외출 결심]의 고양이의 말 내용

[씬-고양이의 외출 결심]의 말 내용		
1 "날씨가 너무 좋네."	2 "오늘은 친구를 만나야겠어."	3 "어떤 친구를 만날까?"

친구 선택 씬

고양이가 만날 친구를 선택하는 씬입니다. 유저와 상호작용하는 씬으로 고양이가 유저에게 자신이 만날 친구로 개와 새 중에서 하나를 선택하도록 요구합니다. 만일 유저가 개 또는 새가 아닌 다른 단어를 입력하면 잘못된 입력이라고 말하면서 다시 개 또는 새 중에서 선택하도록 요구합니다. 이 씬의 무대 배경은 Bedroom 2이고 고양이가 말할 내용은 [그림 13-29]와 같습니다.

그림 13-29 [씬-친구 선택]의 고양이의 말 내용

	[씬-친구 선택]의 말 내용
1	"개와 새 중 어떤 친구를 만날지 선택하세요."
2	"잘못된 입력입니다. 개와 새 중 어떤 친구를 만날지 선택하세요."

고양이와 개 만남 1 씬

만날 친구를 개로 선택하면, 그 후에 진행되는 씬에서 고양이가 개를 만나 대화를 나눕니다. 이 씬의 무대 배경은 Blue Sky이고 고양이와 개의 대화 내용과 순서는 [그림 13-30]과 같습니다.

	[씬-고양이와 개 만남 1]의 말 내용
1	"안녕. 잘 지냈니?"
2	"난, 얼마 전에 프로그래밍 공부를 시작했어."
3	"처음엔 생소했지만 지금은 너무 재미있어."
4	"그럼, 창의적이고 논리적인 사고력 향상에 이보다 좋은 것이 없어."

	[씬-고양이와 개 만남 1]의 말 내용
1	"나는 잘 지내고 있어. 너는 어떻게 지내니?"
2	"그래? 프로그래밍 공부가 매우 중요하다는 말을 나도 자주 듣고 있어."
3	"프로그래밍 공부가 너에게 도움이 된다고 생각하니?"
4	"음.. 나도 프로그래밍 공부를 시작해야겠어. 정보 고마워."

그림 13-30 [씬-고양이와 개 만남1]의 대화 내용과 순서

고양이와 개 만남2 씬

[씬-고양이와 개 만남1] 후에 진행되는 씬으로, 고양이가 개를 한 달 후에 만나 대화를 나눕니다. 무대 배경은 Desert이고, 고양이와 개의 대화 내용과 순서는 [그림 13-31]과 같습니다.

	[씬-고양이와 개 만남2]의 말 내용
1	"안녕. 한 달 만에 또 만났네. 요즘은 어떻게 지내?"
2	"축하해. 꾸준히 공부하기를 바라."
3	"그래. 그럼 오늘도 좋은 하루 되고 다음에 또 만나자."

	[씬-고양이와 개 만남2]의 말 내용
1	"너의 말을 듣고 나도 프로그래밍 공부를 시작하게 되었어."
2	"고마워. 내가 다른 약속이 있어서 이만 가볼게. 다음에 또 봐."

그림 13-31 [씬-고양이와 개 만남2]의 대화 내용과 순서

고양이와 새 만남 씬

만날 친구를 새로 선택하면 그 후에 진행되는 씬으로, 고양이가 새를 만나 대화를 나눕니다. 무대 배경은 Blue Sky이고, 고양이와 새의 대화 내용과 순서는 [그림 13-32]와 같습니다.

	[씬-고양이와 새 만남]의 말 내용
1	"안녕. 잘 지냈니?"
2	"아. 사실 나도 프로그래밍 공부를 하고 있어."
3	"공부한지 이제 한 달정도 되어 가는데 정말 공부하기 잘했다고 생각해."
4	"그래. 우리 열심히 공부하자. 다음에 또 보자."

	[씬-고양이와 새 만남]의 말 내용
1	"잘 지내고 있어. 난 요즘 프로그래밍 공부를 하고 있어."
2	"그래. 나도 너와 같은 생각이야. 우리 열심히 하자."
3	"그래. 안녕."

그림 13-32 [씬-고양이와 새 만남]의 대화 내용과 순서

스프라이트 구성하기

이 인터랙티브 스토리는 고양이, 개, 새, 씬 진행자, 페이드 등의 스프라이트 5개와 Bedroom 2, Blue Sky, Desert와 같은 무대 배경 3개가 필요합니다. 그림과 같이 스프라이트와 무대 배경을 준비합니다.

그림 13-33
스프라이트

그림 13-34
무대 배경

Bedroom 2 Bue Sky Desert

이 인터랙티브 스토리를 구성하는 씬들의 시작과 종료를 알리는 메시지들은 [표 13-2]와 같습니다. 씬의 시작 메시지는 항상 씬 진행자가 방송하고 씬의 종료 메시지는 그 씬에서 마지막 행동을 수행한 스프라이트가 방송합니다.

메시지	설명	방송 주체
씬-고양이의 외출 결심-시작	[씬-고양이의 외출 결심]의 시작을 알립니다.	씬 진행자
씬-고양이의 외출 결심-종료	[씬-고양이의 외출 결심]의 종료를 알립니다.	고양이
씬-친구 선택-시작	[씬-친구 선택]의 시작을 알립니다.	씬 진행자
씬-친구 선택-종료-개 선택	[씬-친구 선택]이 개 선택으로 종료됨을 알립니다.	고양이
씬-친구 선택-종료-새 선택	[씬-친구 선택]이 새 선택으로 종료됨을 알립니다.	고양이
씬-고양이와 개 만남1-시작	[씬-고양이와 개 만남1]의 시작을 알립니다.	씬 진행자
씬-고양이와 개 만남1-종료	[씬-고양이와 개 만남1]의 종료를 알립니다.	개
씬-고양이와 개 만남2-시작	[씬-고양이와 개 만남2]의 시작을 알립니다.	씬 진행자
씬-고양이와 개 만남2-종료	[씬-고양이와 개 만남2]의 종료를 알립니다.	고양이
씬-고양이와 새 만남-시작	[씬-고양이와 새 만남]의 시작을 알립니다.	씬 진행자
씬-고양이와 새 만남-종료	[씬-고양이와 새 만남]의 종료를 알립니다.	새

표 13-2 씬 시작과 종료를 알리는 메시지들과 메시지를 방송하는 주체

각 씬에 등장하는 스프라이트가 자신의 말을 완료한 후, 상대방에게 말할 기회를 넘기기 위한 메시지들은 [표 13-3]과 같습니다. [씬-고양이의 외출 결심]과 [씬-친구 선택]은 고양이가 혼자 말하는 상황이기 때문에 자신의 말을 완료한 후 메시지 방송을 하지 않습니다.

씬	메시지	설명
씬-고양이와 개 만남1	씬-고양이와 개 만남1-고양이 말 #1-완료	고양이의 첫 번째 말이 완료됨을 알립니다.
	씬-고양이와 개 만남1-고양이 말 #2-완료	고양이의 두 번째 말이 완료됨을 알립니다.
	씬-고양이와 개 만남1-고양이 말 #3-완료	고양이의 세 번째 말이 완료됨을 알립니다.
	씬-고양이와 개 만남1-개 말 #1-완료	개의 첫 번째 말이 완료됨을 알립니다.
	씬-고양이와 개 만남1-개 말 #2-완료	개의 두 번째 말이 완료됨을 알립니다.
씬-고양이와 개 만남2	씬-고양이와 개 만남2-고양이 말 #1-완료	고양이의 첫 번째 말이 완료됨을 알립니다.
	씬-고양이와 개 만남2-고양이 말 #2-완료	고양이의 두 번째 말이 완료됨을 알립니다.
	씬-고양이와 개 만남2-개 말 #1-완료	개의 첫 번째 말이 완료됨을 알립니다.
	씬-고양이와 개 만남2-개 말 #2-완료	개의 두 번째 말이 완료됨을 알립니다.
씬-고양이와 새 만남	씬-고양이와 새 만남-고양이 말 #1-완료	고양이의 첫 번째 말이 완료됨을 알립니다.
	씬-고양이와 새 만남-고양이 말 #2-완료	고양이의 두 번째 말이 완료됨을 알립니다.
	씬-고양이와 새 만남-고양이 말 #3-완료	고양이의 세 번째 말이 완료됨을 알립니다.
	씬-고양이와 새 만남-새 말 #1-완료	새의 첫 번째 말이 완료됨을 알립니다.
	씬-고양이와 새 만남-새 말 #2-완료	새의 두 번째 말이 완료됨을 알립니다.

표 13-3 각 씬에서 스프라이트가 자신의 말이 완료되었음을 나타내는 메시지들

스크립트 작성하기

씬 진행자

씬 진행자는 첫 번째 씬의 시작을 알린 후, 각 씬이 종료될 때마다 다음에 이어질 씬을 결정해 그 씬의 시작을 알려줍니다. 또한 각 씬이 종료될 때마다 페이드아웃 효과를 지시하고 다음 씬을 시작한 후 페이드인 효과를 지시합니다.

[그림 13-35]는 스크립트가 실행되면 씬 진행자가 자신의 모습을 감추고 첫 번째 씬인 [씬-고양이의 외출 결심]의 시작을 알리는 행동과 이 첫 번째 씬이 종료되면 [씬-친구 선택]의 시작을 알리는 행동을 보여줍니다. [씬-친구 선택]으로 전환할 때 페이드인/아웃 효과를 줍니다.

그림 13-35
씬 진행자의 첫 번째 씬 시작과 두 번째 씬으로 전환하는 스크립트

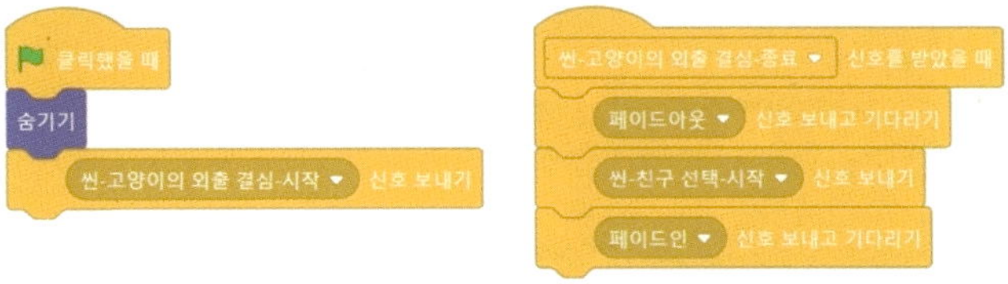

[그림 13-36]은 [씬-고양이의 외출 결심] 종료 이후에 씬 진행자가 각 씬이 종료될 때마다 이어질 씬을 시작하는 행동에 대해 보여줍니다. 모든 씬 전환에 페이드 인/아웃 효과를 주고 있으며 [씬-친구 선택]이 개 선택으로 종료되었는지, 새 선택으로 종료되었는지에 따라 다음에 이어질 씬이 달라집니다.

그림 13-36
씬 진행자의 두 번째 씬부터 이어지는 씬 전환 스크립트

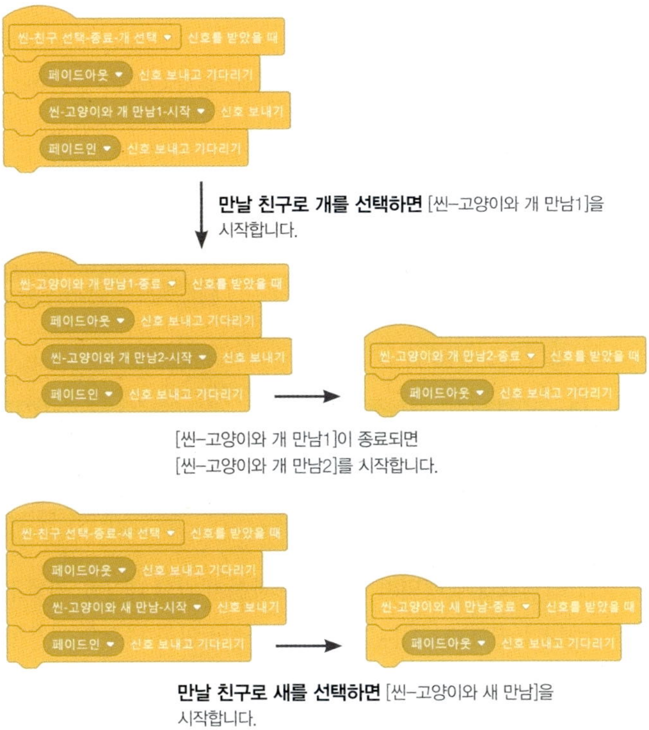

페이드

스크립트가 실행되면 페이드는 자신을 완전히 투명하게 설정하고 정중앙에서 다른 스프라이트들보다 앞에 위치합니다. 그 후, 씬 진행자가 방송하는 메시지 [페이드인]을 받으면 자신의 투명도 값을 점점 높여 자신이 가리고 있는 씬의 장면을 밝게 드러내는 행동을 하고 반대로 메시지 [페이드아웃]을 받으면 자신의 투명도 값을 점점 낮춰 씬의 장면을 어둡게 감추는 행동을 합니다.

그림 13-37
페이드의 페이드인과 페이드아웃 스크립트

무대

무대는 씬 진행자의 새로운 씬 시작 메시지에 따라 알맞은 배경으로 변경하는 행동을 합니다.

그림 13-38
무대의 배경 변경 스크립트

고양이

스크립트가 실행되면 고양이는 자신이 말할 내용을 씬별로 구별된 리스트에 저장합니다. [표 13-4]는 고양이가 씬별로 말할 내용을 저장할 리스트를 보여줍니다. 이 리스트는 고양이에서만 사용하는 지역 변수로 생성합니다.

표 13-4
씬별로 말할 내용을 저장할 고양이의 리스트 변수

리스트 변수	설명
씬-고양이의 외출 결심-말 내용	[씬-고양이의 외출 결심]에서 고양이의 말 내용들을 담습니다.
씬-친구 선택-말 내용	[씬-친구 선택]에서 고양이의 말 내용들을 담습니다.
씬-고양이와 개 만남1-말 내용	[씬-고양이와 개 만남1]에서 고양이의 말 내용들을 담습니다.
씬-고양이와 개 만남2-말 내용	[씬-고양이와 개 만남2]에서 고양이의 말 내용들을 담습니다.
씬-고양이와 새 만남-말 내용	[씬-고양이와 새 만남]에서 고양이의 말 내용들을 담습니다.

[그림 13-39]부터 [그림13-41]까지는 고양이가 씬별로 자신이 말할 내용을 리스트에 저장하는 스크립트입니다. 씬별로 프로시저를 만들어 구현해 고양이의 말 내용을 검토, 수정할 때는 이 프로시저들만 살펴보면 됩니다.

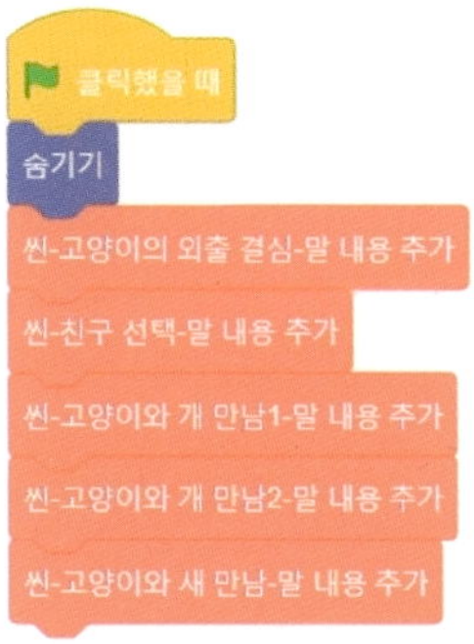

그림 13-39
씬별로 고양이의 말 내용을 저장하는 프로시저

[그림 13-40]은 [씬-고양이의 외출 결심]과 [씬-친구 선택]에서 고양이가 말할 내용을 각각 리스트 [씬-고양이의 외출 결심-말 내용]과 [씬-친구 선택-말 내용]에 저장하는 스크립트입니다. 말 내용을 저장하기 전에 리스트의 내용을 모두 삭제하는 것에 유의합니다. 이런 삭제 작업이 없으면 프로그램을 실행할 때마다 리스트에 말 내용이 중복되어 저장됩니다.

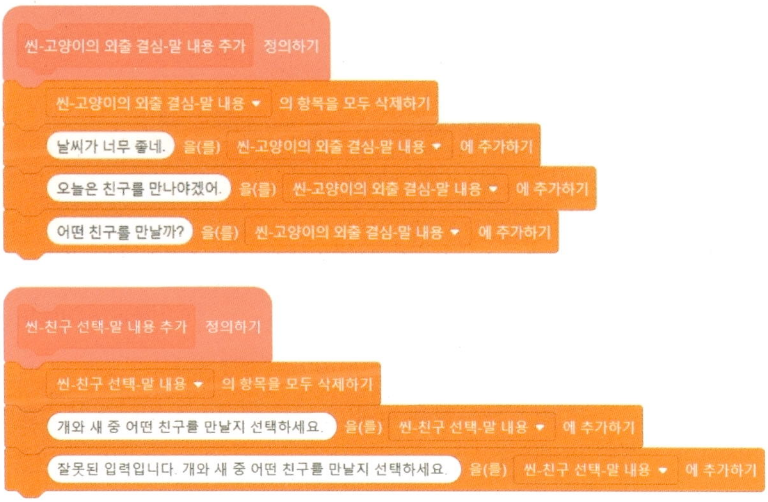

그림 13-40
[씬-고양이의 외출 결심]과 [씬-친구 선택]에서 말할 내용을 리스트에 저장하는 스크립트

같은 방식으로 고양이가 개와 만나 대화를 나누는 씬들의 말 내용을 리스트에 저장하는 스크립트는 [그림 13-41]과 같습니다.

그림 13-41
[씬-고양이와 개 만남1]과 [씬-고양이와 개 만남2]에서 말할 내용을 리스트에 저장하는 스크립트

고양이가 새와 만나 대화를 나누는 씬의 말 내용을 리스트에 저장하는 스크립트는 [그림 13-42]와 같습니다.

그림 13-42
[씬-고양이와 새 만남]에서 말할 내용을 리스트에 저장하는 스크립트

고양이는 자신이 말할 내용을 리스트에 저장한 후, 씬 진행자가 방송하는 씬 시작 메시지에 따라서 적절한 행동을 수행합니다. [그림 13-43]은 [씬-고양이의 외출 결심]과 [씬-친구 선택]의 시작 메시지를 받았을 때 고양이가 수행할 행동을 보여줍니다. [씬-친구 선택]은 유저와 상호작용하는 씬으로, 고양이는 [씬-친구 선택]의 시작 메시지를 받으면 유저에게 개와 새 중에서 어떤 친구를 만날지 선택하게 하는 행동을 수행합니다. 고양이는 유저가 선택한 결과에 따라서 서로 다른 씬 종료 메시지를 방송하여 씬 진행자가 다음의 씬을 적절하게 선택할 수 있도록 합니다.

그림 13-43
[씬-고양이의 외출 결심]과 [씬-친구 선택]에서 고양이의 스크립트

[그림 13-44]는 [씬-고양이와 개 만남1]과 [씬-고양이와 개 만남2]의 시작 메시지를 받았을 때 고양이가 수행할 행동을 보여줍니다. 이 씬들에서 고양이는 무대 중앙까지 걸어온 후, 개와 서로 대화합니다. 고양이와 개의 대화는 메시지 방송을 이용하여 순서를 맞춥니다.

그림 13-44
[씬-고양이와 개 만남1]과
[씬-고양이와 개 만남2]에서
고양이의 스크립트

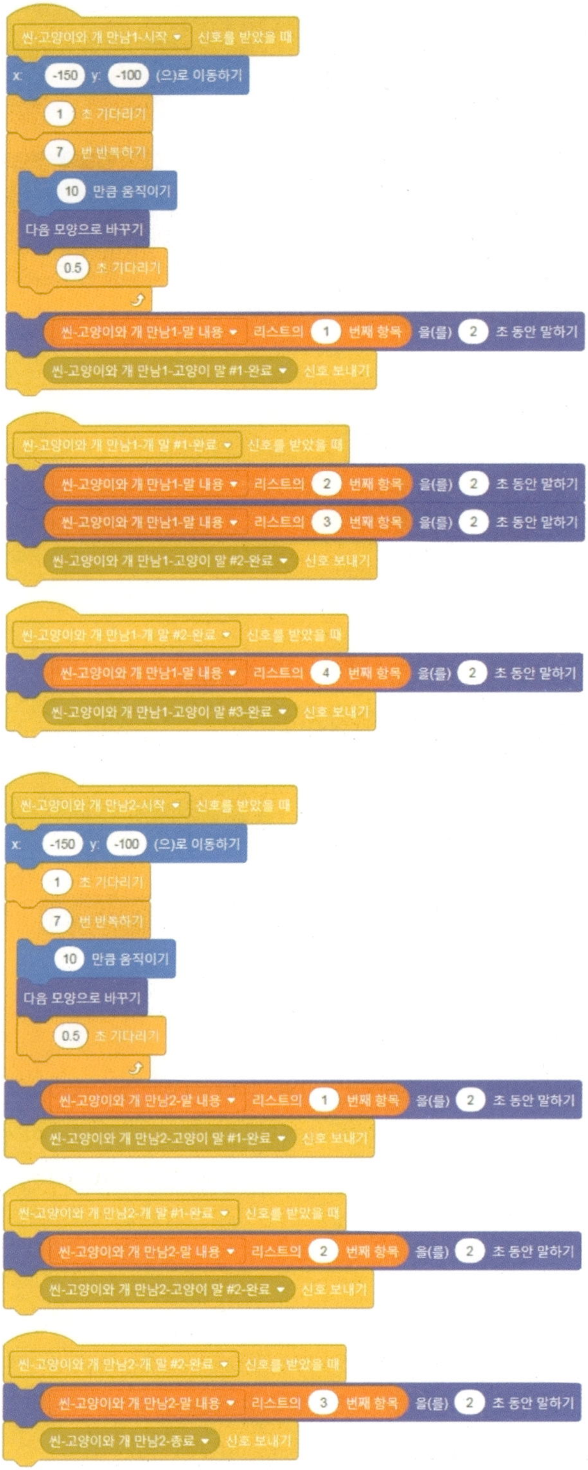

[그림 13-45]는 [씬-고양이와 새 만남]에서 고양이가 수행할 행동을 보여줍니다. 이 씬에서 고양이는 무대 중앙까지 걸어온 후, 새와 서로 대화합니다. 개와 대화할 때와 마찬가지로 메시지 방송을 이용하여 대화의 순서를 맞춥니다.

그림 13-45
[씬-고양이와 새 만남]에서 고양이의 스크립트

개

[표 13-5]는 개가 씬별로 말할 내용을 저장할 리스트이고 [그림 13-46]은 개가 이 리스트에 자신이 말할 내용을 저장하는 스크립트입니다. 이 리스트들 역시 개에서만 사용하는 지역 변수로 생성합니다.

조금 어려운 이야기

개의 리스트 이름을 보면 [표 13-4]의 고양이의 리스트 이름과 동일한 것이 있습니다. 이 리스트들은 고양이와 개의 지역 변수로 생성되었기 때문에 이렇게 동일한 이름을 사용해도 문제가 없습니다.

표 13-5
씬별로 말할 내용을 저장할 개의 리스트 변수

리스트 변수	설명
씬-고양이와 개 만남1-말 내용	[씬-고양이와 개 만남1]에서 개의 말 내용들을 담습니다.
씬-고양이와 개 만남2-말 내용	[씬-고양이와 개 만남2]에서 개의 말 내용들을 담습니다.

그림 13-46
[씬-고양이와 개 만남1]과 [씬-고양이와 개 만남2]에서 말할 내용을 리스트에 저장하는 스크립트

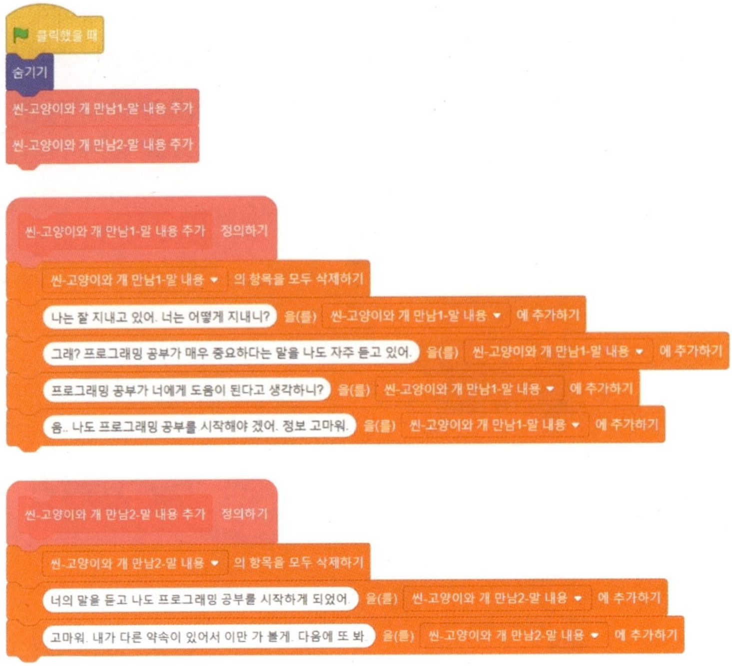

[그림 13-47]은 [씬-고양이와 개 만남1]의 시작 메시지를 받았을 때 개가 수행할 행동을 보여주고 [그림 13-48]은 [씬-고양이와 개 만남2]의 시작 메시지를 받았을 때 개가 수행할 행동을 보여줍니다.

그림 13-47
[씬-고양이와 개 만남1]에서 개의 스크립트

그림 13-48
[씬-고양이와 개 만남2]에서 개의 스크립트

새

[표 13-6]은 새가 자신이 등장하는 씬에서 말할 내용을 저장할 리스트입니다. 이 리스트 역시 새에서만 사용하는 지역 변수로 생성합니다.

표 13-6
자신이 말할 내용을 저장할 새의 리스트

리스트 변수	설명
씬-고양이와 새 만남-말 내용	[씬-고양이와 새 만남]에서 새의 말 내용들을 담습니다.

[그림 13-49]는 새가 이 리스트에 자신이 말할 내용을 저장하는 스크립트입니다.

그림 13-49
[씬-고양이와 새 만남]에서
말할 내용을 리스트에
저장하는 새의 스크립트

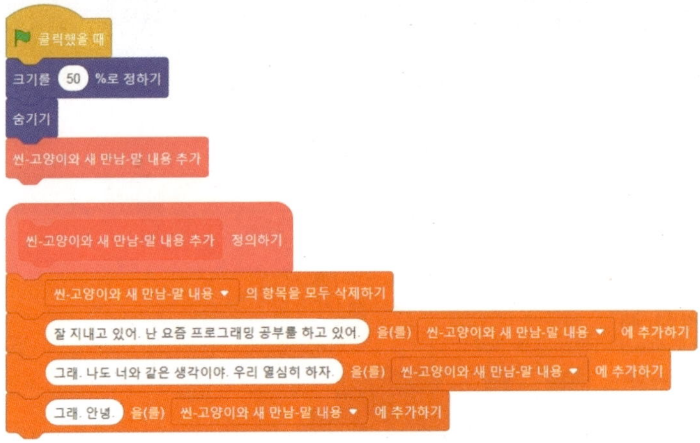

[그림 13-50]은 [씬-고양이와 새 만남]의 시작 메시지를 받았을 때 새가 수행할 행동을 보여줍니다.

그림 13-50
[씬-고양이와 새 만남]에서
새의 스크립트

문제 한번 풀어볼까요?

01 유저가 컴퓨터의 상호작용성을 이용하여 이야기 전개에 영향을 미칠 수 있는 이야기 형식을 무엇이라고 하나요?

① 컴퓨터 스토리　　② 인터랙티브 스토리
③ 인터프리터 스토리　　④ 멀티플레이 스토리

02 영화에서 같은 배경 아래 등장인물들이 수행하는 행동과 대화를 담은 장면을 무엇이라고 하나요?

① 씬　　② 스토리　　③ 에피소드　　④ 시퀀스

03 씬 전환 기법 중, 이전 장면을 서서히 어둡게 하여 사라지게 하고 다음 장면을 서서히 밝게 드러내는 기법을 무엇이라고 하나요?

① 디졸브　　② 와이프　　③ 페이드인/아웃　　④ 초점 흐림

04 스크래치로 인터랙티브 스토리를 프로그래밍할 때 스프라이트들 간 대화 순서를 메시지 방송을 이용하는 방식으로 맞추려고 합니다. 이 방식의 특징을 모두 고르세요.

① 한 스프라이트의 대화 시간이 달라져도 다른 스프라이트의 행동을 수정할 필요가 없습니다.
② [코드] 탭-[제어] 메뉴 안에 있는, 얼마간 시간을 기다리는 문장 블록을 사용합니다.
③ 상대 스프라이트의 대화 시간을 예측하여 그 시간 동안 기다렸다 대화하는 방식입니다.
④ 스프라이트들의 모든 대화 시간을 일일이 예측하거나 계산할 필요가 없습니다.

05 스프라이트들의 대화 내용을 별도의 자료에 담아 관리하는 방식의 특징으로 옳은 것을 고르세요.

① 대화 내용을 수정할 때 스프라이트가 말하는 문장 블록을 수정해야 합니다.
② 일단 대화 내용을 프로그래밍하면 나중에 수정하지 못합니다.
③ 스프라이트의 특정 대화 내용을 프로그램 내에서 찾기 어렵습니다.
④ 대화 내용을 수정할 때 그 자료만 수정되고 다른 스프라이트의 행동은 수정되지 않습니다.

06 다음은 고양이와 여우가 서로 대화하는 스토리의 씬 관리자, 무대, 고양이, 여우의 스크립트입니다. 이 스토리는 총 2개의 씬으로 구성되어 있으며 고양이와 여우의 대화는 메시지 방송을 이용하는 방식을 사용했습니다. 이 프로그램을 실행할 때 실행 모습으로 잘못 설명한 것을 고르세요.

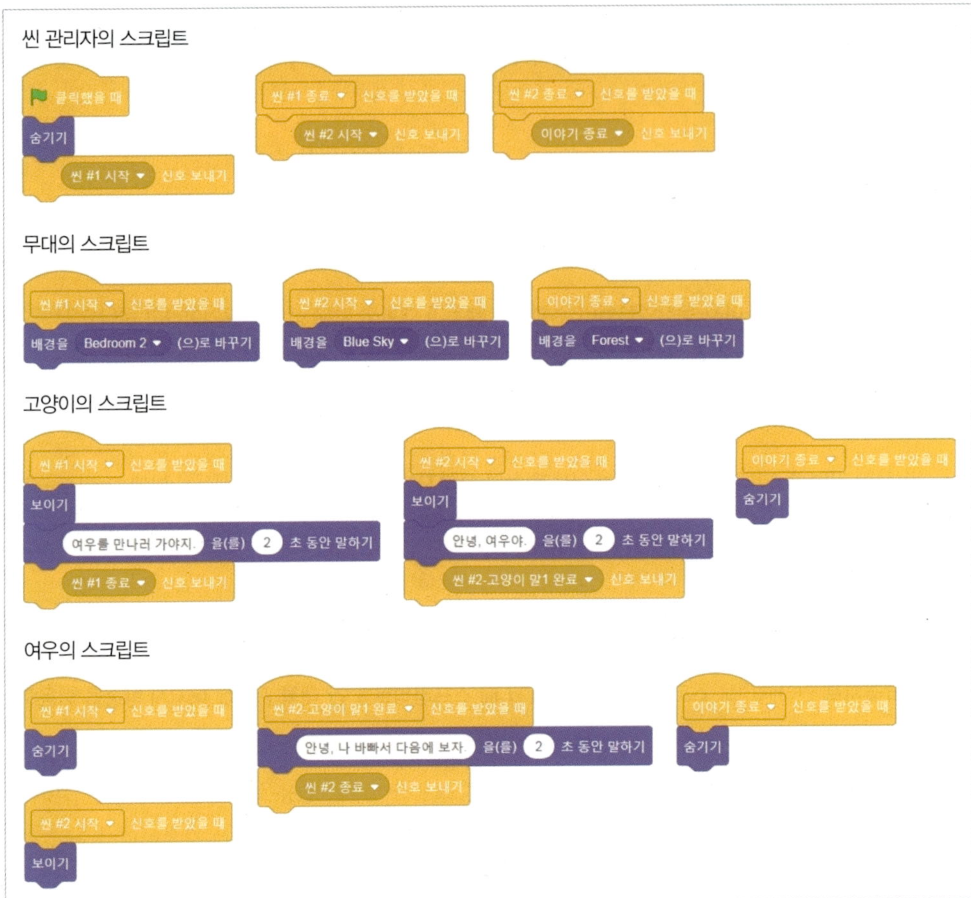

① 씬 #1이 시작되면 고양이만 등장하고 여우는 등장하지 않습니다.
② 씬 #2가 시작되면 고양이가 먼저 말을 걸고 여우가 대답합니다.
③ 씬 #2의 마지막 행동은 고양이가 수행하고 씬 #2 종료 메시지를 방송합니다.
④ 이야기가 종료되면 고양이와 여우 모두 사라집니다.

07 소녀가 숲속을 걷다가 사자를 만나는 인터랙티브 스토리 프로그램을 작성하세요. 사자는 소녀에게 자신이 내는 문제를 유저가 맞추면 살려주기로 약속합니다. 따라서 이 이야기는 유저와 상호작용하는 씬으로, 유저의 이름을 묻는 씬과 사자가 유저에게 문제를 내는 씬이 있습니다. 각 씬의 전환에 페이드인/아웃 효과를 넣습니다. 이 프로그램의 실행 화면과 기능은 다음과 같습니다.

1. (실행)을 클릭하면 무대 배경(Theater)에 사회자가 등장하고 "안녕하세요."를 2초 동안 말합니다.
2. 인사한 후, 사회자는 "당신의 이름을 알려주세요."라고 묻고 사용자의 이름을 입력하도록 요구합니다.
3. 사용자가 이름을 입력하면 사회자는 "〈사용자 이름〉님 반가워요."를 2초 동안 말한 후 "그럼 이제부터 이야기를 시작합니다."를 2초 동안 말합니다.
4. 무대 배경이 숲속으로 변경되고 소녀가 등장하여 "아, 숲속에서 길을 잃었네."라고 2초 동안 말합니다. 그 후, 사자가 등장하여 "잡아먹겠다!"라고 2초 동안 말하고, 소녀가 "〈사용자 이름〉님, 살려주세요."라고 2초 동안 말합니다. 사자가 "〈사용자 이름〉님이 내 문제를 맞추면 살려주겠다."라고 2초 동안 말합니다.
5. 무대 배경이 바뀌고 사자가 "아침엔 4발, 점심엔 2발, 저녁엔 3발인 동물이 무엇이지?"라고 묻고 사용자의 입력을 기다립니다. 사용자의 답이 "사람" 또는 "인간"이라면 사자는 "아니, 이 어려운 문제를 맞추다니. 소녀를 살려주겠다." 라고 2초 동안 말합니다. 만일 사용자가 잘못된 답을 입력하면 "틀렸다. 소녀를 잡아먹겠다."라고 2초 동안 말합니다.
6. 사용자가 정답을 맞췄을 경우, 무대 배경이 다시 숲속으로 변경된 후 소녀만 등장하여 "〈사용자 이름〉님, 정말 감사합니다."라고 2초 동안 말합니다.
7. 사용자가 정답을 맞추지 못했을 경우, 무대 배경이 다시 숲속으로 변경된 후 소녀만 등장하여 "〈사용자 이름〉님, 너무해요. 다음엔 꼭 구해주세요."라고 2초 동안 말합니다.
8. 무대 배경이 처음의 배경(Theater)으로 변경되고 사회자만 등장하여 "재미있었지요? 다음에 또 만나요."라고 2초 동안 말하고 사라집니다.

9. 이 스토리에 등장하는 스프라이트는 다음과 같습니다.

10. 이 스토리의 진행 구조는 다음과 같습니다.

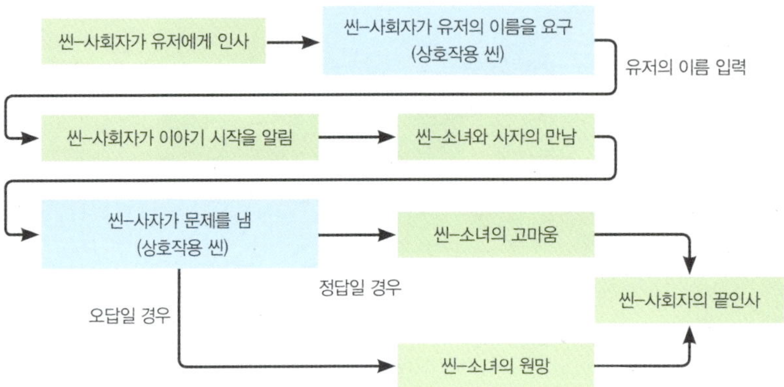

11. 씬별로 무대 배경은 다음과 같습니다.

씬	무대 배경
사회자가 유저에게 인사	Theater
사회자가 유저의 이름을 요구	Theater
사회자가 이야기 시작을 알림	Theater
소녀와 사자의 만남	Forest

씬	무대 배경
사자가 문제를 냄	Rays
소녀의 고마움	Forest
소녀의 원망	Forest
사회자의 끝인사	Theater

12. 프로그램을 구현할 때, 소녀와 사자의 대화는 메시지 방송을 이용하는 방식을 사용하며 대화 내용은 별도의 리스트로 관리하지 않고 말하기 문장 블록에 대화 내용을 직접 적습니다.

08 7번 문제를 수정하여 사회자, 소녀, 사자의 대화 내용을 별도의 리스트에 저장하여 관리하세요. 각 스프라이트의 리스트는 다음과 같습니다.

- 사회자의 대화 내용을 관리할 리스트

리스트	설명
씬-사회자가 유저에게 인사-대화 내용	[씬–사회자가 유저에게 인사]에서 말할 내용 저장
씬-사회자가 유저의 이름을 요구-대화 내용	[씬–사회자가 유저의 이름을 요구]에서 말할 내용 저장
씬-사회자가 이야기 시작을 알림-대화 내용	[씬–사회자가 이야기 시작을 알림]에서 말할 내용 저장
씬-사회자의 끝 인사-대화 내용	[씬–사회자의 끝인사]에서 말할 내용 저장

- 소녀의 대화 내용을 관리할 리스트

리스트	설명
씬-소녀와 사자의 만남-대화 내용	[씬–소녀와 사자의 만남]에서 말할 내용 저장
씬-소녀의 고마움-대화 내용	[씬–소녀의 고마움]에서 말할 내용 저장
씬-소녀의 원망-대화 내용	[씬–소녀의 원망]에서 말할 내용 저장

- 사자의 대화 내용을 관리할 리스트

리스트	설명
씬-소녀와 사자의 만남-대화 내용	[씬–소녀와 사자의 만남]에서 말할 내용 저장
씬-사자가 문제를 냄-대화 내용	[씬–사자가 문제를 냄]에서 말할 내용 저장

창의 응용 프로그램 모음

이번 장에서 **무엇을 배우나요?**

1. 다양한 응용 프로그램을 통해 관찰과 이벤트 처리 기능을 심도 있게 연습합니다.
2. 난수, 복제, 메시지 방송 기능을 다양하게 활용하여 연습합니다.
3. 스프라이트 펜 기능의 전형적인 예를 통해 펜 기능 활용 능력을 키웁니다.

APPENDIX

A

01
상어 잡는 잠수부

프로그램 구상하기

이 프로그램은 잠수부가 작살로 여러 종류의 상어를 잡는 게임입니다. 이 게임의 실행 화면과 특징은 [그림 A-1]과 같습니다.

그림 A-1
상어 잡는 잠수부 프로그램 소개

- 잠수부는 키보드의 ↑, ↓를 누르면 위나 아래로 움직이고 좌우로는 움직이지 않습니다.
- 잠수부는 키보드의 스페이스 바를 누르면 손에 들고 있는 작살을 발사합니다.
- 상어는 2초마다 실행 화면 오른쪽에서 등장하여 왼쪽으로 헤엄칩니다.
- 등장하는 상어의 형태와 헤엄치는 속도는 무작위로 결정됩니다.
- 작살로 상어를 잡을 때마다 점수가 10점씩 올라갑니다.
- 작살에 맞은 상어는 비명 소리와 함께 번쩍거리면서 사라집니다.
- 잠수부가 상어에 닿으면 죽습니다.
- 이 게임은 잠수부가 상어에 닿아 3번 죽으면 종료됩니다.

스프라이트, 무대 배경, 변수, 소리 준비하기

이 프로그램은 바닷속 배경, 잠수부, 작살, 상어, 생명 3개를 구현하기 위한 무대 배경과 스프라이트가 필요합니다. 또한 게임 점수와 잠수부의 남은 생명 수를 관리할 변수들, 프로그램 내부적으로 무작위로 생성된 상어의 모양과 속도를 담을 변수들이 필요합니다. 무대의 배경음악과 작살이 발사되는 소리 그리고 잠수부와 상어의 비명 소리를 위한 음원들도 준비합니다.

스프라이트와 무대 배경

[스프라이트 고르기]에서 Diver1, Magic Wand, Shark 2, Heart 스프라이트를 추가하고(Heart는 3개 추가) 각각의 이름을 '잠수부', '작살', '상어', '생명1', '생명2', '생명3'으로 변경합니다. 그리고 [배경 고르기]에서 Underwater 1을 무대 배경으로 추가합니다.

그림 A-2
프로그램에 사용될 무대 배경과 스프라이트들

스프라이트들의 변수 생성

이 게임은 작살로 상어를 잡을 때마다 점수가 올라갑니다. 이 점수를 보여주기 위해 무대의 전역 변수로 [점수]를 생성합니다. 잠수부의 남은 생명 수를 나타내기 위한 변수로 [잠수부의 남은 생명]을 잠수부의 지역 변수로 생성하고, 상어의 형태와 속도를 결정할 때 사용할 변수로 [상어 모양]과 [상어 속도]를 상어의 지역 변수로 생성합니다.

표 A-1
프로그램에 사용될 무대와 스프라이트의 변수들

무대/스프라이트	변수	설명
	점수	무대의 변수로 [점수]를 생성합니다. 프로그램을 실행할 때마다 0으로 설정되며 잠수부가 작살로 상어를 잡을 때마다 10점씩 올라갑니다. 참고로, 무대의 변수는 항상 전역 변수이기 때문에 다른 스프라이트들도 이 변수를 이용할 수 있습니다.
	잠수부의 남은 생명	잠수부의 지역 변수로 [잠수부의 남은 생명]을 생성합니다. 프로그램을 실행할 때 3의 값을 갖고 잠수부가 상어에 닿을 때마다 하나씩 줄어듭니다. [잠수부의 남은 생명]이 0이 되면 게임이 종료됩니다.
	상어 모양	상어의 지역 변수로 [상어 모양]을 생성합니다. 3가지 모양 중 하나를 결정할 때 사용합니다. 이 변수의 값이 0이면 상어가 shark2-a의 모양을, 1이면 shark2-b의 모양을, 2이면 shark2-c의 모양을 갖도록 할 것입니다.
	상어 속도	상어의 지역 변수로 [상어 속도]를 생성합니다. 1부터 10까지의 수를 무작위로 추출하여 [상어 속도]의 값으로 사용합니다.

무대와 스프라이트의 소리 등록

이 게임은 배경음악과 작살 발사 소리 그리고 잠수부와 상어의 비명 소리를 출력합니다. 따라서 무대와 스프라이트들의 소리를 [소리 고르기]에서 등록합니다.

표 A-2
프로그램에 사용될 무대와 스프라이트의 소리

무대/스프라이트	음원 파일	설명
	Dance Slow Mo	무대의 소리로 Dance Slow Mo 음원을 등록합니다. 무대는 게임이 진행되는 동안 반복해서 이 음원을 출력합니다.
	Scream2	잠수부의 소리로 Scream2 음원을 등록합니다. 잠수부는 상어에 닿으면 이 음원을 출력합니다.
	Ya	상어의 소리로 Ya 음원을 등록합니다. 상어는 작살에 맞으면 이 음원을 출력합니다.
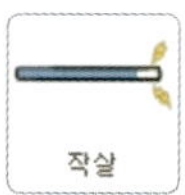	Laser1	작살의 소리로 Laser1 음원을 등록합니다. 작살은 발사될 때 이 음원을 출력합니다.

스크립트 작성하기

잠수부가 죽을 때마다 생명이 하나씩 줄어야 하기 때문에 잠수부는 자신이 죽을 때마다 몇 번째 죽었다는 메시지를 방송하고 생명1, 생명2, 생명3은 이 메시지를 받아 차례로 자신을 숨겨야 합니다. 무대와 상어는 잠수부가 3번째 죽었다는 메시지를 받으면 게임 종료 상태를 만들기 위해 자신의 모든 행동을 중지합니다. 이 같은 메시지 방송에 유의하면서 다음과 같이 스프라이트들과 무대의 스크립트를 작성합니다.

무대의 스크립트

프로그램을 실행하면 무대는 변수인 [점수]를 0으로 설정하고 Dance Slow Mo 음원을 배경음악으로 무한히 반복합니다. 만일 잠수부가 3번 죽게 되면 출력 중인 배경음악을 중지합니다.

그림 A-3
무대의 스크립트

메시지 [잠수부 세번 죽음]을 받으면, 배경음악을 출력 중인 무대의 행동을 멈춥니다. 참고로, 메시지 [잠수부 세번 죽음]은 잠수부가 상어에 3번째 닿을 때 방송합니다.

잠수부의 스크립트

잠수부는 처음 위치, 변수 초기화 등 자신의 초기 상태를 설정하고, 변수 [잠수부의 남은 생명]이 0이 될 때까지 키보드의 ↑, ↓ 입력, 스페이스 바 입력 그리고 상어에 닿았을 때에 필요한 행동을 반복합니다.

그림 A-4
잠수부의 스크립트

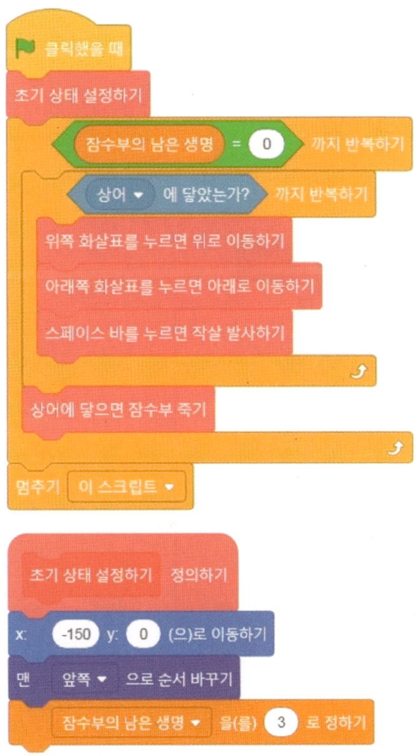

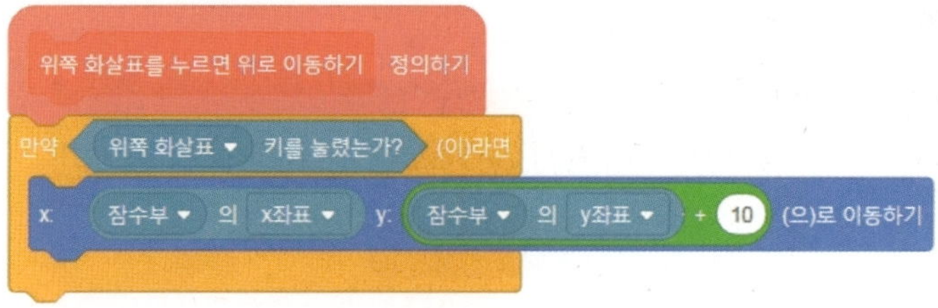

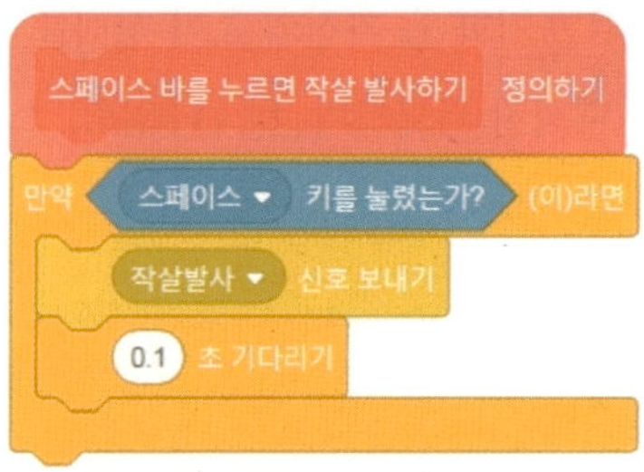

잠수부가 죽을 때마다 몇 번째 죽었는지 알리는 메시지를 방송합니다. 이 메시지에 따라 생명이 차례대로 하나씩 감소하게 됩니다.

작살의 스크립트

작살은 잠수부의 위치를 기준으로 자신의 위치를 결정하여 잠수부 손에 붙어 움직입니다. 메시지 [작살발사]를 받으면 자신을 복제하고 발사될 때의 소리를 출력합니다. 복제된 작살은 앞으로 전진하다가 상어에 닿거나 벽에 닿으면 사라지게 됩니다.

그림 A-5
작살의 스크립트

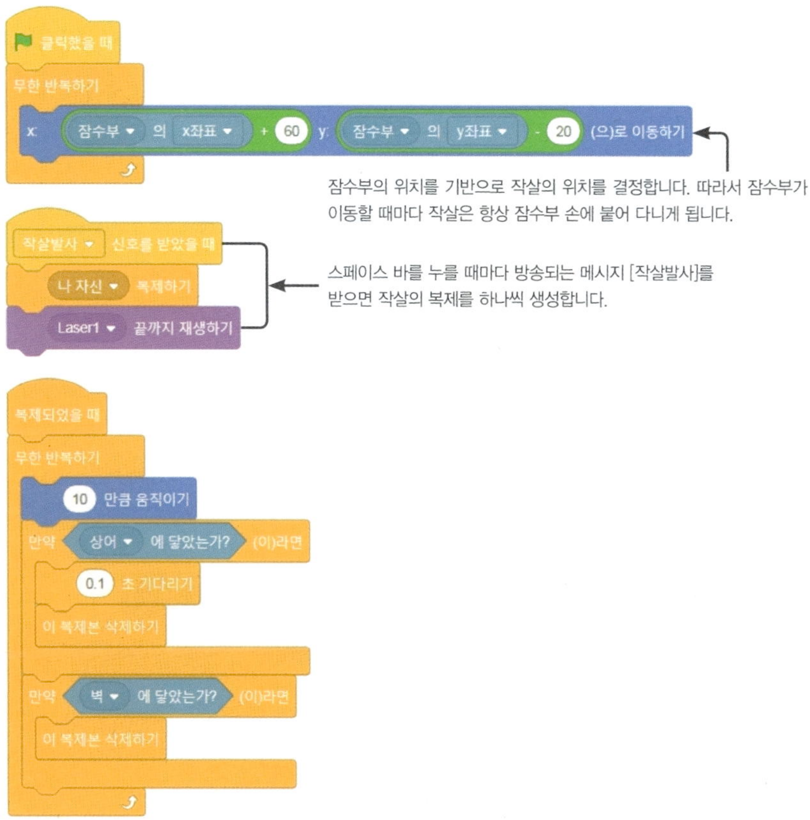

상어의 스크립트

프로그램을 실행하면 상어는 처음 위치와 회전 방식 등의 초기 상태를 설정하고 2초마다 자신을 복제하는 행동을 무한히 반복합니다. 복제된 상어는 헤엄치는 속도와 모양, 등장하는 위치를 무작위로 설정하고, 설정된 속도로 왼쪽으로 이동합니다. 복제된 상어는 작살에 맞으면 변수 [점수]의 값을 10점 올리면서 비명과 함께 잠시 동안 번쩍거리다가 사라집니다. 복제된 상어가 잠수부에 닿으면 자신이 이겼다는 말과 함께 사라지며, 벽에 닿았을 때도 사라집니다. 만일, 잠수부가 3번째 죽게 되면 상어는 자신을 복제하는 행동을 중지합니다.

그림 A-6
상어의 스크립트

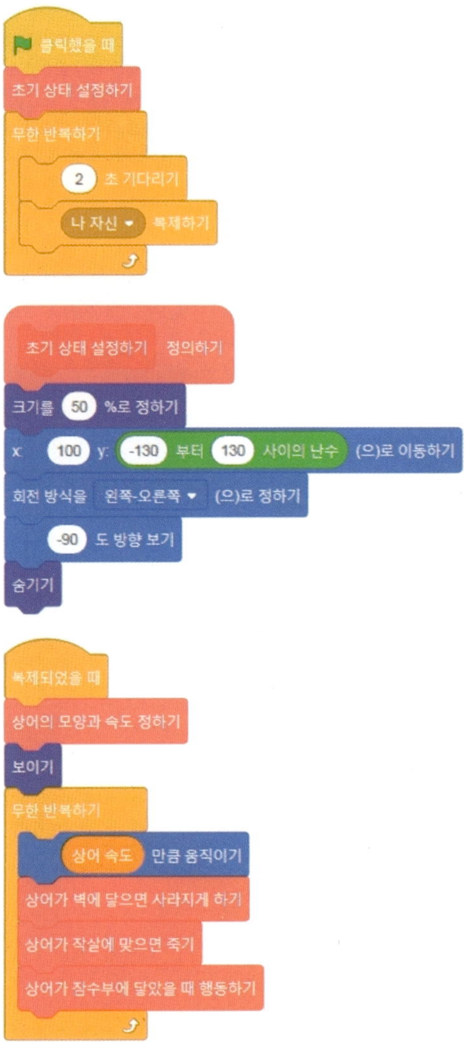

변수 [상어 속도]와 [상어 모양]을
난수 생성 기능을 이용해
무작위로 선택합니다.

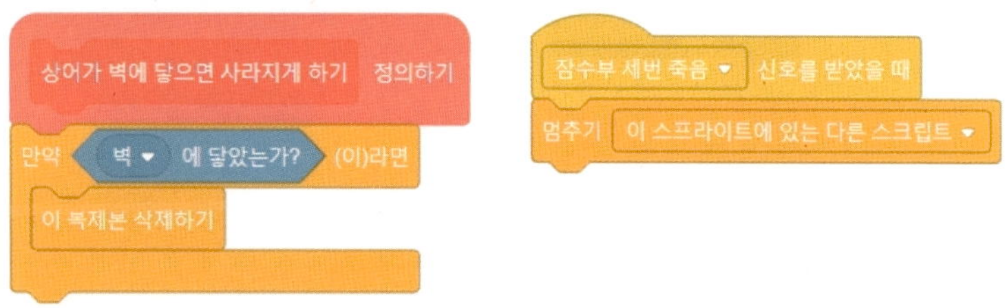

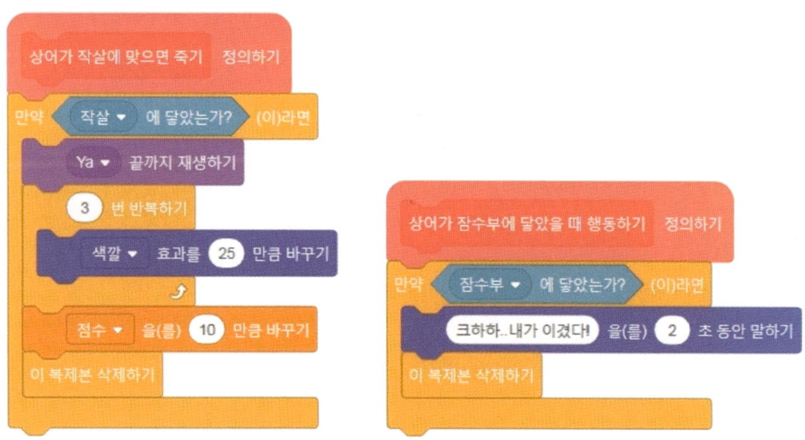

생명의 스크립트

프로그램을 실행하면 생명1, 생명2, 생명3 스프라이트는 적당한 위치로 이동하고 크기를 20%로 줄입니다. 잠수부가 한 번 죽으면 생명1이 모습을 숨기고 두 번 죽으면 생명2가 모습을 숨기고 세 번 죽으면 생명3이 모습을 숨깁니다.

그림 A-7
생명1, 생명2, 생명3의 스크립트

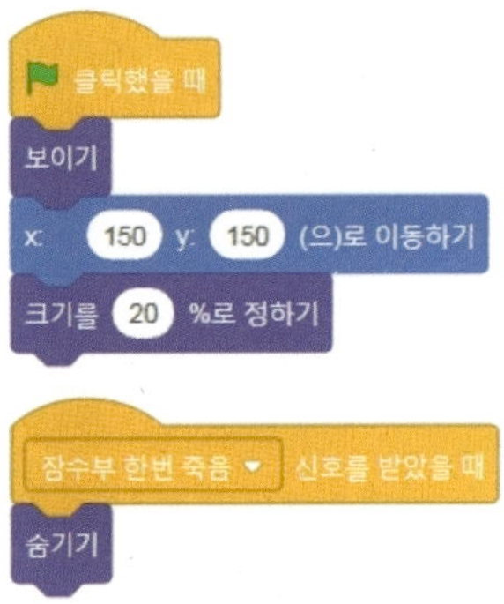

생명1의 스크립트

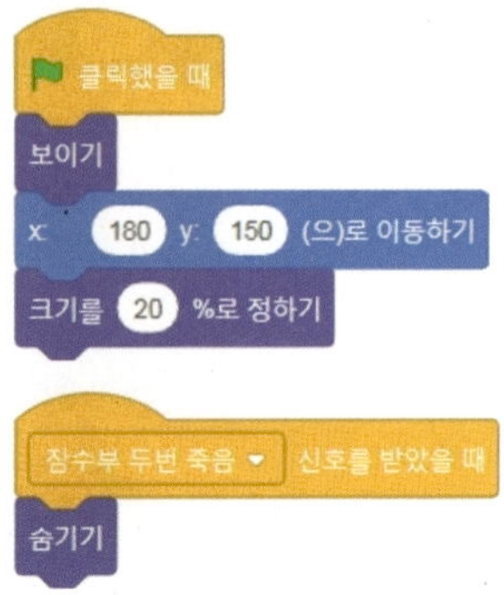

생명2의 스크립트

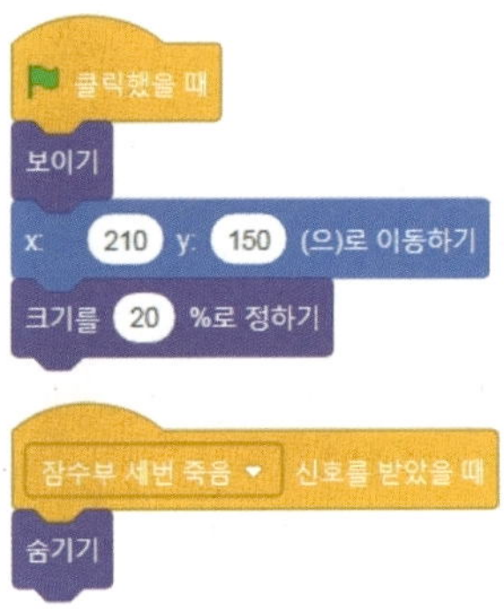

생명3의 스크립트

02 달려라 풍뎅이

프로그램 구상하기

이 프로그램은 풍뎅이가 마법사가 쏘는 별들을 피해 하트를 먹는 게임입니다. 이 게임의 실행 화면과 특징은 [그림 A-8]과 같습니다.

그림 A-8 달려라 풍뎅이 프로그램 소개

- 풍뎅이는 키보드의 ↑, ↓, ←, →를 누르면 위, 아래, 왼쪽, 오른쪽 방향으로 움직입니다.
- 마법사는 2초에서 5초 사이에 한 번씩 별을 쏩니다.
- 마법사가 쏜 별은 실행 화면 안에서 불규칙적으로 방향을 바꾸면서 이동합니다.
- 별은 벽에 부딪히면 튕겨 나옵니다.
- 하트는 실행 화면 내 무작위 위치에 나타나 풍뎅이가 먹을 때까지 기다립니다.
- 풍뎅이가 하트를 먹으면 하트는 1초 후에 다시 실행 화면 내 무작위 위치에 나타납니다.
- 풍뎅이가 하트를 먹으면 점수가 10점씩 올라갑니다.
- 풍뎅이는 별에 닿으면 죽고 새로운 풍뎅이가 지정된 위치에서 나타납니다.
- 풍뎅이가 총 3번 죽으면 게임이 종료됩니다.

스프라이트, 무대 배경, 변수, 소리 준비하기

이 프로그램은 게임의 무대, 풍뎅이, 마법사, 별, 하트를 구현하기 위한 무대 배경과 스프라이트들이 필요합니다. 또한 게임 점수와 풍뎅이의 남은 생명 수를 관리할 변수들, 프로그램 내부적으로 무작위로 생성된 별의 이동 방향과 이동 거리를 담을 변수들이 필요합니다. 무대의 배경음악과 풍뎅이가 별에 닿아 죽는 소리, 풍뎅이가 하트를 먹을 때 내는 소리를 위한 음원들도 준비합니다.

스프라이트와 무대 배경

[스프라이트 고르기]에서 Beetle, Heart, Wizard, Star 스프라이트를 추가하고 각각의 이름을 '풍뎅이', '하트', '마법사', '별'로 변경합니다. 그리고 [배경 고르기]에서 Light를 무대 배경으로 추가합니다.

그림 A-9
프로그램에 사용될 무대 배경과 스프라이트들

스프라이트들의 변수 생성

이 게임은 풍뎅이가 하트를 먹을 때마다 점수가 올라갑니다. 이 점수를 보여주기 위해 무대의 변수로 [점수]를 생성합니다. 풍뎅이의 남은 생명 수를 나타내기 위한 변수로 [남은 생명]을 풍뎅이의 지역 변수로 생성하고, 별의 이동 방향과 이동 거리를 결정할 때 사용할 변수들인 [이동 방향]과 [이동 거리]를 별의 지역 변수로 생성합니다.

표 A-3
프로그램에 사용될 무대와 스프라이트의 변수들

무대/스프라이트	변수	설명
 배경	점수	무대의 변수로 [점수]를 생성합니다. 프로그램을 실행할 때마다 0으로 설정되며 풍뎅이가 하트를 먹을 때마다 10점씩 올라갑니다. 참고로, 무대의 변수는 항상 전역 변수이기 때문에 다른 스프라이트들도 이 변수를 이용할 수 있습니다.
 풍뎅이	남은 생명	풍뎅이의 지역 변수로 [남은 생명]을 생성합니다. 이 변수의 값은 프로그램을 실행할 때 3의 값을 갖고 풍뎅이가 별에 닿을 때마다 하나씩 줄어듭니다. 풍뎅이의 남은 생명이 0이 되면 게임이 종료됩니다.
 별	이동 방향	별의 지역 변수로 [이동 방향]을 생성합니다. 이 변수는 −179부터 180 범위의 난수 값을 갖습니다.
	이동 거리	별의 지역 변수로 [이동 거리]를 생성합니다. 이 변수는 5부터 100 범위의 난수 값을 갖습니다. 별은 이 거리를 이동한 다음 다시 새로운 이동 방향과 이동 거리를 무작위로 생성해 이동하는 작업을 반복합니다.

무대와 스프라이트의 소리 등록

이 게임은 배경음악과 풍뎅이가 죽는 소리, 하트를 먹는 소리를 출력합니다. 따라서 무대와 스프라이트들의 소리를 [소리 고르기]에서 등록합니다.

표 A-4
프로그램에 사용될 무대와 스프라이트의 소리

무대/스프라이트	음원 파일	설명
	Dance Around	무대의 소리로 Dance Around 음원을 등록합니다. 무대는 게임이 진행되는 동안 반복해서 이 음원을 출력합니다.
	Alien Creak1	풍뎅이의 소리로 Alien Creak1 음원을 등록합니다. 풍뎅이가 별에 닿으면 이 음원을 출력합니다.
	Boing	하트의 소리로 Boing 음원을 등록합니다. 풍뎅이가 하트를 먹으면 이 음원을 출력합니다.

스크립트 작성하기

풍뎅이가 3번 다 죽으면 게임 종료 메시지를 방송하고 이 메시지를 받아서 무대와 별, 하트가 자신의 모든 행동을 중지합니다. 이 같은 메시지 방송에 유의하면서 다음과 같이 무대와 스프라이트들의 스크립트를 작성합니다.

무대의 스크립트

프로그램을 실행하면 무대는 자신의 변수인 [점수]를 0으로 설정하고 Dance Around 음원을 배경음악으로 무한히 반복합니다. 만일 풍뎅이가 3번 죽게 되어 메시지 [게임 끝]이 방송되면 출력 중인 배경음악을 중지합니다.

그림 A-10
무대의 스크립트

메시지 [게임 끝]을 받으면, 출력 중인 배경음악을 멈춥니다. 참고로, 메시지 [게임 끝]은 풍뎅이가 별에 세 번째 닿을 때 방송합니다.

풍뎅이의 스크립트

프로그램을 실행하면 풍뎅이는 자신의 지역 변수들의 값을 초기화하고 처음 등장해야 할 위치로 이동합니다. 그리고 변수 [남은 생명]이 0이 될 때까지 키보드의 ↑, ↓, ←, →가 입력될 때, 별에 닿았을 때, 하트를 먹었을 때에 필요한 행동을 반복합니다. 풍뎅이가 총 3번 죽게 되면 메시지 [게임 끝]을 방송하고 자신의 모든 행동을 멈춥니다.

그림 A-11
풍뎅이의 스크립트

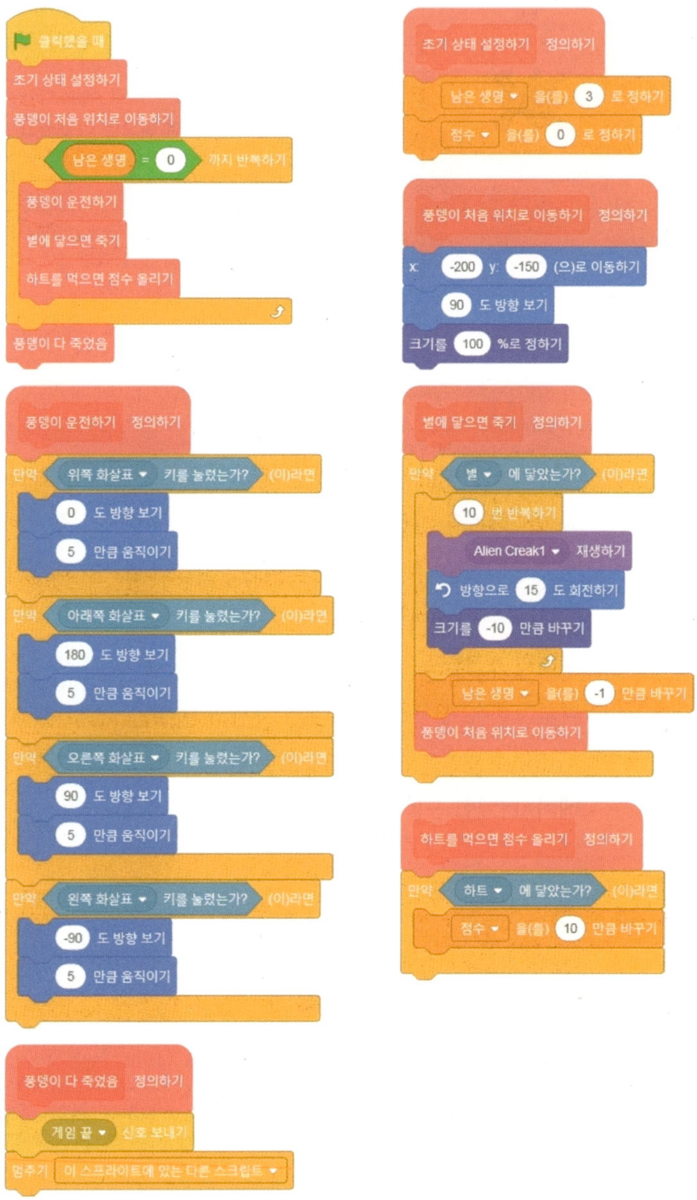

하트의 스크립트

프로그램을 실행하면 하트는 프로그램 실행 화면 내 임의의 위치에 등장하여 풍뎅이가 먹을 때까지 기다리는 행동을 무한히 반복합니다. 하트는 풍뎅이에게 먹히면 사라지고 1초 후에 다시 임의의 위치에 등장합니다. 만일 메시지 [게임 끝]을 받으면 화면에서 자신의 모습을 숨기고 다시 나타나지 않습니다.

그림 A-12
하트의 스크립트

마법사의 스크립트

프로그램을 실행하면 마법사는 모양을 wizard-c로 선택하고 크기를 축소하여 왼쪽을 바라보게 설정한 후 프로그램 실행 화면의 오른쪽 상단으로 이동합니다.

그림 A-13
마법사의 스크립트

별의 스크립트

프로그램을 실행하면 별은 마법사의 마술 지팡이 끝으로 이동하고 2초에서 5초마다 자신을 복제하는 행동을 무한히 반복합니다. 복제된 별은 5부터 100 사이의 임의의 값만큼 이동하다가 −179부터 180 사이의 임의의 값만큼 방향을 변경하는 행동을 무한히 반복합니다. 별은 메시지 [게임 끝]을 받으면 자신을 숨기고, 자신을 복제하는 행동을 멈춥니다.

그림 A-14
별의 스크립트

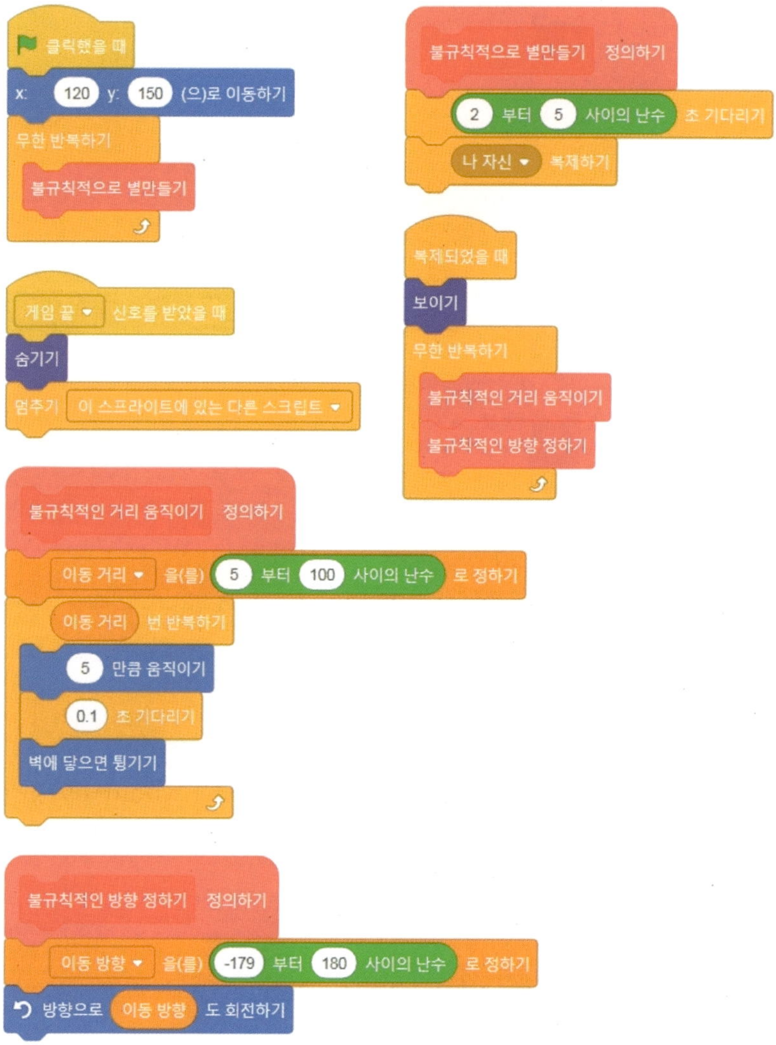

03
장애물을 피하는 앵무새

프로그램 구상하기

이 프로그램은 앵무새가 장애물을 피해 멀리 날아갈수록 높은 점수를 얻는 게임입니다. 게임의 실행 화면과 특징은 [그림 A-15]와 같습니다.

그림 A-15
장애물을 피하는 앵무새 프로그램 소개

- 앵무새는 키보드의 스페이스 바를 누르면 추진 동력을 얻어 위로 올라갑니다.
- 앵무새는 키보드의 스페이스 바를 누르지 않으면 아래로 떨어집니다. 떨어지는 앵무새는 중력에 의해 점점 빨리 떨어지는 자유낙하 운동을 합니다.
- 장애물은 실행 화면 오른쪽 끝 임의의 위치에서 생성되어 왼쪽으로 이동하고 왼쪽 벽까지 이동하면 사라집니다.
- 장애물은 점수가 500점 미만일 때는 1초에서 6초 사이에 하나씩 생성되고, 500점 이상 1000점 미만일 때는 1초에서 4초 사이에 하나씩 생성되고, 1000점 이상일 때는 1초에서 2초 사이에 하나씩 생성됩니다. 즉 점수가 높아질수록 난이도가 높아집니다.
- 점수는 1초마다 10점씩 올라갑니다.
- 앵무새는 장애물에 부딪힐 때마다 생명이 하나씩 감소하며 장애물에 총 5번 부딪히면 게임이 종료됩니다.

스프라이트, 무대 배경, 변수, 소리 준비하기

이 프로그램은 게임의 무대, 앵무새, 장애물을 구현하기 위한 무대 배경과 스프라이트들이 필요합니다. 또한 게임 점수와 앵무새의 남은 생명을 관리할 변수들, 프로그램 내부적으로 점수에 따른 난이도 단계를 결정할 변수, 앵무새의 자유낙하 운동을 계산하기 위한 중력가속도, 앵무새의 높이, 떨이지고 있는 시간을 담을 변수들이 필요합니다. 무대의 배경음악과 앵무새가 올라가는 소리, 앵무새가 장애물에 부딪혔을 때 나는 소리를 위한 음원들도 준비합니다.

스프라이트와 무대 배경

[스프라이트 고르기]에서 Parrot 스프라이트를 추가하고 이름을 '앵무새'로 변경합니다. 장애물은 [스프라이트 고르기]에서 임의의 스프라이트(예를 들어, Button3)를 추가한 후 [모양] 탭에 있는 기능을 이용하여 빨간색의 직사각형으로 모양을 변경합니다. 그리고 [배경 고르기]에서 Blue Sky를 무대 배경으로 추가합니다.

그림 A-16
프로그램에 사용될 무대 배경과 스프라이트들

스프라이트들의 변수 생성

무대의 변수로 [점수]와 [중력가속도]를 생성하고 앵무새의 지역 변수로 [남은 생명], [떨어지고 있는 시간], [낙하 직전 y좌표]를 생성합니다. 그리고 장애물의 지역 변수로 [난이도 단계]를 생성합니다.

표 A-5
프로그램에 사용될 무대와 스프라이트의 변수들

무대/스프라이트	변수	설명
배경	점수	프로그램을 실행할 때마다 0으로 설정되며 1초마다 10점씩 올라갑니다.
	중력가속도	지구의 중력가속도를 나타내며 9.8의 값을 갖습니다.
앵무새	남은 생명	프로그램을 실행할 때 5의 값을 갖고 앵무새가 장애물과 충돌할 때마다 하나씩 줄어듭니다. 이 변수의 값이 0이 되면 게임이 종료됩니다.
	떨어지고 있는 시간	앵무새가 떨어지기 시작한 후의 경과 시간을 나타냅니다.
	낙하 직전 y좌표	키보드의 스페이스 바를 누르지 않아 앵무새가 떨어지기 직전의 y좌표 값을 갖습니다.
장애물	난이도 단계	변수 [점수]가 500점 미만일 때는 6의 값을, 500이상 1000점 미만일 때는 4의 값을, 1000점 이상일 때는 2의 값을 갖습니다. 수가 적어질수록 장애물이 나타나는 시간이 짧아져 게임이 어려워집니다.

무대와 스프라이트의 소리 등록

이 게임은 배경음악과 앵무새가 위로 올라가는 소리, 장애물에 충돌하는 소리를 출력합니다. 따라서 무대와 스프라이트들의 소리를 [소리 고르기]에서 등록합니다.

표 A-6 프로그램에 사용될 무대와 스프라이트의 소리

무대/스프라이트	음원 파일	설명
	Dance Chill Out	무대의 소리로 Dance Chill Out 음원을 등록합니다. 무대는 게임이 진행되는 동안 반복해서 이 음원을 출력합니다.
	Bird	앵무새에 기본적으로 존재하는 음원이기 때문에 별도로 등록할 필요가 없습니다. 키보드의 스페이스 바를 누르는 동안 이 음원을 반복 재생하여 앵무새 소리를 표현합니다.
	Screech	앵무새의 소리로 Screech 음원을 추가로 등록합니다. 앵무새가 장애물 스프라이트에 부딪힐 때 이 음원을 출력합니다.

스크립트 작성하기

앞선 프로그램에서는 주인공이 다 죽으면 메시지를 방송하여 다른 스프라이트들과 무대가 자신의 기능을 멈춰 게임을 종료했습니다. 이 프로그램은 앵무새가 5번 다 죽으면 전체 프로그램의 기능을 정지시켜 게임을 종료하도록 합니다. 무대는 시간이 흐름에 따라 점수를 높이는 행동과 배경음악을 출력하는 행동을 병렬적으로 수행하고, 장애물은 점수에 따라 게임의 난이도 단계를 조정하는 행동과 그 난이도에 따라 자신을 복제하는 행동을 병렬적으로 수행합니다. 이런 무대와 장애물의 행동에 유의하면서 다음과 같이 무대와 스프라이트들의 스크립트를 작성합니다.

무대의 스크립트

프로그램을 실행하면 무대는 자신의 변수인 [점수]를 0으로 설정하고 변수 [중력가속도]를 9.8로 설정합니다. 그리고 Dance Chill Out 음원을 출력하고 1초마다 변수 [점수]의 값을 10만큼 증가하는 행동을 무한히 반복합니다.

그림 A-17
무대의 스크립트

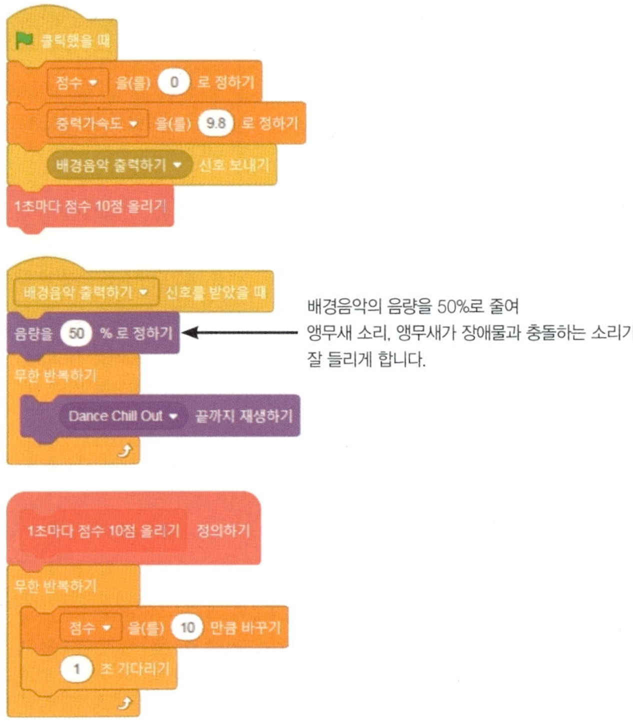

앵무새의 스크립트

프로그램을 실행하면 앵무새는 자신의 지역 변수들의 값을 초기화하고 자신의 크기를 줄여 처음 위치로 이동합니다. 그리고 변수 [남은 생명]이 0이 될 때까지 키보드의 스페이스 바를 누를 때와 안 누를 때 그리고 장애물과 충돌할 때에 필요한 행동을 반복합니다. 변수 [남은 생명]이 0이 되면 모든 프로그램의 실행을 멈춥니다.

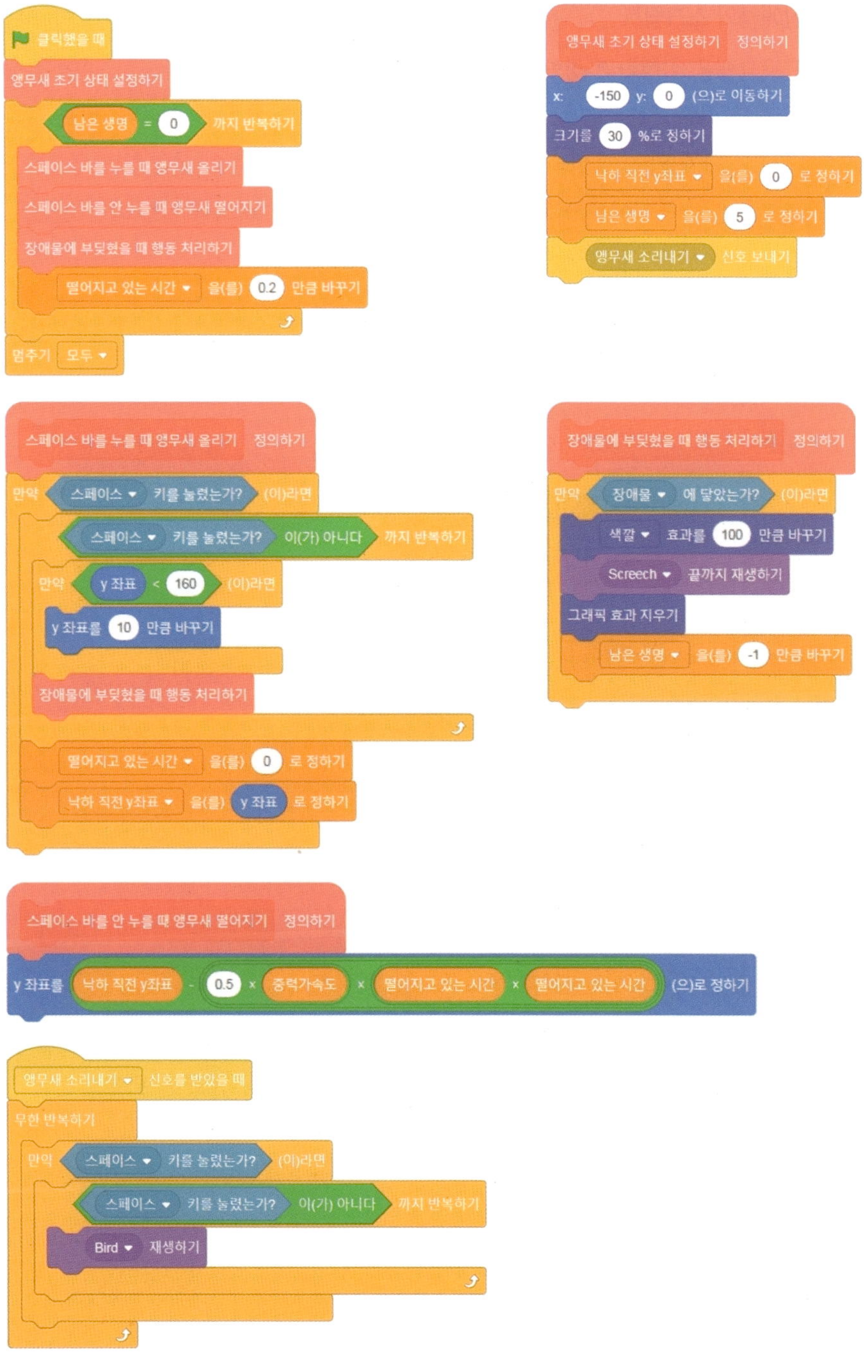

그림 A-18 앵무새의 스크립트

장애물의 스크립트

프로그램을 실행하면 장애물은 메시지 [난이도 단계 조정하기]를 방송하여 점수에 따라 변수 [난이도 단계]의 값을 조정하는 작업을 계속 반복합니다. 또한 변수 [난이도 단계]의 값에 따라 자신을 복제하는 시간을 조정하여 실행 화면 오른쪽에서 왼쪽으로 움직이는 행동을 반복합니다. 장애물은 프로그램 실행 화면 왼쪽 끝에 도달하거나 이동 중에 앵무새와 충돌하면 사라집니다.

그림 A-19
장애물의 스크립트

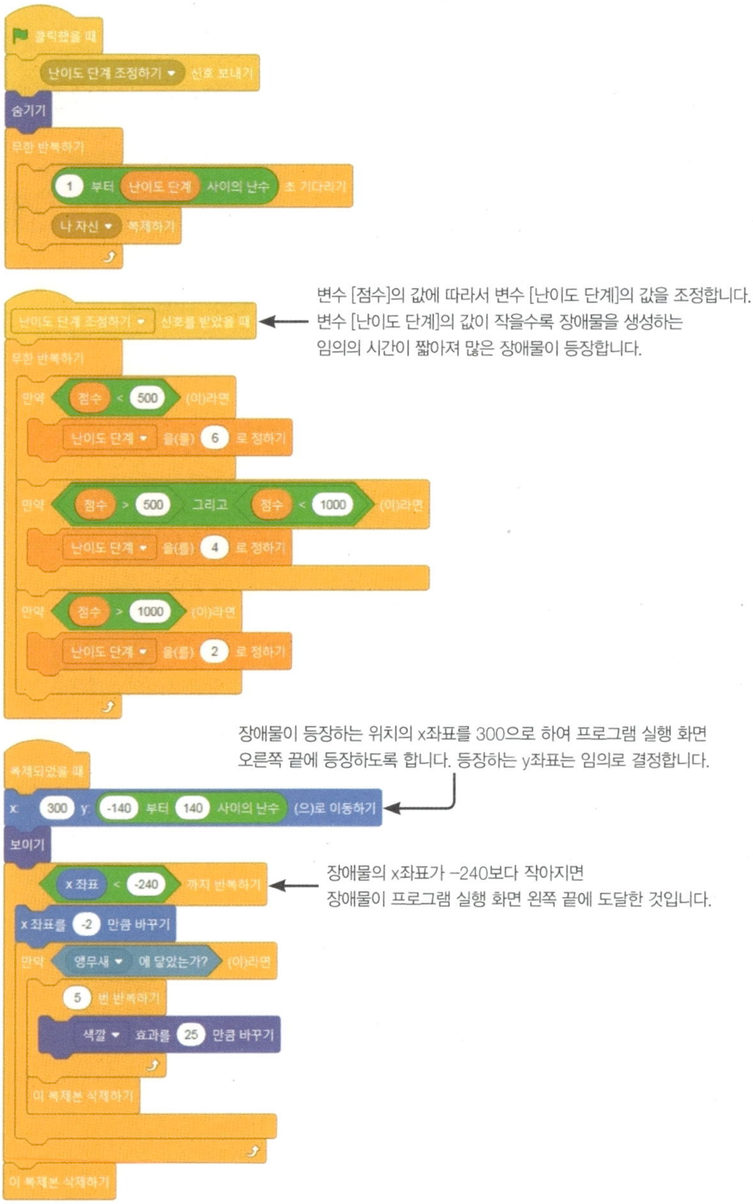

04
나의 5색 그림판

프로그램 구상하기

이 프로그램은 연필로 검정, 빨강, 파랑, 노랑, 초록의 5가지 색을 이용하여 그림을 그리거나 연필에 달린 지우개로 그려진 그림을 지울 수 있는 그림판입니다. 이 그림판의 실행 화면과 특징은 [그림 A-20]과 같습니다.

그림 A-20
나의 5색 그림판 프로그램 소개

- 프로그램 실행 화면 하단에 그리기 메뉴(알파벳 D), 지우기 메뉴(알파벳 E), 검정 아이콘, 빨강 아이콘, 파랑 아이콘, 노랑 아이콘, 초록 아이콘, 새로 그리기 메뉴(X)가 나열됩니다.
- 그리기 메뉴를 선택하면 연필은 심이 아래로 향한 모양을 취하며 연필심이 마우스 포인터를 따라다니게 됩니다. 이 상태에서 마우스를 클릭하면 마우스 클릭을 해제할 때까지 현재 선택된 색으로 그림을 그립니다.
- 지우기 메뉴를 선택하면 연필은 지우개가 아래로 향한 모양을 취하며 지우개가 마우스 포인터를 따라다니게 됩니다. 이 상태에서 마우스를 클릭하면 마우스 클릭을 해제할 때까지 그림판에 그려진 그림을 지웁니다.
- 새로 그리기 메뉴를 선택하면 현재 그림판에 그려진 모든 그림을 지웁니다.

스프라이트, 무대 배경, 변수 준비하기

이 프로그램은 그림판, 연필, 그리기, 지우기, 5가지의 색깔 아이콘, 새로 그리기 메뉴를 구현하기 위한 무대 배경과 스프라이트들이 필요합니다. 더불어 연필의 펜 색깔을 관리하기 위한 변수가 필요합니다. 프로그램에 사용할 소리가 없기 때문에 음원을 준비할 필요는 없습니다.

스프라이트와 무대 배경

[스프라이트 고르기]에서 Pencil, Block–D, Block–E, Button5 스프라이트를 추가하고 이름을 각각 '연필', '그리기', '지우기', '새로 그리기'로 변경합니다. 3장에서 소개한 방법을 따라 연필의 pencil–a 모양은 모양의 중심이 연필심에 오도록 조정합니다. 그리고 pencil–a의 모양을 복사하여 모양 pencil–a2를 생성합니다. pencil–a2 모양은 지우개가 아래에 오도록 회전시키고 모양의 중심이 지우개에 오도록 조정합니다. 연필 색깔을 지정하는 아이콘들을 만들기 위해 Ball 스프라이트를 5개 추가하고 이름을 각각 '검정', '빨강', '파랑', '노랑', '초록'으로 변경합니다. 이어서 [모양] 탭의 기능(좌측 [채우기 색] 기능)을 이용하여 각 이름이 의미하는 색깔로 바꿉니다.

그림 A–21
색깔 아이콘 스프라이트의 색 변경하기(빨강의 예)

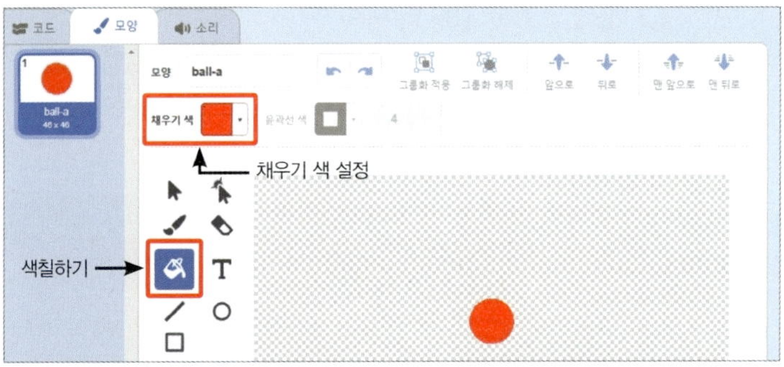

무대 배경은 그리기, 지우기, 새로 그리기, 검정 · 빨강 · 파랑 · 노랑 · 초록 아이콘들을 놓을 메뉴 영역을 표현하기 위해서 [스프라이트/무대 관리 창]에서 무대를 선택한 후, [배경] 탭의 기능(좌측 [직사각형] 기능과 [채우기 색] 기능)을 이용하여 배경을 변경합니다.

그림 A–22
무대 배경 변경하기

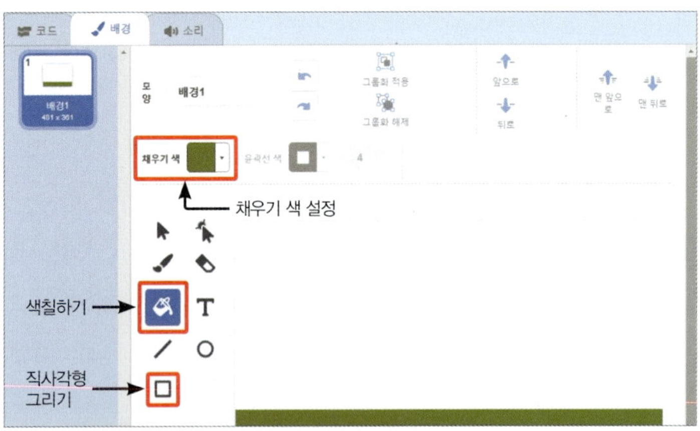

[그림 A-23]은 앞선 작업들을 완료한 후, [스프라이트/무대 관리 창]의 모습을 보여줍니다.

그림 A-23
프로그램에 사용될 무대 배경과 스프라이트들

스프라이트들의 변수 생성

연필의 변수로 [선택된 색깔]을 생성합니다. 이 변수는 연필로 그릴 색을 지정하는 변수로서 '검정', '빨강', '파랑', '노랑', '초록' 중 하나의 값을 갖습니다. 이 변수의 값은 프로그램을 실행할 때 '검정'으로 설정되고 그 후 색깔 아이콘 스프라이트들이 클릭될 때마다 아이콘의 색깔대로 값이 설정됩니다. 따라서 이 변수를 연필의 변수로 생성할 때 색깔 아이콘 스프라이트들에서도 사용할 수 있도록 전역 변수로 생성합니다.

표 A-7
프로그램에 사용될 스프라이트의 변수

스프라이트	변수	설명
	선택된 색깔	연필의 전역 변수로서 연필이 그릴 색을 나타내며 '검정', '빨강', '파랑', '노랑', '초록' 중 하나의 값을 가집니다. 처음 프로그램이 실행될 때 '검정'으로 설정되며 그 후 색깔 아이콘들이 클릭될 때마다 해당 색깔로 값이 설정됩니다.

스크립트 작성하기

그리기 또는 지우기 메뉴를 클릭하면 그 사실을 알리는 메시지를 방송하고 이 메시지를 받아 연필이 자신의 모양(연필심을 아래로 향하게 할지, 지우개를 아래로 향하게 할지)을 결정합니다. 또한 색깔 아이콘들을 클릭하면 색이 바뀌었다는 메시지를 방송하고 이 메시지를 받아 연필이 자신의 펜 색깔을 변경합니다. 이 같은 메시지 방송에 유의하면서 다음과 같이 무대와 스프라이트들의 스크립트를 작성합니다. 펜 기능과 관련된 블록들은 확장 기능의 [펜] 기능에 있습니다.

무대의 스크립트

프로그램을 실행하면 무대는 그림판에 있는 모든 그림을 지웁니다.

그림 A-24
무대의 스크립트

연필의 스크립트

프로그램을 실행하면 연필은 자신의 초기 상태를 설정하는 프로시저를 호출하여 자신의 크기를 50%로 줄이고 프로그램 실행 화면 중앙으로 이동합니다. 초기 모양은 연필심이 아래로 향한 모양을 취하며 펜 색깔은 검정으로 설정됩니다. 이후, 마우스 포인터를 따라 무한히 움직이는 행동을 수행합니다. 이때 마우스를 클릭한 채 움직이면 연필이 그림을 그리거나 지우개로 그림을 지우지만 마우스를 클릭하지 않은 채 움직이면 그림을 그리거나 지우는 행동 없이 연필의 위치만 바뀝니다.

그림 A-25
연필의 스크립트1

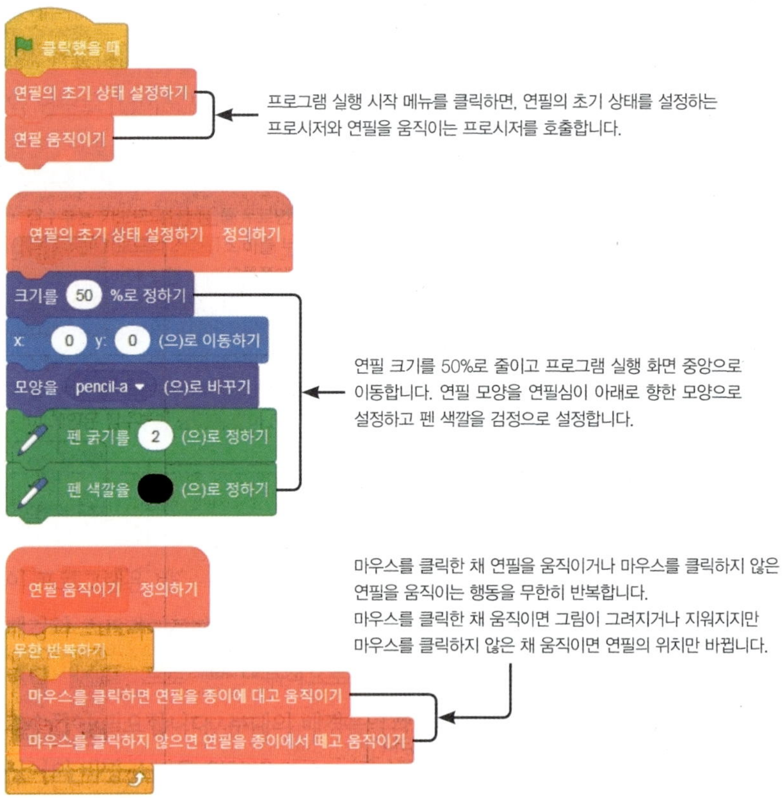

그림 A-26
연필의 스크립트2

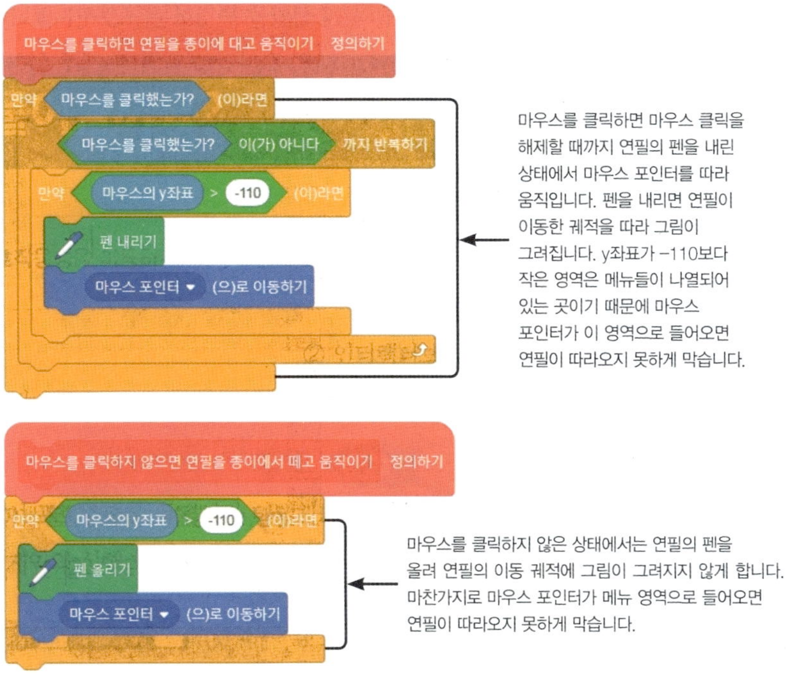

연필은 그림을 그리라는 메시지 [그리기], 지우개로 지우라는 메시지 [지우기], 펜 색깔이 변경되었다는 메시지 [색 바뀜]을 받으면 [그림 A-27]과 같이 자신의 모양과 펜 색깔을 변경합니다. 참고로, 연필의 지우기 기능은 펜 색깔을 흰색으로 변경함으로써 구현할 수 있습니다.

그림 A-27
연필의 스크립트3

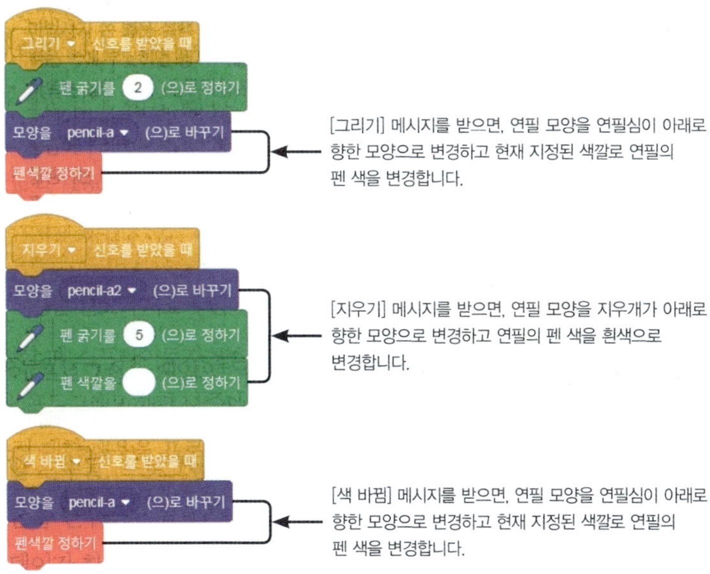

[그림 A-28]은 연필의 펜 색깔을 변경하는 프로시저입니다. 이 프로시저는 호출되면 변수 [선택된 색깔]의 값에 따라 연필의 펜 색깔을 변경합니다. 참고로, 변수 [선택된 색깔]은 색깔 아이콘 스프라이트들이 클릭될 때 그 아이콘 색깔의 값으로 설정됩니다.

그림 A-28
연필의 스크립트4

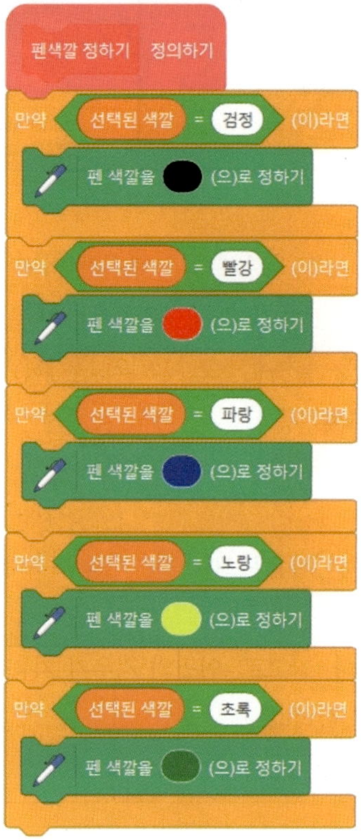

그리기의 스크립트

프로그램을 실행하면 그리기는 자신의 크기를 50%로 줄이고 무대 배경 하단에 있는 메뉴 영역의 적당한 위치로 이동합니다.

그림 A-29
그리기의 스크립트1

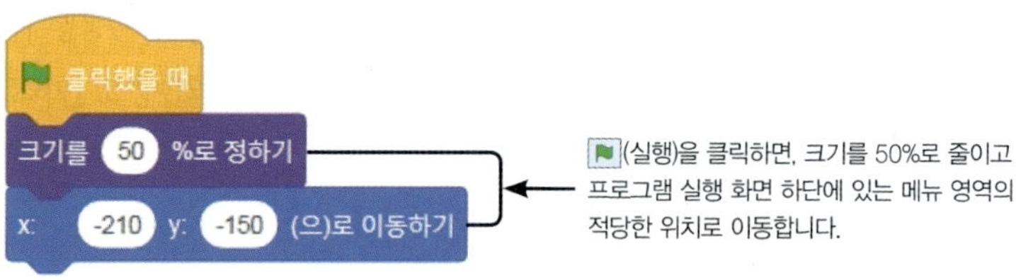

그리기를 마우스로 클릭하면, 마우스 클릭을 해제할 때까지 그리기의 크기를 줄여 현재 이 스프라이트가 선택되었다는 것을 표현합니다. 마우스 클릭을 해제하면 그리기는 원래의 크기로 복원되며 메시지 [그리기]를 방송합니다. 이 메시지를 받은 연필은 자신의 모양을 연필심이 아래로 향한 모양으로 변경하고 펜의 색깔도 변수 [선택된 색깔]의 값을 기반으로 새롭게 설정합니다.

그림 A-30
그리기의 스크립트2

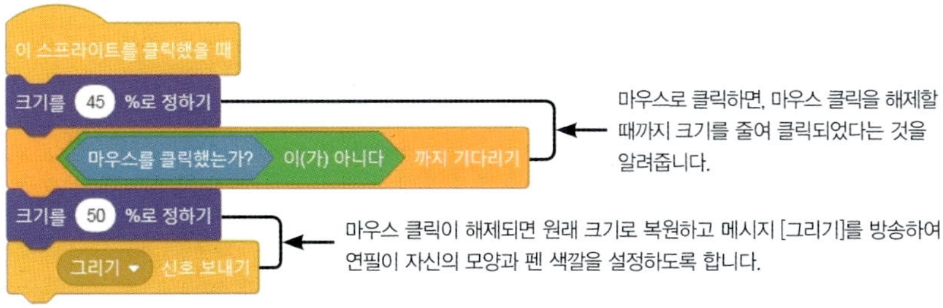

지우기의 스크립트

프로그램을 실행하면 지우기는 자신의 크기를 50%로 줄이고 무대 배경 하단에 있는 메뉴 영역의 적당한 위치로 이동합니다.

그림 A-31
지우기의 스크립트1

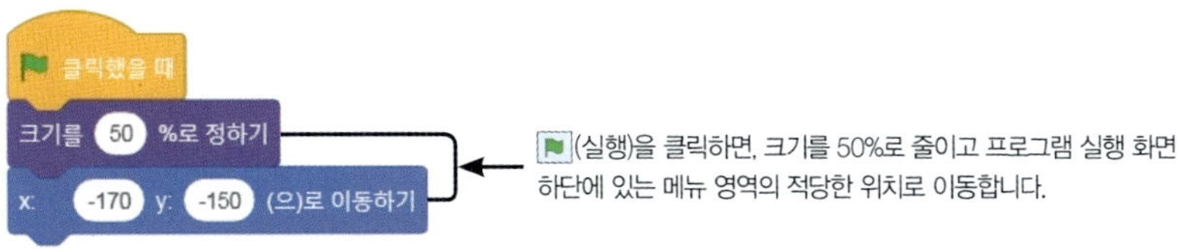

지우기를 마우스로 클릭하면, 마우스 클릭을 해제할 때까지 지우기의 크기를 줄여 현재 이 스프라이트가 선택되었다는 것을 표현합니다. 마우스 클릭을 해제하면 지우기는 원래의 크기로 복원되며 메시지 [지우기]를 방송합니다. 이 메시지를 받은 연필은 자신의 모양을 지우개가 아래로 향한 모양으로 변경하고 펜 색깔을 흰색으로 설정합니다.

그림 A-32
지우기의 스크립트2

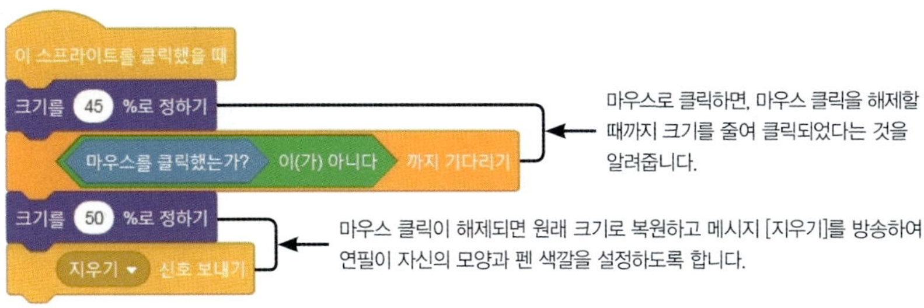

검정, 빨강, 파랑, 노랑, 초록의 스크립트

연필 펜의 색깔을 설정하는 색깔 아이콘들은 공통적으로 프로그램을 실행하면 자신의 크기를 50%로 줄이고 무대 배경 하단에 있는 메뉴 영역의 적당한 위치로 이동합니다. 그리고 마우스로 클릭하면 클릭된 상태를 보여주기 위해 마우스 클릭이 해제될 때까지 자신의 크기를 줄였다가 마우스 클릭을 해제하면 변수 [선택된 색깔]을 자신이 나타내는 색깔 이름으로 설정하고 메시지 [색 바뀜]을 방송합니다. 이 메시지를 받은 연필은 자신의 모양을 연필심이 아래로 향한 모양으로 변경하고 펜의 색깔도 변수 [선택된 색깔]의 값을 기반으로 새롭게 설정합니다.

다음 그림은 검정의 스크립트를 보여줍니다.

그림 A-33
검정의 스크립트

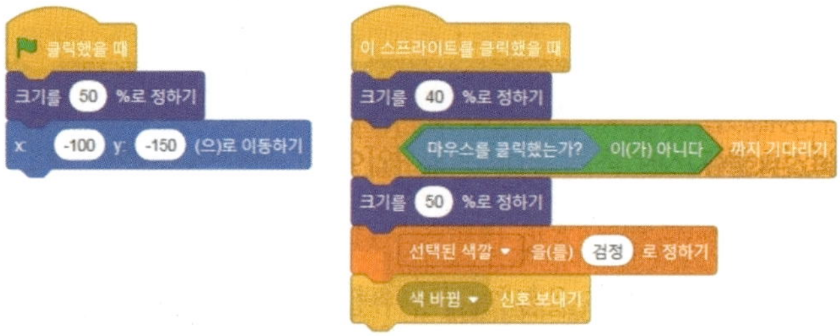

앞의 검정의 스크립트를 기반으로 나머지 색깔의 아이콘에 대한 스크립트를 다음과 같이 작성합니다.

그림 A-34
빨강의 스크립트

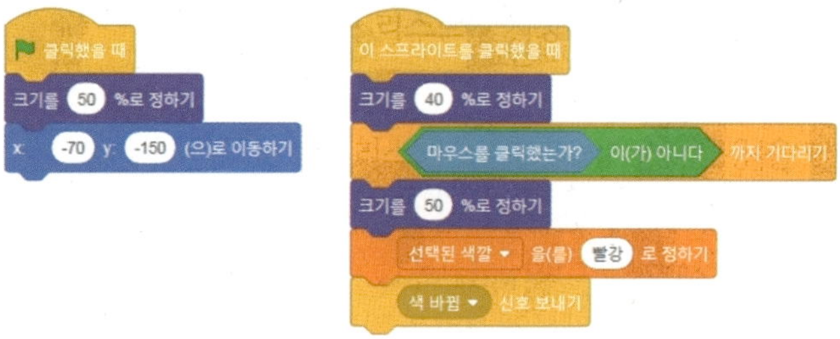

그림 A-35
파랑의 스크립트

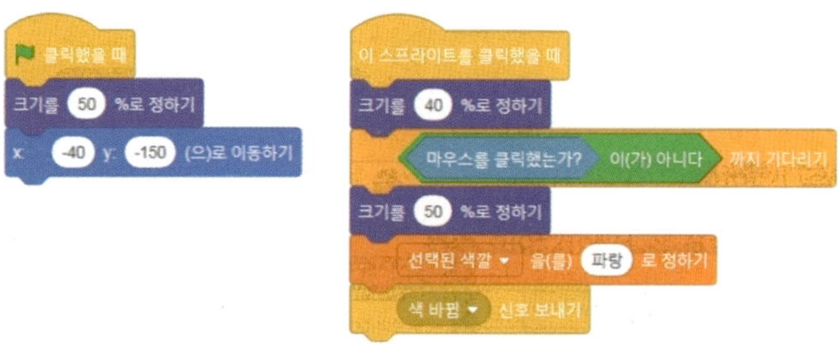

그림 A-36
노랑의 스크립트

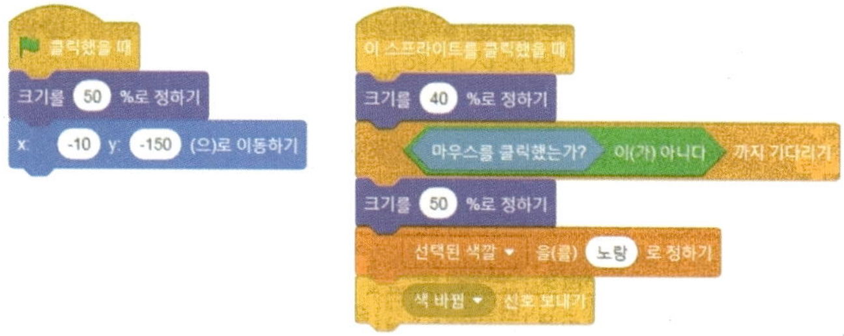

그림 A-37
초록의 스크립트

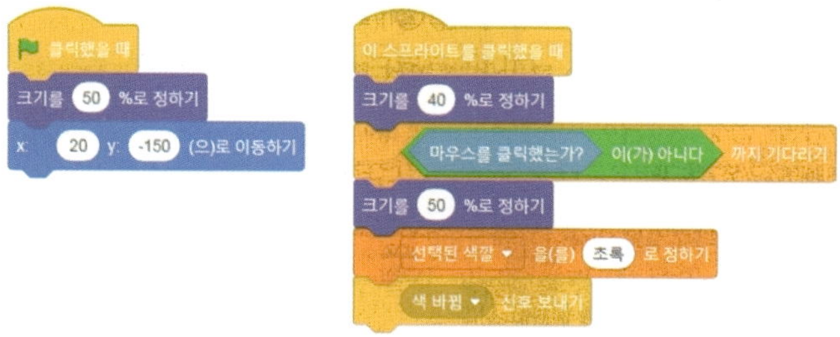

새로 그리기의 스크립트

프로그램을 실행하면 새로 그리기는 자신의 크기를 50%로 줄이고 무대 배경 하단에 있는 메뉴 영역의 적당한 위치로 이동합니다. 새로 그리기를 마우스로 클릭하면, 마우스 클릭을 해제할 때까지 새로 그리기의 크기를 줄여 현재 이 스프라이트가 선택되었다는 것을 표현합니다. 마우스 클릭을 해제하면 새로 그리기는 원래의 크기로 복원되며 그림판에 그려진 모든 그림을 지웁니다.

그림 A-38
새로 그리기의 스크립트

스크래치 블록 모음

이번 장에서 **무엇을 배우나요?**

1. 스크래치 블록들이 기능별로 정리되어 있습니다.
2. 스크래치 블록들의 기능을 개략적으로 이해합니다.

APPENDIX

B

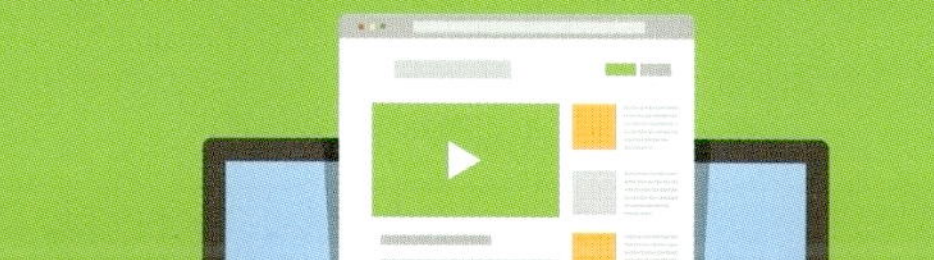

동작 블록

동작 블록은 스프라이트의 위치, 방향, 움직임을 조작하는 기능을 제공합니다.

블록	설명
10 만큼 움직이기	설정된 값만큼 움직입니다. 양수이면 전진, 음수이면 후진합니다.
↻ 방향으로 15 도 회전하기	설정된 각도만큼 시계 방향으로 회전합니다.
↺ 방향으로 15 도 회전하기	설정한 각도만큼 반시계 방향으로 회전합니다.
무작위 위치 ▾ (으)로 이동하기	마우스 포인터나 다른 스프라이트 위치 또는 무작위 위치로 이동합니다.
x: 0 y: 0 (으)로 이동하기	좌표(x, y)로 이동합니다.
1 초 동안 무작위 위치 ▾ (으)로 이동하기	설정된 시간 동안 마우스 포인터, 다른 스프라이트, 무작위 위치로 이동합니다.
1 초 동안 x: 0 y: 0 (으)로 이동하기	설정된 시간 동안 좌표(x, y)로 이동합니다.
90 도 방향 보기	설정된 방향으로 향합니다. 0 : 위쪽, 90 : 오른쪽, 180 : 아래쪽, −90 : 왼쪽
마우스 포인터 ▾ 쪽 보기	마우스 포인터나 다른 스프라이트 위치로 향합니다.
x 좌표를 10 만큼 바꾸기	x좌표를 설정한 값만큼 변경합니다.
x 좌표를 0 (으)로 정하기	x좌표를 설정한 값으로 변경합니다.
y 좌표를 10 만큼 바꾸기	y좌표를 설정한 값만큼 변경합니다.
y 좌표를 0 (으)로 정하기	y좌표를 설정한 값으로 변경합니다.
벽에 닿으면 튕기기	벽에 닿으면 반대 방향으로 전환합니다.
회전 방식을 왼쪽-오른쪽 ▾ (으)로 정하기	방향 변경에 따라 모양이 회전되는 방식을 결정합니다([표 3-2]와 [그림 3-12] 참고).
x 좌표 / y 좌표 / 방향	각각 x좌표 값, y좌표 값, 방향 값입니다.

형태 블록

형태 블록은 무대와 스프라이트의 형태를 조작하는 기능을 제공합니다.

블록	설명
안녕! 을(를) 2 초 동안 말하기	입력한 내용을 설정한 시간 동안 말풍선으로 보여줍니다.
안녕! 말하기	입력한 내용을 말풍선으로 보여줍니다.
음... 을(를) 2 초 동안 생각하기	입력한 내용을 설정한 시간 동안 생각풍선으로 보여줍니다.
음... 생각하기	입력한 내용을 생각풍선으로 보여줍니다.
모양을 모양 1 ▾ (으)로 바꾸기	스프라이트를 설정한 모양으로 변경합니다.
다음 모양으로 바꾸기	스프라이트를 모양 리스트의 다음 모양으로 변경합니다. 리스트의 마지막 모양이라면 처음 모양으로 변경합니다.
배경을 배경 1 ▾ (으)로 바꾸기	무대 배경을 설정한 배경으로 변경합니다.
다음 배경으로 바꾸기	무대를 배경 리스트의 다음 배경으로 변경합니다. 리스트의 마지막 배경이라면 처음 배경으로 변경합니다.
크기를 10 만큼 바꾸기	스프라이트의 크기를 설정한 값만큼 변경합니다.
크기를 100 %로 정하기	스프라이트의 크기를 설정한 비율로 변경합니다.
색깔 ▾ 효과를 25 만큼 바꾸기	스프라이트 색깔 등의 그래픽 효과를 설정한 값만큼 변경합니다.
색깔 ▾ 효과를 0 (으)로 정하기	스프라이트 색깔 등의 그래픽 효과를 설정한 값으로 정합니다.
그래픽 효과 지우기	스프라이트에 적용된 그래픽 효과를 지웁니다.
보이기	스프라이트를 무대에서 보이게 합니다.
숨기기	스프라이트를 무대에서 사라지게 합니다.
맨 앞쪽 ▾ 으로 순서 바꾸기	스프라이트를 맨 앞에 보이게 합니다.
앞으로 ▾ 1 단계 보내기	스프라이트를 설정한 값만큼 뒤로 옮깁니다.
모양 번호 ▾	현재 모양이 모양 리스트에 위치한 순서를 구합니다.
배경 번호 ▾	현재 배경이 배경 리스트에 위치한 순서를 구합니다.
크기	스프라이트 모양의 크기를 확인합니다.

소리 블록

소리 블록은 소리와 관련된 조작 기능을 제공합니다.

블록	설명
야옹 ▾ 끝까지 재생하기	설정한 소리의 재생을 마칠 때까지 기다렸다가 다음 블록을 실행합니다.
야옹 ▾ 재생하기	설정한 소리를 재생하면서 다음 블록을 실행합니다.
모든 소리 끄기	소리를 끕니다.
음 높이 ▾ 효과를 (10) 만큼 바꾸기	음 높이 또는 음향의 위치를 설정된 값만큼 변경합니다.
음 높이 ▾ 효과를 (100) 로 정하기	음 높이 또는 음향의 위치를 설정된 값으로 변경합니다.
소리 효과 지우기	소리에 적용된 음 높이와 음향 위치 변경 효과를 모두 없앱니다.
음량을 (-10) 만큼 바꾸기	음량을 설정한 값만큼 변경합니다.
음량을 (100) % 로 정하기	음량을 설정한 값으로 맞춥니다.
(음량)	음량을 구합니다.

이벤트 블록

이벤트 블록은 클릭, 키보드 입력, 배경 변화, 음량, 메시지 수신/방송에 대한 처리 기능을 제공합니다.

블록	설명
🏴 클릭했을 때	🏴(실행)을 클릭하면 아래에 연결된 블록들을 실행합니다.
스페이스 ▾ 키를 눌렀을 때	설정한 키를 누르면 아래에 연결된 블록들을 실행합니다.
이 스프라이트를 클릭했을 때	이 블록을 포함한 스프라이트를 클릭하면 아래에 연결된 블록들을 실행합니다.
배경이 배경 1 ▾ (으)로 바뀌었을 때	설정된 배경으로 바뀌면 아래에 연결된 블록들을 실행합니다.
음량 ▾ > 10 일 때	음량, 타이머의 값, 비디오 동작 등이 설정한 값보다 크면 아래에 연결된 블록들을 실행합니다.
메시지1 ▾ 신호를 받았을 때	설정한 메시지를 받으면 아래에 연결된 블록들을 실행합니다.
메시지1 ▾ 신호 보내기	모든 스프라이트에 메시지를 보내고 다음 동작을 즉시 실행합니다.
메시지1 ▾ 신호 보내고 기다리기	모든 스프라이트에 메시지를 보내 이 메시지를 받으면 실행되는 블록들이 실행을 마친 후에 다음 동작을 실행합니다.

제어 블록

제어 블록은 반복과 선택 기능을 비롯해 기다리기, 멈추기, 복제에 대한 제어 기능을 제공합니다.

블록	설명
1 초 기다리기	설정한 시간 동안 기다립니다.
10 번 반복하기	내부에 포함된 블록들을 설정한 횟수만큼 반복 실행합니다.
무한 반복하기	내부에 포함된 블록들을 무한 반복하여 실행합니다.
만약 (이)라면	조건이 참인 경우에 내부에 포함된 블록들을 실행합니다.
만약 (이)라면 / 아니면	조건이 참이면 내부 블록 중 위쪽 블록을 실행하고, 거짓이면 아래쪽 블록을 실행합니다.
까지 기다리기	조건이 참이 될 때까지 실행을 멈춥니다.
까지 반복하기	조건이 참이 될 때까지 내부 블록을 반복 실행합니다.
멈추기 모두 ▾	설정한 내용의 실행을 중지시킵니다.
복제되었을 때	복제되면 아래에 연결된 블록들을 실행합니다.
나 자신 ▾ 복제하기	설정한 스프라이트를 복제합니다.
이 복제본 삭제하기	복제본을 삭제합니다.

감지 블록

감지 블록은 스프라이트 간의 거리와 충돌 여부, 특정 키의 입력, 현재 시각 등을 감지하는 기능을 제공합니다.

블록	설명
마우스 포인터 ▾ 에 닿았는가?	스프라이트가 마우스 포인터, 벽, 다른 스프라이트 등에 닿았는지 확인합니다.
색에 닿았는가?	스프라이트가 설정한 색에 닿았는지 확인합니다.
색이 색에 닿았는가?	스프라이트에 있는 왼쪽에 설정한 색이 오른쪽에 설정한 색에 닿았는지 확인합니다.
마우스 포인터 ▾ 까지의 거리	선택한 스프라이트나 마우스 포인터까지의 거리를 확인합니다.
What's your name? 라고 묻고 기다리기	묻고 사용자가 답할 때까지 기다립니다.
대답	사용자가 답한 내용을 저장합니다.
스페이스 ▾ 키를 눌렀는가?	설정한 키가 눌렸는지 확인합니다.
마우스를 클릭했는가?	마우스를 클릭했는지 확인합니다.
마우스의 x좌표	마우스 포인터의 x좌표를 확인합니다.
마우스의 y좌표	마우스 포인터의 y좌표를 확인합니다.
드래그 모드를 드래그 할 수 있는 ▾ 상태로 정하기	전체 화면에서 실행하는 중에 스프라이트를 마우스로 드래그 가능하게 할 것인지 결정합니다.
음량	음량을 확인합니다.
타이머	타이머를 1/1000초 단위로 구합니다.
타이머 초기화	타이머 값을 0으로 만듭니다.
무대 ▾ 의 backdrop # ▾	무대 또는 스프라이트에 연관된 다양한 데이터들의 값을 구합니다.
현재 년 ▾	현재 년, 월, 일, 요일, 시간, 분, 초를 확인합니다.
2000년 이후 현재까지 날짜 수	2000년 1월 1일 이후 현재까지의 날짜 수를 구합니다.
사용자 이름	사용자 이름을 구합니다.

연산 블록

연산 블록은 사칙연산을 비롯해 다양한 계산을 할 때 활용할 수 있습니다.

블록	설명
( ) + ( )	두 수를 더합니다.
( ) - ( )	왼쪽 값에서 오른쪽 값을 뺍니다.
( ) × ( )	두 수를 곱합니다.
( ) ÷ ( )	왼쪽 값을 오른쪽 값으로 나눕니다.
(1) 부터 (10) 사이의 난수	설정한 범위 안에서 난수를 생성합니다.
( ) > (50)	왼쪽 값이 오른쪽 값보다 큰지 확인합니다.
( ) < (50)	왼쪽 값이 오른쪽 값보다 작은지 확인합니다.
( ) = (50)	왼쪽 값과 오른쪽 값이 같은지 확인합니다.
< > 그리고 < >	두 조건이 모두 참인 경우에만 결과가 참이고, 나머지는 모두 결과가 거짓이 됩니다.
< > 또는 < >	두 조건 중 하나라도 참이면 결과가 참이고, 둘 다 거짓이면 결과가 거짓이 됩니다.
< > 이(가) 아니다	조건이 참이면 결과는 거짓이 되고, 조건이 거짓이면 결과는 참이 됩니다.
(apple) 와(과) (banana) 결합하기	입력한 두 문자열을 결합합니다.
(apple) 의 (1) 번째 글자	입력한 문자열에서 지정한 위치의 문자를 확인합니다.
(apple) 의 길이	입력한 문자열의 길이를 확인합니다.
(apple) 이(가) (a) 을(를) 포함하는가?	입력한 문자열 안에 지정한 문자가 포함되어 있으면 참, 그렇지 않으면 거짓이 됩니다.
( ) 나누기 ( ) 의 나머지	왼쪽 값을 오른쪽 값으로 나눈 나머지를 구합니다.
( ) 의 반올림	반올림을 합니다.
절댓값 ▾ (( ))	입력한 수에 대해서 다양한 연산 결과를 구합니다.

변수 블록

변수 블록은 변수와 리스트를 정의하고, 세부 내용을 조작할 수 있는 기능을 제공합니다.

블록	설명
변수 만들기	새로운 변수를 만듭니다.
나의 변수	변수 값을 구합니다.
나의 변수 ▾ 을(를) 0 로 정하기	설정한 값을 변수에 저장합니다.
나의 변수 ▾ 을(를) 1 만큼 바꾸기	변수 값을 설정한 값만큼 변경합니다.
나의 변수 ▾ 변수 보이기	변수를 무대에 보이게 합니다.
나의 변수 ▾ 변수 숨기기	변수를 무대에서 안 보이게 합니다.
리스트 만들기	새로운 리스트를 만듭니다.
나의 리스트	리스트에 포함된 항목들을 나열한 문자열을 구합니다.
항목 을(를) 나의 리스트 ▾ 에 추가하기	리스트에 새로운 항목을 추가합니다.
1 번째 항목을 나의 리스트 ▾ 에서 삭제하기	리스트에서 지정한 위치의 항목을 삭제합니다.
나의 리스트 ▾ 의 항목을 모두 삭제하기	리스트의 모든 항목들을 삭제합니다.
항목 을(를) 나의 리스트 ▾ 리스트의 1 번째에 넣기	리스트의 지정한 위치에 새로운 항목을 삽입합니다.
나의 리스트 ▾ 리스트의 1 번째 항목을 항목 으로 바꾸기	리스트의 지정한 위치에 있는 항목을 새로운 항목으로 변경합니다.
나의 리스트 ▾ 리스트의 1 번째 항목	리스트에서 지정한 위치의 항목을 구합니다.
나의 리스트 ▾ 리스트에서 항목 항목의 위치	리스트에서 지정한 항목의 위치를 구합니다.
나의 리스트 ▾ 의 길이	리스트의 항목 개수를 구합니다.
나의 리스트 ▾ 이(가) 항목 을(를) 포함하는가?	리스트에 지정한 항목이 포함되어 있으면 참, 그렇지 않으면 거짓입니다.
나의 리스트 ▾ 리스트 보이기	리스트를 무대에 보이게 합니다.
나의 리스트 ▾ 리스트 숨기기	리스트를 무대에 안 보이게 합니다.

INDEX

ㄱ·ㄴ

ㄷ·ㄹ

ㅁ

ㅂ